예수의 발자취

예수의 발자취

그의 생애와 그리스도교의 기원을 찾아서

IN THE FOOTSTEP OF
JESUS

장-피에르 이즈부츠 | 배안용 옮김

황소자리

CONTENTS

INTRODUCTION
예수의 궤적을 복원하다

이 책의 목적은 예수 시대의 독특한 역사·사회·문화적 환경을 재구성해 복음서의 이야기들을 적절한 맥락에서 그려볼 수 있도록 도움을 주는 데 있다. 예수가 사역을 감당하던 시대의 독특한 세계와 4대 복음서 저자들이 집필하던 당시의 환경을 상상하는 건 복음서를 이해하려는 사람들의 의욕을 크게 고무시키는 일이 될 것이다.

그래서 이 책은 독자들을 1세기 팔레스타인 지역으로 초대해 예수의 궤적을 재구성하도록 돕는 걸 목표로 삼는다. 이를 위해 서사의 형태뿐만 아니라 지도, 고대 유물, 삽화, 현장 사진을 비롯한 자료를 살펴볼 예정이다. 또한 현대 학자들이 보유하고 있는 다양한 원전과 조사 방법도 차용한다. 이 과정에서 자연히 흥미롭고 새로운 고고학적 사실을 다수 발견하고, 현대 지형학 연구와 법의학적 분석, 인류학, 지도학과도 만날 것이다. 뿐만 아니라 로마와 유대의 문학 자료를 근거로 1세기 팔레스타인 지방의 사회·정치환경에 대한 흥미로운 사실들까지 간파하게 될 것이다.

예수 당대의 세계를 그려보는 작업은 어려울 수밖에 없다. 우선 텔레비전과 인터넷, 스마트폰, 광고, 인쇄매체 등이 쏟아내는 정보 속에서 사는 우리가 예수 시대의 세상에서 산다는 게 어떤 것인지 상상하기 위해서는 초인적인 노력이 필요하기 때문이다. 시골지역인 갈릴리에서 정보는 구어(口語, spoken word)를 통해서만 소통되었다. 사람들 대다수가 문맹이거나 간신히 글자를 읽고 쓰는 정도였고, 적절한 교육을 받은 이도 드물었다. 거의 모든 사람들이 부모가 사용하는 언어 이외의 말은 알지 못했다. 결혼도 같은 문중 안에서 이루어지고 수 세대에 걸쳐 가족 소유 땅을 경작해서 생계를 유지했다.

게다가 예수 시대에는 지금 우리가 당연시하는 시스템이 하나도 존재하지 않았다. 학교는 사실상 없는 것이나 매한가지였다. 길도 주요 통상로를 제외하면 마을에서 난 산물을 시장에 내다 팔기 위한 용도로 나 있는 것이 전부였다. 식품과 주거, 깨끗한 물, 보안 문제 역시 가족이나 마을 단위 지역공동체가 책임져야 했다. 국가에서는 이런 서비스를 하나도 제공하지 않았다. 그럼에도 불구하고 로마-팔레스타인을 비롯한 대부분의 고대 국가에서는 주민들에게 무자비한 세금을 부과했다.

가슴을 뭉클하게 하는 5세기 아테네의 장례 조형물. 죽음을 앞둔 어머니가 슬퍼하는 딸과 이별하고 있다.

고대 팔레스타인의 생활상

이와 동시에 고대 팔레스타인을 포함한 그리스-로마 세계의 생활상은 지금의 우리로서는 도저히 이해하기 어려운 제도를 중심으로 돌아가고 있었다. 그 중 하나가 노예제도다. 우리에게는 매우 혐오스러운 개념이지만 노예제가 아니었다면 로마제국은 제대로 기능할 수 없었을 것이다.

또한 복음서에 종종 등장하는 '텔로네스(telones, 세리)'나 '알키텔로네스(Architelones, 세관장)'들은 세금을 징수할 뿐만 아니라 농부들이 세금을 낼 수 없을 때 농지를 담보로 잡고 사채를 빌려주기도 했다. 농부들이 불가피하게 채무를 변제하지 못할 경우 땅에 대한 담보권을 실행하는 주체 역시 이 세리들이었다. 이런 이유로 예수와 동시대 사람들이 세리를 그토록 경멸하고 조롱했던 것이다. 게다가 복음서에서는 예수의 많은 우화에서 잔인한 인물로 등장하는 거대한 농경지 소유주를 세 가지나 되는 용어로 설명한다. 이는 주목할 만한 일이다. 헤로데 시대(Herodian Period, B.C.E. 37~A.D 73) 이전까지 갈릴리 지방의 농업은 주로 조상 대대로 물려받은 땅을 약간 소유한 자급자족 농민들이 담당하고 있었기 때문이다.

마지막으로 고대 팔레스타인 지역은 사회적 지위가 상하로 엄격하게 구분된 계급사회였다. 사회 최상층부에는 통치자가 있었다. 예수 당대에는 로마제국을 위해 복무하는 속국 영주(vassal lord)가 그 자리를 차지했다. 예수는 〈마르코 복음〉에서 팔레스타인의 허수아비 정부와 로마제국에 헌신하는 그들의 태도를 신랄하게 말했다. "너희도 알다시피 이방인들의 통치자임을 자처하는 사람들은 백성을 강제로 지배하고 또 높은 사람들은 백성을 권력으로 내리누른다."(마르코 10:42).

통치자 아래에는 귀족 계층이 얇은 층을 이루었다. 예수 당대의 귀족으로는 하스몬 가(Hasmonean)와 헤로데 및 그 아들의 신임을 받아 부와 사회적 지위를 확보한 '신진' 세력이 있었다. 또 다른 형태의 귀족으로는 성전에 소속된 대사제와 같은 특권층이 포함되었다.

귀족들 아래 얇은 층을 이룬 또 다른 계층은 전문직 종사자였다. 글을 읽고 쓸 줄 알거나 교육과 훈련을 받은 그들은 지역 행정기관에서 여러 가지 업무를 담당했다. 이런 일에 종사하는 평신도는 주로 바리새인들이었다. 그 외 혼인증명이나 땅문서 이전과 같은 업무에 필요한 공증인과 필경사처럼, 민간 영역에서 일하는 이들도 여기에 포함되었다. 팔레스타인에서는 종교적 율법, 즉 《토라》가 사회 지배적인 법률이었기 때문에 이런 필경사들은 종교 문제에 관한 교육을 필수적으로 받았다. 이 같은 이유로 복음서의 저자들이 예수가 다양한 종교적 화제를 두고 필경사나 바리새인들과 논쟁을 벌이는 모습을 묘사했던 것이다.

소수의 전문직 종사자 밑에는 글을 읽고 쓰지 못하는 농민층과 일용 노동자가 다수 포진했다. 사실 갈릴리 인구의 대다수는 이런 사람들이었다. 약 90퍼센트 정도가 이 부류에 속했을 것으로 추산된다. 여기에는 수많은 빈민과 실업자, 장애인도 포함되어 있었다.

신약성경(The New Testament)

복음서를 적절한 맥락에서 상상하는 데 도움을 받기 위해 정전으로 인정받은 마태오와 마르코, 루가, 요한의 복음서에서 많은 인용을 할 것이다. 4세기 이후부터 신약 정경(正經)의 핵심을 이루게 된 자료들이다. 처음 거론한 세 개의 복음서는 '함께 본다'는 의미의 그리스어 '시놉티코스(synoptikos)'에서 유래한 '공관복음서(共觀福音書, Synoptic Gospels)'라고도 불린다. 이 세 개의 복음서는 분명한 유사점을 공유하면서 〈요한 복음〉과는 대조를 이룬다.

이 책에서 설명하는 그 외 《신약성경》은 초대 교회의 발전상을 다룬 (1) 〈사도행전〉과 사도 바울이 초기 그리스도교 공동체에서 지켜야 할 다양한 종류의 지침을 제공하는 서한으로 이루어진 (2) 〈에페소인들에게 보내는 편지〉 (3) 그 외 다른 사도들이 쓴 서신과 (4) 〈요한 계시록〉이 있다. 이들 정전에 '신약성경'이라는 이름이 붙은 이유는 그리스도교인들이 예수 그리스도가 그 이전의 성경인 구약(Old Testament)의 약속을 이루어주었으므로 이후의 성경은 신약이라고 부른 데서 연유했다. 지금 이 책에서는 구약을 '히브리어 성경(Hebrew Scriptures)'이라고 지칭할 것이다.

17세기 옴미아드(Umayyad) 왕조의 칼리프 압둘 말리크(Abd el-Malik, 685~705)가 예루살렘의 성전산에 세운 '바위의 돔(Dome of the Rock).' 최고의 이슬람 예술품으로 손꼽힌다(8쪽).

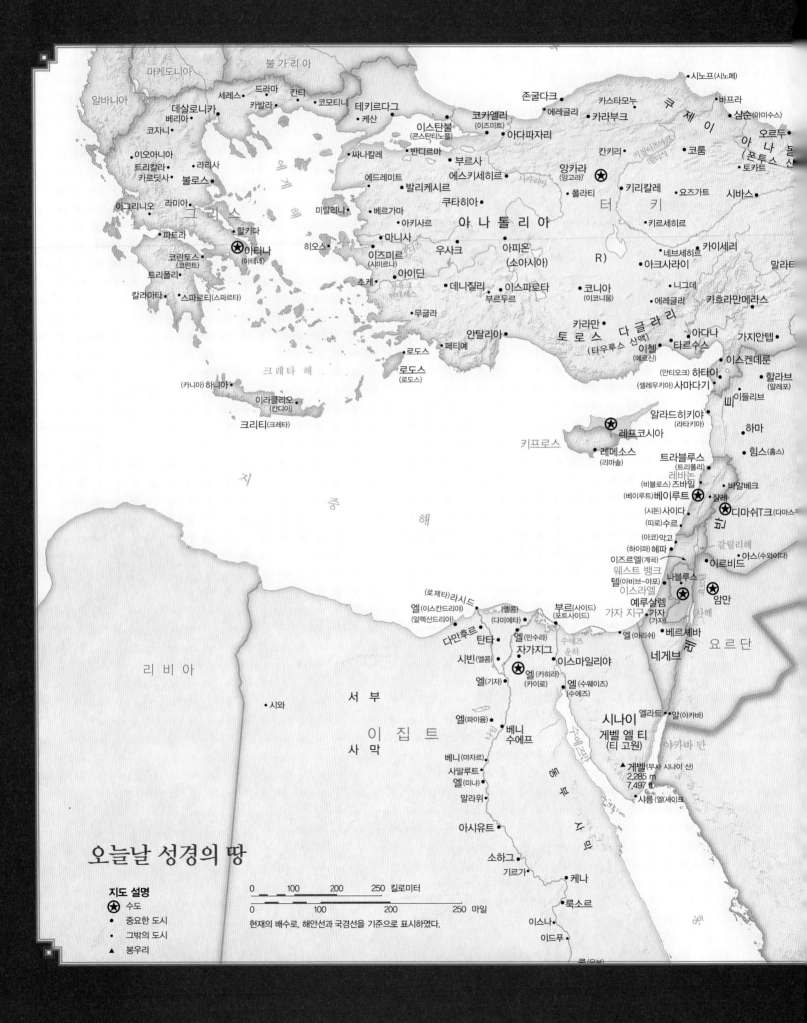

오늘날 성경의 땅

지도 설명
⍟ 수도
• 중요한 도시
• 그밖의 도시
▲ 봉우리

0 100 200 250 킬로미터
0 100 200 250 마일

현재의 배수로, 해안선과 국경선을 기준으로 표시하였다.

2006년 여름, 예루살렘 유적 발굴 현장. 지난 10년 동안 이와 같이 신약성경을 새롭게 조명해주는 흥미로운 고고학적 사실이 많이 발견되었다.

수사(Susa)에서 발견된 B.C.E. 1500년경 물건으로 추정되는 이 청동기는 소가 등으로 바친 형상을 하고 있는데(13쪽), 〈열왕기 상〉에서 말했던 '놋쇠를 부어서 만든 바다 모양 물통'(열왕기 상 7:23)과 비슷하다. 이것은 솔로몬이 세운 성전의 안뜰에 있던 주요 비품 중 하나다.

히브리어 성경

예수와 복음서 저자들 모두가 광범위하게 인용한 히브리어 성경은 전통적으로 세 부분으로 나누어볼 수 있다.

첫째는 모세 5경이라고도 알려진 율법서 《토라(Torah)》다. 《토라》는 〈창세기〉 〈출애굽기〉 〈레위기〉 〈민수기〉 〈신명기〉로 구성되어 있다.

둘째는 예언서인 《느비임(Nevi'im)》이다. 이것은 전기 예언서(여호수아, 판관기, 사무엘 상·하, 열왕기 상·하)와 후기 예언서(이사야, 예레미야, 에제키엘, 다니엘, 12권의 소예언서)로 나누어져 있다.

셋째는 〈시편〉 〈잠언〉 〈욥기〉 〈다니엘〉 〈역대기 상·하〉 등을 포함하는 성문서 《케투빔(Ketuvim)》이다.

예수 당대에는 앞의 두 가지 종류만 합해서 '경전'으로 보았다. 예수가 '율법과 예언자들의 글'(루가 16:16)이라고 성경을 지칭했던 것도 이 때문이다. 그러나 C.E. 1세기에 형성되던 구약의 마지막 부분, 즉 성문서의 내용 일부를 예수는 잘 알고 있었을 공산이 크다. 특히 〈시편〉이 그렇다. 이 책에서는 예수 당대 유대교의 예법과 입법에 관한 자료 출처로서 율법서인 《토라》를 종종 언급할 것이다.

히브리어 성서 대부분은 히브리어로 씌어졌지만, 복음서는 코이네(koinè)라고 알려져 있던

표준 그리스어로 작성되었다. 이 책의 성경 인용구는 1989년 신판 영어 표준개역(NRSV, New Revised Standard Version, 한국어 번역은 공동번역 성서)을 사용했다.

그 외 출전(出典)으로는 마태오의 복음서와 루가의 복음서, 그리고 '영지주의 복음서(Gnostic gospel)'라고 불리는 성서와 같이 신약에 포함되지 못한 대다수 그리스도교 문서들 속의 예수 어록 원전이라고 학자들이 믿는 Q문서(출전을 의미하는 독일어 Quelle에서 유래한 이름)를 사용했다. 또 다른 주요 출전으로 유대교의 《미슈나(Mishnah)》가 있다. C.E. 200년경에 편집된 이 책은 유대교 율법을 일상생활에 적용시키는 문제에 관한 랍비들의 토론을 기록하고 있다. 이 책에 실린 토론 내용이 C.E. 70년, 예루살렘 성전 파괴 이전 상황과 관행을 반영한다는 견해가 지배적인 만큼 《미슈나》는 예수 시대의 갈릴리와 유대 지역에 대해 폭넓게 이해하는 데 도움이 될 것이다.

바이블 코드(The Bible Code) - 이 책에서 성경을 읽는 법

복음서를 읽을 때는 그 저자들이 말이 지닌 힘 외에 그 어떤 설명도 덧붙일 수 없었다는 걸 반드시 기억해야 한다. 현대 작가들이 서사의 의미를 강화하기 위해 사용하는 그림이나 그래프, 사진 같은 장치들을 복음서 저자들은 전혀 활용하지 못했다.

따라서 그들은 많은 고대 저자들이 활용했던 설명의 또 다른 형태, 즉 상징적 언어를 사용하기에 이르렀다. 고대 작가들은 상징적인 이미지에 기대어 독자들이 원하는 교훈의 깊이와 의미를 서사에 불어넣었다. 이 과정에서 당대 많은 작가들이 차용한 것은 그리스-로마 신화의 상징적 이미지였다. 이에 반해 복음서의 저자들은 독자들 대다수에게 익숙해진 상징적인 어휘 즉 히브리어 성경의 어휘를 이용했다.

가령 예수가 사역을 시작하기 전 40일 동안 사막에서 기도했다는 마르코의 이야기를 접한 독자들은 이스라엘 백성들이 광야에서 40년을 헤매다가 약속의 땅으로 들어갔다는 내용과의 상징적 연계성을 어김없이 눈치챘을 것이다. 결국 예수가 사막에서 보낸 40일은 사역을 시작하기 이전, 광범위한 준비를 한 신성한 기간이다.

이런 맥락에서 복음서는 역사적 문서가 아니라 신앙을 기록한 문서로 인식되어야 한다는 점을 강조하는 게 중요하다. 복음서의 저자들은 예수의 일대기를 기록하는 데는 관심이 없었다. 그들은 예수가 성경에서 예언한 메시아라는 내용으로 청중들을 고무하고 교육하려 애썼다. 그럼에도 불구하고 복음서의 서사는 구체적인 시간과 장소를 기반으로 한다. 1세기의 갈릴리 지역과 제2성전이 파괴되기 이전의 유대 지역이 그 배경이다. 그러므로 성서의 서사와 과학적 발견이 중첩되는 부분을 명확하게 알아보는 건 매우 중요하다. 그 작업을 통해 예수가 걸어온 발자취를 재구성하는 것도 가능해지기 때문이다.

이탈리아 수사(Susa)에 위치한 다리우스 왕궁 내의 벽화(15쪽). B.C.E. 510년경의 시유벽돌에 그려진 이 궁사들은 페르시아 제국의 불멸의 방위대(Guard of the Immortals)일 가능성이 높다.

책의 구성

이 책은 다음과 같이 나뉘어 있다.

- 1부에서는 예수 탄생 이전의 로마제국에 관해 개괄한다. 나아가 헤로데 대왕(Herod the Great, B.C.E. 71~B.C.E. 4)이 팔레스타인에 초래한 고통스러운 변화상을 좀더 세부적으로 살펴본 후 나사렛과 같은 갈릴리 지역 작은 마을의 일상을 상세히 그려보았다.
- 2부에서는 복음서에서 기록한 예수의 사역 여정을 재구성하면서 그 발자취를 촘촘하게 따라가본다. 예수는 가파르나움(Capernaum, 성서명 가버나움) 인근에서 사역을 시작해 티레(Tyre, 성서명 따로 혹은 두로), 시돈(Sidon), 데카폴리스(Decapolis)로 여행을 갔다가 마지막에 예루살렘으로 돌아왔다. 특히 2부에서는 최근 신학계와 고고학계가 밝혀낸 내용들을 근거로 하여 예수의 수난을 시간 단위로 세세하게 재구성해 서술한다.
- 3부는 예수의 부활 사건 이후 수십 년에 걸쳐 팔레스타인 지역과 시리아, 소아시아, 그리스를 비롯한 여러 지역에서 초기 그리스도교 공동체가 출현하는 과정을 추적했다. 그리고 초기 로마제국에서 육로와 해로가 빠른 속도로 개척되면서 그리스도교 예배당의 상당수가 만들어지기도 했다는 점을 알아볼 것이다.
- 마지막으로는 날로 인기를 더해가는 성지순례 길을 따라가 본다. 4세기부터 오늘날에 이르기까지, 수천 명의 순례자들이 예수의 발자취를 따르기 위해 걷는 길이다.

이 책 《예수의 발자취》는 의도적으로 특정 종교와 관계가 없는, 종교 중립적 관점으로 집필했다. 일반적인 관행에 따라 이 책에서는 시간을 나타내는 척도로 전통적인 B.C.(Before Christ, 예수 탄생 이전)보다 B.C.E.(Before the Common Era, 서력 기원 이전, 기원전)를, A.D.(Anno Domini, 주님의 해)보다 C.E.(Common Era 서력 기원, 서기)를 사용했다.

또한 다수의 현대 학자들이 따른 관행을 수용해 예수가 살고 활동을 펼쳤던 갈릴리와 사마리아, 유대 지역 등 헤로데 대왕이 다스렸던 왕국을 로마-팔레스타인 지역이라고 부를 것이다. 하지만 엄격하게 말하자면 이 땅은 C.E. 135년, 제2차 유대 전쟁(Second Jewish Revolt)이 발생한 후에야 이와 같은 명칭으로 불렸다.

예수의 발자취를 따라간 이 책은 최근 몇 년 동안 신학자들이 찾아낸 흥미로운 가설과 의문점들도 다룬다. 이 같은 역사적 접근이 많은 그리스도교 신자들에게 깊은 공감을 불러일으키고 예수의 인간적 면모를 살펴보는 계기가 되기를 바란다. 나아가 현대문명에 지속적으로 개입하는 윤리적 프레임으로서 그리스도교를 받아들인 일반 독자들에게도 흥미롭고 유익한 텍스트로 기능하기를 기대한다.

캘리포니아 산타모니카에서,
장-피에르 이즈부츠

PART I

B.C.E. 64년부터 B.C.E. 4년경

훗날 아우구스투스(Augustus)라는 이름으로 알려진
옥타비아누스(Octavian)는 로마 내전 승리 후 로마의
제국주의 시대를 열었다. 또한 하스몬(Hasmonean)
가문에게서 유대의 통치권을 찬탈한 헤로데 대왕은
향후 33년 동안 대형 건설 프로젝트를 통해 유대를
바꾸어놓았다. 이 두 가지 사건은 하부 갈릴리(Lower
Galilee)의 사람들에게 지속적인 영향을 끼쳤다. 그 중에는
요셉과 그의 약혼녀 마리아도 포함되어 있었다.

예수의
세 계

CHAPTER

I

로마 세계

나라가 내분으로 지쳐 있다는 사실을 간파한
아우구스투스는 '원수정(Principate)'이라고
알려진 독특한 통치방식을 만들었다.

타키투스(Tacitus),
《로마제국 연대기(*The Annals of Imperial Rome*)》
C.E. 116년경

예수의 생애는 고대사에서 가장 중대한 시기인 아우구스투스 치하 로마제국 발흥기와 때를 같이 한다. 당시 유럽 대부분과 서아시아, 북아프리카 지역은 로마 황제 치하에 있었다. 로마에 새로운 황제 권력이 나타난 사건은 예수와 그의 사역, 나아가 초기 그리스도교의 성장에 깊은 영향을 미쳤다고 봐야 한다.

로마제국의 급속한 영토 확장은 매우 놀라운 일이었다. B.C.E. 4세기 말엽까지만 해도 로마에 대해 아는 사람이 거의 없었다. 당시 로마는 티베르 강을 따라 늘어선 일곱 개의 구릉지에 산재하던 거주민 무리의 소도시에 지나지 않았다. 로마의 건국신화에 의하면, 원래 로마는 암 늑대가 키운 로물루스(Romulus)와 레무스(Remus)라는 두 명의 형제가 세웠다고 한다. 하지만 로마의 기원이 좀더 평범하다고 생각한 고고학자들은 B.C.E. 10세기로 거슬러 올라갔다. 그렇다 하더라도 리비우스(Livy)와 같은 역사학자들이 B.C.E. 509년경 국왕에 진저리를 친 로마 시민들이 공화정 체제를 세우기로 결정했다고 주장하는 걸 의심할 이유는 없다.

'공공의 것'을 의미하는 라틴어 '레스 푸블리카(res publica)'에서 유래한 공화정은 아테네의 선례에서 보듯 당시의 군주제보다 더 많은 사람을 아우르는 포괄적인 체제였음은 분명하다. 하지만 민주주의라고 볼 수는 없다. 로마의 정치권력 대부분은 지주 귀족층의 손아귀에 남아 있었고, 이들이 원로원(Senate)을 통제했다. 원로원은 머지않아 입법 및 행정을 책임지는 주요기관이 되었다. 이후 5세기 동안을 역사학자들은 '로마의 공화정 시기(Republican Period)'라고 부른다. 로마는 느리지만 꾸준하게, 상업적·영토적인 차원에서 영향력을 늘려나갔다. 동쪽의 그리스와 페르시아가 전쟁을 벌이느라 바빠서 신경 쓰지 못하는 틈을 이용한 것이다. 동과 서로 나뉘어 그리스와 페르시아 초강대국들 사이에 벌어진 지리한 충돌은 B.C.E. 333년, 마케도니아 알렉산더 대왕이 페르시아 다리우스 3세에게 참패를 안긴 사건으로 끝장났다.

그 후 알렉산더는 페르시아 본토까지 깊숙이 정복해나가면서 띠로, 시리아, 이집트를 점령하고 예후드(Yehud) 혹은 유다(Judah)라 불리던 페르시아의 작은 속주까지 함락했다. 과거 이스라엘 민족의 남왕국이었던 유다는 B.C.E. 587년 신바빌로니아(Neo-Babylonian) 제국의 느부갓네살(Nebuchadnezzar) 왕에게 점령당했다가 그로부터 50년 후 키루스 대왕(Cyrus the Great) 혹은 고레스 대왕이라 불리던 페르시아의 키루스 2세 치하로 들어갔다. 그렇게 2세기 동안 페르시아의 관할구였던 유다 지방은 알렉산더와 그의 군사들이 레반트 지방(the Levant, 지중해, 에게해의 동해안 지방. ─옮긴이)으로 물밀듯이 밀려들어오면서 새로운 정복자를 맞이한 것이다. 하지만 알렉산더의 치세는 짧았다. B.C.E. 323년, 알렉산더는 32세의 나이로 바빌론 느부갓네살 왕궁에서 죽음을 맞았다. 이후 알렉산더 수하 장군들 사이에서는 새로운 마케도니아 제국 통치권을 둘러싼 권력투쟁이 일어났다. 치열한 권력투쟁 결과, 영토가 분할되었다. 알렉산더 휘하 장군들 중 가장 영민했던 프톨레마이오스(Ptolemy)는 스스로를 이집트

와 팔레스타인 지역을 다스리는 프톨레마이오스 1세라 봉한 뒤 프톨레마이오스 왕조(Ptolemaic Dynasty)를 세웠다. 또 다른 장군 셀레우코스(Seleucus)는 시리아와 페르시아 대부분을 차지한 셀레우코스 왕조(Seleucid dynasty)를 창건했다.

동방지역에 새로운 세계 질서가 등장하던 당시, 로마라 불리는 작은 공화국에 주목하는 이는 아무도 없었다. 하지만 차근차근 이탈리아 반도를 장악해나간 로마는 B.C.E. 290년에 이르자 마지막 남은 적군인 삼미움족(samnites)까지 무찔렀다. 여세를 몰아 로마는 이탈리아 남단에서 시칠리아까지 진격해나갔다. 오늘날 튀니지에 해당하는 시칠리아 섬의 서쪽지역은 서부 지중해의 주도 세력이던 카르타고의 요충지였다. 로마와 카르타고는 포에니 전쟁(The Punic Wars)으로 연달아 충돌했다. 포에니라는 말은 라틴어 Poenicus에서 나왔는데, 이는 페니키아인이라는 뜻이다. B.C.E. 2세기에 접어들면서 승승장구한 로마는 동방지역 대부분까지 정복할 수 있다는 사실을 깨달았다.

로마 포럼의 전체적인 윤곽. 베스타 신녀의 집이 바로 앞에 있고, 콘스탄틴과 막센티우스의 바실리카는 왼쪽 상단에 있다. 오른쪽 상단에는 티투스 개선문이 자리잡고 있다.

로마제국의 출현

프톨레마이오스 제국과 셀레우코스 제국 간의 적대감은 점점 고조되었다. 그러던 B.C.E. 200년경 일촉즉발의 갈등이 불거지자 셀레우코스의 왕 안티오코스 3세는 프톨레마이오스의 팔레스타인 지역을 침공하기로 결정했다. 여기에는 유다와 그 북쪽 지역인 갈릴리도 포함되어 있었다. 이 전쟁의 패자는 이집트의 왕 프톨레마이오스 5세였다. 그 이후 코이레-시리아(Coele-Syria) 계곡에 위치한 셀레우코스 제국의 속주였던 갈릴리와 유다 지역은 사마리아의 관할권으로 편입되었다. 군사력을 과신한 안토오코스 3세는 그 후 불길한 그리스 침략에 나섰다. 이로 인해 안토오코스 3세는 훨씬 더 강력한 적수와의 충돌을 피할 수 없게 되었

말을 탄 채 페르시아인을 궤멸시키는 알렉산더 대왕을 묘사한 다색화. 일명 '알렉산더 석관'이라 불리는 B.C.E. 4세기 유물에 그려져 있다.

다. 로마공화국이 그리스를 자신들의 영향권 안에 있는 지역으로 간주했기 때문이다. 그러므로 오늘날 터키 북서쪽에 있는 페르가뭄(Pergamum, 베르가모)의 왕이 군사 개입을 요청하자 로마 원로원은 기꺼이 도움의 손길을 내밀었다. 안티오코스 3세는 참패했고, 로마에게 엄청난 군사 배상금을 물어내야만 했다. 안티오코스 3세의 후계자, 안티오코스 4세는 예루살렘 성전을 비롯한 영토 내 신전을 약탈해서 배상금을 충당했다. 더 심각한 것은 그리스의 신 제우스에게 바치는 제단이 예루살렘 성전 안에 놓이고, 유대교의 회당에서 드리던 예배가 중지된 일이었다. 이에 대응하여 유대인들은 마카베오(Maccabees) 가문과 하시딤(Hasidim) 사람들의(히브리어에서 나온 말로 경건한 사람들을 가리킴) 지휘 아래 반란을 일으켰다. 반란은 성공했고 그로부터 1세기 동안 유대인들은 독립을 유지할 수 있었다.

수년 간 혼란이 계속되는 사이, 로마는 지중해 지역의 맹주로 자리매김했다. B.C.E. 133년에는 베르가모의 왕이 자신의 왕국 전체를 로마공화국에게 양도하기도 했다. 로마에게 저항을 해봐야 늘어가는 소아시아 지역의 상업활동만 위태로워질 것이라는 판단에서였다. 넓은 대지를 소유하는 방식으로 부를 축적해온 로마의 귀족들은 이제 가공할 부를 자랑하게 되었다. 원로원 의원들은 해외 속주의 관리자로 임명을 받고 싶어했다. 그곳의 교역을 독점하고, 리베이트를 상납받고, 그외 돈벌이가 되는 각종 이권을 챙겨 한 재산을 마련할 수 있었기 때문이었다.

이로 인해 로마 지배계층과 절대 다수 이탈리아 소작농 사이의 간극은 점점 더 커졌다. 소작농 대부분은 농노보다 조금 더 나은 상황에서 땅을 경작하며 살았다. 게다가 로마의 영토가 확장되면서 점점 더 많은 지역에서 징집을 해야만 했다. 신체 건강한 젊은이 수천 명이 징발되자 지주들은 어쩔 수 없이 노예를 수천 명까지 수입해 밭에서 일하게 했다. 이로 인해 평민과 귀족층 사이의 거리는 더 멀어지고, 수년 후에 닥칠 대규모 실직 사태의 단초가 되었다. 이렇게 되자 사람들은 공유지 재분배를 소리 높여 요구했다. 그러나 이런 주장에 대한 조치가 취해진 것은 율리우스 카이사르(Gaius Julius Caesar)가 집권하면서였다.

근동지역에 대한 간섭

비너스 여신의 혈통이 흐르는 귀족 가문 출신임에도 불구하고, 카이사르는 일찌감치 일반 대중의 지지를 권력의 바탕으로 삼는 포풀라레스(Populares) 정치가로서 입지를 다졌다. B.C.E. 59년의 거대한 정치 소요가 마무리된 후 그는 교묘하게 삼두정치(三頭政治) 체제를 세웠다. 로마의 대표적인 파벌을 대표하는 세 사람이 정치를 하는 방식이었다. 귀족층은 로마에서 가장 부유한 귀족인 크라수스가, 군부는 일명 대폼페이우스(Pompey the Great)라 불리는 장군 폼페이우스 마그누스가 대표했다. 그리고 평민 대표로는 카이사르 자신이 나섰다. 폼페이우스는 사람들의 칭송을 받아 마땅한 사람이었다. B.C.E. 67년, 로마의 해상 통행과 교역을 잠식하던 지중해 연안의 해적을 일거에 소탕한 명장이 바로 그였다.

폼페이우스의 부대는 제3차 미트리다테스 전쟁에 투입되어 현대 터키의 북해안 지역에 해당하는 폰 투스의 왕 미트리다테스 6세(Mithridates VI)가 영토 확장 야심을 접도록 만들었다.

그리스 사랑의 여신 아프로디테의 조각상.
C.E. 2세기에 그리스의 조각상을 본떠 로마에서
만든 복제품이다.

로마의 신들

예수가 태어나던 시기, 팔레스타인 외부 세계는 압도적인 다신교의 영향 아래에 있었다. 원래 조상신을 모시던 로마는 헬레니즘의 영향을 받아 수많은 그리스 신을 수용한 상태였다. 로마인들이 비너스라고 부르던 사랑의 여신 아프로디테는 고대 메소포타미아의 여신 이슈타르(Ishtar)를 원형으로 삼는다. 이 여신은 후대 페니키아 사람들에 의해 아스타르테(Astarte)라는 이름으로 지중해 연안에 소개된다. 그리스에서 천상의 신으로 알려진 제우스는 주피터가 되었다. 이런 식으로 아레스(Ares)는 마르스(Mars), 아테나(Athena)는 미네르바(Minerva)가 되었다. 태양과 음악, 예언의 신 아폴로만이 원래의 그리스 이름 그대로 숭배되었다. 키케로와 같은 로마 지식인들은 로마의 종교에 의문을 품으면서도, 법과 질서를 유지하는 역할을 담당하고 있음은 흔쾌히 인정했다. 제정기로 들어서면서 로마의 종교는 도덕적인 신뢰를 잃었고, 아첨꾼이 된 원로원은 죽은 황제들을 신으로 선언하기 시작했다. 베스파시아누스(Vespasian)는 임종을 앞두고 무미건조하게 이런 말을 했다. "아무래도 내가 신이 되어가는 것 같군." 아우구스투스는 종교의식과 그 경건함을 되살리려고 노력했다. 내전 이후 로마사회 재통합에 도움이 되리라 생각해서였다. 황제 숭배는 해외에서 로마의 지배력을 정치적으로 확산시키는 데 도움이 되었다. 백성들에게 로마 황제의 조각상에 제물을 바치도록 요구할 수 있었기 때문이다. 하지만 아우구스투스는 팔레스타인의 유대 민족에게는 이런 식의 제물을 요구하지 않고 "유대인은 자신의 조상이 물려준 율법에 따라 그들의 관습을 지켜도 좋다."라고 선언했다. 나아가 디아스포라 유대인 모두가 이스라엘 성전에 십일조를 바치는 것을 인가하고 "그 성스러운 봉헌은 불가침해야 한다."고 선언했다. 이 선언으로 십일조는 로마의 과세 대상에서 제외되었다.

칼레도니아
하드리아누스
방벽
북 해

아일랜드
하이버니아

비스툴라 강

마그나
게르마니아
12 B.C.E.

게르마니아

아보라쿰
데바 린툼
비로쿠니움

노비오마구스
베트라
테오드부르게발트
9 C.E.

브리타니아

글레범
이스카 실로룸 베를라미움 카물로던룸
론디움
이스카 둠노니오룸 두브레
이티우스 항구
노비오마구스 게소리아쿰
바가쿰

클로로니아 아그리피네시스
보나

게르마니아
인페리어
모군티아쿰

카스트라 레기나

율리오보나
아우구스토두룸 로토마구스 노비오두눔
루테티아 카탈루니아
451 C.E.
게르마니아
슈페리어
반지오네스
아르겐토라테

아우구스타
빈델리쿰
루바붐

빈도보나
브리게티오
카르눔툼
아퀴룸

대 서 양

루그두넨시스

세나붐
알레시아
52 B.C.E.
벨기에
베손티오

아우구스타
빈델리쿰

사바리아
무르샤
네마오
454 C.E.
판노니아
인페리어
비르미나
시르미움
싱가두눔

다리오리툼
율리오마구스
님네툼 항구
카이사로두룸
아우구스토두둠
리모눔

아벤티쿰
쿠리아
스위스
알프스

테우미아
비루눔

슬로베니아
아퀼레이아

달마시아
살로네

일리리쿰
모에

메디오라눔
루그두눔
(리옹)
비엔나
Segusio
옥토두룸
악시마

티나우스
218 B.C.E.
트레비아
218 B.C.E.
제노아

메르디라눔
크레모아
프라센티아
보노니아

라벤나
아리미눔
안코나

피사
아레티움
트라시메누스
217 B.C.E.
플로렌스

노붐

살로네

두러스
아폴로니아

부르디갈라

나르보넨시스

아라우시오
네마수스
아를
세메네룸
율리 포럼

아키타니아

사투르니아
코사
알레리아
오스티아

베이
로마
베네벤툼
카푸아
푸테올리
미세눔
폼페이

페루시아
셈티움
295 B.C.E.
카스트룸

코르피니움
가네
216 B.C.E.

아드
리
아
해

브리간티움
루쿠스 아우구스티
레기오 VII
게르마니카
오스투리카

폼펠로
누만티아
카이사레구스타

이레다
49 B.C.E.
엠포레
로데

카우디네 고개
321 B.C.E.
타란토
헤라클레시아
투리

브라카라 아우구스타
칼레 항구
살라만티카

클루니아
카이사레구스타

데르토사
타라코
바르시노

파에스툼

크로톤

루시타니아 에스파냐

히스파니아

타구스강
둘레툼
사군툼
발렌티아

이오니

스칼라비스
올리시포
에메리타
아우구스타

타라코넨시스

팔마

지 중 해

밀레
260 B.C.E.
메세나
레기움

팍스 율리아
일리파
206 B.C.E.
코르두바
바에쿨라
208 B.C.E.

발레아레스 섬

드레파눔
249 B.C.E.
리리베움
218 B.C.E.

파노르무스
카타나
아그리젠툼
261 B.C.E.
시라쿠스

이탈리카
히스팔리스
가데스
말라카
카르타고 노바

바그라다
255 B.C.E.
우티카
카르타고

에크노무스
256 B.C.E.

바에티카
카르테아

가르테네
카이사리아
시티피스

히포
레기우스
자마
202 B.C.E.

하드루메툼
타푸수스

틴기스

루사디르
마그누스 항구

서에타
203 B.C.E.
람베시스
타무가디
테베스테

마우레타니아
틴기타나

마우레타니아
카이사리엔시스

살라
보루브리스

오이
사브리타
렙티스 마그나

아프리카

카로

로마제국

예루살렘 키드론 골짜기에 위치한 '압살롬의 탑(Absalom's Tomb)'이라 불리는 묘지. 이 유적은 바위에 새겨 만든 헬레니즘 양식으로 C.E. 1세기 초엽에 조성된 것으로 추정된다.

폼페이우스는 불시에
그들을 찾아와 그 힘을 빼앗고
요새를 파괴한 후, 처음으로
예루살렘을 사로잡았다.

스트라보, 《지리학 *The Geography*》
C.E. 24년경

이 일로 로마의 장군 폼페이우스는 셀레우코스 왕조가 통치하는 시리아와 하스몬 가문이 통치하던 독립 유대 국가들의 땅 팔레스타인 근처까지 진출하게 되었다.

로마와 시리아는 교전 상태가 아니었다. 하지만 셀레우코스 제국은 로마가 동방으로 뻗어가기 위해 필요한 새로운 교역 루트의 요충지에 있었다. 그리하여 폼페이우스는 자신이 거느린 군대로 시리아를 침공하기로 결정한 뒤 시리아의 수도 안티오크까지 진격해 당시 국왕이던 안티오코스 13세를 폐위시켰다. 이 침공이 로마 원로원의 뜻에 따라 이루어졌다고 생각하는 학자들이 있다. 미트리다테스 전쟁을 구실 삼아 근동지역에 대한 로마의 지배력을 확장시키려 했다는 것이다. 이런 전략을 구사한 목적은 로마에 곡물을 주로 대는 이집트와, 고대 페르시아 제국의 후손인 파르티아 사람들이 건설한 국가 사이에 완충지대를 만들기 위함이었다.

이 무렵 하스몬 왕조에 분쟁이 발생했다는 소식을 들은 폼페이우스는 매우 기뻐했다. B.C.E. 67년, 살로메 알렉산드라(Salome Alexandra) 여왕이 사망한 이후 그녀의 두 아들 히르카누스 2세(Hyrcanus II)와 아리스토불루스 2세(Aristobulus II)는 왕위를 두고 다툼을 벌였다. 이미 대사제 직을 맡고 있어서 누가 봐도 후계자였던 히르카누스 2세가 동생에게 패하는 결과를 낳았지만, 이두매(Idumea, 에돔) 남부의 총독이었던 안티파테르(Antipater)는 그를 도우려 달려왔다. 미래의 헤로데 대왕의 아버지가 되는 안티파테르는 오늘날의 요르단 지역에 해당하는 나바테아(Nabatea)를 다스리던 아레타스 3세(Aretas III)에게 도움을 요청했다. 히르카누스의 편을 들어주기로 한 아레타스가 군대를 이끌고 유대 지역을 침공하면서 내전이 발발했다.

내전이 한창일 무렵, 폼페이우스가 유대에 도착했다는 소문이 퍼지자마자 세 개의 유대인 대표단이 로마의 힘을 등에 업고자 각자 로비를 시작했다. 그 중 한 파벌은 아리스토불루스의 정통성을 강조했고, 다른 파벌은 히르카누스가 적법한 자격을 갖추었다는 점을 설득하려 노력했다. 이들의 로비에는 막대한 양의 뇌물이 뒤따랐다. 하지만 폼페이우스는 하스몬 왕조를 정복해 로마의 영토로 삼은 뒤 히르카누스를 속국의 왕으로 앉혔다. B.C.E. 63년 폼페이우스는 부대를 이끌고 남하해 예루살렘에 입성했다. 로마의 지리학자 스트라보의 기록에 따르면, 당시 예루살렘은 "바위 위에 자리잡은 성채로서 방비가 잘 되어 있고 물 공급이 원활했다"고 한다. 성벽 뒤에 진을 친 아리스토불루스는 예루살렘을 내어주기를 단호히 거부했다. 하지만 폼페이우스는 안식일이라 알려진 유대교의 풍습에 대해 꿰뚫고 있었다. 스트라보는 이렇게 기록했다. "그날에 유대인들은 습관적으로 모든 일을 삼갔다." 군사행동 역시 마찬가지였다. 폼페이우스는 영악하게도 병사들에게 안식일까지 기다리라는 명령을 내렸다. 그러고 나서 유대인들이 개입하기를 거부할 것이라 생각하면서 공성 병기를 위한 거대한 토담을 세웠다. 유대 역사학자 요세푸스의 글을 보면 공성 병기가 자리를 잡자 "공성퇴를 가까이로 가져와서 가장 큰 탑을 표적으로 삼아 파괴했다. 그러자 성채에 틈이 만들어졌다." 로마인들은 물밀듯 쳐들어가 예루살렘

을 단번에 함락시켰다. 아리스토불루스는 도망갔고, 히르카누스는 에트나크(ethnarch, 그리스어로 '통치자'라는 의미를 지닌 말이다)라는 이름의 분봉왕에 올랐다. 하스몬 왕가의 치세 아래서 잠시 누린 유대인의 독립은 그렇게 끝났다. C.E. 132년에 일어난 2차 유대 반란 동안 잠깐 독립의 불꽃이 살아나는 듯했지만 온전한 독립을 맞이한 것은 20세기에 접어들어서였다.

로마 내전

카이사르와 크라수스, 폼페이우스가 이끈 삼두정은 6년 동안 이어졌다. 로마의 기준으로 보면 꽤 오랜 기간 지속된 셈이다. 이 세 명이 오랫동안 미루어지기만 하던 정책, 즉 빈민에게 토지를 재분배하는 문제를 원로원이 수용하도록 강제한 덕으로도 볼 수 있다.

이후 세 명의 지배자는 로마제국을 분할하기에 이른다. 카이사르는 북이탈리아와 유럽 남동지역 그리고 갈리아 트란살피나(Transalpine Gaul, 고대 갈리아에서 알프스 산맥의 북서쪽 지역으로, 현재의 프랑스 및 벨기에를 합친 땅을 가리킴)을 다스렸다. 휘하에 4개 군단을 거느린 카이사르는 프랑스 여러 부족을 진정시키는 일을 로마에 맡긴 뒤 자신은 게르만족 영토와 브리타니아 지역으로 넘어갔다. 토착민의 완강한 저항 속에서도 카이사르는 B.C.E. 52년, 갈리아전 지역을 정복했다. 하지만 크라수스가 죽자 폼페이우스는 동맹을 파기하면서 카이사르가 월권을 행사한다고 비난했다. 격분한 카이사르는 제13 군단을 거느리고 루비콘 강을 건너 로마 본토로 진격했다. 당시 로마 장군이 군대를 이끌고 강을 건너 본토로 들어오는 일은 철저하게 금지된 행위였다. 내전이 발발했고, 폼페이우스는 그리스로 달아나 군대를 모으려고 했다. 하지만 그의 뒤를 쫓은 카이사르는 파르살루스 전투(Battle of Pharsalus)에서 승리를 거두었다. B.C.E. 48년의 일이다.

원로원은 카이사르를 반기면서 투표를 통해 그에게 독재관(dictator)이라는 칭호를 안겼다. 특별한 권한을 지닌 행정장관직이었다. 카이사르는 이를 수용한 뒤 곧 이집트를 향해 출항했다. 도망친 폼페이우스가 그곳에서 망명하려 한다는 소식을 들었기 때문이다. 그런데 카이사르가 과거의 동맹자를 따라잡기 전에 이집트의 소년 왕 프톨레마이오스 13세가 폼페이우스를 죽여버렸다. 새로운 로마 독재관의 환심을 사려는 심사에서였다. 하지만 이는 카이사르가 절대로 용서할 수 없는 행위였다. 로마의 집정관(consul)을 해칠 권리는 외국의 통치자에게 없었기 때문이다. 그리하여 카이사르는 프톨레마이오스의 누이인 클레오파트라를 지지하기로 했다. 클레오파트라는 당시 알렉산드리아에서 추방당한 상태였다. 카이사르보다 30세 어린 스물한 살의 클레오파트라는 그의 연인이 된다.

로마로 귀환한 카이사르는 열렬한 환영을 받았다. 개선행진과 대전차 경기장에서 열리는

고고학자들이 밝혀낸 바에 따르면, 이 스핑크스 조각상은 프톨레마이오스 2세 필라델푸스(Ptolemy II Philadelphus, B.C.E. 309~B.C.E. 246)의 초상이라고 추정된다. 고대 알렉산드리아 항구의 수중 유적이다.

영국 화가 존 윌리엄 워터하우스(1849~1917)가 1887년에 그린 유화 '생각에 잠긴 클레오파트라 여왕'(28쪽).

이집트와 메소포타미아 지역을 연결하는 고대 무역로 '왕의 대로(King's Highway)'는 오늘날 요르단 지역의 황량한 산악지대를 지난다.

일명 '아우구스투스 베빌라쿠아(Augustus Bevilacqua)'라 불리는 시민의 영관(榮冠). 고대 로마에서 시민의 생명을 구한 병사에게 준 떡갈나무 잎으로 만든 관을 쓴 아우구스투스 황제의 초상(31쪽). 그의 사후인 C.E. 14년에 완성된 것으로 추정된다.

박진감 넘치는 경기들이 축하행사로 이어졌다. 카이사르는 이 기회를 놓치지 않고 원로원을 설득해 평민들에게 환영받을 일련의 대개혁을 단행했다. 개인의 빚을 탕감하고 1만 5,000명의 전역군인에게 토지를 재분배했으며 현대식 달력과 거의 일치하는 새로운 달력을 만들어낸 것 등이 이에 속한다. 이로 인해 카이사르는 원로원으로부터 파테르 파트리아이(Pater Patriae, 국부)라는 칭호를 부여받았다. 그리고 새로운 달력에서는 종전 퀸틸리스(Quintilis)라 불리던 7월을 카이사르의 이름을 딴 율리우스(Julius) 또는 율리(July)로 개칭했다. 이 이름은 오늘날 영어에까지 이어지고 있다.

하지만 기존의 귀족 세력은 카이사르에 대항해 강고한 동맹을 맺었고, 카이사르의 보좌관을 지낸 가이우스 카시우스(Gaius Cassius) 및 카이사르의 오랜 친구 마르쿠스 브루투스(Marcus Brutus)의 주도 아래 음모를 꾸몄다. 로마의 역사학자이자 헤로데 대왕의 절친한 친구인 다마스쿠스의 니콜라우스(Nicolaus of Damascus)에 따르면 "브루투스 가문의 오래된 명

성이 모반에 막대한 영향력을 끼쳤다. 브루투스의 선조들은 로물루스(Romulus, 로마의 건국자이자 초대 왕. —옮긴이) 시절부터 로마를 다스렸던 왕들을 타도하고 들어선 명문가이기 때문이다." B.C.E. 44년, '3월 보름'이라 불리게 된 3월 15일. 카이사르가 원로원 회의 참석을 위해 들어서는 순간, 모반자들의 공격이 시작되었다. 이 독재관은 스무 군데가 넘는 자상을 입고 대리석 바닥에 쓰러져 죽음을 맞은 것으로 알려진다.

율리우스 카이사르 암살은 로마제국 전역에 충격을 안겼고 이로 인해 제2의 로마 내전이 발발했다. 내전은 10년 이상 지속되었다. 카이사르 휘하에서 가장 유능한 장군이었던 안토니우스(Mark Antony)는 독재관의 양자이자 공식 후계자가 되는 18세의 가이우스 옥타비우스(Gaius Octavius)와 동맹을 맺고 원로원의 모든 반대 세력을 물리쳤다. 그리고 카이사르의 암살세력, 특히 카시우스와 브루투스를 뒤쫓았다. 둘은 이집트를 거쳐 시리아로 도주했다. 카시우스는 그곳에서 새로운 군대를 일으키기 위한 재정적 지원을 필사적으로 구했다. 그에게 도움의 손을 뻗은 사람 중 한 명이 에돔의 젊은 귀족이자 갈릴리의 분봉왕인 헤로데였다. 브루투스와 카시우스는 헤로데를 비롯한 주변 세력의 지원에 힘입어 옥타비우스와 마르쿠스 안토니우스의 17개 군단에 대항할 14개 군단을 징용할 수 있었다. 대규모 충돌이 연이어 벌어졌고. 안토니우스와 옥타비아누스는 B.C.E. 43년, 마케도니아의 필리피 인근에서 벌어진 전투에서 최후의 승자가 되었다. 브루투스는 자결했으며 카시우스는 부관에게 자신을 죽이라고 명령했다.

하지만 그것으로 내전이 종결된 것은 아니었다. 폭발 직전의 상태로 존재하던 옥타비아누스와 안토니우스 사이의 해묵은 경쟁의식이 마침내 터져나왔다. 2세기 초엽의 로마 역사학자 수에토니우스(Suetonius)는 이렇게 말했다. "늘 위태롭고 종종 단절되기까지 했던 옥타비아누스와 안토니우스 사이의 동맹은 마침내 완전히 파기되었다." 클레오파트라와 사랑에 빠진 마르쿠스 안토니우스는 이집트의 공동 섭정관이 되었다. 옥타비아누스의 누이 옥타비아와 결혼했음에도 불구하고 말이다. 옥타비아누스는 전쟁을 선포했다. 과거의 영광에 기대 초강대국으로서의 지위를 되찾고 싶었던 이집트는 필사적으로 전쟁에 임했다. 마지막 결전의 순간은 B.C.E. 31년. 옥타비아누스와 마르쿠스 안토니우스의 군대가 악티움 해전으로 충돌한 때였다. 이집트 병사들은 해전 경험이 없었고 함선도 로마 해군에 비할 바가 아니었다. 안토니우스와 클레오파트라는 알렉산드리아 궁으로 도망쳤고, 결국 두 사람 다 자결로 생을 마감하고 말았다. 이제 옥타비아누스는 로마제국의 유일한 통치자가 되었다.

> 사람들은 (아우구스투스의) 명성을 받들어 이런 칭호를 부여했으며 섬들과 대륙 전역, 모든 도시 및 부족사회가 신전을 세워 그를 숭배했다.
>
> 다마스쿠스의 니콜라우스(Nicolaus of Damascus),
> 《아우구스투스의 삶*The Life of Augustus*》
> C.E. 14년경

팍스 로마나

옥타비아누스는 이후 40년이라는 긴 세월 동안 치세하면서 로마제국을 한 명의 황제가 이끄는 정치적 통일체로서 개조하는 데 성공했다. 이와 동시에 율리우스-클라우디우스 왕조(Julio-Claudian dynasty)를 세워 기원 후 한 세기 동안 로마를 다스리게 했다. 아이러니한 일

이 평화의 제단은 아우구스투스 황제가 이룬 평화를 기리기 위해 로마 원로원에서 제작을 의뢰해 B.C.E. 9년에 완공되었다.

오늘날 시리아에 남아 있는 알레포 인근 로마 도로의 세부 양식을 보면(33쪽) 로마 기술자들이 제국의 도로를 얼마나 꼼꼼하게 만들었는지 알 수 있다.

은 율리우스 카이사르를 암살하면서까지 귀족들이 피하려 했던 일이 촉발되었다는 사실이다. 바로 로마 공화정의 종말이다. 그러나 세습 군주제를 통한 권력 집중이 실질적으로 이로운 측면도 있었다. 방대한 규모로 확장되는 로마제국을 분쟁이 잦고 구성원이 계속 바뀌는 로마 원로원 당파가 관리할 수는 없는 상황이었다. 이런 제국이 살아남기 위해서는 그 이전 100년 동안 로마 공화정을 어지럽혔던 내분이 없는 상태에서, 한 명의 황제가 고압적으로 권력을 휘두르는 게 필요했다.

그리고 그 고압적인 권력은 B.C.E. 27년, 원로원으로부터 아우구스투스(Augustus, 존엄자)라는 존경의 칭호를 받은 옥타비아누스에게 쥐어졌다. 기꺼이 프린켑스(Princeps, 제1인자)라는 직함을 받아든 아우구스투스는 자신의 양부 카이사르에게 허용되었던 권력을 그대로 계승했다. 하지만 이런 사실을 공식적으로 인정한 적은 한 번도 없었다. 이 같은 절대권력을 이용해 아우구스투스는 내전으로 심각한 피해를 받은 원로원과 다른 정부기관을 안정화하고, 귀족과 시민들 사이에 존재하는 아슬아슬한 긴장을 해소시켰다. 또한 제국 행정체계를 만들어 디오클레티아누스(Diocletian) 황제 시절(C.E. 284~305)까지 변함없이 이어지도록 했다. 이런 식의 관료체계는 로마제국 전역에 자리잡았다. 이를 통해 세금을 걷고 법을 집행했으며 최하급 군인에서 최고위 제국 관료에 이르기까지 국가 행정체계 구성원들에게 보수가 지급되고 공적 부조가 이루어졌다. 이와 동시에 아우구스투스는 로마의 영토를 확장하면서 그 기반을 공고하게 다졌다. 이를 라이오넬 카슨(Lionel Casson)은 이렇게 설명했다. "태양이 불타는 메소포타미아에서 안개 낀 스코틀랜드에 이르는 여정 동안 국경선을 한 번도 건너지 않게 되었다." 그 결과 '로마의 평화'라는 의미를 지닌 '팍스 로마나(Pax Romana)' 시대가 열렸다.

이제 로마제국 백성들은 끊임없이 이어지던 전쟁에서 벗어나게 되었다. C.E. 2세기에 이르면서 대부분의 로마제국 거주민들은 로마의 속주가 아닌 세상에서 사는 보습을 상상조차 할 수가 없었다. 정치적 독립성은 박탈당했지만 대서양 연안에서 아랍 만까지 광범위한 지역을 아우르는 단일 시장과 단일 통화, 단일 보안체계의 경제적 혜택에 점차 길들여졌다. 이런 체제를 유지하기 위해 아우구스투스는 몇 가지 약삭빠른 정치적 조치를 취했다. 우선 전시에만 군대를 양성하던 관례를 깨고 지방 수비군과 해외 주둔군으로 나뉜 상비군을 만들어 아우구스투스의 평화(Pax Augusta)를 유지했다. 이들 군대가 속주에 주둔한 것은 전략적 가치뿐만 아니라 세금과 기타 국가 수입원 관리, 그리고 막대한 군대 유지비용을 속주에 분담시키기 위해서였다. 로마는 이런 문제에 민감하게 반응했다. 저명한 웅변가 키케로(Cicero)는 몇몇 속주의 경우 방위비를 부담할 여력이 없다고 주장해 물의를 빚기도 했다. 시간이 좀더 흐르자 농산물이 아닌 화폐 세금으로 주둔군을 부양할 만한 도시에 군을 배치하는 게 일반화되기 시작했다.

1세기 초반, 팔레스타인과 시리아를 책임지는 로마 총독의 본거지 안티오크에는 로마의 제 10군단, '제10 프레틴시스(X Fretensis)'가 주둔했다. 이와 반대로 유대는 가난했다. 세수로 로마 군단 하나가 주둔하는 비용을 충당할 수도 없었다. 따라서 유대의 로마 행정관 휘하에는 소수의 보병대만 주둔했다. 1개 보병대에 속한 군인의 수는 500명 정도였고, 이마저 전문적으로 훈련받은 군인이 아니라 지역에서 징집한 지원군이었다. 유대와 사마리아 지역을 관할하는 주요 로마 주둔군은 지중해 연안 카이사리아 마리티마(Caesarea Maritima)에 있었고, 예루살렘 성전을 굽어보는 안토니아 성채(Antonia fortress)에는 소규모 군이 머물렀다.

이런 주둔군이 제국을 가로질러 신속하게 이동할 수 있도록 아우구스투스는 포괄적인 도로망을 건설하는 데 엄청난 노력을 기울이기 시작했다. 전통적으로 도로는 도시와 하위 행정 단위에서 필요에 따라 책임지고 건설을 했다. 지역의 산물을 가장 가까운 소도시 지역에 내놓기 위해 길이 필요했던 작은 마을 단위가 도로 건설 책임을 맡기도 했다. 이런 식이니 도로는 주요 대상로(隊商路)까지만 이어졌다. 이런 상황은 수백 년이나 지속되었다. '블레셋인들의 길(Way of the Philistines)' 혹은 '해변의 길(Via Maris)'로 알려진 지중해 연안도로나 다마스쿠스에서 시작해 유대를 관통해 지난 다음 이집트 국경까지 이어지는 왕의 대로가 좋은 예다. 하지만 로마인들은 인류 최초로 제국의 모든 주요 도시를 연결하는 체계적 도로망을 고안해냈다. 전성기 로마제국에는 40만 킬로미터를 아우르는 도로망이 갖추어졌다. 이 중 8만 킬로미터는 포장도로였다.

고대의 기술문명을 감안할 때 이 포장도로는 실로 대단한 일이다. 트라야누스(Trajan, C. E. 98년~117년) 치하에서는 최소한 29개의 주요 도로가 로마 시를 중심으로 방사상으로 뻗어 있었다. 아우구스투스 시대에 건설된 도로 중 일부는 지금까지 그대로 사용되고 있다.

도로가 발달하면서 로마제국에서는 고향을 떠나 이주하는 사례가 전례 없이 대규모로 진행되었다. 국제 교역도 기하급수적으로 늘었다. 나아가 종교관광과 같은 다른 형태의 여행도 증가했다. 그리스와 로마제국 사람들은 종교에 심취했을 뿐만 아니라 성지와 지성소의 신비적인 속성에 열렬히 끌려 기회가 될 때마다 찾아갔다. 그리스 시대 치유의 성지인 에피다우로스(Epidaurus) 유적지와 델피(Delphi) 지성소, 성스러운 섬으로 알려진 델로스(Delos), 에페소(Ephesus)의 아르테미스 신전, 히포크라테스가 일했다는 베르가모의 의료원 등이 대표적인 성지순례 장소였다. 그 외에 셀 수 없이 많은 소소한 순례지와 인기 있는 공동목욕탕, 갈리아(Gaul)의 스파 리조트도 있었다. 로마의 상류층 사람들은 이런 곳에서 휴식을 취하고 원기회복의 시간을 가졌다. 고대 기념물에 관심 있는 사람들은 배를 타고 아테네와 할리카르낫소스(Halicarnassus, 오늘날의 터키 보드룸), 기자(Giza)의 대(大)피라미드 등을 찾아가기도 했다. 로마 관광객들의 낙서는 지금도 피라미드의 돌덩이와 다른 이집트 유적지에서 찾아볼 수 있다.

나날이 번창하는 로마의 시장은 곧 로마제국을 벗어난 지역으로 뻗어나가는 길을 만들어냈다. 당시 세상의 다른 편에서 위대한 문명을 이루었던 중국도 여기에 포함되었다. 페르시아를 관통하는 향신료의 길(Spice Route)은 중국산 비단이나 완제품 비단옷과 더불어 상아와 호박, 진주, 인도의 향신료를 중계하는 무역로가 되었다. 이런 상품들은 대개 나귀에 실려 전해졌다. 이와 반대로 아라비아를 관통하는 향료의 길(Incense Route)을 통해서는 알로에, 몰약, 예멘의 향료, 오만의 유향과 같은 사치품을 낙타에 실어와 로마의 신전에서 향으로 사용했다. 낙타는 발굽이 갈라져서 모래 위를 걸을 수 있고, 등의 혹에는 95리터 정도의 물을 저장할 수 있어서 2~3주가 걸리는 사막여행에 적당했다. 로마제국 시대에 볼 수 있었던 전형적인 대상(隊商)은 약 100마리의 낙타가 마리당 227킬로그램 정도의 짐을 싣고 하루에 32~48킬로미터를 이동하는 식이었다. 이런 사막대로의 주요 종착지는 오늘날 요르단 북부 페트라에 위치한 나바테아의 도시였다. 이 지역은 곧 아랍 반도에서 가장 부유한 도시 중 하나가 되었다. 그 외 시리아와 아라비아를 잇는 가장자리, 팔미라(Palmyra)를 비롯해 아랍 무역로에 위치한 도시들도 앞다투어 도시적 화려함을 뽐냈다.

> 로마제국의 위엄에 걸맞지 않게 세워진 도시는 (…) 그의 통치를 받으면서 대부분 개선되었고 황제는 이를 자랑스러워했다. (…) 처음 발견했을 때 벽돌도시였던 곳들이 대리석 도시로 변했다.
>
> 수에토니우스, 《12황제의 전기the Lives of the Twelve Caesars》
> C.E. 119년경

로마제국의 문화 통합

로마제국 전반에 걸쳐 통일성과 충성심을 불러일으킨 주요 동력은 아우구스티누스가 식민지 주민들에게 명예 로마 시민권을 부여하는 정책이었다. 공화국 시절에도 자격을 갖춘 개인이나 지역에 시민권을 부여한 경우가 드물게 있었다. 하지만 아우구스티누스는 이런 관행을 전례 없는 정도로 강화시켰다. 로마의 시민권을 획득하고 토가를 입을 수 있는 권리가 민족을 불문해 야망 있는 사람들의 공동 목표가 되리라는 사실을 기민하게 예측한 결과였다. 로마 시민권은 특권과 사회적 지위뿐 아니라 로마의 관료로 채용될 자격까지 부여했으므로 정치적 경력을 쌓을 수 있는 디딤돌이나 다름없었다. 로마군에 입대해 명예제대하면 시민권이 나왔고, 지역 행정에 충실히 봉직할 경우에도 시민권을 받을 수 있었다.

로마 시민권의 위력을 잘 보여주는 한 예가 소아시아 실리시아(Cilicia)의 수도, 타르수스(Tarsus, 다르소)라는 도시이다. B.C.E. 64년, 폼페이가 무력으로 정복한 후 이 도시는 로마에 공물을 바치는 데 상당한 정성을 들였다. 용병을 포함해 정성스러운 조공을 바친 대가로 율리우스 카이사르 혹은 아우구스투스(기록이 정확하지 않다)는 이 지역 전체에 자유로운 로마의 도시와 같은 예외적인 지위를 보장해주었다. 이런 이유로 다르소의 원주민인 바울(Paul)은

이집트 카이로의 수크에서 가져온 이 이국적인 향신료들은 낙타의 등에 실려 아랍 반도를 관통하는 대상로를 통해 운반되었다.

플라비우스 요세푸스

12세기 플랑드르 화가가 플라비우스 요세푸스의 저서 《유대 고대사Antiquities of the Jews》를 보며 상상으로 완성한 인물화.

예수 당대 로마 세계에 대해 우리가 이해하는 내용 중 일부는 요세푸스라는 이름의 유대 역사학자가 쓴 저서를 근거로 한다. 예루살렘 귀족 가문 출신인 그의 계보를 추적하면 제사장 마카베오 형제 중 막내 요나단 마카베오가 나온다. 요세푸스는 예루살렘 성전의 후원으로 정식 교육을 받았다. 자서전을 보면 20대 초반 네로 황제의 궁에 사절로 가서 유대 사제들을 석방해달라고 협상하는 내용이 있다. 이를 근거로 추정할 때 C.E. 1세기 20년대 후반이나 30년대 초반에 태어난 듯하다. 예수가 사역을 하던 시기다. C.E. 66년 유대와 로마 사이에 전쟁이 발발하자 요세푸스는 내키지 않는 유대 군의 지휘를 맡아 갈릴리에 주둔한 군을 책임졌다. 하지만 전쟁에서 패하고 포로로 잡혀 로마 장군 베스파시아누스(Vespasian)의 심문을 받던 중 베스파시아누스가 훗날 황제가 된다는 예언을 하고 사형을 면했다. 실제로 C.E. 69년, 군대에서 그를 황제로 선포하면서 요세푸스는 석방되었다. 그리고 로마 황실에 합류해 유대전쟁에 대한 책을 썼다. 이후 유대 역사에 관한 책인 《유대 고대사》와 더불어 자서전을 출간했다. 《유대 고대사》에는 (논란의 여지가 많지만) 예수에 관한 짧은 글이 포함되고, 다른 데서 찾기 힘든 세례자 요한에 관한 글도 있다. 이런 까닭에 요세푸스의 저서들은 중세 내내 수도사들에 의해 모사되어 오늘날까지 전해졌다.

로마의 무역

낙타를 탄 아랍 상인이 돋을새김 문양으로 묘사된. 보기 드문 이슬람 이전 시대의 돋을새김 문양(C.E. 3세기경).

팍스 로마나의 영향으로 서구문명 사상 유례가 없는 전 세계적 경제성장이 촉진되었다. 그리스는 화이트 리넨과 올리브오일, 꿀, 로마제국 최고의 와인, 그림과 조각상을 수출했다. 시리아는 대추, 무화과, 설탕절임 플럼 등 간식거리로 높이 평가받았다. 와인, 올리브오일, 고대 로마에서 오늘날의 케첩처럼 인기 높았던 생선 소스 가룸(garum) 소스 등 액체상품은 암포라(amphorae)에 담겨 운송되곤 했는데, 이들 대부분은 오늘날의 터키인 소아시아 앞바다 난파선에서 손상 없이 발견되곤 한다. 이집트는 로마제국의 곡창지대로, 곡물을 실은 배가 날마다 로마로 나갔다. 유리와 보석, 설화석고, 반암, 화강암, 품질 좋은 파피루스의 산지로도 유명했다. 스페인에서는 은이 나왔고 갈리아(프랑스)의 목재는 레바논 삼나무에 버금가는 평가를 받았다. 다른 지역에서는 아몬드와 호두, 코코넛, 살구, 복숭아 등의 물자를 공급했다. 이들 대부분은 로마로 쏟아져 들어갔다. 1세기 중엽, 베스파시아누스 황제 통치 중 해외에서 공물로 거둔 국고는 총 15억 세스테르티우스(sesterce)에 달한 것으로 추정된다. 오늘날 금액으로 60억 달러에 달하는 수준이다. 하지만 이는 로마의 속주들을 통과할 때마다 선적화물에 부과한 세금, 즉 수입관세를 포함하지 않은 수치다. 이렇게 쌓은 부의 대부분은 제국 외부에서 수입품을 들여오는 데 썼다. 이즈음 동방의 사치품에 대한 로마인의 흥미가 높아졌기 때문이다.

예루살렘에서 체포당했을 때 로마 시민인 자신은 지역 법정이 아닌 로마의 법관에게 재판받을 권리가 있다고 당당하게 주장한다.

2세기에 피지배국 국민들에게 참정권을 부여하는 게 일반화되면서 로마제국에서 가장 유능한 황제로 손꼽히는 황제들로 에스파냐 혈통을 지닌 트라야누스와 하드리아누스(Hadrian, C.E. 117~138)가 포함되는 일까지 벌어졌다.

하지만 하나의 제국을 만들고자 아우구스투스가 활용했던 방법 중 가장 파급력이 큰 것은 그리스의 이상적인 도시 폴리스(polis)를 차용해 모든 주요 도심에 통일된 미학적 특질을 부여하려는 노력이었다. 이 구상은 알렉산더 대왕에게서 영감을 받은 걸로 보인다. 알렉산더 대왕 역시 자신이 정복한 지역에 수없이 많은 폴리스를 세우고 그리스 스타일의 신전과 극장, 김나지움(gymnasium), 시장의 기능까지 담당하는 아고라를 조성했다. 이전 소아시아의 도시들은 페니키아와 시리아, 이집트의 지역 도시들과 전혀 다른 형태를 띠며 토착문화를 잘 보여주었지만 알렉산더 대왕 이후 그런 다양성은 거의 사라졌다. 베르가모에서 이집트 프톨레마이오스 왕조에 이르는 지역이나 안티오크에서 페트라에 이르는 지역의 도시들이 앞다투어 고대 아테네를 모방했다. 로마시대의 미술과 건축 상당수가 고전 그리스 양식을 고고학적으로 재현해낸 것이었기 때문이다. 로마인은 자신들이 보유한 빛나는 건축기술을 고대 그리스 양식에 적용했다. 그리스인이 기둥과 들보로 이루어진 전통적인 구조물을 활용해 기념비적 건축물을 만들었다면, 로마인은 아치와 볼트(vault, 아치에서 발달된 반원형 천장·지붕을 이루는 곡면구조체)를 구조물을 지탱하는 주요 시스템으로 발전시켰다. 공중목욕탕과 중앙 포럼(forum, 광장)이 대표적인 예다. 그리고 멀리 떨어진 산에서 신선한 물을 끌어다가 도심의 분수에 대는 송수로를 만들기도 했다.

기존 도시들이 이렇게 로마 스타일로 변화된 반면 신생 도시들은 밀레도스(Miletus, 오늘날 터키 남동쪽 해안가에 위치)의 히포다무스(Hippodamus, B.C.E. 498~B.C.E. 408)가 처음 창안한 격자 패턴을 활용한 계획도시로 개발되었다. 도시계획에 따라 모든 도로는 주요 대로인 카르도 막시무스(Cardo Maximus)를 기반으로 뻗어나갔다. 그리고 카르도 막시무스를 반으로 잘라 가로지르는 주대로인 데쿠마누스(Decumanus)가 있었다. 카르도는 도심 중앙에 자리 잡은 포럼으로 이어졌다. 도시 수호신에게 봉헌된 신전과 상업 중심지 그리고 지방 행정처가 그곳에 있었다. 이들 건물을 살피다 보면 아름다운 프레스코화와 선명한 색상을 자랑하는 모자이크 그리고 거품 이는 분수대와 조각 장식들에 눈길을 빼앗기게 된다. 그 모든 것은 300년 전 그리스의 예술가들이 이룩해놓은 훌륭한 리얼리즘 양식에 따라 만들어졌다.

로마인은 위생과 관련한 새로운 기준도 도입했다. 흐르는 물을 이용해 공동화장실의 분뇨를 지하 하수관으로 배출시킴으로써 도시의 질병 방어력을 높였다. 로마제국 이전까지 대다수 사람들이 알지 못했던 사치스러운 일, 즉 공중목욕탕을 자주 찾는 일이 도시생활에 뿌리내렸다. 극장에서는 과거 그리스의 비극 대신 유혈과 폭력이 난무할수록 인기가 높아지는 검투사의 싸움을 관람하는 식의 유흥과 오락이 퍼져나갔다.

한편 아우구스투스 자신은 벽돌 건물이 주를 이루던 로마를 대리석으로 이루어진 도시로 탈바꿈시키면서 도시의 화려함과 사치스러움의 기준을 한층 더 높였다. 그 이전 시대의 로마인들은 건축물의 외관에 신경을 쓰지 않았다. 대신 실내 공간을 화려하게 하는 데에 공을 들였다. 하지만 아우구스투스는 돌의 결이 그대로 보이는 백색 대리석으로 건설된 도시가 이탈리아의 태양 빛에 반짝이는 모습을 마음속에 그렸다. 그 결과 대리석 채굴과 교역이 크게 유행하면서 호황을 맞이했고 1세기경에는 모든 주요 도시가 훌륭한 대리석 구조물을 세우겠노라며 경쟁을 벌였다. 이런 영향은 헤로데의 건축 프로젝트에도 반영되었다. 세바스테(Sebaste, 일명 사마리아 Samaria)를 재건한 일도 여기에 포함된다.

헬레니즘화에 대한 유대인의 반응

이런 식으로 그리스화(헬라화) 되는 상황에 대한 유대인의 반응은 지역에 따라 다소 달랐다.

섬세한 문양을 자랑하는 로마의 유리병. 팔레스타인 지역에서 발견된 이 병들은 C.E. 1세기경에 제작된 것으로 향유를 담는 데 쓰였다.

이 프톨레마이오스 왕조 흉상은 프톨레미 2세 필리델푸스(Ptolemy II Philadelphus, B.C.E. 309~B.C.E. 246) 혹은 프톨레미 3세 유에르게테스(Ptolemy III Euergetes, 246-222 B.C.E.)를 묘사한 것으로 추정된다.

팔레스타인 지역 외부로 이주한 많은 유대인은 그리스 언어와 문학, 관습을 흡수했어도 유일신에 대한 경배와 율법을 따르는 일만은 충실히 지켜나갔다. 하지만 시간이 지나면서 이런 유대인들은 알몸의 인간으로 묘사된 신상에 길들여졌다. 그리스-로마 종교는 본질적으로 다신교라는 특성 때문에 다른 신앙이나 신에 대해 관용을 보였다. 그래서 유대교도 하나의 종교로 인정을 받았다. 알렉산드리아에서는 유대교 공동체가 히브리어 성경을 그리스어로 번역할 수도 있었다. 이때 만들어진 것이 바로 70인 역으로 알려진 성경이다. 이 성경 번역에 든 비용을 지불한 사람이 다름 아닌 프톨레미 2세였다는 구전도 있다. 공공연한 애서가였던 프톨레미 2세가 로마제국에 있는 모든 경전을 알렉산드리아 도서관에 비치하고 싶어했기 때문이라고 한다. 그 즈음 이집트에 살던 유대인들은 근동의 공통어인 히브리어나 아람어를 거의 말하지 못하는 상황이어서 히브리어로 적힌 원서 성경을 읽는 것은 더 힘들었다.

하지만 새롭게 시작된 다신교 신앙의 잠식, 즉 로마의 명령에 대해 팔레스타인 지역에 살면서 율법을 잘 지켜온 유대인은 전혀 다른 반응을 보였다. 예언서에서 입증하듯이 고대 이스라엘은 외래의 신을 숭배하는 문제와 항상 맞서 싸웠다. 안티오코스 4세에 반기를 든 마카베오 형제의 반란에 도화선 역할을 했던 것도 왕이 유대인에게 모든 일을 그리스 관례에 따라 행하라고 강요한 사건이었다. 거기에는 그리스 신들에게 이교도적인 제물을 바치라는 내용도 포함되었다.

바야흐로 새로운 정복자가 유대 땅에 왔다. 로마의 점령은 유대인의 독립이 종말을 맞이했음을 의미하는 것만이 아니었다. 그리스-로마 다신교와 생활양식이 더 새롭고 강력한 형태로 도입되는 계기이기도 했다. 당시 팔레스타인 지역의 많은 유대인은 로마인에 대한 뿌리 깊은 원한을 품고 있었다. 물론 모든 사람의 생각이 같지는 않았다. 하스몬(Hasmon) 가문은 그리스 스타일을 무척 좋아한다는 것을 스스럼없이 드러냈다. 그리고 머잖아 유대 귀족층 상당수는 로마 문명의 화려함에 매료되었다. 이 점은 아우구스투스 혁명이 지닌 문제점을 드러낸다. 로마제국에 흡수된 지역의 고위층에게만 유리한 정책이었던 것이다.

대다수 농민에게는 정반대의 여파가 미쳤다. 가족이 당장 필요로 하는 것보다 조금 더 수확해 근근이 먹고사는 것으로 만족했던 농민들의 평온한 삶은 깨졌다. 대신 커지는 로마제국 시장의 압박 아래, 똑같은 규모의 땅에서 수출을 할 수 있을 만큼 잉여작물을 수확해야 하는 상황에 놓였다. 로마제국과 팔레스타인 지역 농민들 대부분에게는 그런 식의 경작을 할 능력이 없었다. 가족들이 균형 잡힌 식사를 할 수 있도록 농지를 잘게 나눠 과일과 콩류, 곡식류를 기르는 게 그들의 농사법이었다. 하지만 아우구스투스의 경제는 전혀 다른 명령을 내렸다. 호황을 맞아 팽창하는 도시는 많은 음식을 필요로 했다. 로마제국 전역의 지역 관리들은 농민의 작은 경작지를 몰수해 수출용 거대 단일농작지로 만들었다. 지역 농민의 식량이 아니라 로마와 해외 도시의 시장에 내놓을 상품을 만들기 위해서였다. 이런 상황은 갈릴리와 같은 농경지역 공동체에 파괴적인 영향을 끼쳤다.

아폴로의 탄생지로 숭배받는 델로스 섬(39쪽)은 2세기까지 주요한 순례지였다.

CHAPTER 2

헤로데 대왕의 왕국

오만한 왕이 그 뒤를 이을 것이다.
사제의 혈통이 아니고
뻔뻔하며 수치심이 없는 그는
그들이 당해 마땅한
통치를 하리라.

모세의 유언서 6(Testament of Moses 6)
C.E. 1세기 초

헤로데 대왕의 명으로 지어진 이 인상적인 송수교는 대왕이 새롭게 세운 가이사리아(Caesarea)에서
6.4킬로미터 떨어진 곳에 있는 샘에서 물을 가져오는 데 사용되었다.

복음서에서는 예수의 탄생과 관련한 사건 속에서만 헤로데 대왕을 언급하고 있다. 하지만 헤로데 대왕 사후에도 그의 통치는 갈릴리 지역 전반에 걸쳐 기나긴 그림자를 드리웠고, 예수와 그의 사역에 지대한 영향을 미쳤다. 아이러니하게도 헤로데 대왕이 로마에 의해 '유대의 왕'으로 임명되었지만 사실 그는 혈통으로 보면 유대인이 아니었다.

그의 집안은 히브리어 성경에서 '에돔'이라고 지칭하는 지역 출신이다. 오늘날의 네게브 (Negev) 사막과 요르단 남부지역에 해당하는 곳이다. 셀레우코스 제국의 통치를 받던 이곳은 B.C.E. 125년에 하스몬의 왕 요한 히르카누스(John Hyrcanus)가 정복하면서 유다 왕국에 병합되었다. 하지만 에돔은 대체적으로 이교도 지역이었다. 종교도 셀레우코스가 소개한 그리스 신과 지역 신들이 융합된 형태를 띠고 있었다.

요한 히르카누스는 이런 상황을 바꾸기로 마음먹었다. 그래서 에돔 사람들을 유대교로 개종시키자는 전례 없는 결정을 내렸다. 그리하여 헤로데의 가문은 표면상으로 유대인이 되었지만 그 민족적 배경은 에돔인이며 이교도적 신앙을 지녔을 확률이 높다. 헤로데 자신도 훗날 유대교의 의식이나 율법에 거의 관심을 보이지 않고 그리스의 이교도적인 의상을 걸치는 쪽을 선호했다.

에돔의 귀족이었던 헤로데의 아버지 안티파테르가 하스몬 왕조의 관리로 일하던 중 알렉산드라 왕비의 죽음으로 내전이 일어났다. 안티파테르는 새로운 동맹을 찾아야만 했다. 히르카누스 2세가 왕위에 오르는 일을 지원했던 안티파테르지만 폼페이우스가 오자 가문을 일으킬 절호의 기회를 만났다고 판단했다. 로마 장군과의 접견 자리를 마련한 안티파테르는 로마의 야망을 전적으로 지지하며 적극 돕겠다고 서약한다. 폼페이우스는 그의 충성스러운 모습에 놀라면서 흡족해했다. 그래서 자신의 휘하에 두고 율리우스 카이사르에게까지 소개시켰다. 그로부터 몇 년 후 카이사르가 도주하는 폼페이우스를 잡으러 이집트로 왔을 때, 안티파테르는 충성심을 보일 요량으로 알렉산드리아에 있는 카이사르의 군대를 돕기 위해 찾아갔다.

안티파테르의 노력은 결실을 맺었다. 카이사르는 그에게 로마 시민권을 부여하고 새로운 분봉왕 히르카누스 2세 아래서 총리에 준하는 위치인 지역 감독관(epitropos)으로 일하도록 했다. 그 무렵 히르카누스의 기력은 점점 쇠해서, 안티파테르가 예전 하스몬 왕국이었던 땅을 실질적으로 다스리는 형국이었다. 안티파테르는 두 아들 파사엘(Phasael)과 헤로데를 총독으로 임명해 가문의 위치를 공고히 다졌다. 장남인 파사엘은 유대와 페레아(Perea, 베레아)의 중심지를 맡았고, 헤로데는 갈릴리 북부지역을 맡았다.

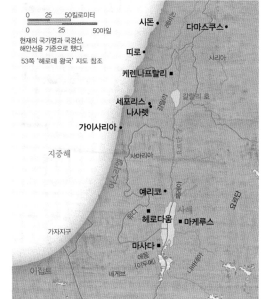

헤로데와 로마 내전

안티파테르를 후원하던 율리우스 카이사르의 재위는 B.C.E. 44년, 그의 암살로 막을 내리고 로마는 내전으로 치닫게 된다. 카이사르의 죽음은 유대인에게 커다란 손실이었다. 카이사르는 유대 국가에 다양한 세금 공제를 보장해주었다. 다른 속국과 달리 군인을 징집하지도 않았다. 이런 연유로 로마제국의 유대인 수천 명이 카이사르의 사체가 불꽃에 휩싸이는 모습을 바로 옆에서 지켜보며 애통해했다. 안티파테르와 그의 두 아들은 이제 교전 중인 로마의 파벌 중 하나를 선택해야만 했다. 암살자인 브루투스와 카시우스가 이끄는 귀족 파벌과 옥타비아누스와 안토니우스로 대표되는 의회 중 하나와 손을 잡아야 했던 것이다. 안티파테르와 헤로데는 전자의 편이 되기로 했다. 어쩌면 당시 카시우스가 안토니우스를 물리치기 위해 시리아에 자리를 잡았기 때문인지도 모른다.

카시우스에게는 현금이 필요했다. 그것도 많이. 요세푸스는 카시우스가 안티파테르에게 로마 은화 총 700달란트라는 거금을 모으도록 임무를 내렸다고 주장한다.

달란트는 마태오의 복음서에서 나온 세 명의 종에 대한 예수의 비유에서(마태오 25:14-30)

가이사리아의 웅장한 세바스토스 항에 있던 방파제 유적지는 현재 해수면 바로 아래에서 그 모습을 보여준다.

마사다 요새 조감도(아래). 벼랑 위 3층 구조로 지어져 리셉션 홀과 열주가 있는 안뜰, 목욕탕 시설을 갖춘 헤로데의 궁이 이루는 장관을 볼 수 있다.

갈릴리의 전설적인 비옥함은 오늘날에도 헤아릴 수 없이 많은 들판에서 엿볼 수 있다 (45쪽). 들꽃 가득한 들판은 겨울에는 빗물, 여름에는 지하 대수층 물로 유지된다.

나오는 화폐로 현재 기준으로 보면 1달란트가 약 9,000달러의 가치를 지닌다. 다시 말해 안티파테르는 630만 달러 정도의 돈을 모아야 했던 것이다. 팔레스타인처럼 가난한 나라에서는 거의 실행불가한 일이었다. 모든 지역 총독들에게 중요한 일이란 걸 각인시키기 위해 카시우스는 할당된 분담금을 내지 않을 경우 그 누구든 노예로 삼겠다고 협박했다.

하지만 헤로데는 그런 유인책이 필요 없는 사람이었다. 부친 못지않은 기회주의자였던 그는 이 기회에 큰돈을 내서 카시우스에게 깊은 인상을 주고 로마의 환심을 확실하게 사겠다고 마음먹었다. 그가 다스리는 갈릴리는 농경지역으로, 목재나 광물 등 자산도 없는데다 부가 집중된 도시도 없었다. 하지만 헤로데는 갈릴리에 농민들이 있다는 사실에 착안했다. 이들 대부분은 가족을 먹여살리고 세금을 낼 수 있을 정도만 경작하며 사는 자급자족 농민이었다. 헤로데에게 이런 사실은 중요하지 않았다. 로마시대 정부의 존재 이유는 가능한 많은 공물을 뜯어내고, 백성들이 고분고분 살도록 만드는 데 있었다. 이런 사실을 잘 알았던 헤로데는 무자비한 수준으로 조세 부담을 가중시키기로 결정했다. 요세푸스에 의하면 헤로데는 "갈릴리에서 자신 몫의 분담금을 가져온 첫 번째" 사람이었다.

이런 단호한 자금조달 조치 탓에 갈릴리 사람들은 헤로데를 따르지 않았다. 요세푸스는 헤로데의 조세체제가 갈릴리 소작인의 반란을 촉발시켰다고 주장한다. 히즈키야(Hezekiah)라는 사람이 이끈 이 반란군은 갈릴리 북부지역의 시리아 국경까지 쳐들어갔다. 플라비아누

스 황실의 명을 받고 글을 썼던 요세푸스는 그런 저항운동을 '강도짓'이라고 반복적으로 언급했다. 하지만 히즈키야는 범법자가 아니라 시골의 지주 계급이었을 가능성이 높다. 하스몬 왕조에게서 부와 작위, 토지를 부여받은 토호였을 수 있다. 이런 귀족층 대부분은 아리스토불로스 분파에 충성을 다하면서 로마의 점령에 협조한 히르카누스와 안티파테르 통치에 대해 반대 입장을 견지해왔다.

헤로데는 사병 조직을 동원해 히즈키야와 그를 따르는 무리를 찾아냈다. 세포리스(Sepphoris)와 아르벨(Arbel) 그리고 케렌 나프탈리(Qeren Naftali)로 추정되는 갈릴리 북부지역 숲에서 유혈 충돌이 벌어졌다. 체포된 히즈키야는 엉터리 재판정에 세워져 즉결 처형되었다. 이 일로 폭발 직전이던 안티파테르 가문에 대한 원한이 수면 위로 드러났고, 대중의 강한 항의가 이어졌다. 헤로데가 처형한 이들의 어미들은 예루살렘 성전에서 연일 시위를 벌이며 헤로데에게 책임을 물었다. 당시 율법에 따르면 유대인은 강도와 같은 중죄를 지었더라도 예루살렘 산헤드린(sanhedrin) 공의회에서 재판받을 권리가 있었다. 항의의 목소리는 점점 강경해져서 힘없는 히르카누스조차 무시할 수 없는 지경이 되었다. 결국 헤로데에게 예루살렘으로 가서 재판을 받으라는 명령이 내려졌다. 하지만 그 즈음 헤로데는 로마의 환심을 확실하게 사놓은 상태였다. 유대의 관할권을 갖고 있는 로마-시리아의 총독은 헤로데가 무혐의로 풀려나야만 한다는 견해를 전달했다. 실제로 헤로데는 무죄로 풀려났다. 그러나 그에게 죄를 물었던 사람 중 한 명은 다음과 같은 예언

을 했다. "지금 당신들이 풀어주는 이 사람이 언젠가는 당신과 당신들의 왕을 응징할 것이다."

헤로데는 갈릴리로 돌아가지 않았다. 그의 통치에 대한 지역민의 반발이 거셌기 때문이다. 대신 다마스쿠스로 피신해 로마 총독의 비호 아래 있었다. 헤로데가 갈릴리를 다스리던 짧은 기간 동안 과도한 세금을 부과하고 히즈키야와 그의 무리를 처형한 일 등으로 인해 헤로데 가문과 갈릴리 대중 사이에는 뿌리 깊은 적대감이 자리잡게 되었다. 이런 상황은 예수가 사역을 감당하는 내내 계속되었다.

파르티아의 유대 침공

로마의 내전은 안티파테르 가문이 기대했던 결과를 만들어주지 않았다. B.C.E. 42년, 필리피 전투에서 마르크 안토니우스와 옥타비아누스가 카시우스를 물리친 것이다. 헤로데는 자신

이 엉뚱한 줄에 섰다는 사실을 깨닫자마자 안토니우스에게 뇌물 세례를 퍼붓기 시작했다. 결과적으로 이것은 현명한 조치였다. 유대 대표단 몇몇이 안토니우스에게 유대에서 안타파테르 일가를 없애야 한다고 계속 주장을 했기 때문이다. 하지만 정작 안티파테르의 몰락을 가져온 것은 로마인도 유대인도 아닌 파르티아 사람들이었다.

하스몬의 왕자 아리스토불로스의 아들인 안티고누스(Antigonus)는 왕좌를 되찾기 위해 파르티아를 설득했다. B.C.E. 40년, 파르티아는 유대를 침공해서 예루살렘을 포위하고 히크카누스와 헤로데의 형 파사엘을 생포하는 데 성공했다. 헤로데와 그의 가족(하스몬의 공주 미리암네을 비롯한 열 명의 아내와 그 자녀들)은 예루살렘으로 피신해 마사다(Masada)라고 알려진, 사해 인근 산 속의 하스몬 왕조 요새로 갔다. 헤로데는 가족들을 떠나 그 길로 배를 타고 로마로 향했다. 그리고 안토니우스 앞에서 자신의 무고함을 주장했다. 원로원에서 직접 자신의 이야기를 할 흔치 않은 명예로운 기회를 얻은 헤로데는 파르티아의 침공이 남서아시아 지역 로마 통치권에 대한 도전이라는 사실을 원로원 의원들에게 납득시킬 수 있었다. 그의 웅변술과 고상한 태도는 로마인에게 깊은 인상을 주었다. 무엇보다 시기가 절묘했다. 수년 동안 이어진 내전에 지친 로마는 동방의 속주들이 안정적으로 지속되기를 간절히 원했다. 유대를 침공한 로마 최대의 적수 파르티아는 이집트에 있는 로마제국의 주요 곡창지대에 불편할 정도로 근접해 있었다. 헤로데와 그의 가족은 그동안 로마에 충성을 다했다. 따라서 헤로데라면 충성스러운 분봉왕이 되어 나라를 감독하고 파르티아에 맞서는 완충지역으로서의 역할을 충실히 해내리라는 점은 의심의 여지가 없었다.

팔레스타인의 유대인 대부분이 헤로데를 혐오한다는 사실은 로마 원로원에게 전혀 문제가 되지 않았다. 로마는 민주주의를 실행하지 않았고, 자신들의 분봉왕에게 그런 걸 기대하지도 않았다. 그러므로 옥타비아누스와 안토니우스의 축복 아래 원로원은 헤로데를 '유대의 왕'으로 선출하고 그가 하스몬 왕국의 상속자라는 점을 가결했다. 뿐만 아니라 로마의 군대를 데리고 가서 파르티아를 축출하고 예루살렘에서 왕좌를 획득할 것을 승인하기까지 했다.

그렇지만 헤로데와 로마의 지배자들은 몇 가지 장애와 맞부딪혔다. 왕위 찬탈자 안티고누스가 하스몬 왕가의 상속자로서 파르티아 군사력의 원조를 받으며 갈릴리 지역 대부분과 사마리아, 유대 지역을 여전히 다스리고 있었던 것이다. 게다가 헤로데의 형 파사엘은 살해당했고 가족들은 마사다에 그대로 머물고 있었다. 마사다는 이미 파르티아에 의해 포위당한 상태였다.

헤로데는 3년에 걸친 격렬한 전투 끝에 예루살렘으로 진격해서 공격을 감행할 수 있었다. 그 사이에도 헤로데는 갈릴리 지역에서 반대 세력과 극심한 대치를 해야만 했다. 안티고누스 세력뿐만 아니라 요세푸스가 '강도떼'라고 말했던 저항세력도 그의 귀환을 막으려 애

를 썼던 것이다. 이런 게릴라군 상당수는 갈릴리 호수에 인접한 아르벨 고원의 부드러운 석회암 암석에 동굴을 파놓고 가족들과 함께 숨어 지냈다. 이들을 쫓아내기 위해 헤로데는 우리에 병사들을 가득 채운 뒤 산꼭대기부터 아래로 내려서 동굴 입구에 댔다. 동굴 입구와 우리가 나란해지면 병사들은 투창과 갈고리, 불을 이용해서 공격했다. 동굴에서 발견된 사람은 남녀노소를 막론하고 무자비하게 살육했다. 그런 식으로 헤로데는 자신이 갈릴리로 복귀했음을 선포했다. 이번에는 절대로 갈릴리를 떠나지 않을 작정이었다.

B.C.E. 37년에 이르러 헤로데가 주도한 유대의 로마 속국화가 완료된다. 이후 33년 동안 헤로데는 철권통치로 나라를 다스리면서 인근 다른 로마 분봉왕보다 월등히 많은 자치권과 자유를 누렸다. 그러나 많은 유대인이 자신을 이방인으로 여긴다는 사실을 민감하게 자각했다. 예루살렘을 공격할 당시 안티고누스는 헤로데에게 "왕관을 받을 자격이 없는 사이비 유대교도 에돔인"이라고 맹렬하게 비난했었다. 아픈 데를 건드리는 말이었다. 〈신명기〉에서는 "같은 동족을 임금으로 세워야지, 동족이 아닌 외국인을 임금으로 세우면 안 된다."(신명기 17:15)라는 말로 이 점을 분명히 했다.

새로운 왕은 이런 한계를 극복하기 위해 하스몬 왕조의 공주이자 아리스토불로스 2세의 손녀인 마리암네과 결혼했다는 사실을 강조했다.

또 이 결혼으로 하스몬 왕조의 차기 왕위계승자인 마리암네의 남동생 아리스토불로스 3세의 발목을 잡아두는 부가이익도 거두었다. 헤로데는 유대인들이 로마 주화에 대해 혐오감

B.C.E. 37년경 헤로데의 군대는 아르벨 고원에 있는 동굴을 샅샅이 뒤져 하스몬 왕조의 계승자 안티고누스에게 충성을 바친 반란군을 쫓아냈다.

로마에서 가장 값비싼 통화 단위로 유통된 아우레우스 금화(46쪽). 옥타비아누스와 안토니우스, 레피두스의 삼두정치를 기념하기 위해 B.C.E. 43년에 주조되었다.

을 갖고 있다는 사실을 아주 잘 알았다. "우상을 새겨"놓는 일을 성경에서 금지했기 때문이다. 그래서 헤로데의 치세기간 동안 유대 지역에서 사용하기 위해 주조된 모든 주화에는 로마 황제의 초상이나 다른 생물을 표현하는 일이 없었다.

그렇지만 헤로데는 진심으로 로마의 충복임을 고백하고 아우구스투스의 팔레스타인 지역 '헬레니즘화' 정책을 열렬히 따르면서 그리스−로마 형식으로 거대 도시를 건설하는 프로젝트를 수행했다. 헤로데에게 헬레니즘화와 유대교 교리는 상반되는 게 아니라 양립할 수 있는 가치였다.

헤로데의 요새

헤로데는 가장 먼저 왕국 주변에 수많은 요새를 기반으로 하는 공고한 방어벽을 구축했다. 이런 요새 중 몇몇은 유명한 구릉지나 절벽 꼭대기에 위치했다. 파사엘과 아내 마리암네 그리고 그 자녀들이 피난했던 마사다나 높은 산 위에 자리잡은 헤로디온(Herodion)이 좋은 예다. 마사다와 헤로디온 요새에는 화려한 궁 건물이 더해졌다.

이런 궁은 헤로데가 여가를 즐기는 용도로 이용하거나 위기상황에서 몸을 숨기는 피신처로 사용되었다.

마사다의 궁에는 커다란 수조가 증축되어 비를 모아둘 수 있었다. 이 물은 음용수로 사용

예루살렘에서 북쪽으로 약 13킬로미터 떨어진 헤로디온은 헤로데 대왕이 B.C.E. 24년에서 B.C.E. 15년 사이에 세운 것으로 왕궁이자 왕릉으로 사용되었다.

이 도표(49쪽)는 화산과 같은 언덕 꼭대기에 헤로디온이 건축된 방식을 보여줄 뿐만 아니라 탑을 기반으로 하는 요새와 묘 그리고 거대한 계단을 이용해 접근했던 화려한 궁 건물의 전모를 알려준다.

가이사리아에서 나온 프리즈 파편. 로마 제정 초기 미술사조에 매료되었던 헤로데 시대의 건축가와 조각가들의 예술적 수완을 보여준다.

하거나 헤로데가 마련한 로마양식의 정교한 목욕탕 시설을 채우는 데 쓰였다. 북쪽에는 가파른 절벽 꼭대기에 위태롭게 지어진 3층짜리 '공중에 매달린 궁'이 있었다. 이곳에서 왕과 그의 손님들은 유대 광야와 사해가 내려다보이는, 숨막히게 아름다운 전망을 즐겼다.

그 못지않게 아름다운 전망을 자랑하는 헤로디온은 예루살렘에서 북쪽으로 약 13킬로미터 떨어진 부지의 주변 지형을 활용했다. 60미터 높이의 화산 모양 구릉지에 위치한 헤로디온을 건축하면서 중턱을 흙과 바위로 채워, 특유의 끝이 잘린 원뿔 모양을 만들었다. 이 형태는 지금도 고스란히 보존되어 있다. 요세푸스의 기록에 의하면 "구릉지 기슭에 대단히 놀라운 규모의 공원들이 있었다. 부족한 물을 많은 비용을 들여 멀리서 끌어오기 위해 만든 것이기도 했다." 궁이 있는 또 다른 성채는 오늘날 요르단 지역인 사해 건너편, 마케루스(Machaerus)의 하스몬 요새 유적지 꼭대기에 세워졌다. 이 지역은 신약 시대에 페레아(Perea, 베레아)라고 불렸다. 마케루스 성채는 세례자 요한의 이야기에서 빠질 수 없는 중요한 장소가 된다.

헤로데의 도시 개발사업

왕국을 빙 둘러 성채로 방비를 마친 헤로데는 자신의 왕국을 아름답게 꾸미는 데 전념했다. 나머지 30년의 재위기간 동안 그는 레반트(Levant)에서 유례를 찾을 수 없는 규모로 건축사업을 벌여나갔다. 그 첫 번째는 최첨단 기술을 이용해 지중해 연안에 거대한 항구를 건설하는 일이었다. 표면적으로 이 개발사업은 이치에 맞는 일이었다. 유대와 사마리아, 갈릴리에 산업적 규모를 갖춘 주요 항구가 없어서 대부분의 교역이 띠로와 시돈을 비롯한 외국의 항구를 통해 이루어졌기 때문이다.

그러나 한편으로는 팔레스타인에 그런 정도의 대형 항구가 건설될 이유가 없었다. 교역을 할 정도로 잉여농산물을 생산한 적이 한 번도 없기 때문이다. 하지만 헤로데 치하에서는

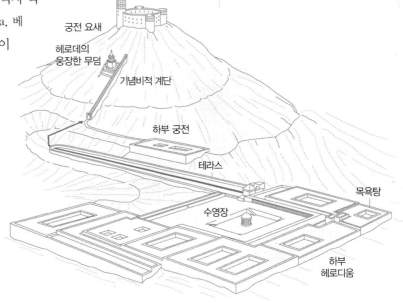

궁전 요새

헤로데의 웅장한 무덤

기념비적 계단

하부 궁전

테라스

목욕탕

수영장

하부 헤로디움

가이사리아의 도시와 항구

헤로데는 가이사리아 항구를 건설하면서 로마에서 가장 재능이 뛰어난 설계자와 기술자들의 힘을 빌렸다. 선창이 아예 없었기 때문에 건축가들은 수문이 있는 두 개의 거대한 방파제를 만들었다. 지중해로 488미터 길이까지 뻗어나간 이 방파제는 여러 척의 화물선을 수용할 수 있었다. 최근 진행된 수중 발굴을 통해 건축가들이 수경성 콘크리트(화산 모래와 경석, 석회를 섞은 회반죽)을 이용해 이런 개가를 이루었음이 밝혀졌다. 현장의 바다 밑에 대형 나무 궤를 고정해놓고 거기에 회반죽을 부었던 것이다. 가이사리아라는 도시 자체도 이에 못지않게 인상적이다. 저 유명한 로마식 격자 패턴을 이루는 이 도시는 하수도와 극장, 포럼, 전차경기를 위한 히포드롬 경주장과 더불어 로마의 목욕탕 시설까지 갖추고 있었다.

아우구스투스의 로마 개보수 사업을 본 뜬 이런 구조물 대부분은 하얀색 대리석과 우아한 열주로 둘러싸였다. 이 일로 지역민의 노여움을 사지는 않았다. 헤로데 치세 동안 가이사리아는 유대의 도시라기보다 이교도의 도시로 여겨졌기 때문이었다. 하지만 이후 수십 년이 흐르면서 상황은 달라져 많은 유대인이 가이사리아에 살게 되었다. 요세푸스가 증언했듯이 C.E. 66년 유대 전쟁이 일어나기 전날 밤, 로마의 병사들이 가이사리아에서 학살한 유대인은 수천 명에 이른다.

토목공사의 개가로 손꼽히는 세바스토스 항의 방파제. 그 끝에 거대한 등대가 있었다.

상황이 달라졌다.

이 새로운 항구에는 새롭게 설계된 도시가 세워졌다. 스트라토의 탑(Strato's Tower)이라 불리던 과거 정박지에 들어선 이 도시에 헤로데는 가이사리아(Caesarea)라는 이름을 붙였다(옥타비아누스 카이사르와 그의 양부 율리우스를 기리는 의미에서 지은 이름이다). 그리고 항만단지는 세바스토스(Sebastos)라고 이름지었다. 이 역시 황제에게 바친다는 의미였다(세바스토스는 아우구스투스를 그리스어로 바꾼 명칭이다). 복음서에서는 예수가 가이사리아를 방문했다는 기록을 찾을 수 없다. 하지만 〈사도행전〉에서는 그의 사도 시몬 베드로와 필립보, 바울이 가이사리아를 찾아간 일에 대해 묘사한 것을 볼 수 있다.

겨울에도 기후가 온난한 것으로 유명한 예리코(Jericho, 여리고)에는 당대 알려진 모든 사치품을 갖춘 환락궁이 세워졌다. 인근에 위치한 와디 켈트(Wadi Qelt)에서 나는 샘물을 끌어다가 화려한 정원을 꾸며 야자수를 키우고 로마 양식의 목욕탕과 커다란 수영장을 유지하는 데 사용했다. 이런 시설 대다수의 바닥은 복잡한 모자이크 장식으로 꾸며졌다. 헤로데의 이교도적 사치품에 대한 선호는 헬레니즘 양식에 따라 건설하고 개조한 가이사리아나 예리코를 비롯한 도시에만 적용된 것이 아니었다.

헤로데는 "인간과 들짐승이 싸우는 것을 비롯해 다양한 종류의 시합"을 위해 예루살렘의 한가운데에 극장과 히포드롬 광장, 원형극장을 지었다고 요세푸스는 전해준다. "이는 유대인의 심기를 크게 상하게 만들었다." 헤로데는 또한 예루살렘의 상부도시에 귀금속으로 치장한 웅장한 궁을 자신을 위해 세웠다. 그 흔적은 현재 거의 남지 않았지만, 학자들은 연회장과 목욕탕 그리고 헤로데의 많은 측근들이 머물 침실을 갖춘 두 개의 건물이 서로 마주선 형태였을 것이라고 추정한다.

유대인 일부에서는 노골적인 우상 숭배와 과시하는 듯한 헤로데의 이교도적 발상을 견디기 힘들어했다. 그래서 새로 지은 극장에서 공연을 벌이는 동안 헤로데를 살해하자는 모의가 있었다. 하지만 모의는 적발됐고 이에 가담한 사람들은 밀고자까지, 말 그대로 난도질당해 개의 먹이로 던져졌다.

제2성전

이렇듯 국가 재정의 상당부분을 이교도적 구조물 건축에 사용한 헤로데는 유대 백성들에게 회유성 행동을 취하는 게 적절하다고 느꼈을 것이다. 정말 그렇게 생각한 것이라면 헤로데의 행동은 그야말로 통 큰 일이었다. 그 중심에 예루살렘 성전이 있었다. 제1성전은 솔로몬 시대에 지어졌다가 B.C.E. 586년 신바빌로니아 왕 느부갓네살에 의해 무너졌다. 그로부터 7년 후, 히브리어 성경의 예언자 하깨(Haggai)와 즈가리야(Zechariah)가 말한 대로 페르시아 키루스 대왕의 후원 아래 다시 지어졌다. 이런 까닭에 역사학자들은 B.C.E. 515년에서 C.E. 79년 사이의 기간을 제2성전 시대(Second Temple Period)라고 부른다.

예수 출생 이전의 2세기 동안 제2성전은 유대교 신앙의 중심이 되었다. 복음서에서 제사장이라 설명한 사람들이 속한 성직자 집단은 B.C.E. 2세기 이후 성전에서 드리는 희생제를 전담했다. 그렇다고 해서 사제들만 성전에서 일하는 것은 아니었다. 일과 운영은 평신도를 포함한 수백 명의 관리들이 맡았다. 하지만 예수 시대에 전체적인 성전 제의는 사두개파(Sadducees)의 통제 아래 놓여 있었다. 최상층 귀족계급인 이들은 예루살렘 상부도시의 최고급 저택에서 살았다. 이들의 재산 대부분은 로마제국 전역 유대 공동체가 바친 십일조를 기반으로 한 성전의 자금, 즉 코르반(korban)을 유사 중앙은행처럼 활용하면서 축적한 것이었다. 유대교의 자치세인 성전세 추심은 로마의 비호와 조력 아래 이루어졌고, 엄청난 액수의 돈이 성전의 돈궤로 흘러들어갔다. 이로 인해 사두개파의 권력은 한층 강화되었다. 복음서에서 사두개파에 대한 반감을 표출한 것도 이런 연유에서다.

헤로데 역시 사두개파가 성전 운영권을 유지하는 걸 허락했다. 하지만 곧 바빌로니아에서 제사장 가문을 데려와 대사제를 비롯한 고위직에 임명했다. 이들이 자신을 후원한 헤로데에게 충성하는 것은 자명한 일이었다.

헤로데는 의도적으로 기존 유대 최상층 계급의 지위를 약화시켰다. 하스몬 왕조의 영향을 받았고 그때부터 재산을 쌓아온 사람들이기 때문이었다. 이렇게 외부에서 데려온 제사장 가

재위 18년 되던 해에 헤로데는 자비로 예루살렘 성전을 확장하고 재건축하기 시작했다. 이것이 자신의 가장 큰 업적이 되리라는 걸 알고 있었다.

요세푸스, 《유대 고대사》
C.E. 95년경

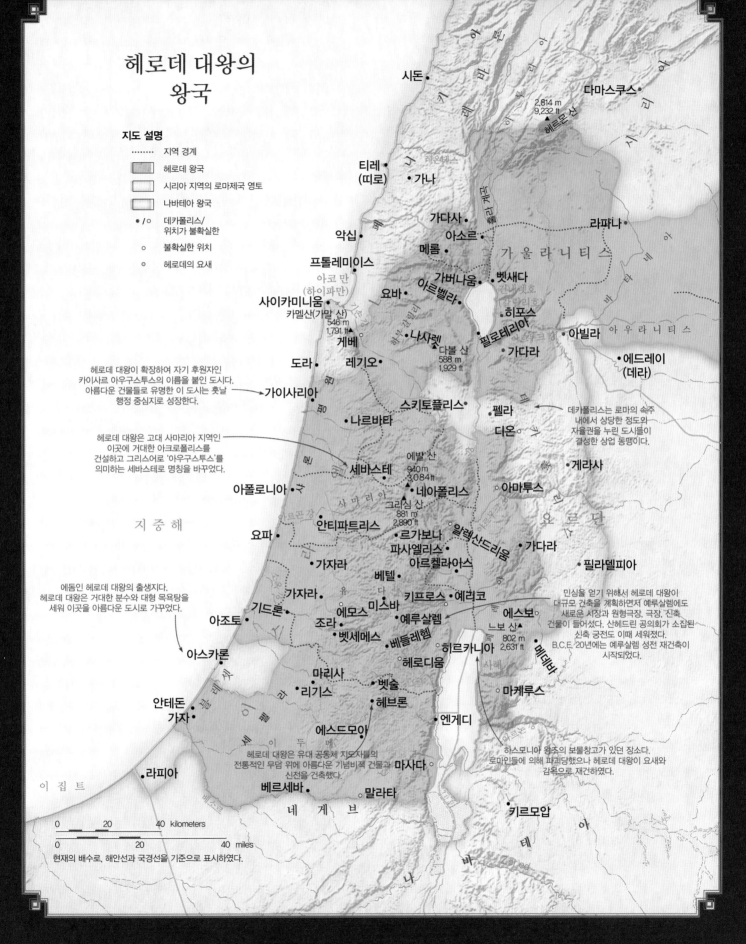

헤로데 대왕의 왕국

지도 설명

- **········** 지역 경계
- 헤로데 왕국
- 시리아 지역의 로마제국 영토
- 나바테아 왕국
- **• / ○** 데카폴리스/ 위치가 불확실한
- **○** 불확실한 위치
- **◉** 헤로데의 요새

헤로데 대왕이 확장하여 자기 후원자인 카이사르 아우구스투스의 이름을 붙인 도시. 아름다운 건물들로 유명한 이 도시는 훗날 행정 중심지로 성장한다.

헤로데 대왕은 고대 사마리아 지역인 이곳에 거대한 아크로폴리스를 건설하고 그리스어로 '아우구스투스'를 의미하는 세바스테로 명칭을 바꾸었다.

에돔인 헤로데 대왕의 출생지다. 헤로데 대왕은 거대한 분수와 대형 목욕탕을 세워 이곳을 아름다운 도시로 가꾸었다.

헤로데 대왕은 유대 공동체 지도자들의 전통적인 무덤 위에 아름다운 기념비적 건물과 신전을 건축했다.

데카폴리스는 로마의 속주 내에서 상당한 정도의 자율권을 누린 도시들이 결성한 상업 동맹이다.

민심을 얻기 위해서 헤로데 대왕이 대규모 건축을 계획하면서 예루살렘에도 새로운 시장과 원형극장, 극장, 진축 건물이 들어섰다. 산헤드린 공의회가 소집된 신축 궁전도 이때 세워졌다. B.C.E. 20년에는 예루살렘 성전 재건축이 시작되었다.

하스모니아 왕조의 보물창고가 있던 장소다. 로마인들에 의해 파괴당했으나 헤로데 대왕이 요새와 감옥으로 재건하였다.

시돈

다마스쿠스

2,814 m
9,232 ft
헤르몬 산

티레 (띠로)

가나

가다사

아소르

라파나

악십

메롬

벳새다

프톨레미이스

가버나움

아르벨라

히포스

아코 만
(하이파만)

요바

사이카미니움

카멜산(가말 산)
546 m
1,791 ft

나사렛

필로테리아

아빌라

게베

다볼 산
588 m
1,929 ft

가다라

에드레이 (데라)

도라

레기오

가이사리아

스키토플리스

펠라

나르바타

디온

게라사

에발 산
940 m
3,084ft

세바스테

네아폴리스

아마투스

아폴로니아

사 마 리 아

그리심 산
881 m
2,890 ft

안티파트리스

요르단

요파

르가보나

알렉산드리움

가다라

파사엘리스

필라델피아

가자라

아르켈라우스

베텔

키프로스

예리코

에스본

느보 산
802 m
2,631ft

메데바

지 중 해

가자라

미스바

예루살렘

기드론

에모스

조라

벳세메스

베들레헴

히르카니아

아조토

헤로디움

아스카론

마리사

벳술

헤브론

마케루스

엔게디

안테돈

리기스

가자

에스드모아

네 게 브

마사다

말라타

라피아

베르세바

이 집 트

키르모압

가 울 라 니 티 스

아 우 라 니 티 스

요 르 단

0   20   40 kilometers

0   20   40 miles

현재의 배수로, 해안선과 국경선을 기준으로 표시하였다.

라벤나의 '성 아폴리나 누보(St. Apollinare Nuovo)에 있는 서기 6세기 모자이크 작품. 사두개파와 바리새파의 비유를 묘사하고 있다.

사두개(사두가이)파와 바리새(바리사이)파

히브리어로 차디킴(tsaddiqim, 의인)이라고 불리던 사두개파에 관해 우리가 아는 것들은 사실상 복음서와 요세푸스 저서 그리고 이보다 후대에 씌어진 바리새파에 관한 문헌에서 찾은 내용들이다. 사두개라는 말의 어원은 솔로몬의 대사제 사독(Zadok)에서 유래한 것으로 추정된다. 보수적인 이들은 예언서와 율법서인 《토라》외에 다른 경전은 인정하지 않았다. 그래서

영혼불멸설이나 사후세계에 관한 주장을 거부했다. '분리된 자'라는 의미의 히브리어 '페루쉼(perushim)'에서 유래한 바리새파는 성전 구역뿐만 아니라 일상생활에도 유대교 율법을 적용하는 데 헌신적이었던 사제와 독실한 평신도로 구성되었다. 사두개파가 주요한 속제 행위로 희생제를 강조한 반면 바리새파는 유대인이 모든 일에서 하느님을 기쁘게 해야 한다고 생각했다. 사

두개파는 히브리어 성경의 문헌을 불가해한 것으로 생각했지만 바리새파는 성경을 일상생활에 적용하는 문제를 두고 토론을 벌이고 다양하게 해석했다. 그 결과 지혜와 성서 해설을 집대성한 구전 율법(Oral Law)이 생겨났다. 또 바리새파는 영혼불멸설과 더불어 최후심판 이후 부활에 대한 믿음을 받아들였다. 이 두 개념은 예수의 가르침에서도 다시 나타난다.

문 사람 중 헤로데가 특히 총애한 안나스(Ananas)가 있다. 안나스의 사위인 가야바(Caiaphas, 가야파)는 얼마 지나지 않아 예수를 재판하게 된다.

성전 증축

이런 식으로 성전 운영권을 장악한 헤로데는 수수한 외관을 갖춘 제2성전을 증축해 이집트의 카르나크 신전에 버금가는 대형 성소로 탈바꿈시키기로 한다. 로마제국에는 화려하게 꾸민 종교회합 장소가 많았다. 이들 대부분은 그리스에서 유래한 것이었다. 에페소의 웅장한 아르테미시움(Artemisium)이나 아테네의 아크로폴리스 그리고 오늘날 터키 디딤(Didim)에 해당하는 디디마(Didyma)의 정교한 아폴로 신전 등이 좋은 예다. 이런 성지에는 대개 높은 열주나 콜로네이드가 지붕을 떠받치는 거대한 신전에 얕은 양각 문양과 조각상을 과할 정도로 많이 넣었다. 그러나 헤로데는 이 같은 전형적 그리스 양식을 따를 수 없었다. 제2성전은 시리아와 페니키아 지역의 메가론 건축양식을 지닌 수수한 구조물이었기 때문이다.

헤로데는 그리스 양식을 완전히 뒤바꾸어놓은 형태를 설계했다. 코린트 양식의 기둥과 조형물이 놓인 대형 열주랑이 거대한 옥외 울타리가 되어, 예루살렘 중심에 있는 성전을 찾는 수천 명의 신자들을 모두 수용할 만큼 거대한 빈터를 조성하기로 했다. 이 울타리를 빙 돌아 수십 개의 부수적인 건물을 배치한 것이다. 그 중에는 다양한 기능을 하는 실내공간과 로열 스토아(Royal Stoa)라 알려진 지붕 덮인 대형 행각도 있었다. 바실리카 양식의 이 구조물에서는 산헤드린 공의회(The Sanhedrin)가 열렸고 개방된 회랑에서는 다양한 행정활동과 민간활동이 벌어졌다. 로마제국의 다른 행각을 모방한 것이었다.

그런데 문제가 있었다. 예루살렘 성전은 평지가 아닌 구릉지 꼭대기에 자리잡고 있었다(모리야 산Mount Moriah이나 시온 산Mount Zion 중 하나로 추정하지만 정확한 위치는 여전히 논란거리다). 헤로데가 생각한 거대한 안뜰을 조성하기 위해서 건축가는 구릉지를 부유식 플랫폼으로 만들어야만 했다. 거대한 아치와 옹벽의 지지가 필요했다. 예루살렘 하부 도시 위로 치솟을 정도로 높이 세워진 이 옹벽 중에는 지금까지 남아 '서쪽 벽(Western Wall)' 또는 '통곡의 벽(Wailing Wall)'이라 불린다. 현재 이곳은 예루살렘 최대의 성지가 되었다. 자그마치 예루살렘 면적의 6분의 1 정도에 해당하는 이 거대한 광장에 접근하기 위해서는 공중에 매달린 듯한 서쪽의 계단 두 곳을 통과해야 했다.

계단을 지탱하고 있는 것은 아치형 구조물이다. 이 아치 구조물 일부는 현재까지 남아 로

제2성전의 모형. 화려하게 장식된 파사드는 유대의 역사학자 요세푸스가 묘사한 대로 금으로 꾸며져 있다.

빈슨 아치(Robinson's Arch)라고 불린다. 이 계단을 따라가면 남쪽의 이중문이 나온다.

성전 증축공사는 B.C.E. 22년에 시작되어 예수가 수난당하기 전 성전을 방문한 때에도 진행 중이었다. 헤로데의 설계가 워낙 대규모여서 C.E. 62년에야 완공되었다. 최근 헤로디온 성벽 아래서 발굴된 주화가 이를 입증해준다. 제2성전은 완공 후 단 8년 동안만 유지되었다. 유대 전쟁이 끝나갈 무렵 로마 장군 티투스(Titus, 디도)에 의해 파괴된 것이다.

헤로데의 무덤

♚

세푸스는 헤로데가 묻힌 곳이 헤로디온의 성채라고 전하고 있다. 이 요새는 1963~1967년에 비르힐리오 코르보(Virgilio Corbo)가 발굴했지만 그 후 수년 동안 헤로데의 무덤을 찾는 일은 수포로 돌아갔다. 그러던 중 2007년 5월, 에후드 네쩨르(Ehud Netzer)가 이끄는 이스라엘 고고학자 팀이 원뿔 모양의 독특한 구릉지 중간쯤에서 무덤 하나를 발견했다. 이들은 수영을 하거나 작은 배를 띄울 정도의 대형 수조를 갖춘 "현대의 컨트리클럽과 같은 궁전 리조트"를 먼저 찾아냈다. 또 거대한 계단도 발굴했는데, 그 끝에 아름답게 꾸민 능이 있었다. 18개의 기둥으로 둘러싸인 둥근 형태의 이 구조물은 예루살렘 키드론 골짜기(Kidron Valley)의 압살롬의 무덤(Tomb of Absalom)과 다르지 않았다. 그리고 근처에서 세 개의 석관이 발견되었다. 이중 하나는 분홍색의 예루살렘 라임스톤을 조각해 만든 것으로 헤로데의 시신을 보관했던 것으로 추정된다. 에후드 네쩨르는 2010년에 헤로디온을 다시 찾아 더 많은 유물을 발굴했지만, 추락사고로 목에 부상을 당하고 이틀 후 사망했다.

헤로데의 재원

헤로데가 예루살렘 성전 증축으로 유대 백성의 사랑을 받을 거라 기대했다면 얼마 지나지 않아 크게 실망했을 터이다. 헤로데의 통치로 이익을 얻는 도시 상류층과 그의 최측근을 제외하고 유대인 대다수는 그를 철저히 경멸했다. 건축에 대한 왕의 열망을 충족시키기 위해 대규모 기금을 조성하는 방식이 그 원인이기도 했다. 이미 언급했듯 팔레스타인에는 특별한 천연자원이나 광물자원이 없었다. 요세푸스가 유감스러운 어조로 기록했듯이 "해양국가도 아니고 상업을 즐겨 하는 나라도 아니었다. (…) 사람이 살 만한 비옥한 땅이 있으니 그것을 경작하느라 애쓸 따름이었다." 헤로데는 이집트의 클레오파트라 여왕과 맺은 사업독점권으로 수익을 거두고 있었다. 선박 건조에 필요한 아스팔트를 사해에서 추출하거나 예리코 인근의 다양한 대규모 농장 작물을 이용하는 식이었다. 또 키프로스(Cyprus)의 구리광산에서도 수익을 거두었다. 이것은 로마에서 임대한 것이었다. 하지만 이 모든 것을 합해도 헤로데의 야심찬 건축 계획에 필요한 기금을 충당할 수 없었다.

헤로데의 왕국에 풍부한 단 하나의 자원은 비옥한 골짜기였다. 갈릴리의 농경지역이 대표적이었다. 히르카누스 시대에 갈릴리 총독으로 일했던 헤로데는 그런 사정을 잘 알고 이 지역 농민들에게 무거운 세금을 부과해 카시우스의 군대가 전열을 갖추는 데 도움을 주기도 했다. 안토니우스가 옥타비아누스의 군단과 대치했을 때에도 헤로데에게 악티움 전투를 치를 군사력을 모으기 위한 지원을 요청했다. 요세푸스에 의하면 헤로데가 그런 일을 할 수 있었던 것은 "시골지역에서 풍부한 작물을 생산해 바쳤기 때문이었다." 왕이 된 헤로데는 이런 정책을 더욱 강경하게 밀어붙였고, 갈릴리는 유대 왕국의 여타 지역에서 진행되는 모든 공사의 기금을 조성하기 위해 이용되었다.

전통적으로 갈릴리의 농부는 두 종류의 기관에 세금을 냈다. 하나는 성전이고 다른 하나는 나라를 다스리는 통치 권력이었다. 성경에 의하면 이스라엘의 토지는 하느님의 땅이며 이스라엘 백성들은 주님의 처분에 따라 맡겨진 땅을 경작하는 소작농에 불과하다.

그러므로 추수한 곡식의 한 몫은 정당한 소유주에게 되돌려주는 것이 합당하다. 이 경우 지상에서 주 하느님을 대변하는 사제와 사제를 섬기는 레위 사람들에게 돌려줘야 한다. 〈민수기〉에서는 수확의 10분의 1은 레위 사람들에게 주어야 한다고 말하면서 "타작마당에서 모은 곡식과 술틀에서 짜낸 포도즙에서 떼어 바치는 것"(민수기 18:27)도 포함시켰다. 농민들은 7년에 한 번씩 오는 안식년에만 십일조의 의무를 면제받았다. "땅을 아주 묵혀"(레위기 25:4) 안식년을 지켜야 했기 때문이다. 그리고 매년 반 세겔의 돈을 성전세로 냈다. 이 성전세는 모든 유대인 남성에게 부과되는 것으로 로마제국 전역에 있는 유대 공동체가 해당되었다.

하지만 가장 부담스러운 세금은 세속 정권이 부여한 것이었다. 유대와 사마리아와 갈릴리 지역을 누가 언제 다스리는가와 상관없이 가장 혹독한 세금이었다. 아시리아가 갈릴리를 점령했을 때 농민들은 아시리아의 므기또(Megiddo, 므깃도)에 세금을 내야 했다. 페르시아인들은 (유프라테스 강 건너편에 있는) 아바르-나하르(Abar-Nahara)로 알려진 페르시아 제5관할구의 속주를 통해 갈릴리의 세금을 뜯어간 반면, 알렉산드리아의 프톨레마이오스는 갈릴리아(Galila)라는 초강경 정부의 지배를 받게 했다.

셀레우코스 왕조의 안티오쿠스 3세가 프톨레마이오스 5세를 물리친 후 셀레우코스 제국

2007년 5월, 고고학 팀이 헤로디온 산기슭에서 발굴한 능 유적지. 헤로데 대왕의 사체가 담겼을 것이라 추정되는 분홍색 석관도 있었다.

성전 벽의 서쪽 모퉁이 근처에서 발견된 석재 용기에 새겨진 이 글(56쪽)은 아래 새겨진 두 마리 비둘기를 비롯한 제물을 언급하고 있다.

오늘날에도 농민들은 수확한 곡식 줄기를 공중에 날려서 알갱이와 쭉정이를 구분하는 유서 깊은 방법을 사용한다.

15세기에 그려진 플랑드르 채색 필사본의 삽화(59쪽). '포도밭과 일꾼들'을 묘사했다.

은 갈릴리를 또 다른 행정단위인 사마리아 주로 흡수통합시켰다. 갈릴리가 하스몬 왕가에게 정복당해 유대 왕국에 부속되면서 납세 관리인의 정체성은 다시 한 번 변한다. 이번에는 예루살렘의 하스몬 왕가에게 세금을 바치게 된 것이다. 이 모든 상황 아래서 갈릴리의 농민들은 충실히 세금을 냈다. 통치하는 왕이 페르세폴리스(Persepolis)에 있든 알렉산드리아나 다마스쿠스에 있든 혹은 예루살렘에 있든 상관없었다.

하지만 헤로데 왕을 맞으면서 상황은 극적으로 변했다. 헤로데는 자신이 독자적인 군주인 양 굴었지만 실상은 로마에 많은 공물을 바쳐야만 하는 분봉왕에 불과했다. 그래서 백성들에게 부과하는 세금을 두 배로 올렸다. 외국의 통치자나 유대 왕 중 하나에게만 세금을 내던 갈릴리의 농민들은 이제 그 둘 모두에게 세금을 바쳐야 하는 처지가 되었다. 리처드 호슬리(Richard Horsley)에 의하면 갈릴리의 농민들은 "3중으로 세금을 내야만 했다. 헤로데에게 내는 세금과 로마에 내는 공물 그리고 성전과 사제들에게 바쳐야 하는 십일조와 제물이 그것이었다."

이것으로도 충분하지 않았던 헤로데는 갈릴리 농민의 고혈을 쥐어짤 또 다른 방법을 생각해냈다. 소금세, 낚시세, 지역을 이동할 때마다 선적 화물에 부과하는 관세에다 상품을 '제조'하는 원료에도 세금을 부과했다. 소금에 절인 생선을 만드는 데도 과세를 할 정도였다. E. P. 샌더스(Sanders)와 같은 학자들은 농민의 수확량 중 28~33퍼센트 정도가 십일조와 온갖 세금을 충당하는 데 사용되었을 것이라고 추정하며, 호슬리는 40퍼센트에 달할 것이라고 믿는다. 이런 수치는 로마제국의 다른 지역에 부과한 세율과 확연한 대조를 이룬다. 이집트 농민의 경우 수확량의 9~12퍼센트 정도를 세금으로 냈기 때문이다.

갈릴리 농민들에게 미친 경제적 충격

가구당 농업생산량과 잦은 가뭄을 비롯한 자연재해를 감안할 때 갈릴리에 새로운 세금을 부과하는 건 지속불가능한 일이었다. 헤로데 역시 이런 상황을 잘 알았다. 세리에게 땅을 담보로 돈을 빌렸다가 압류당하는 일을 피하기 위해 농민들은 계속 빚을 내고 있었기 때문이다. 가족을 부양하기 위해 미래의 수확물을 저당잡히는 형태가 된 것이다. 이런 임시 방책을 수십 년간 되풀이하며 지내는 상황은 예수의 가르침에도 스며들어 있다. 루가의 복음서를 보면 '기름 백 말'이나 '밀 백 섬'이라는 충격적인 빚을 진 채권자의 이야기가 나온다. 이자율이 25~50퍼센트에 이른다는 사실도 알 수 있다(루가 16:7). 이렇듯 터무니없는 조건은 농민을 빈곤의 나락으로 떨어뜨려서, 지주가 가난한 사람의 땅을 압류하는 시간을 단축시켰다.

조상대대로 물려받은 작은 땅에서 농사를 지어온 농민들은 터전을 몰수당한 뒤 지역 토호나 제사장, 헤로데의 중추세력에 속하는 고관들에게 팔려가거나 터무니없는 헐값에 노동력을 제공했다. 상층부 사람들의 머릿속에는 수출가능한 양질의 곡물을 대규모 단일경작으로 더 많이 생산해야 한다는 생각뿐이었다. 이런 경작지를 관리하는 청지기는(루가 12:42, 16:1, 16:8 등의 복음서에서 프로니모스(phronimos, 지혜 있는 사람)나 오이코노모스(oikonomos, 관리인)라고 지칭한다) 갈릴리의 농민과 달리 로마제국 시장의 폭력성을 확실하게 인지하고 있었다. 헤로데가 가이사리아 항을 만든 것도 이런 이유에서였다. 세계적 규모의 로마 경제체제 아래서 거래할 잉여물자가 없었다면 대형 항구를 세울 필요조차 없었다.

가파르게 늘어가는 세금 부담은 갈릴리 사회구조에 파괴적인 영향을 미쳤다. 복음서에서 부자와 가난한 자 사이의 간극을 중심 주제로 삼고, 재산을 몰수당한 농민 무리가 예수를 따라다닌 사실만 봐도 이를 알 수 있다. 예수의 비유에는 '지주'와 지주를 대신해서 거대한 농경지를 관리하는 '청지기'에 관한 언급이 가득하다.

루가의 복음서에 실린 비유 중에는 "밭에서 많은 소출을 얻게 되어 '이 곡식을 쌓아둘 곳이 없으니 어떻게 할까?' 혼자 궁리"하던 부자가 기존 창고를 헐어 더 큰 것을 짓고 거기에다 모든 곡식과 재산을 넣어두는 이야기가 있다. 이제 부자는 "많은 재산을 쌓아두었으니 실영국 출신 라파엘 전파 화가인 존 윌리엄 워터하우스(1849~1917)가 간통이라는 죄목 하에 남편 헤로데 대왕에게 사형을 언도받은 직후의 마리암네 초상(61쪽)을 그렸다.

컷 쉬고 먹고 마시며 즐"거야겠다고 생각한다. "그러나 하느님께서는 '이 어리석은 자야, 바로 오늘 밤 네 영혼이 너에게서 떠나가리라. 그러니 네가 쌓아둔 것은 누구의 차지가 되겠느냐?'고 말한다(루가 12:16-20).

마르코와 마태오의 복음서에 나오는 사악한 소작인의 이야기는 조세 및 금리 부과 방식에 대해 예수가 잘 알고 있었음을 알려준다. 수확철이 시작되면, 지주들은 조사관 자격을 부여한 노예를 보내 모든 작물을 철저히 감시했다. 운 사나운 감시관이 소작농에게 매를 맞고 "빈손으로 되돌려보내"졌다는 예수의 비유는 소작농이 지주에게 느끼는 깊은 원한을 잘 보여준다(루가 20:10). 마찬가지로 세무 징수관인 세리가 복음서에서 혐오의 대상으로 다뤄지는 것도 쉽게 수긍할 수 있다. 요약하자면 갈릴리는 다른 식민지 국가와 마찬가지로 경제적 압박과 착취에 시달리는 상황이었다.

> 사람들이 자신의 원수가 음모를 편다고 고발하면 왕은 그들을 죽였다. 공포 분위기가 일상을 지배했다.
>
> 요세푸스,《유대 고대사》
> C.E. 95년경

헤로데 통치의 종결

백성들의 반감이 날로 커지자 헤로데는 그 대응책으로 경찰국가를 설립했다. 관리와 시민들은 헤로데에 대한 충성서약을 강요당했으며, 대규모 군중집회는 금지되었다. 조금이라도 미심쩍은 사람은 헤로데의 비밀경찰에게 엄중한 감시를 받았다. 서로가 서로를 밀고하는 일이 장려되었다. "도시나 탁 트인 도로에서도 모여 있는 사람은 감시를 당했다." 요세푸스의 말이다. 체포당한 반체제 인사들은 헤로데의 요새로 보내져 재판도 없이 처형되었다.

헤로데 일가에서는 끊임없는 음모의 징후가 포착되었다. 첫 아내에게서 난 아들 안티파테르는 드러내놓고 헤로데의 두 번째 아내 마리암네의 자녀를 살해하려 했다. 왕위계승 경쟁자를 제거하기 위해서였다. 헤로데의 불신과 의심은 다섯 자녀를 낳아준 사랑하는 아내 마리암네에게도 미쳤다. 자신에 대한 음모를 꾸민다는 엉뚱한 의심에 사로잡힌 헤로데는 아내를 재판에 회부해버렸다. 재판정에는 마리암네의 친모가 기소자로 모습을 드러냈다. 마리암네는 처형당하고 친모도 곧 사형에 처해졌다. 아내가 죽고 한참 뒤에 헤로데는 "궁을 여기저기 배회하면서 아내의 이름을 부르고 시종들에게 아내를 데려오라고 명령했다."고 요세푸스는 말한다.

나이 들어가면서 헤로데의 피해망상증은 더욱 심각해졌다. 유대의 모든 '유력자'들을 잡아들여 예루살렘에 건설한 경기장에 가두라는 명령을 내렸다. 관리들에게는 자신의 죽음이 선포되는 즉시 그 인질들을 처형하라고 지시했다. 헤로데가 마침내 명을 달리한 것은 C.E. 4년 3월 혹은 4월의 일이다. 헤로데가 죽자 그의 누이 살로메는 경기장에 갇힌 사람들을 풀어주라는 명령을 내렸다.

이와 비슷한 시기, 나사렛(Nazareth, 나자렛)의 한 어린아이가 막 걸음마를 떼고 있었다.

CHAPTER

3

하부 갈릴리의 생활상

즈불룬과 납달리,
호수로 가는 길,
요르단 강 건너편,

이방인의 갈릴리.

마태오 4:15
C.E. 75년~90년경

3월 말~4월 초 무렵, 갈릴리 호 주변 언덕은 풍성한 봄 색깔로 가득 채워진다.

정치·문화적 측면에서 개별적 통일체를 이룬 갈릴리(갈릴래아)는 항상 유대의 중심지와 달랐다. 또 사방이 산으로 둘러싸이다시피 한 지형학적 요인에서도 차별화되었다. 요세푸스에 의하면 갈릴리는 상부 갈릴리(북부 갈릴리)와 하부 갈릴리(남부 갈릴리) 두 구역으로 나뉘었다. 요세푸스는 상부 갈릴리가 레바논의 리타니 강에서 '베르사베'(Bersabe, 아마도 아부 셰바Abu Sheba를 의미하는 것 같다)에 이르는 지역과 서쪽의 '메롯(Meroth)'에서 요르단에 이르는 지역이라고 말했다.

상부 갈릴리는 과거나 지금이나 하부 갈릴리에 비해 지형이 험하다. 높이 915미터 석회암 산봉우리가 즐비한 산지에 수많은 개울과 장관을 이루는 폭포가 새겨져 있다. 연간 강수량 111.76센티미터에 달하는 이 산악지대는 주요 상수원이기도 하다. 이런 요인 때문에 갈릴리 지역이 비옥한 듯하다.

지형적 경계선이 되는 하케렘 골짜기(HaKerem Valley) 아래가 하부 갈릴리다. 요세푸스에 따르면 동쪽의 프톨레마이스(Ptolemais) 평야(아꼬Acco)에서 남쪽의 다볼 산(Mount Tabor)과 벧 산(Beth She'an) 혹은 스키토폴리스(Scythopolis) 그리고 서쪽의 갈릴리 호수에 이르는 지역이다. 히브리어로 기노르(kinor)라 일컫는 하프 모양 갈릴리 호수는 히브리어 성경에서 긴네렛 호수(민수기 34:11)라고 불렸다. 이 지역 동쪽은 급경사를 이루는 현무암 고원지대여서 자연적 생장이 어려운 환경이었다. 따라서 이런 구릉지는 경작지 없이 나지막한 잡목과 풀들만 무성한 채 몇 마일씩 뻗어나갔다.

0 25 50킬로미터
0 25 50마일
현재의 국가명과 국경선.
해안선을 기준으로 한 지도.
자세한 것은 74쪽
'헤로데 왕국의 분할' 참조.

예수가 살던 당시에는 산마루에 드문드문 테레빈나무와 떡갈나무가, 산비탈에 캐럽나무와 유향나무가 자랐다. 조금 더 건조한 지역에는 때죽나무가 빽빽하게 들어섰으며, 북쪽 메론 산(Mount Meron) 근처에는 향나무와 삼나무가 밀집한 상태였다. 지역 토착종인 올리브나무는 특히 가족 단위로 경작하는 과수원에서 흔하게 볼 수 있었다. 은백색 올리브나무 잎사귀는 사람과 동물 모두에게 쾌적한 그늘을 제공했다. 올리브나무는 강인한 품종이라 수명이 길었다. 때로 수백 년 된 올리브나무도 볼 수 있었다. 대(大)플리니우스(Pliny the Elder)가 수령 1,600년으로 추정되는 신성한 올리브나무에 대해 이야기를 한 적도 있다. 하지만 올리브는 목재로 사용하거나 질 좋은 목공품을 만들기에는 적합하지 않았다.

갈릴리의 지형은 특유의 문화 정체성을 규정했다. 이스라엘 왕국 설립 초기부터 북쪽의 전초기지 역할을 하던 갈릴리는 항상 외국 영토에 둘러싸여 있었다. 북서쪽에는 시돈과 띠로로 이루어진 페니키아가 있어서 수세기 동안 헬레니즘의 영향력을 전달하는 역할을 해왔다. 북쪽에는 훗날 시리아라 불리게 되는 다마스쿠스-아람(Aram-Damascus)이, 동쪽에는 암몬(Ammon)과 모압(Moab, 후대에 나바테아로 불렸고 현재 요르단이라 불리는 지역)이 있었다. 따라서 갈릴리는 갈릴리 호와 인접한 축복받은 땅이었음에도 불구하고 일종의 소수민족 거주지가 되었다.

외세에 둘러싸인 완벽하게 둥근 땅이라는 점 때문에 갈릴리라는 지명이 생겼는지도 모르

겠다. 갈릴리의 어원은 히브리어로 '사람들의 원'이라는 의미인 가릴 하 고임(galil ha-goyim)의 축약어 하 −가릴(ha-galil)이기 때문이다.

성서 시대의 갈릴리

갈릴리는 이스라엘 민족에게 매우 매력적인 지역이었다. 성경에서 말하는 약속의 땅으로, 여호수아를 따라와 정착한 곳이기 때문이다. 〈여호수아서〉를 보면 갈릴리에는 총 네 개의 지파가 정착한다. 아셀 후손 파는 갈릴리 서부지역을 맡았고, 즈불룬(Zebulun) 후손 파는 카르멜과 나사렛 사이 갈릴리 중앙지역에 자리잡는다. 납달리(Naphtali) 후손의 지파는 갈리리 동쪽에 정착한다(여호수아 19:24-31). 그러는 사이 이싸갈(Issachar) 후손 파는 많은 이가 탐내던 에스드라엘론 평원(Plain of Esdraelon)을 받았다. 이즈르엘 평야라고도 알려진 이곳은 근동지역을 제외한 이스라엘에서 가장 비옥한 땅이었다(여호수아 19:17-23).

솔로몬 제국이 북왕국 이스라엘과 남왕국 유다로 나뉜 후 갈릴리의 농업은 급속도로 발전했고, 사마리아 지역을 장악한 새로운 중앙정부의 적극적인 조력을 받는다. 북왕국이 아

B.C.E. 860년경 님루드에서 발견된 인상적인 양각 세공. 아시리아의 병사들이 포획한 죄수들을 말뚝으로 찌르는 모습을 표현해 냈다.

사자 모양을 한 B.C.E. 8세기의 추(아래). 님루드에서 발굴한 것으로 2미나의 중량이다. 현재 무게단위로 환산하면 2파운드 4온스(1.02킬로그램)다.

시리아의 침략에 멸망했을 때에도 갈릴리 농부들은 공물만 제때에 내면 평화롭게 밭을 경작할 수 있었다. 상황이 달라진 건 아시리아의 새로운 왕 디글랏빌레셀 3세(Tiglath-pileser III, 재위 B.C.E. 745~727)가 모든 봉토를 합병하기 위해 남하하면서였다. 〈열왕기 하〉를 보면 디글랏빌레셀은 "게데스, 하솔, 길르앗, 갈릴리와 납달리 전 지역을 장악하고" 그 후에 "백성들을 사로잡아 아시리아로 끌고 갔다."(열왕기 하 15:29). 최근 유적 발굴을 통해 이런 식의 철저한 강제이송 탓에 갈릴리 인구가 극단적으로 감소한 사실이 밝혀졌다. 인구 감소는 너른 경작지를 위태롭게 만들었다. 그러자 아시리아는 퇴역군인과 제국의 다른 지역에서 터를 잃어 난민이 된 농민들을 모아 갈릴리 지역에 정착시키는 대책을 마련했다. 따라서 이사야는 갈릴리 지역을 "주님께서 즈불론 땅과 납달리 땅으로 멸시를 받게 버려두셨"다고 말했다(이사야 9:1).

이런 식의 강제 이주는 갈릴리의 인구통계학적 특성을 완전히 바꾸어 놓았다. 과거 단일민족 사회였던 갈릴리는 이제 다양한 문화와 언어가 뒤섞인 다민족 사회가 되었다. 외국인의 수가 너무 많아진 탓에 〈마태오 복음〉에서는 "이방인의 갈릴래아"라고 말했고(마태오 4:15) 이사야는 "이방 사람이 살고 있는 갈릴리 지역" (히브리어로 galil goyim, 이사야 9:1)이라고 적고 있다. 요시야 왕(B.C.E. 640~B.C.E. 609) 치세 동안 이스라엘 민족이 갈릴리 지역을 다시 장악했을 때 모든 이교도적인 영향을 씻어내려는 노력이 있었지만 이런 유예기는 짧기만 했다. 곧 바빌로니아 제국의 새로운 왕 느부갓네살(B.C.E. 605~B.C.E. 562)이 쳐들어와 예루살렘을 차지하고 파괴한 것이다. 그 와중에 갈릴리는 다시 한 번 바빌로니아에 병합되어 강제추방과 재정착의 과정을 거쳐야 했다. 바빌로니아 제국이 페르시아 왕 키루스 2세(B.C.E. 559~B.C.E. 530)에게 함락된 후, 두 명의 유대 출신 페르시아 관리 느헤미야(Nehemiah)와 에즈라(Ezra)가 유대 사회를 재건하라는 명을 받고 파견되었다. 하지만 이들은 철저하게 유다 왕국(현재 예후드라 부르는 지역)에만 집중하면서 갈릴리는 등한시했다. 사마리아를 비롯한 북쪽지역에서 유대 부흥운동에 합류하기 위한 탄원을 내고 예루살렘 성전 재건에 도움을 주겠다고 제안했지만 퇴짜를 맞았다(에즈라 4:1-2). 페르시아의 의도는 명백했다. 유다 왕국의 종교적 자율성을 허용하되, 갈릴리 지역은 그 대상에서 제외시킨 것이다.

갈릴리의 문화 변화

이렇게 갈릴리와 유대 사이는 점차 소원해졌다. 이런 불화는 예수 시대까지 이어져 유대인은 갈릴리 사람에 대한 편견을 갖게 되었다. 갈릴리를 '별종'으로 취급하는 시각은 알렉산더의 이스라엘 정복 이후 한층 강화되었다.

갈릴리에는 헬레니즘의 영향력이 불균형적으로 주입되었다. 페니키아와 셀레우코스 왕조의 지배를 받는 유대 시리아와 인접해 있었기 때문이다. 이 지역의 새로운 통치

하부 갈릴리의 들판. 고대 막달라(막달라 마리아의 고향으로 추정된다) 인근에 위치한 이곳은 오늘날에도 주요 농경지다.

농민의 농작물

갈릴리 농민은 대개 티스리(9~10월)나 마르헤스완(10~11월)에 파종할 수 있도록 땅을 일군다. 이 시기에 비가 내리기 시작하면 햇볕에 말라 단단해졌던 겉흙이 부드러워진다. 그러면 돌을 치우고 쟁기로 밭을 갈 수 있다. 대다수 농민들은 단단한 목재로 만든 휘어진 쟁기에 철로 만든 보습을 끼워 소 한두 마리가 끌게 했다. 멍에에 메운 소 한 쌍은 대단한 재산이었다. 농사를 크게 짓는 이가 소유한 소는 수확할 곡식을 받기로 한 뒤 다른 농민에게 임대하기도 했다. 이렇게 땅을 일군 후 종자를 가지고 나와 걸으면서 팔을 크게 뻗어 씨를 뿌렸다. 예수도 어릴 적에 이런 식으로 농사짓는 모습을 보았던 것 같다. 이런 경험에서 영감을 얻어 씨 뿌리는 사람의 비유를 한다. "씨를 뿌리는데 어떤 것은 길바닥에 떨어져 새들이 와서 쪼아먹었다. 어떤 것은 흙이 많지 않은 돌밭에 떨어졌다."(마태오 13:4~5). 주요 작물은 밀과 보리로, 11월 하순에 파종했다. 밀은 농민의 주식인 빵을 만드는 데 쓰인 반면, 보리는 대개 가축의 사료가 되었다. 가뭄이 들거나 압제를 받는 상황이 되면 보리로 빵을 만들기도 했지만 건강한 식생활을 유지하기에는 비타민이 턱없이 부족했다. 주인을 대신해 '도조'를 받으러 온 하인이 매를 맞은 비유는 예수 시대에 소유주 대신 소작인이 과수원을 경작하는 게 보편적이었음을 알려준다(마르코 12:1, 마태오 21:33, 루가 20:9).

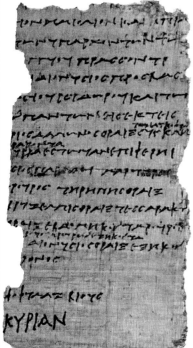

자인 이집트의 프톨레마이오스가 갈릴리 농업생산량을 회복시키는 데 도움을 주었지만 이런 노력은 불가피하게 새로운 이방인 유입으로 이어졌다. 갈릴리의 농경을 관리하기 위해 그리스인 관리들이 파견된 것이다.

그들 관리 중 프톨레마이오스 2세와 3세의 보좌관에서 재무장관 자리까지 오른 제논 (Zenon)이 있었다. 그는 프톨레마이오스 제국을 종횡무진 다니다가 B.C.E. 259년 갈릴리 지역에서 잠시 머물렀다. 갈릴리 농업생산력에 대한 그의 기록은 제논 파피루스(Zenon papyri)라 알려진 문서에 담겨 있다.

프톨레마이오스의 팔레스타인을 셀레우코스가 정복하면서 갈릴리와 유대는 다시 한 번 하나의 정치 통일체로 합병되었고, 코이레-시리아(Coele-Syria)와 페니키아의 셀레우코스 속주가 된다. B.C.E. 142년 마카베오 혁명을 통해 유대가 해방되고 독립 왕국으로 자립했을 때에도 셀레우코스 왕조의 갈릴리 통치는 흔들림이 없었다.

그 즈음 갈릴리는 근본적인 변화를 겪고 있었다. 셀레우코스 제국을 통해 많은 수의 시리아인과 페니키아인, 그리스인이 갈릴리에 정착한 것이다. 갈릴리 지역의 전설적인 비옥함이 이방인들을 유인했다. 이방의 이주민들 수가 토착 유대인의 수를 넘어섰는지 여부가 학계의 논쟁거리가 되기도 했다. 〈마카베오 상〉에서는 이방인과 갈릴리 유대인 사이의 강한 적대감을 묘사하기도 했다. "프톨레매오와 띠로와 시돈에 사는 주민들과 갈릴래아에 사는 전 이방인들이 합세하여 그들을 멸망시키려 하고 있다"고 갈릴리의 전령이 유다 마카베오(Judas Maccabeus)에게 전언하자 유다는 자신의 형 시몬에게 "병력 삼천"을 배당해 유대인을 해방시키게 했다. 하지만 시몬은 이방의 군사를 물리치지 못했다. 원정대는 일종의 구조대 역할만 했다. 유대인 농민들은 "처자"를 데리고 유대로 돌아가면서 이방인이 자신들의 땅을 통치하도록 내버려두었다(마카베오 상 5:15~23). 일부 학자들은 〈마카베오 상〉의 역사적 사실성에 의문을 제기하며 이방인들의 실질적인 위협을 과장했다고 간주한다. 하지만 갈릴리의 유대인과 이방인 사이에 긴장감이 존재했다는 점에는 이견이 없다.

갈릴리 지역의 통치권 다툼은 40년 동안 이어졌다. 그러다 B.C.E. 103년경 아리스토불루스 1세가 이끄는 하스몬 왕조가 갈릴리를 정복해 자신들의 영토로 편입하면서 정리되었다. 요세푸스는 하스몬 왕조가 에돔인들을 유대교로 강제 개종시킨 것과 같은 방식으로 갈릴리 사람들에게 미친 이방의 영향을 '씻어내려' 했다고 전한다. 이런 노력이 얼마나 성공했는지는 확인할 수 없다. 하지만 그로부터 90년에 이르는 시간 동안 고대 유대인 상당수가 갈릴리의 유대인에게 품었던 의심과 불신에 대한 설명은 될 수 있을 것 같다.

유대인과 이방인의 영향력

예수 시대의 갈릴리가 문화적 측면에서 유대교 영향력 아래 있었는지 아니면 이방인의 영향력이 남아 있었는지는 지금도 학술계의 격렬한 논쟁거리다.

이 문제가 중요한 이유는 C.E. 1세기의 갈릴리 문화 및 종교체계를 모르고서는 예수의 사역이 갈릴리 사람들에게 어떤 반향을 일으켰는지 이해하기 어렵기 때문이다. 마크 챈시

(Mark Chancey)는 《이방인의 갈릴리 신화(*Myth of a Gentile Galilee*)》라는 책에서 갈릴리 외곽에는 유대교 문화가 있었으며 도심에만 그리스-로마 영향이 집중되었다고 주장한다. 챈시는 이런 도시 대다수는 "로마제국의 다른 곳 못지않게 헬레니즘화"된 상태였다고 말한다. 조너선 리드(Jonathan Reed)는 유대인들이 독실했다고 간단하게 묘사하면서 "이방의 암포라(amphorae)를 수입하지 않고 유리잔도 거의 사용하지 않았으며 유대교의 율법에 따라 살고 인간이나 동물의 형상도 피했다."고 말했다. 고고학자들이 갈릴리 시골지역에서 석회암 화병 수십 점을 찾아낸 것을 근거로 삼은 주장들이다. 석회암 항아리와 컵은 토기보다 관리하기도 구하기도 어려웠지만, 돌그릇은 불결함의 영향을 받지 않는다고 믿는 유대인 가문에게는 특별한 의미를 지닌 물건이었다. 특히 물과 기름 등 액체는 돌그릇에 담아야 순결함이 유지된다고 생각했다. 순결함은 독실한 유대인 특히 바리새파의 지대한 관심사였다.

하지만 즈비 갈(Zvi Gal)과 에릭 마이어스(Eric Meyers) 같은 발굴가들은 갈릴리 전역에서 그리스, 즉 헬레니즘에서 유래한 그릇 파편과 동전을 많이 찾아냈다. 도심에 국한된 현상이 아니었다. 이것은 특정한 부분에서는 헬레니즘의 영향력이 지속되었다는 반증일 수 있다.

교역과 주화에 의존한 주요 거주지 및 도시에서는 그리스 영향력이 강했던 반면 갈릴리의 유대 전통은 시골 농민들 대다수에게 뿌리 깊이 박혀 있었다고 보는 쪽이 정답일 것 같다.

이 제논 파피루스 조각(68쪽)에는 가자의 원주민 디오니시오스가 석 달 뒤 추수하면 돌려받기로 하고 이시도루스라는 사람에게 34드라크마를 빌려주었다는 내용이 적혀 있다.

여성과 추수

기혼여성은 추수기에 남편을 도와 밭이나 과수원에서 일을 했다. 유대교의 아다르(Adar)에 해당하는 2월에는 보리싹이 나오고 4월이 되면 이삭이 패 추수할 수 있었다. 밀 수확은 그로부터 한 달 후이다. 낫으로 작물을 베어 다발로 묶은 뒤 밭이나 농가 인근에 쌓아놓았다가 한 다발씩 타작마당에서 탈곡했다. 《미슈나》에서는 "허락 없이 이웃의 밭에 곡식 다발을 쌓아놓았다가 그 집 가축이 먹어버려도 밭 주인에게는 과실이 없다."고 경고했다. 그럼에도 율법을 잘 지키는 농민들은 밭 구석에 곡식 다발을 그대로 쌓아놓아서 빈민들이 곡물을 탈곡할 수 있게 했다. 농민의 가족들도 과수원을 돌보았다. 《미슈나》의 판례 중에는 최저생활을 유지하는 농민이 자신들이 먹을 요량으로 곡물과 올리브, 포도를 재배했다는 내용이 있다. 여성 가족 구성원은 묘목을 묶어서 받치는 일을 돕고 포도와 무화과, 올리브가 잘 자라도록 죽은 나뭇가지 치는 일을 도와야 했다. 초여름인 타무즈(Tammuz) 기간이면 포도원의 추수가 가능하다. 예수는 포도원이나 과수원의 은유를 종종 활용했다.

두 여인이 친밀한 대화를 나누는 모습이 담긴 C.E. 1세기의 섬세한 로마 프레스코화.

탈무드 문학이 마을(kfr 또는 kefar)을 소도시('yr) 및 도시(kerakh, 그리스어의 폴리스에 해당하는 히브리어)와 대비하며 언급한 게 우연은 아니었다. 제이콥 뉴스너(Jacob Neusner)가 주장했듯이 소도시와 도시의 차이는 경미했던 것이다.

요세푸스에 의하면 갈릴리에는 204개의 소도시와 마을이 있었다. 고고학자들은 갈릴리 총인구수를 15만~25만 명 정도로 추정했다. 여기에는 야파, 시모니아스, 베사라처럼 조금 큰 마을과 가버나움, 세포리스 등의 소도시가 포함되었다. 그리스-로마 양식을 갖춘 '도시'는 동쪽과 남쪽 끝에서 찾아볼 수 있다. 특히 데카폴리스(Decapolis)라고 알려진 도시연맹에 속한 요르단의 서쪽 스키토폴리스(Scythopolis)나 동쪽의 가다라, 히포스, 펠라 등 소도시는 헬레니즘의 영향을 분명하게 드러냈다. 그러므로 나사렛과 같은 시골지역의 작은 유대인 거주지에서는 갈릴리의 토착 유대 문화가 보존되었으며 헬레니즘 영향력은 제한적이었다고 보는 게 타당할 듯하다. 게다가 화려한 그리스-로마 양식의 기념비적 건축을 좋아했던 헤로데의 관심은 온통 유대 지역에만 집중되었다. 갈릴리에는 그 어떤 개량공사도 없었다.

이 모든 일을 감안하면 예수가 왜 갈릴리의 대도시와 소도시를 멀리하면서 사역을 펼쳤는지 이해할 수 있다. 예수는 〈마태오 복음〉에서 제자들에게 이렇게 말했다. "이방인들이 사는 곳으로도 가지 말고 사마리아 사람들의 도시에도 들어가지 마라." 그래서 열두 제자들은 "이스라엘 백성 중의 길 잃은 양"인 유대 공동체에만 관심을 기울였다(마태오 10:5-6).

헤로데의 승계

헤로데 왕이 서거하면서 승계 문제가 시급한 사안으로 떠올랐다. 그는 유언에서 한 명이 자신을 승계해서는 안 된다는 점을 명시했다. 치세 동안 영토를 확장하고 외세를 방어하며 왕국을 아름답게 꾸미는 데 노력해온 헤로데는 자기 사후 왕국을 분할하는 편이 낫다고 판단했다. 많은 부인에게서 아홉 명의 아들(최소한 다섯 명의 딸이 더 있었다)을 얻은 게 그 원인이었다. 아들들에게 실제 혹은 가상의 위협을 받으면서 세 아들을 처형했음에도, 여전히 여섯 명의 아들이 살아 있었다. 아마도 헤로데는 한 명의 자녀에게 왕국을 맡길 경우 내전이 일어나리라 우려한 듯하다. 아니면 거대한 국가를 통치할 능력을 지닌 아들이 없다고 생각했는지도 모른다. 이유가 무엇이든 헤로데는 왕국을 세 부분으로 나누기로 결정했다. 그건 갈릴리를 포함한 북왕국에서 이스라엘 남부 중심지인 유대를 분리하던 전통이 되살아난다는 의미였다.

사마리아 여인 말타스(Malthace)에게서 얻은 아들 아르켈라오스(Archelaus)는 가장 큰 영토인 유대와 에돔, 사마리아 지역을 통치하게 될 예정이었다.

그 다음 큰 영토로 구분된 갈릴리 지역은 이상하게도 페레아(트랜스요르단)와 한데 묶였다.

> 헤로데는 마음을 고쳐먹고 유언을 바꾸었다. 왕국을 물려주기로 했던 안티파스는 갈릴리와 페레아(Perea)의 분봉왕으로 임명하고 왕국은 아르켈라오스(Archelaus)에게 하사했다.
>
> 요세푸스, 《유대 고대사》
> C.E. 95년경

이 두 지역은 인접하기는커녕 데카폴리스의 시리아를 사이에 두고 떨어져 있었다. 요르단 강 동쪽의 아담한 지역인 페레아에는 가다라(Gadara, 오늘날의 움 카이스)처럼 번창하는 교역 소도시와 헤로데 요새가 있는 마케루스가 있었다. 이 영토는 말타스의 아들이자 아르켈라오스의 동생이 되는 안티파스에게 맡길 예정이었다.

마지막 영토는 가울라니티스(Gaulanitis, 현재의 골란 지역)와 바타네아 (Batanea), 파니아스(Panias), 아우라니티스(Auranitis), 이두레아(Iturea), 트라코니티스(Trachonitis)를 비롯해 갈릴리 호수 북동쪽에 있는 넓은 지역이었다. 골란의 동쪽에 이르는 대부분 지역을 포함하는 이곳은 인구밀도가 희박했다. 하지만 보스트라(Bostra)처럼 중요한 교역소를 비롯해 파니아스의 온천과 폭포 등 아름다운 휴양지가 있어서 훗날 필립보 가이사리아(Caesarea Philippi)의 수도로 발전한다. 이 지역은 헤로데의 아들 필립보에게 할당되는데, 그의 친모는 '예루살렘의 클레오파트라'라고 불리던 사람이었다. 아마도 이집트의 클레오파트라 7세와 구분하기 위해 그렇게 불린 것 같다. 필립보에게 할당된 영토의 거주민 중 절대 다수는 유대인이 아닌 이방인이었다. 여러 모로 보아 공평하고 능력 있는 통치자였던 필립보는 헤로디아(Herodias)의 딸인 살로메(Salome)를 아내로 삼았다. 살로메는 이후에 더 언급할 것이다.

헤로데의 누이인 또 다른 살로메는 그외 남은 왕국의 영토를 조금 물려받았다. 오늘날의 아스돗(Ashdod)에 해당하는 아소도(Azotus) 인근 해안 유대인 거주지와 헤로데가 자신의 형을 기리며 건설한 소도시 파에살리스(Phaesalis) 주변지역이 전부였다.

아르켈라오스, 권력을 쥐다

헤로데의 유언은 위와 같았지만 그 집행 권한은 로마에 있었다. 유다 왕국 대표가 헤로데의 유언을 로마에 제출해 황제 승인을 얻을 차비를 할 무렵, 아르켈라오스는 유다 왕국 백성들의 전폭적인 지지를 얻기 위한 활동을 시작했다. 먼저 예루살렘에서 성대한 연회를 열고 그 자리에 모인 이들의 충성과 신뢰에 감사를 전했다. 또 로마 황제가 정당성을 인정하기 전에는 절대 왕의 칭호(그리스어로 바실레우스basileus의 칭호를 말함)를 사용하지 않겠노라고 선언한다. 그러면서도 자신은 부친보다 훨씬 더 친절하고 솔직하고 자애로운 통치자가 될 것이라는 점을 분명히 했다.

그 자리에 모인 군중은 그의 진심을 시험하기 위해 비판과 탄원, 불만을 큰 소리로 외치기 시작했다. 헤로데의 감옥에 갇힌 정치범들을 석방해야 한다고 큰 목소리로 외치는 유대인이 있는가 하면, "연간 지불해야 하는 세금을 경감"해달라고 호소하는 이도 있었다. 헤로데의 과도한 과세가 여전히 강제되고 있었기 때문이다.

또 대담하게 이전 집권자 중 일부를 데리고 와서 그가 유대인에 반하는 정책을 수행한 것

물이나 포도주를 담는 데 사용되던 붉은색 유광 단지. 남부 팔레스타인에서 발굴된 것으로 C.E. 1세기 후반 물건으로 추정된다.

파란색과 백색의 마블링 장식이 있는 C.E. 1세기의 화려하고 아름다운 컵(70쪽). 로마제국 유리제조술의 예술성을 잘 보여준다.

C.E. 79년에 발생한 베수비오 화산폭발로 인해 용암 아래 묻혀 버렸던 헤르콜라네움(Herculaneum)의 거리. C.E. 1세기 후반 로마 중소도시의 멋진 모습을 엿볼 수 있다.

유다 광야를 휘감아 흐르다 사해로 유입되는 요르단 강(73쪽)을 고공 촬영한 모습.

에 대한 재판을 해달라고 요구하는 사람도 있었다.

이 외에도 목소리를 내기로 한 독실한 유대인 무리가 있었다. 이들은 아르켈라오스에게 당장 대사제를 내쫓아야 한다고 주장했다. 헤로데가 임명한 당시 대사제는 헤로데의 측근이라 평가받고 있었다. 독실한 유대인들은 정통한 가문 출신에 경건함을 갖춘 진정한 대사제를 간절히 원했다. 그런 대사제라면 율법에 따라 정의를 행하고 히브리어 성경의 말씀을 신봉할 것이기 때문이었다. 결국 아르켈라오스의 자비와 솔직함에 대한 실험은 억눌렸던 분노가 들끓게 하는 부작용을 낳았다. 아르켈라오스가 전혀 예상하지 못한 상황이었다. 궁지에 몰린 아르켈라오스는 병사들을 불러 군중을 진정시키려 했지만 돌아오는 건 야유와 돌팔매였다.

시기가 좋지 않았다. 유월절이었던 터라 수천수만 유대인이 축제를 위해 예루살렘으로 쏟아져나와 있었다. 항의와 시위가 들불처럼 번져나가자 아르켈라오스는 이 모반의 책임을 자신이 지게 될까봐 두려워졌다. 대중시위가 일어났다는 말이 아우구스투스의 귀에 들어간다면 유다 왕국의 왕위에 오르는 일이 위태로워질 수 있었다. 결국 아르켈라오스는 대부분의 독재 권력이 하는 방식을 따랐다. 군대를 동원한 것이다. 헤로데의 보병대와 기병대가 해산되지 않은 채 그의 아들과 상속자들에게 충성을 다하고 있었다.

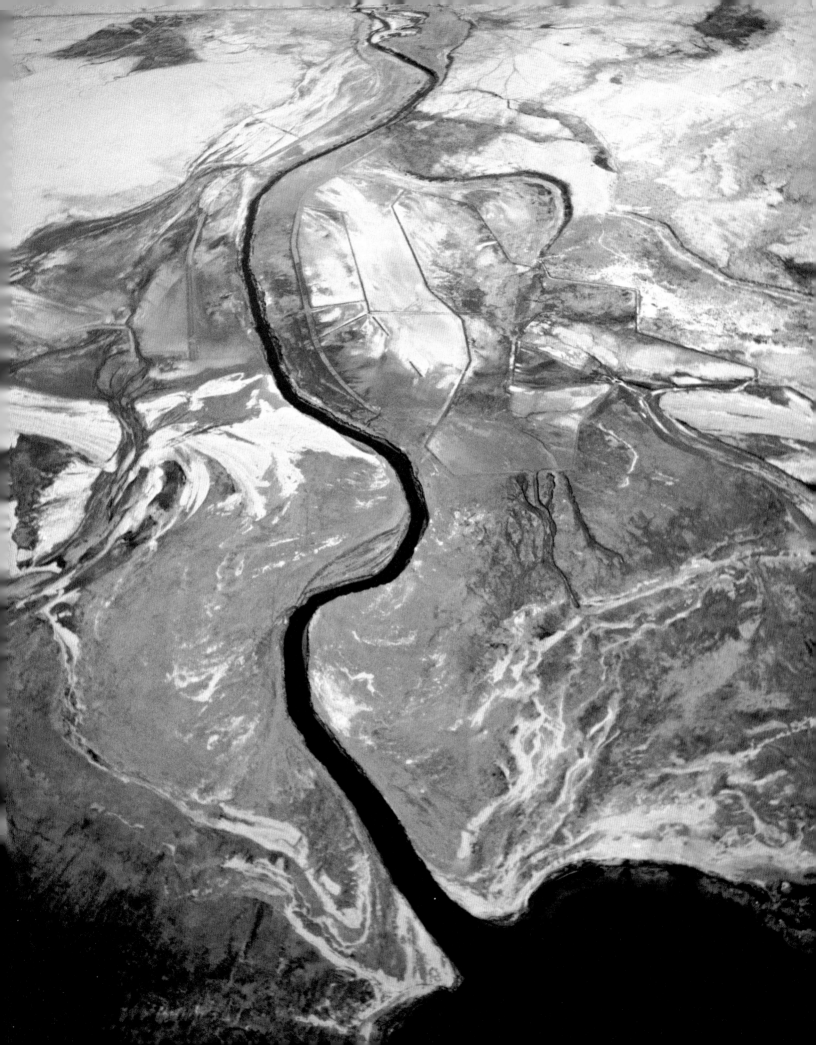

헤로데 왕국의 분할

지도 설명

— 헤로데 왕국의 경계

······ 지역 경계

헤로데 안티파스에게 주어진 지역

헤로데 아켈라우스에게 주어진 지역

아르겔라우스 감독 하에 살로메에게 주어진 지역

아르겔라우스를 물러나게 하고 살로메에게 주어졌던 지역

헤로데 필립보에게 주어진 지역

시리아 지역의 로마제국 영토

나바테아 왕국

• / ○ 데카폴리스 도시/위치가 불확실한 데카폴리스 도시

○ 불확실한 위치

⊙ 헤로데의 요새

[사마리아] 도시나 소읍의 옛 이름

시돈

다마스쿠스

헤르몬 산
2,814 m
9,232 ft

파니아스

시리아

띠로

가나

헤로데 안티파스가 건설해 후원자인 티베리우스 황제 이름을 붙인 도시이다.

라파나

악십

가다사

아소르 상(上)

메롬 갈릴리

가울라니티스

프톨레마이스

아코 만
(하이파 만)

벳새다

요타파타

시카미니움

아르벨라

아우라니티스

시카미니움

갈멜 산
546 m
1,791 ft

티베리아스

나사렛

히포스

필로테리아

아빌라

게베 세포리스

레기오

다볼 산
588 m
1,929 ft

가다라

도라

스키도폴리스

펠라

상당한 자율권을 누린 도시들이 결성한 상업 동맹이다.

가이사리아

디온

나르바타

게라사

아폴로니아

세바스테
[사마리아]

에발 산
940 m
3,084 ft

네아폴리스

아마투스

지중해

[스트라토의 망대]

그리심 산
881 m
2,890 ft

안티파트리스
[아벡]

알렉산드리움

가다라

욥바

르보나

필라델피아

에돔인인 헤로데 대왕의 출생지. 훗날 그는 멋진 분수와 대형 목욕탕으로 도시를 꾸민다.

리다

파사엘리스

아르겔라이스

베델

예리고

가자라

유대

미스바

키프로스

에스부스

느보(산)
802 m
2,631 ft

메드바

키드론

엠마우스

예루살렘

아조투스

소라

벳세메스

베들레헴

헤로데 안티파스가 궁을 지은 곳이다. 요세푸스에 따르면 살로메가 춤을 춘 곳도, 세례자요한이 참수당한 곳도 여기라고 한다.

히르가니아

마리사

벳술

헤로디움

안테돈

라기시

헤브론

마케루스

가자

엔게디

에스드모아

하스모니아 왕조의 보물 창고가 있던 곳으로 로마인들이 파괴하였다. 헤로데 대왕은 이를 성채와 감옥으로 재건한다.

아스카론

마사다

라피아

베르셰바

말라타

키르모압

이두메

네게브

0   20   40 킬로미터

0   20   40 마일

현재의 배수로, 해안선과 국경선을 기준으로 표시하였다.
괄호 안은 현재의 지명이다.

병사들은 예루살렘 성전 앞마당으로 쳐들어갔고 기병대는 하부 이스라엘의 좁은 거리를 질주했다. 대학살이 이어졌다. "총 3,000명의 시위대를 죽였다."고 요세푸스는 말한다. 살아 남은 사람들은 인근 산악지대로 달려갔다. 유월절 축제는 취소되었다. 헤로데의 아들은 폭군이었던 부친과 다를 바 없다는 사실이 만천하에 드러났다.

그때까지 폭력사태는 예루살렘에 국한되어 있었다. 하지만 양상은 곧 다르게 전개되었다. 아르켈라오스는 아우구스투스가 헤로데의 유언을 승인해주기를 갈망하면서 로마로 갈 채비를 했다. 그런데 근동의 로마 고위관리인 시리아–팔레스타인 총독이 유대인 대학살 소식에 주목한 것이다. 아우구스투스의 조카딸과 결혼한 퀸크틸리우스 바루스(Quinctilius Varus)는 로마 황실과 친밀한 관계였다. 아우구스투스의 의붓아들인 티베리우스(Tiberius)와 함께 로마 공동집정관을 지낸 바루스는 그곳의 총독으로 막 부임해온 참이었다. 예루살렘의 소요가 어느 정도인지 가늠하기 어려웠던 바루스는 사비누스(Sabinus)라는 로마의 사절에게 상황을 조사하라는 임무를 주었다. 늦지 않게 유다 왕국에 도착한 사비누스는 가이사리아에서 배에 올라타려는 아르켈라오스를 막아섰다.

하지만 사비누스는 유월절 대학살로 이어진 사건을 조사하는 대신 헤로데의 소유 재산과 왕국의 총소득을 집계하기 시작했다. 주변 지역과 더불어 유다라는 속국의 가치가 정확히

헬레니즘 양식을 따른 게르게사(Gerasa, 현재 요르단의 제라슈) 도시의 카르도(cardo) 대로는 상업 및 종교, 행정시설이 있는 중앙 포럼으로 이어진다.

얼마나 되는지 개괄할 수 있는 자료였다.

그러니까 사비누스는 로마가 유다 왕국을 완벽하게 장악하기 위한 기초 작업을 한 셈이다.

새로운 반란이 일어나다

그 사이 아르켈라오스는 로마에 도착해 황제에게 탄원을 넣으려는 자가 자기 말고 또 있다는 사실을 알아차렸다. 그의 누이 살로메와 동생 안티파스가 아버지의 유언을 사이좋게 따르는 대신 헤로데의 왕관을 안티파스의 머리 위에 올려달라는 로비를 열심히 하고 있었던 것이다. 해체된 가정이 보여주는 전형적 역기능이라 할 헤로데 자식들의 권모술수에 놀란 아우구스투스는 어느 편의 손도 들어주지 않기로 했다. 바로 그때 유대가 반란으로 치닫고 있다는 소식이 로마에 도착했다.

유월절 후 50일이 지나면 오순절 축제가 열린다. 그리스어로 '핀테코스트(Pentecost)'라고 불리는 이 절기에 수천수만 명이 예배를 보기 위해 예루살렘을 가득 메웠다. 로마의 사절인 사비누스는 여전히 예루살렘에 머물고 있었다. 그가 곧 성전 금고를 털어 그 돈으로 나라를 통제할 계획이라는 소문이 돌았다. 성난 군중이 예루살렘 성전 안뜰에 모였고, 성전 건물에서 편안히 지내던 사비누스와 그의 경비대를 포위했다. 시위자들은 "성전의 안뜰을 둘러싼 주랑 현관의 지붕 위로 올라가 적들에게 돌을 던지기 시작했다."고 요세푸스는 말한다. 이에 대응해 로마인들은 주랑 현관에 불을 질렀다. 이전의 소요 사태로 파손되어 공사 중이던 주랑 현관은 불길에 휩싸였다. 갓 바른 송진과 새로운 목재로 인해 한층 힘을 얻은 불길은 순식간에 번져 시위대는 물론 성전에 희생제를 드리러 왔던 애꿏은 사람들까지 모두 집어삼켰다. 다시 한 번 대학살이 자행되었다. 성전 문가에 서 있던 사람들은 모두 "산 채로 불타오르거나 도망치다 적에 의해 학살당했다."고 요세푸스는 기록한다. 사비누스는 유대인들이 우려한 대로 성전의 금고를 부순 뒤 침착하게 "400달란트"를 착복했다. 현재의 화폐단위로 환산하면 360만 달러에 달하는 돈이었다. 격노한 예루살렘 사람들이 일제히 봉기해 로마 주둔군을 포위 공격했다. 사비누스는 자신이 수적으로 열세하다는 사실을 깨닫고 바루스 총독에게 병력 증강을 요청하는 전언을 긴급하게 보냈다. 하지만 추가 병력이 도착하기까지는 최소한 달이란 시간이 필요했다.

그 사이 헤로데가 평화롭게 다스리던 왕국은 붕괴하고 권력체제는 무너졌다. 2,000명에 달하던 헤로데의 군대는 무장강도떼가 되어 유대 시골지역을 공포에 떨게 했다. 이 기회를 이용해 강도질로 한몫 챙기려는 무리가 생겨났지만 자치권을 되찾으려는 움직임도 나왔다. 이 중에는 갈릴리에서 조직된 무리도 있었다. 40년 전 카시우스를 대신해서 갈릴리 농민들에게 돈을 쥐어짜내던 헤로데 당시 총독에게 저항운동을 벌인 하즈키야의 아들 유다(Judas)가 이 무리를 이끌고 있었다. 그는 갈릴리의 행정수도인 세포리스 무기고에서 많은 무기를 탈취할 수 있다는 걸 알았다. 세포리스 바로 옆에는 나사렛이라 불리는 작은 마을이 있었다. 유다의 부하들은 무기고 건물에 침입해 숨겨둔 무기를 잔뜩 훔친 뒤 급히 달아났다.

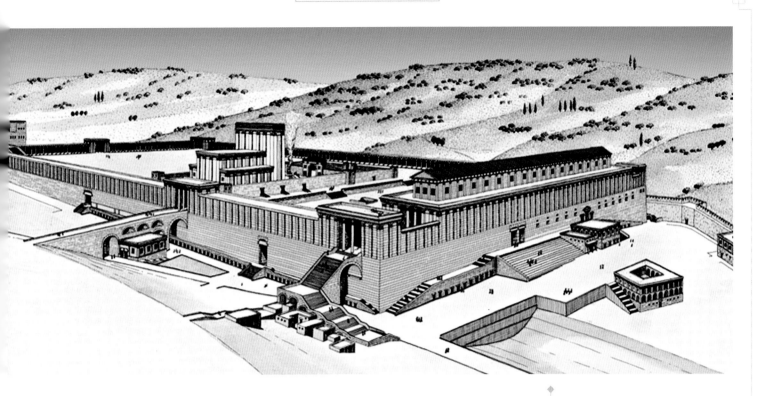

요세푸스의 주장에 따르면 "모든 사람에게 무기를 지급할 수 있었다."고 한다.

이에 뒤질세라 헤로데의 노예였던 시몬이라는 자는 스스로를 왕에 봉하며 예리코에 있는 헤로데의 호화로운 궁을 불태웠고, 아스롱게스(Athronges)라는 양치기는 혼자서 기습 공격을 감행했다. 온 나라가 결딴나 허물어지고 있었다. 도로가 안전하지 못하니 상업활동도 중단되었고 농민들은 강도떼를 만나게 될까봐 수확물을 중소도시의 시장에 내놓지 않았다.

한편 시리아에 머물던 바루스는 상황의 심각성을 파악하고 총력전을 명령했다. 그러나 당장 출동시킬 수 있는 군대의 수가 제한적이었다. 정확한 기록은 없지만 시리아에 주둔하던 로마 군대는 제3 갈리카(III Gallica) 군단과 제10 프레텐시스(X Fretensis) 그리고 제6 페라타(VI Ferrata)나 제12 풀미나타(XII Fulminata) 중 하나 정도였다. 이 병력을 다 동원할 수도 없는 형편이었다. 바루스는 로마제국에서 전략상 가장 중요한 곳을 책임지고 있었기 때문이다. 시리아의 경계선에는 강력한 페르시아가 있었다. 바루스가 시리아에서 모든 병력을 동원한다면 남서부 아시아 지역을 장악하는 데 필요한 로마의 관문을 공격에 취약한 상태로 만드는 꼴이 되었다. 무엇보다 사비누스의 보고에 의하면 헤로데 왕국에 대한 로마의 통치권을 되찾아오는 데 약 1만 5,000명의 병사로 구성된 세 개 군단으로는 역부족일 듯했다.

바루스는 지역의 분봉왕들을 모두 소집해 조약에 정해진 대로 예비병력을 지원할 것을 요청했다. 모두들 군대동원령에 열심히 응했다. 대다수 분봉왕들은 이전 적수였던 헤로데 왕국에 대한 침략을 쌍수 들어 환영했고, 그 틈을 타서 마음껏 전리품을 약탈했다. 헐레벌떡 군을 이끌고 온 분봉왕 중에는 나바테아의 아레타스 4세 필로파트리스(Aretas IV Philopatris)도 있었다. 그는 헤로데의 아들 안티파스의 장인이었다. 딸 필로파트리스(Phasaelis)를 안티파스와 결혼시킨 그는 아마도 사위의 권위에 힘을 실어주려고 했던 것 같다.

B.C.E. 20~C.E. 62년 사이에 건설된 헤로데의 분향 제단이 제2성전으로 둘러싸인 모습을 보여주는 복원화. 남서쪽에서 바라본 모습이다.

소위 아폴로 바르베리니(Apollo Barberini)라 불리는 조각상(76쪽). 아우구스투스가 유대 사절을 맞이한 팔라티노 언덕(Palatine hill)의 아폴로 신전 조각상을 모방한 것으로 추정된다.

별다른 군사적 저항 없이 진격한 나바테아의 왕은 갈릴리를 침략했지만 천연 은폐지가 있는 산악지대의 게릴라 부대를 뒤쫓는 일은 자제했다. 대신 아레타스는 무장하지 않은 농민들에게 보복을 시작했다. 이 마을 저 마을 헤집고 다니면서 마구잡이로 강간과 약탈, 방화를 일삼았다. "모든 곳이 불길과 살육으로 가득 찼다."고 요세푸스는 말한다. 잠시 후 군대를 이끌고 도착한 로마의 장군 가이우스(Gaius)는 대다수 마을이 잿더미로 변해버린 모습을 보고 경악했다.

아레타스의 궁극적인 목표는 세포리스였다. 따라서 가까이에 있는 마을의 집과 밭은 그냥 지나쳤다. 그 중에는 나사렛도 포함되어 있었다. 세포리스는 전소되어 잿더미로 변했고, 거주민들은 노예로 팔려나갔다. 훗날 세포리스를 발굴한 고고학자들은 바루스의 군대가 남긴 파괴의 흔적은 거의 발견하지 못했다. 규모가 작은 도시인데다 목재를 주로 사용해서 남은 게 없을 수도 있고, 아니면 로마의 첫 번째 파괴와 안티파스의 재건으로 인해 그 흔적이 모두 없어졌을 수도 있다.

> 이제 아르켈라오스는 로마에서 새로운 화근과 직면하고 만다. 자체적인 법률에 따라 살아갈 수 있도록 허락한 바루스의 뜻을 승인받기 위해 유대의 사절단이 도착한 것이다.
>
> 요세푸스, 《유대 고대사》
> C.E. 95년경

헤로데 왕국의 붕괴

폭력 진압 소식이 로마에 전해질 즈음, 세 번째 유대 사절단이 도착했다. 이들은 하스몬 왕가나 헤로데 분파를 대표하지 않았다. 바루스의 허락을 받아 아우구스투스에게 헤로데 왕국 처분에 대한 새 제안을 하려고 찾아온, 사회에 관심 있는 시민들이었다. 사절단은 아폴로 신전에서 황제를 알현했다. 아우구스투스가 얼마 전 팔라티노 언덕에 세운 신전이었다. 이 신전은 B.C.E. 36년 폼페이우스를 물리친 일과 B.C.E. 31년 안토니우스를 물리친 아우구스투스의 승전을 기리기 위해 만들어졌다. 사절단의 제안은 간단했다. 아르켈라오스나 안티파스를 왕으로 임명하지 않음으로써 헤로데 왕국의 겉치레를 모두 버리는 대신, 그 땅 전체를 로마-시리아에 합병해 로마의 총독이 다스리게 하라는 것이었다. 유대인 자신들은 그저 율법에 따라 살게만 해주면 족하다는 얘기였다. 사절단은 이 제안을 밀어붙이기 위해 로마에 있는 유대인 공동체 구성원 8,000명의 지원을 받았다.

그러나 아우구스투스는 이들의 조언을 따르지 않았다. 그는 헤로데의 충성심을 기억하고 있었다. 아우구스투스에게 충성심은 무엇보다 중요한 덕목이었다. 따라서 헤로데의 유언을 승인해 아르켈라오스와 안티파스, 필립보와 살로메까지 유언대로 영토를 승계하도록 했다. 하지만 아우구스투스는 한 가지 경고를 덧붙였다. 그 누구도 헤로데의 '왕'이라는 칭호는 물려받을 수 없었다. 아르켈라오스 역시 마찬가지였다. 따라서 아르켈라오스는 '백성을 다스리는 사람'이라는 의미의 방백(ethnarch)이라는 칭호로 알려졌고 안티파스는 그보다 못한 '왕국의 4분의 1을 다스리는 사람'이라는 의미인 분봉왕 칭호에 만족해야 했다. 안티파스에게는 황제의 결정을 받아들이는 것 외에 다른 선택의 여지가 없었다.

그리고 바로 여기서부터 마태오와 루가가 복음서의 이야기를 펼치기 시작한다.

PART II

B.C.E. 4년경부터 C.E. 30년까지

한 아이가 나사렛의 마리아와 요셉에게서 태어났다.
30세 무렵, 요르단에 있는 세례자 요한에게 합류했던
예수는 갈릴리 호 연안 가버나움에서 사역을 시작했다.
그에 대한 사람들의 반응은 압도적이었고 예수는 갈릴리와
페니키아, 데카폴리스 전역의 소도시와 촌락을 누비며
가르침을 행했다. 그리고,
예루살렘으로의 숙명적인 여정이 시작되었다.

예수의

생 애

CHAPTER 4

마리아와 요셉

여섯 달이 되었을 때에 하느님께서는 천사
가브리엘을 갈릴래아 지방 나자렛이라는 동네로
보내시어 다윗 가문의 요셉이라는 사람과 약혼한
처녀를 찾아가게 하셨다.

루가 1:26-27
C.E. 75년~90년경

르네상스 시대 이탈리아 화가 피에트로 페루지노(Pietro Perugino, 1446/1450~1523)의 패널화.
1500~1504년에 그려진 것으로 동정녀의 결혼 혹은 약혼 모습을 묘사하고 있다.

나사렛은 봄이 오면 인동덩굴과 재스민이 감미로운 향을 내는 산자락의 아담한 촌락이다. 주요 상수원인 갈릴리 호수에서 26킬로미터, 갈릴리 지역 중심 도시인 세포리스에서는 남동쪽으로 약 9.7킬로미터 떨어져 있다. 나사렛이 자리한 백악질 토양의 나사렛 산등성이는 365미터가 넘는 높이를 자랑하며, 지중해에서 베이트 네토파(Beit Netofa)와 나할 시포리(Nahal Sippori) 계곡을 따라 불어오는 시원한 미풍을 받아들인다.

헤로데 치세가 끝날 무렵 나사렛은 침체기를 겪고 있었다. 아주 작고 소박한 마을인 까닭에 다윗 왕과 솔로몬 왕 때부터 수 세대를 거치는 동안 갈릴리에 관한 글을 쓰는 필경사들도 크게 주목하지 않았다. 갈릴리 전원지대에 산재한 이름 없는 촌락과 농촌 수백여 개가 그랬듯이, 나사렛은 비가 많이 내리는 기후와 비옥한 토지 덕분에 생존하고 있었다. 장이 서는 월요일과 목요일에 나사렛 농민들은 세포리스로 가서 수확한 밭작물과 올리브, 올리브오일, 밀, 대추야자를 내다 팔았다.

이런 추정이 가능한 이유는 전통적으로 마리아의 친정과 연관 있다고 여겨지는 현대의 나사렛에 위치한 수태고지 기념교회 아래서 발굴작업을 한 프란치스코 수도회 소속 고고학자 벨라미노 바가티(Bellarmino Bagatti)가 곡물창고와 올리브 압착기, 우물을 찾아냈기 때문이다. 바가티는 이것들이 C.E. 1~2세기경에 만들어진 것으로 추정했다. 이런 유물의 규모나 다른 고고학적 발견물로 미루어보아 나사렛은 인구 500명 미만이 거주하는 작은 공동체였다고 판단된다.

루가의 기록에 따르면 나사렛에 사는 사람들 중에 미리암(Miriam) 혹은 마리아(Mary)라 불리는 젊은 아가씨가 있었다. 이 아가씨는 요셉(Josef) 혹은 요셉(Joseph)이라 불리는 청년과 약혼을 한 상태였다. 요셉이 나사렛 주민이었는지 아닌지는 정확하지 않다. 루가는 그가 "다윗 가문"의 사람이라고 말하며 가문의 족보를 자세히 기술한다. 이는 《유대 고대사》의 저자 요세푸스가 이야기의 주요 등장인물을 소개할 때 보여준 기술방식과 유사하다. 그리하여 요셉은 "엘리의 아들이며, 그 위로 거슬러 올라가면 마땃"을 비롯한 50여 세대 조상의 후손이라고 설명된다. 그 조상의 끝에는 아담이 있다. 〈마태오 복음〉에도 족보가 나온다. 하지만 그가 열거한 조상의 목록은 루가의 역순으로 펼쳐진다. 〈역대기 상〉과 〈룻기〉의 처음 부분에서 영감을 받았기 때문이다.

루가와 마태오 두 사람이 족보를 나열한 목적은 예수를 히브리어 성경의 지속적인 서사 속에 존재하는 정통성 있는 인물로 소개하기 위함이었다. 마태오의 우아하고 시적인 글에서는 아브라함에서 다윗까지 14세대가 지나고, 다윗에서 바빌론으로 끌려갈 때까지가 14세대이며, 그 이후부터 예수가 오기 전까지 13세대가 지났다고 설명한다.

그래야 예수의 제자들이 최초의 그리스도인인 제 14세대가 되기 때문이다. 사실 요셉이 어

0   25   50킬로미터
0   25   50마일
현재의 국가명과 국경선.
해안선을 기준으로 한 지도.

시리아

세포리스
나사렛

갈릴리 호

지중해

이스라엘

예루살렘
베들레헴
유다

문서의 동굴

아집트

사해

디에 살았는지는 정확히 알려지지 않았다. 앞으로 간단하게 그 이유를 살펴보겠지만 마태오는 그가 나사렛이 아닌 베들레헴에 살았다고 은연중에 시사한다. 유일하게 구체적인 언급을 한 복음서 저자는 요한이다. 그는 요셉이 "나자렛 출신"이라고 서술했지만 그 이상 자세한 내용은 기록하지 않았다.

나사렛 인근 베이트 네토파 계곡의 완만하게 경사진 들판. 예수 당대와 마찬가지로 초목이 우거진 모습이다.

혼전계약서 협상

유대 팔레스타인 지역에서 결혼은 크게 칭송받는 중요한 제도였다. 로마제국의 다른 지역에서도 마찬가지였다. 지역공동체의 문화 정체성을 끊임없이 유지시키는 사회관계의 초석으로 간주했기 때문이다. B.C.E. 3세기경 것으로 추정되는 〈시락의 지혜서(The Book of the Wisdom of Sirach)〉에서는 "울타리가 없으면 재산을 약탈당할 것이고 아내가 없으면 남자는 방랑자가 될 것이다."(시락 36:30)라고 주장한다.

이 외경의 주장에 따르면 아버지는 "(아들이) 어릴 적에 훈육하고 여자와 결혼"시켜야 한다 (시락 7:33). 이로부터 몇 세기 후에 나온 랍비의 문서는 결혼을 축복이자 신의 명령이라고 강조하고 있다.

그러나 고대 갈릴리에서 젊은 남자가 여자와 약혼하는 건 가족 간 협상이 있은 후에야 가능한 일이었다. 그 이유 중 하나는 전통적으로 결혼에는 신부 집안이 신랑 집안에게 지참금으로 약간의 땅을 양도하는 게 포함되었기 때문이다. 자기 소유 땅이 조금이라도 있어야 젊은 부부가 생계를 유지하고 가족을 늘리는 일이 가능했다. 그걸 양가에서 마련해주어야 했다. 결혼은 두 가족을 긴밀하게 연결하고 친척으로 맺어주는 일이다. 친척관계는 모든 고대사회의 주춧돌이었다. 사람들은 친척의 사회·경제적 필요를 그 무엇보다도 먼저 보살폈다. 그러므로 혼전계약서인 케투바(Ketubah)와 관련된 협의를 시작하기 전에 양가 부모는 상대 가족이 화합할 수 있는 상대인지, 명예를 중히 여기는지 그리고 앞으로 계속 신뢰하며 어울릴 만한 사람들인지 확인할 필요가 있었다.

고대 팔레스타인 지역의 결혼은 대개 부모에 의해 결정되었다. 자녀가 아직 어린데도 적당한 배우자감을 물색하는 부모도 있었다. 더글라스 오크만(Douglas Oakman)에 의하면 가문의 토지소유권을 보존하기 위해 친족 범위 안에서부터 결혼 상대를 찾는 경우도 있었다고 한다. 동족결혼은 히브리어 성경 안에서도 오랜 전통을 지니고 있다. 아브라함은 동생이 사는 하란으로 종을 보내서 아들 이사악(Isaac, 이삭)의 신붓감을 찾도록 했다. 나중에 이사악의 아들 야곱 역시 하란으로 가서 같은 혈족 배우자를 찾아야 했다. 예수가 살던 시대와 가까운 시기에 씌어진 외경 중 〈토비트(*Tobit*)〉와 〈유디트(*Judith*)〉〈희년서(*Book of Jubilees*)〉(모두 B.C.E. 2세기에 작성된 것으로 추정된다)에는 동족혼에 관한 언급이 있다. 토바이스(Tobias)와 안나(Anna) 그리고 므나쎄(Manasseh)와 주디트(Judith) 등이 그 주인공이다.

그리고 짝이 정해지면 가족들은 마주앉아 본격적으로 혼전계약 협상을 한다. 가장 중요한 조항은 신부 부양이 신랑 가족의 책임으로 넘어가는 것에 따른 보상으로 신부가 가져가는 지참금이다. 지참금은 대개 신부의 옷가지와 장신구를 포함한 개인적 용품 및 약간의 땅, 양과 염소, 가금류 몇 마리 정도로 구성되었다. 부유한 집안에서는 금과 은을 더하거나 노예를 추가하기도 했다. 하지만 이런 일은 대다수 갈릴리 농민에게는 능력 밖의 일이었다.

그 보답으로 신랑의 가족은 납폐금 또는 신부값이라고 알려진 부양금을 제공했다. 이 돈은 남편을 일찍 여의거나 이혼해서 어린 자녀와 함께 여자 혼자 살아야 할 때 쓸 수 있었다. 이런 제도는 히브리 민족의 오랜 전통인 모하르(mohar)에서 유래했지만 하스몬 왕조 시절 헬레니즘의 영향을 받으며 새롭게 통용되기 시작했다. 알렉산드리아의 이방인 부부인 이사도라와 디오니시오스가 C.E. 1세기에 맺은 혼전계약서에는 남편이 '음탕한' 행동을 하거나 아내를 집에서 쫓아낸 경우 또는 다른 여자를 집에 들였을 때 결혼은 무효가 되며 남편은 아내가 결혼하면서 가지고 왔던 지참금의 1.5배를 배상해야 한다고 적혀 있다.

3세기경의 랍비 문서에서는 한 여자가 받는 돈이 100데나리온에서 400데나리온에 달한다고 적혀 있다. 루가의 복음서에서 예수는 "어떤 여자에게 은전 열 닢이 있었는데 그 중 한 닢을 잃었다면 어떻게 하겠느냐? 그 여자는 등불을 켜고 집 안을 온통 쓸며 그 돈을 찾기까지 샅샅이 다 뒤져볼 것이다."라고 말하면서 여성들의 검소함을 시사했다.

지참금과 납폐금 액수가 정해지면 혼전계약은 부부의 권리를 정하는 단계로 넘어간다. 지금까지 전해진 1세기의 혼전계약서를 보면 유대인 신랑이 신부에게 "그대가 모세와 유대인들의 율법에 따라 나의 아내가 되면 내가 먹이고 입히고 납폐금을 이용해서 (내 집으로) 데려갈 것이다. 그리고 내게는 400데나리온을 지불할 의무와 (…) 식량과 옷과 자유민이 누려야 하는 수준의 침상을 제공할 의무가 있다."고 분명히 약속하는 내용이 나온다.

적절한 식량과 옷을 중시하는 모습은 《미슈나》에도 반영되어 있다. 《미슈나》에서는 남편이 "(아내에게) 최소한 보리 4갑(kab)이나 밀 2갑을 (매 주)" 줘야 한다고 말한다. '갑'이라는 단위는 약 1.1킬로그램에 해당한다. 이와 더불어 남편은 배우자의 적절한 옷차림을 책임져야 했다. "세 번의 절기마다 머리에 쓸 모자와 허리에 두를 띠와 신발"을 마련해야 했다. 여기서

천사 가브리엘이 마리아를 찾아왔다는 구전 속의 장소를 기념하는 나사렛 수태고지 교회는 1969년에 완공되었다.

영국 화가 윌리엄 베티(1810~1870)가 1865년에 웨지우드를 위해 만든 섬세한 도자기 작품(86쪽). 이사악과 리브가의 모습을 표현하고 있다.

절기는 유월절, 오순절, 초막절을 의미한다.

이런 것들을 공급하는 문제는 언약법(Covenant Law)에 따른 일이다. 언약법에는 "다른 여인을 맞아들이더라도 그 여종이 먹고 입을 것을 대주지 않거나 동거생활을 중단하지는 못한다."고 되어 있다(출애굽 21:10).

젊은 여성의 교육

식량과 옷처럼 당연해 보이는 물자 공급에 대해 구체적으로 명기할 필요가 있었을까 의아할 수도 있겠지만 오늘날 당연시되는 권리가 1세기 팔레스타인의 농촌 여성에게 없었다는 점을 감안해야 한다.

여성에게는 재산권이나 상속권이 거의 주어지지 않아서 아버지와 남편 등 가장의 유언에 관련 내용이 담기는 일도 없었다. 교육받을 기회 역시 그리 많지 않았다. 하지만 예수는 자신의 수행단에 여성이 포함되는 걸 환영한다는 뜻을 분명히 밝혔다. 루가의 글을 통해 이를 분명히 알 수 있다. "막달라 여자라고 하는 마리아 (…) 헤로데의 신하 쿠자의 아내인 요안나, 그리고 수산나라는 여자를 비롯하여 다른 여자들도 여럿 있었다. 그들은 자기네 재산을

17세기 네덜란드에서 나온 이 케투바처럼 유대인의 혼전계약서는 화려하게 장식되곤 했다.

1데나리온

복음서에서 자주 등장하는(마태오 20:2 등) 주화인 데나리온은 로마제국에서 가장 많이 유통된 화폐였다. 데나리온은 '10개를 가지고 있다'는 뜻으로, 1데나리온이 10아스(ass)와 같은 가치를 지녔기 때문에 생겨난 표현이다. '아스'는 로마제국에서 유통된 가장 작은 단위의 주화로 황동으로 만들어졌다. 세스테르티우스(Sesterces) 단위로 환산하면 1데나리온은 4세스테르티우스다. 예수 당대에 데나리온은 가장 흔한 은화로 당시 로마를 다스리던 트라야누스 인물상이 각인되곤 했다. 하지만 아우구스투스 이후로 실제 은의 함유량은 3.9그램 미만에 불과했다. 1데나리온은 농노나 농장 일꾼, 병사의 하루 일당이었다. 현재의 화폐단위로 환산하면 대략

18달러다. 그에 반해 공증인 역할을 하면서 결혼, 이혼, 판매, 신용, 대여를 위한 계약서 작성을 해주던 '필경사'는 일주일에 12데나리온 정도를 벌었다. 일꾼들 임금의 두 배 가까운 액수다. 1데나리온을 가지면 거한 식사 한 끼나 중급 품질의 올리브오일 한 항아리를 살 수 있었다. 루가에 의하면 여관에서 하루 숙박하는 비용은 2데나리온이었다(루가 10:35). 예루살렘 성전에 제물로 바칠 비둘기나 양을 사려면 먼저 데나리온을 성전 세겔(shekel)로 환전해야 했다. 4데나리온은 1세겔로 바꿀 수 있었다. 성전 세겔은 일반적으로 통용되는 세겔보다 금속의 순도를 더 높여 띠로에서 주조한 특별한 주화였다.

로마의 황제 트라야누스가 새겨진 은화 데나리온.

나사렛 외곽 과수원에 조성된 올리브 숲은 시간을 초월한 고대 갈릴리의 아름다움을 떠올리게 한다.

동정녀 마리아의 초상화(91쪽). 르네상스 화가 아그놀로 브론치노(Agnolo Bronzino, 1503~1572)가 1550년경에 그린 '성녀 안나와 세례 요한과 함께 있는 성 가족Holy Family with St. Anne and the infant St. John the Baptist'의 일부이다.

바쳐 예수의 일행을 돕고 있었다."(루가 8:1-5).

결혼이 결정되고 나면 결혼식 준비가 본격적으로 시작된다. 이때 신부는 첫 월경을 시작하는 13~14세 정도의 나이이다. 너무 어리다는 생각이 들겠지만 고대 여성들은 30대 후반이면 폐경을 겪었고 40대가 넘도록 살 것이라 장담할 수도 없었다. 과도한 가사노동과 육아를 감당하는데다 많은 자녀를 출산했던 상황이 일조한 결과라 볼 수 있다. 이런 점을 잘 알았던 마리아의 어머니는 일찍부터 딸에게 아내의 다양한 의무를 가르쳤을 것이다. 예닐곱 살 무렵부터 마리아는 어머니를 도와 요리나 빵 반죽을 하고 가축에게 먹이를 주며 어린 동생들을 돌보는 일 등 간단한 가사를 도왔을 것이다. 수확기가 되면 부모를 도와 과수원의 열매를 줍고 올리브오일 생산을 위해 올리브를 세심하게 으깨는 작업 등도 했을 것이다. 장이 서는 날이면 어머니와 함께 인근 시장에 나가 밭에서 수확한 작물의 잉여분을 팔았을 것이다. 그러는 사이 몇 마디 그리스어를 익히고 모국어인 아람어를 조금 배웠을 수 있다. 하지만 이 부분은 학자들 간 논쟁거리다.

마리아의 손이 충분히 여물었을 때는 무엇보다 중요한 베 짜는 기술을 배웠을 것이다. 남편을 비롯한 가족의 의복 대부분을 여성이 만들어야 했기 때문이다. 사실 베 짜는 일은 어머니가 딸에게 가르쳐야 할 가장 중요한 기술이었다. 먼저 배워야 할 것은 양털이나 아마로 된 굵은 실가닥을 둘둘 말아서 방적사로 만드는 일이었다. 이 실꾸러미는 세로줄을 메어놓은 수직형 직기를 이용해 반듯한 모직 천조각으로 짜여진다. 이런 세로실은 날줄이라고 하는데 나무대에 걸어놓고 작은 나무나 토기 추로 팽팽하게 당겨놓은 다음 씨줄을 넣고 빼면 천이 만들어진다.

1세기에는 날줄에 추를 단 베틀 대신 조금 더 세련된 들보가 두 개 달린 베틀이 등장했다. 날줄이 바닥에 있는 들보의 위 막대기에서 곧바로 나오는 형식이었다. 이런 방식은 날줄을 더 팽팽하게 당겨줄 뿐만 아니라 씨줄이 자기 자리를 찾아 잘 움직이게 도왔다. 들보가 두 개 있는 베틀을 가진 여성은 편안하게 의자에 앉아서 일할 수 있던 반면 추가 달린 베틀을 이용하는 여성은 몇 시간 동안 서서 베를 짜야 했다.

2세기경 랍비 문서에서는 들보가 두 개 있는 베틀만 언급한다. 하지만 세네카에서 찾은, 1세기 중엽에 작성된 것으로 추정되는 로마의 문서에서 관련 글을 찾아볼 수 있다. 마리아는 구식 베틀 사용법을 배웠다고 보는 편이 맞을 듯하다. 이런 베틀은 엔 게디(En Gedi) 근처에서 발굴되었다.

베틀에서 약 3피트(91센티미터) 길이의 천 두 필을 짜내고 나면 바느질로 붙여서 소매가 없는 옷을 만들 수 있었다. 마리아의 망토자락에는 술이 달리고 허리는 파란색 리본으로 동여매졌을 것이다. 이런 튜닉 아래에는 소박한 아마 내의를 입었을 것이다. 이 내의는 잘 때도 그대로 입는 옷이었다.

남성의 망토는 훨씬 더 간단하지만 가죽이나 피륙으로 만든 허리띠를 사용한다는 점이 달랐다. 마르코에 의하면 "요한은 낙타털 옷을 입고 허리에 가죽띠를 두르고" 살았다고 한

이집트 엘−파라프라(El−Farafra) 오아시스 인근에서 깔개를 짜고 있는 베두인 여인. 예수 당대에 어머니가 딸들에게 가르쳤던 베 짜는 기술을 그대로 사용하고 있다.

나사렛 마을의 우물에서 물을 길어가는 여성들의 모습(93쪽)을 묘사한 이 그림은 러시아 화가 폴레노프(Vasilij Dmitrievich Polenov, 1844~1927)의 작품이다.

다. 루가의 복음서에서 예수는 제자들에게 ""너희는 허리에 띠를 띠고" 있으라고 말한다(루가 12:35). 튜닉 자락을 집어들어 허리띠 아래로 집어넣으라는 이 말은 1세기 식으로 "소매를 걷어붙이고" 일하러 가라는 뜻이다.

마리아의 신발은 야자수 껍질로 만든 샌들에다 아마포나 노끈, 가죽으로 만든 끈으로 고정한 형태였을 것이다. 그리고 집을 나설 때마다 머리 위에 하얀 천을 둘러썼을 것이다. 머리를 가리는 동시에 태양빛을 가리기 위해서였다. 품위 있는 여성들은 사람들 앞에서 머리를 가리고 다녔다.

(아나니아스의 아들 유다는) 아내
셀람시온에게 그녀가 가져온 지참금
액수에 300데나리온을 더해주어서
(…) 아내와 앞으로 태어날 자녀를
먹이고 입히는 일에
(사용하도록 해야 한다).

엔 게디의 혼전계약서
2세기 초엽

요셉의 교육

요셉의 배경에 관한 정보가 매우 적기 때문에 그가 어떤 교육을 받았는지 규정하기란 쉽지 않다. 2세기 후반과 3세기 초엽의 랍비 문헌에서는 소도시나 규모가 있는 촌락에서 시나고그를 운영해 남자아이가 여섯 살부터 학교 교육을 받게 했다고 전한다.

팔레스타인과 바빌로니아 탈무드에 따르면 시므온 벤 쉐탁(Simeon ben Shetach, B.C.E. 120~B.C.E. 40)이 모든 소도시와 마을에 '책의 집'이라는 의미의 베트 하−세페르(Bet ha−Seferfmf) 세워야 한다는 법령을 선포했다. 이런 학교 교육은 소년들에게 글을 가르치기보다 히브리어 성경의 기본적인 내용을 이해하고 율법의 가르침을 전수하는 게 주된 목적이었다. 하지만 학자들은 이 같은 교육이 실행되었다기보다는 종교적인 이상에 걸맞은 비현실적 제도일 가능성이 더 높다고 본다. 특히 부유하지 못하고 규모가 작은 지역공동체일 경우 더더욱 그랬다. C.E. 70년 예루살렘 성전이 파괴되기 전까지 갈릴리 시골지역에 이런 학교가 존재했을 가능성은 거의 없다.

루가는 예수가 사역을 시작하면서 나사렛으로 돌아가 "안식일이 되자 늘 하시던 대로 회당에 들어가셨다."고 말한다. 하지만 이것이 예루살렘 성전 파괴 이후 관행처럼 세워진 특별 회당이었는지 여부는 분명치 않다. 수태고지 교회 아래 발굴작업을 한 바가티는 2세기의 건축 잔해를 무더기로 찾아냈다. 그는 마을의 회당 유적이라고 생각했지만 일반적으로 인정받는 가설은 아니다.

그렇다고 해서 사람들이 모여 함께 기도하고 종교적인 기능을 감당하는 곳이 나사렛 마을에 아예 없었다는 뜻은 아니다. 많은 고고학자들은 1세기 갈릴리에 특별한 의도로 지어진 회당이 극소수 있었을 것이라고 추정한다. 이 같은 회합장소는 공동우물이나 가장 큰 주택 근처 마을 중심지에 자리잡았다. 그러므로 예수 당대 촌락에 살던 소년들은 최초의 종교 교육과 직업교육을 가정에서 받았을 것이라고 추측하는 것이다. 13세가 된 소년들은 성인이 되었다고 간주해 아버지와 함께 일하기 시작한다. 팔레스타인 지역의 유대 소년은 18세가 되면 결혼을 할 수 있었다.

유대 사막에 있는 소위 '문서의 동굴'이라 불리는 곳에서 고고학자 이가엘 야딘(Yigael Yadin)은 수많은 기록을 발견했다. 여기에는 C.E. 132～135년에 있었던 바르코크바 반란(The Bar Kokhba Revolt)으로 도망온 사람들에 대한 기록과 마오자의 바바타(Babatha of Maoza)라는 이름의 여인에 관한 기록도 포함되어 있다.

유대의 가정 생활

사해 인근, 소위 말하는 '문서의 동굴(Cave of Letters)'에서 발견된 마오자의 바바타라는 2세기 유대 여인에 대한 문헌을 비롯, 여러 글과 성경을 근거로 예수 당대 가정생활 모습을 대략적으로 재구성할 수 있다. 이런 기록들을 살펴보면, 율법에서 일부다처제를 용인했음에도 불구하고 1세기 유대 지역과 갈릴리의 남자들 대부분은 일부일처로 살았다. 남자 쪽이 나이도 많고 사망률도 더 높았던 까닭에 당시 여성들은 한 번 이상 결혼하는 사례가 많았다. 로스 크라에메르(Ross Kraemer)에 의하면 첫 결혼은 부모에 의해 정해졌지만 두 번째에는 여성 본인이 더 큰 발언권을 지녔다고 한다. 《미슈나》에서는 이혼 절차를 시작할 수 있는 쪽은 남편이라고 언급하지만, 여성도 이혼증서를 얻어낼 수 있었다는 걸 보여주는 실제적 증거들이 많다. 이런 까닭에 아버지가 다른 자녀들을 포함한 대식구가 생겨났다. 이런 상황은 1세기의 주거 환경에 반영되어 있다. 2층으로 지어진 당시 주택의 상당수는 공용 안마당을 둘러싼 형태였을 것이다. 젊은 여성이 일단 결혼하면 집과 가족의 옷가지, 세탁, 요리뿐만 아니라 자녀를 돌보는 일까지 책임져야 했다. 수확기에는 남편을 도와 들과 과수원에서 일도 했다. 토기까지 능숙하게 만드는 여인들도 있었다. 하지만 그런 일은 마을 인근에서 질 좋은 흙을 구할 수 있어야 가능했다.

하지만 지금과 같은 의미의 '데이트'는 불가능했을 것이다. 혼전계약서가 마무리되면 젊은 남녀는 서로 만날 수 있었다. 그 이전 양가 모임에서 얼굴을 보기도 하지만, 어떤 경우든 두 남녀는 양가 부모의 감독 하에서만 대면했다. 결혼 날이 되기까지 여성은 순결을 지켜서 가문의 명예를 높일 의무가 있었다. 이런 상황은 로마제국의 다른 문화권에서도 흔하게 볼 수 있었다.

그 사이 어머니와 다른 여성 가족구성원들은 결혼잔치 준비에 박차를 가했다. 나사렛과 같은 작은 촌락에서도 결혼식은 며칠 동안 이어졌다. 마을 사람들과 인근 마을 친척들까지 모두 초대를 받았다. 예식은 결혼식 전날 밤, 신랑과 그의 친척들이 신부의 집에 행렬을 이루며 들어가는 것으로 시작된다. 신랑은 베일을 쓴 신부의 손을 잡고 신랑의 집 뒤쪽으로 간다. 그곳에는 신부의 수행원이 지키는 별도의 잠자리가 마련되어 있다. 다음날 예식이 본격적으로 시작되고 이어 성대한 마을 잔치가 벌어진다. 이때는 유대의 농민들이 구운 고기를 마음껏 먹을 수 있는, 흔치 않은 날이었다. 그래서 염소와 양을 몇 마리씩 잡았다. 저녁 내내 행복한 신혼부부에게 씨앗과 꽃이 뿌려졌다. 그리고 마침내 신랑과 신부는 새로 마련한 자신들의 집으로 호위를 받으며 이동한다. 여러 세대의 가족이 함께 지내는 복합 주거군락 안에 몇 개의 방을 갖춘 집을 별도로 마련하거나 대가족이 함께 사는 집에 신방 하나를 차려놓는 형태였다. 신혼부부가 첫날밤을 치르는 동안 밖에 있는 결혼식 하객들은 다시 한 번 활기차게 잔치를 이어간다.

이렇듯 마리아가 세심하게 설계했을 결혼계획을 완전히 뒤집어놓는 일이 생겼다. 그 이후 마리아의 인생행로는 딴판으로 달라진다. 임신을 한 것이다.

복음서에 나타난 마리아의 임신

마리아가 처한 상황에 대해서는 루가와 마태오가 기술하고 있다. 두 복음서 저자는 몇 가지 점에서는 의견일치를 보이지만 서로 다른 관점에서 이야기에 접근한다. 두 저자 모두 마리아와 요셉이 약혼한 상태였다고 적었다. 그리고 요셉은 다윗 왕 가문의 후손이다. 마리아는 처녀이고 혼전이었지만 성령에 의해 아이를 잉태했다. 나아가 두 복음서 저자는 히브리어 성경을 문학적 모델로 삼아 이야기를 서술해낸다.

이는 히브리어 성경의 예언을 이루는 존재로서 예수의 정통성을 강조하기 위해서다. 루가는 〈창세기〉에서 사라와 결혼한 아브라함에게 천사가 예언하는 장면을 본떠, 소위 말하는 '성 수태고지'를 묘사했다. 또 아브라함에게 아들을 낳아준 사라의 여종 하갈에게 나타난 천사의 이야기를 활용하여 좀더 정교하게 묘사했다. 하갈과 사라 사이에 갈등이 발생하자 하갈은 사막으로 도망친다. 그때 천사가 하갈에게 나타나 말한다.

> 너는 아들을 배었으니 낳거든 이름을 이스마엘이라 하여라. 네 울부짖음을 야훼께서 들어주셨다. (…) 네 아들은 (…) 모든 골육의 형제와 등지고 살리라.

이 목각 인형 한 쌍은 3세기 후반의 어린이가 가지고 있었던 것으로 추정된다.

그리고 얼마 지나지 않아 하느님은 아브라함 앞에 모습을 드러내고 말한다.

네 아내 사라가 너에게 아들을 낳아줄 터이니, 그의 이름을 이사악이라고 하여라. 나는 그와 나의 계약을 세우리라.

두 아이 이름을 지어준 이는 하느님이었다. 아이가 장차 짊어질 성직자의 역할을 암시하는 것이다. 루가의 복음서에서는 천사 가브리엘이 나사렛 마리아의 집에 나타나 말한다. "두려워하지 마라, 마리아. 너는 하느님의 은총을 받았다." 그리고 다음과 같이 말을 이어간다.

이제 아기를 가져 아들을 낳을 터이니 이름을 예수라 하여라.
그 아기는 위대한 분이 되어 지극히 높으신 하느님의 아들이라 불릴 것이다.

"여호수아" "호세아"와 마찬가지로 아람어로 "예슈아(Yeshua)"라 적기도 하는 예수(Jesus)라는 이름은 "예호슈아(Yehoshuah)"를 줄여놓은 말로 "야훼(yhwh)는 구원이시다."라는 뜻을

1세기 후반의 가죽 샌들. 북부 갈릴리 하솔의 한 가정집에서 기름을 압착하면서 겹쳐 놓는 용도로 사용되던 것을 찾아냈다.

갈릴리 호수 인근 완만한 경사를 자랑하는 산간지대(97쪽)는 현대의 티베리아스까지 이어져 있다.

단테 가브리엘 로제티는 '수태고지'(1850, 99쪽)에서 천사 가브리엘의 명령을 받아들이기 꺼려하는, 놀란 젊은 여인으로 마리아를 묘사했다.

담고 있다. 이는 갈릴리와 유대 지역에서 매우 흔한 이름이었다. 마리아가 자신은 여전히 '처녀'임을 주장하자 천사 가브리엘은 "성령이 너에게 내려오시고 지극히 높으신 분의 힘이 감싸주실 것이다."(루가 34-35)라고 말한다. 하느님의 권능을 강조하기 위해서 천사는 덧붙여 말한다. "네 친척 엘리사벳을 보아라. 아기를 낳지 못하는 여자라고들 하였지만, 그 늙은 나이에도 아기를 가진 지가 벌써 여섯 달이나 되었다. 하느님께서 하시는 일은 안 되는 것이 없다."

사실 루가는 천사 가브리엘이 엘리사벳의 남편 즈가리야(Zechariah)에게 나타난 이야기를

서양 미술에 나타난 성 수태고지

성 수태고지 이야기는 중세부터 현대까지 수많은 화가에게 영감을 주었다. 비잔틴 시대의 화가들은 당시 고도로 양식화된 교회법에 따라 이 장면을 묘사했다. 황금색을 배경으로 고귀한 동정녀 마리아가 옥좌 위에 앉은 모습이어야 했다. 르네상스 시대가 열리면서 화가들은 좀더 사실적인 상황에서 이 사건을 상상하려 노력했다. 플랑드르의 화가 로히어르 판 데르 베이턴(Rogier van der Weyden)은 부유한 플랑드르 상인의 집이라는 쾌적한 환경에서 사건이 벌어지는 모습을 그렸다. 레오나르도 다 빈치에게 마리아는 자부심과 자신감 가득한 모습으로 천사에게서 소식을 전해 듣는 젊은 여인이었다. 반대로 19세기 라파엘 전파에 속한 화가 단테 가브리엘 로제티의 손에서는 천사 가브리엘이 꽃을 내밀자 주춤하는 모습으로 묘사되었다. 앞으로 겪을 고난을 생각하는 듯한 모습이다.

레오나르도 다 빈치가 1472년에 그린 '성 수태고지'로 그의 초기 미술작품 중 하나다.

앞서 기술해놓았다. 즈가리야는 "아비야 조에 속하는 사제"(루가 1:15)라고 소개되고 있다. 처음에 즈가리야는 천사의 모습을 보고 몹시 당황하고 두려워했다. 그러자 가브리엘은 그를 안심시키기 위해 마리아에게 했던 것과 거의 같은 말을 한다. "두려워하지 마라, 즈가리야. 하느님께서 네 간구를 들어주셨다." 그리고 가브리엘은 다음과 같이 이어 말했다.

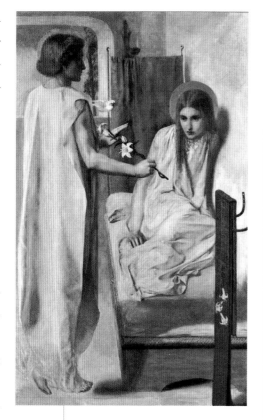

> 네 아내 엘리사벳이 아들을 낳을 터이니 아기의 이름을 요한이라 하여라.
> 너도 기뻐하고 즐거워할 터이지만, 많은 사람이 또한 그의 탄생을 기뻐할 것이다.
> 그는 주님 보시기에 훌륭한 인물이 되겠기 때문이다.
>
> (루가 1:13-15)

아브라함과 사라가 그랬듯이 즈가리야는 못 믿겠다는 태도를 보이며 천사에게 반문한다. "저는 늙은이입니다. 제 아내도 나이가 많습니다. 무엇을 보고 그런 일을 믿으라는 말씀입니까?" 이에 천사는 이렇게 답한다. "나는 하느님을 모시는 시종 가브리엘이다."

나아가 루가는 〈사무엘 상〉에 나오는 한나(Hannah)와 엘카나(Elkanah)의 이야기를 활용하여 서사적인 층위를 강화시킨다. 사라와 마찬가지로 한나는 남편에게 아이를 낳아주지 못하고 있었다. 한나는 기도를 하면서 하느님이 사내아이 하나를 점지해주면 그 아이를 하느님을 섬기는 데 헌신하는 나실인(nazirite)으로 키우겠다고 약속한다. 한나는 나실인으로서 키우면서 "평생 그의 머리를 깎지 않"겠다고 서원했다(사무엘 상 1:11). 한나의 기도는 응답받았고 예언자 사무엘을 낳았다.

루가의 엘리사벳과 즈가리야 이야기 속 천사 가브리엘도 앞으로 낳을 아들에 대해 즈가리야에게 충고하면서 이와 비슷한 표현을 사용해 아들은 "포도주나 그 밖의 어떤 술도 마시지 않"게 될 것이라고 말한다. 이를 통해 루가는 히브리어 성경과 복음서를 병치하는 효과를 냈다. 한나가 예언자 사무엘을 낳았듯이 신약에서 엘리사벳은 세례자 요한을 낳은 것이다. 사무엘이 이스라엘의 다윗 왕에게 성유를 부어주었던 것과 마찬가지로 세례자 요한은 요르단 강에서 예수에게 세례를 주었고 예수는 다윗 자손의 메시아가 되었다.

> 두려워하지 마라, 마리아.
> 너는 하느님의 은총을 받았다.
> 이제 아기를 가져 아들을 낳을 터이니
> 이름을 예수라 하여라.
>
> 루가 1:30-31
> C.E. 75년~90년경.

성 수태고지를 받았던 동굴

3세기에 나사렛의 부드러운 백악층 산지에 파놓은 동굴 하나가 성 수태고지 장소와 연관이 있다. 전승에 의하면 바로 여기서 마리아가 천사 가브리엘로부터 수태고지를 받았다고 한다.

바실리카 형태의 이 교회는 4세기 티베리아의 요셉이라는 사람이 콘스탄티누스 대제의 어머니 헬레나 황후의 명을 받고 작은 동굴 위에 지어놓은 것이다. 그리스도교가 로마제국에서 공식적으로 승인받은 이후의 일이다. 후대에 작은 수도원이 더 지어졌지만 614년 페르시아의 침공 당시 파괴되었다. 십자군이 바실리카 양식으로 교회를 다시 지은 것은 12세기였다. 하지만 1263년에 다시 파괴되었다. 1730년 프란치스코 수도회에서 오스만 제국의 승인 아래 다시 교회를 세웠지만 밑에 있는 동굴에 묻혀버렸다. 1955년 프란치스코 수도회는 기존 건물을 철거하고 그 자리에 현재의 웅장한 건물을 세웠다. 이 교회는 현재 이스라엘에서 가장 현대적인 교회 건물로 손꼽힌다. 이탈리아 건축가 조반니 무치오(Giovanni Muzio)가 설계한 이 건물은 1964년 교황 요한 바오로 2세가 준공식을 거행했으며 1969년에 완공되었다. 십자군 교회 양식에 충실한 이 교회는 두 개 층으로 나뉜다. 아래층에는 동굴로 이어지는 통로가 있다. 이 동굴 앞에서 가톨릭의 미사를 드리기도 한다.

마태오 판본

마리아 임신과 관련된 마태오의 서사는 요셉의 시각에서 펼쳐진다. 여기서 우리는 마리아의 혼전 임신이 마리아와 그 가족에게 얼마나 큰 파급력을 미치게 될지 감지할 수 있다. 명예는 고대 가정이 지역에서 좋은 평판을 얻는 데 빠질 수 없는 핵심 덕목이었다. 마리아의 임신은 그 친족들에게 커다란 수치심을 안길 사건이었다.

마태오의 복음서에서는 이런 상황이 어떤 결과를 초래할지 너무나 잘 아는 요셉이 등장한다. 마리아와 부부관계를 맺지 않았기에 자신이 아이 아버지가 아니라는 사실을 알고 있던 요셉은 혼전계약서가 파기될 것을 예측한다. 하지만 그는 마리아가 창피당하고 추문의 주인공이 되는 걸 원치 않았다. 마태오는 "마리아의 남편 요셉은 법대로 사는 사람이었고 또 마리아의 일을 세상에 드러낼 생각도 없었으므로 남모르게 파혼하기로 마음먹었다."고 썼다(마태오 1:19). 하지만 그때 "주의 천사가 꿈에 나타나 '다윗의 자손 요셉아, 두려워하지 말고 마리아를 아내로 맞아들이어라. 그의 태중에 있는 아기는 성령으로 말미암은 것이다.'"라고 말한다. 이어서 천사는 다음과 같이 덧붙인다.

> 마리아가 아들을 낳을 터이니,
> 그 이름을 예수라 하여라.
> 예수는 자기 백성을 죄에서 구원할 것이다. (마태오 1:21)

그리고 "잠에서 깨어난 요셉은 주의 천사가 일러준 대로 마리아를 아내로 맞아들였다. 그러나 아들을 낳을 때까지 동침하지 않고" 지냈다고 마태오는 설명한다(마태오 1:24-25).

로히어르 판 데르 베이던은 플랑드르 상인의 호화로운 집에서 성 수태고지가 이루어진 것으로 묘사했다(101쪽).

예수의 어머니 마리아는 요셉과
약혼을 하고 같이 살기 전에
잉태한 것이 드러났다.
그 잉태는 성령으로
말미암은 것이었다.

마태오 1:18
C.E. 75년~90년경

예수의 어린 시절

그 무렵에
로마 황제 아우구스토가
온 천하에 호구조사령을 내렸다.

루가 2:1
C.E. 75년~90년경

베네치아파 화가 조반니 벨리니(Giovanni Bellini, 1430~1516)가 1490~1500년경에
예수를 성전에 봉헌하는 모습을 묘사한 성화.

루가의 복음서에서 소개한 예수의 탄생에 관한 이야기만큼 우리 상상력을 자극하는 것은 없다. 현재 전 세계에서 예수의 탄생일인 크리스마스를 기념하는 방식은 그의 서사를 근거로 삼는다.

루가의 이야기는 "헤로데가 유다의 왕이었을 때"부터 시작된다. 여기서 이름이 중요한 이유는 복음서 저자들이 이전 하스몬 왕조의 통치자인 헤로데 대왕과 그가 사망한 후 단순한 분봉왕으로서 갈릴리와 페레아를 다스렸던 그의 아들 헤로데 안티파스를 분명히 구분짓지 않고 모두 '헤로데 왕'이라고 지칭하는 경우가 많기 때문이다. 여기에 붙은 '유다의'라는 표현은 팔레스타인 전 지역을 표기할 때 로마인이 사용했던 말로, 루가가 헤로데 대왕을 지칭했다는 것을 명시해준다. 마태오도 이에 동의한다. 그는 "예수께서 헤로데 왕 때에 유다 베들레헴에서 나셨는데"라고 말하고 있다. 이 헤로데 왕은 이후 베들레헴의 영아학살에 대한 설명을 하면서 언급된다. 이를 통해 마태오가 아버지 헤로데에 대해 말한다는 것을 알 수 있다. 그의 아들 헤로데 안티파스는 베들레헴이 있는 유대 지역에 대한 관할권을 갖지 못했기 때문이다.

만약 예수가 헤로데 대왕 시절에 태어났다면 그가 서기 0년에 출생했다는 추정을 달리해야 한다. 헤로데 대왕은 B.C.E. 4년 4월이나 3월쯤 사망했으므로, 서기 0년 이전에 예수가 태어났다는 말이 된다. 그런데 〈루가 복음〉에 적힌 또 다른 정보를 추가하면 일은 더 복잡해진다. "그 무렵에 로마 황제 아우구스토가 온 천하에 호구조사령을 내렸다."(루가 2:1). 로마 황제와 총독들이 주기적으로 자신의 영토 내 백성들을 대상으로 포괄적인 호구조사령을 내린 것은 사실이었다. 하지만 이 호구조사의 목적은 해당 지역의 인구통계학적 구성을 가늠하기보다 사회구성원 개인과 그들의 재산목록을 상세하게 파악하기 위해서였다. 이러한 목록이 없다면 로마는 해당 지역의 정확한 가치를 합리적으로 평가할 수가 없고, 세금 부과 방식도 결정할 수 없었다.

이것은 중요한 문제였다. 로마 총독이 직접 세금을 걷는 게 아니었기 때문이다. 그런 일을 직접 할 만한 행정조직 체계가 부족했던 로마는 세금 징수 업무를 복음서에서 '세리'라고 불리는 자영업자 징수원에게 위탁했다. 이 세리들의 부정행위 여부를 파악할 방법은 단 하나, 그 해 과세기준이 얼마인지를 미리 파악하는 것뿐이었다. 그러므로 호구조사는 로마 황실 제정에 있어서 매우 중대한 문제였다.

루가는 한술 더 떠서 이 호구조사가 "첫 번째 호구조사"라고 말한다. 로마가 유대 지역에서 이런 호구조사를 시행한 게 처음이라는 의미다. 이 역시 틀린 말은 아니다. 이전까지 세금은 헤로데 왕이 직접 징수했기 때문이었다.

로마를 기쁘게 하는 일에 열정을 쏟았던 헤로데 왕은 늘 자신 몫의 공물을 시간 맞춰 보냈고, 심지어 아우구스투스와 고위관리를 위한 개인적 선물까지 챙겼다. 그러므로 헤로데가

0 25 50킬로미터
0 25 50마일
현재의 배수로와 국경선.
해안선을 기준으로 한 지도.

시돈
다마스쿠스
띠로
카즈린
세포리스
갈릴리 호
갈릴리의 베들레헴
티베리아스
나사렛
지중해
사마리아
예루살렘
베들레헴
가자지구
사해
이집트
네게브

갈릴리 세포리스 인근에 있는 과수원. 수확을 기다리는 올리브 열매가 탐스럽다.

살아 있는 동안 로마에서는 이 지역에 호구조사를 명할 이유가 없었다. 하지만 그것이 유대 지역을 엄밀한 의미의 자치 왕국으로 생각했다는 의미는 아니다. 헤로데가 아우구스투스의 재가를 얻어 자신이 다스리던 왕국을 자녀들에게 분할해준 다음에도 이 영토는 종전과 같은 방식으로 통치되었다. 다시 말해 아르켈라오스와 안티파스, 필립보, 살로메가 각자에게 주어진 봉토에서 세금을 걷어 자신들에게 부과된 공물을 로마에 바쳤다는 의미다. 그러니 로마의 세무 관리가 개입할 필요가 없었다.

하지만 유대 사절단이 아우구스투스에게 아르켈라오스의 실정을 고하고 황제의 개입을 요청하면서 상황은 달라졌다. 아르켈라오스는 유대 지역과 사마리아 행정관직을 박탈당했고 아우구스투스에 의해 갈리아(Gaul) 론(Rhône)에 있는 로마의 도시 비엔(Vienne)으로 유배되었다. 아우구스투스는 유대를 로마의 속국으로 합병하기로 결정했다. 헤로데 안티파스에게는 매우 실망스러운 일이었다. 아우구스투스가 자신을 선친의 왕국을 승계할 합법적인 상속자로 선포한 뒤 왕이라는 칭호를 하사할 것이라 기대했기 때문이다.

하지만 그런 일은 없었다. 아우구스투스는 유대(와 사마리아)를 그리 대단치 않게 생각했다. 따라서 속주로 지정해 총독이 다스리게 하지도 않았다. 대신 로마-시리아의 부속 영토로 취급하면서 프레펙투스(prefectus, 행정관)가 다스리도록 했다. 이는 원로원이나 황제가 아니라 시리아 안티오크에 있는 총독에게 보고를 해야 하는 직위였다. 외교적으로 지위가 낮은 프레펙투스는 흔히 로마의 기사 계급이 맡고 총독 자리에는 원로원 의원급 인사가 임명되었다.

당시는 공교롭게도 안티오크의 총독 자리도 공석이었다. 그러므로 두 명의 새로운 로마 관리가 근동지역을 향해 출항했다. 한 명은 최근 로마에 편입된 로마 유대(라틴어 Iudaea)의 초대 프레펙투스 코포니우스(Coponius)였다. 그는 로마의 기사였다.

그의 새로운 상관은 율리우스 카이사르의 오랜 친구이자 원로원 의원 푸블리우스 술피시우스 퀴리니우스(Publius Sulpicius Quirinius, 퀴리노)였다. 아우구스투스가 이끄는 군단에서 숙적 안토니우스를 물리친 적력을 지닌 퀴리니우스는 마침 갈라티아(Galatia)와 소아시아의 밤필리아(Pamphylia)에서 총독 임기를 마친 참이었다. 밤필리아는 50년 후 바울이 가장 성공적으로 선교활동을 펼치게 되는 곳이다.

시리아에서 막 일을 시작한 퀴리니우스는 최근 로마에 귀속된 유대와 사마리아를 포함해

자신이 관할하는 전 지역에 대한 호구조사를 명한다. 이 지역의 재산적 가치를 어림하기 위해서였다. 로마는 더 이상 헤로데 가문이 보내는 공물을 기다리지 않았다. 이제 그 일은 퀴리니우스의 책임이었다. 좀더 정확하게 말하자면 그의 지휘를 받는 프레펙투스 코포니우스의 일이었다. 이런 역사적 사실은 루가의 복음서를 다시 보게 만든다. 루가는 "이 첫 번째 호구조사를 하던 때 시리아에는 퀴리노라는 사람이 총독으로 있었다."라고(루가 2:2) 분명히 기록했다.

하지만 루가가 기록한 날짜는 역사적 연대표와 충돌을 일으킨다. 유대가 로마의 속주가 되고 퀴리니우스가 새로운 총독으로 부임한 시기는 C.E. 6년이다. 헤로데 왕이 죽고 나서 10년이 더 지났다는 의미다. 그러면 예수는 최소한 10살은 되었을 것이다. 그러므로 우리는 복음서에 적힌 다른 증거를 찾아 예수가 정확하게 언제 태어났는지를 정해야 한다.

동방에서 온 박사

루가의 기록에 따르면 갓 태어난 예수는 양치기들의 시중을 받았다. 하지만 마태오에 의하면 예수가 탄생할 때 "동방에서 온 박사(magoi apò anatoloon)" 세 명이 도착한다.

마태오가 사용한 그리스어 '마고이(magoi)'는 마술사나 점성가라는 의미로 번역되었다. 고대 바빌론과 페르시아를 비롯한 동방의 왕국에서는 배움이 많은 점성가가 사제와 같은 조언자로 칭송받으며 마술을 부리곤 했다. 몇 세기 동안 이 세 명의 동방박사는 왕으로 해석되기

현재의 예리코 사진(하단). 헤로데 대왕 시절에 유명했던 울창한 야자숲을 쉽게 떠올릴 수 있다.

14세기 비잔틴 양식의 모자이크(106쪽). 퀴리니우스 총독이 베들레헴의 호구조사 결과가 담긴 두루마리를 받고 있다.

도 했다. 특히 마태오가 히브리어 성경에서 영감을 받아 예언자적 상징을 종종 사용했기 때문에 더더욱 그런 해석이 가능했다. 〈시편〉 72편의 경우 올바른 통치력을 지닌 현명한 왕을 칭송하면서 "만왕이 다 그 앞에 엎드리고 만백성이 그를 섬기게 되리라."(시편 72:11)는 식의 기도를 드리기도 했다. 마태오 역시 동방박사들이 아기 예수를 보고 "엎드려 경배하였다. 그리고 보물상자를 열어 황금과 유향과 몰약을 예물로 드렸다."고 적고 있다(마태오 2:11). 이런 모습은 이사야가 만국이 예루살렘에게 조공 바치는 비전을 보고 기록한 내용을 떠올리게 한다. "큰 낙타 떼가 너의 땅을 뒤덮고 (…) 금과 향료를 싣고 야훼를 높이 찬양하며 찾아오리라."(이사야 60:6). 하지만 "유향과 몰약"을 다르게 해석해 예수가 십자가에 못 박혀 죽은 후 그의 무덤으로 가져갈 장례용품을 예언한 것이라고 보는 이들도 있다.

마태오는 이 동방박사 세 사람이 "그분의 별을 보고"(마태오 2:2) 여행길을 나섰다고 언급한다. 이것은 히브리어 성경을 염두에 둔 또 다른 상징적 암시일 수 있다. 특히 발람(Balaam)이라 불리는 마술사가 모압 왕으로부터 약속의 땅으로 향하는 모세와 이스라엘 백성을 저주하라고 청을 받는 이야기를 연상시킨다. 〈민수기〉에 의하면 하느님이 발람에게 찾아와서 저주 대신 축복을 주라고 전한다. "이 눈에 한 모습이 떠오르는구나. 그러나 당장 있을 일은 아니다. (…) 야곱에게서 한 별이 솟는구나. 이스라엘에게서 한 왕권이 일어나는구나."(민수기 24:17).

하지만 이 부분에서 "베들레헴의 별"을 예수 탄생 연대를 추정하는 역사적 사건으로 해석하는 이들도 있다. 17세기 천문학자 요하네스 케플러(Johannes Kepler)는 1603년 12월 17일 저녁, 물고기자리 별인 목성과 토성이 겹치면서 밝은 빛을 내는 것을 발견했다. 케플러는 이와 비슷한 행성의 합이 B.C.E. 7년경에 일어났을 거라고 가정했다. 하지만 현대 천문학에서 계산한 결과, 두 행성이 가장 가까이 겹치는 정도는 0.98도여서 "하나의 밝은 별"처럼 보이기에는 부족한 것이다. 그럼에도 불구하고 15세기의 랍비 이삭 아브라반넬(Issac Abravanel)은 두 행성의 합을 주장하는 내용을 흥미롭게 보고 새로운 해석을 내렸다. 그는 물고기자리의 목성과 토성이 1464년에 합을 이루는 것은 메시아의 재림을 알리는 전조라고 예언했었다.

마태오가 말한 별이라고 추정할 만한 또 다른 행성은 핼리 혜성이었다. B.C.E. 12년에 모습을 드러낸 핼리 혜성은 로마제국 전역에서 관측된 바 있다.

빛나는 긴 꼬리를 끌고 가는 혜성은 오염물질 없이 맑은 고대 하늘에서는 육안으로도 얼마든지 관찰됐을

그 때에 동방에서 박사들이 예루살렘에 와서 "유다인의 왕으로 나신 분이 어디 계십니까? 우리는 동방에서 그분의 별을 보고 그분에게 경배하러 왔습니다." 하고 말하였다.

마태오 2:1-2
C.E. 75년~90년경

것이다. 게다가 이 혜성은 움직인다. 따라서 사람들을 특정한 방향으로 이끄는 것도 가능하다. 마태오에 의하면 그 별은 "그들을 앞서 가다가 마침내 그 아기가 있는 곳 위에 이르러 멈추었다"(마태오 2:9)고 한다.

헬리 혜성은 74~79년 주기로 지구를 방문한다. C.E. 66년에 요세푸스는 헬리 혜성이 예루살렘 상공에 나타났다고 기록했다. 그랬다면 B.C.E. 12년에도 예루살렘에 출몰했다는 의미로 볼 수 있다.

마태오가 말한 "동방에서 본 그 별"에 대한 또 다른 설명은 중국 한대의 천문학자들에게서 나온다. 이들은 B.C.E. 5년 3월 말~4월 초쯤 초신성이 나타났었다고 추정한다. 초신성이란 별이 크게 폭발하면서 강렬한 섬광을 발생시키고, 그 결과 몇 주 혹은 몇 달 동안 은하계 전체보다 밝은 빛을 내 육안으로도 쉽게 관측되는 걸 말한다.

예수가 B.C.E. 4년 헤로데 왕이 죽기 전에 태어난 게 틀림없고 마태오가 말한 "동방에서 본 그 별"이 헬리 혜성이나 중국에서 관측한 초신성 현상 중 하나라고 가정하면 예수 탄생은 적어도 B.C.E. 4년이나 그 이전이라고 추정할 수 있다.

이탈리아 라벤나 누오보 성당에 있는 '동방 박사 세 사람' 6세기 모자이크 작품이다.

날개 달린 사자의 형상을 한 뿔 모양 술잔 리톤(rhyton, 108쪽). B.C.E. 5세기 물건으로 추정되는 이 술잔은 페르시아 아케메네스 왕조의 귀금속 세공기술을 잘 보여준다.

베들레헴의 들판

그렇다면 예수는 어디서 태어났을까? 그야 베들레헴이라고 단순하게 답할 수도 있다. 루가와 마태오 모두 예루살렘에서 남쪽으로 8킬로미터가량 떨어진 작은 마을 베들레헴을 예수의 출생지로 지목했다. 하지만 왜 베들레헴인가? 마리아는 하부 갈릴리의 나사렛에서 살지 않았나? 어째서 마리아와 요셉은 도보로 160킬로미터 넘는 거리를 이동해 베들레헴까지 가야 했나? 마리아는 막달이 되어 무거운 몸이었는데 말이다. 루가와 마태오는 이에 대해 각각 다른 설명을 내놓아 학계의 격렬한 논쟁거리를 만들었다.

루가는 이 여정이 퀴리니우스의 명으로 시행된 호구조사와 연관 있다고 말한다. 법에 정해진 대로 "사람들은 등록을 하러 저마다 본고장을 찾아 길을 떠나게 되었다."는 것이다. 사실 로마는 사람들이 거주지에서 호구조사를 받게 하려고 했다. 재산 가치를 입증하는 데 필요할 뿐만 아니라 세리가 어디로 찾아가야 할지 정확하게 알 수 있기 때문이었다. 루가는 이어서 "요셉도 갈릴래아 지방의 나자렛 동네를 떠나 유다 지방에 있는 베들레헴이라는 곳으로 갔다. 베들레헴은 다윗 왕이 난 고을"이라고 설명한다.

하지만 루가는 실제 요셉의 거주지가 어디인지는 언급하지 않는다. 1세기 갈릴리에서 동족 결혼이 흔했다는 사실을 감안하면 요셉이 나사렛에서 살았다고 추정할 수 있다. 루가는 요셉이 베들레헴으로 가야 했던 이유로 그가 "다윗의 후손이었기 때문"이라고만(루가 2:4) 간단히 언급했다. 다시 말해 요셉은 실제로는 베들레헴에 살지 않았지만, 가족 대대로 살았던 고향이 거기라는 얘기다. 하지만 로마에서는 조상대대로 산 곳에 대해 관심이 없었다. 현재 거주하는 장소가 어디인지 궁금했을 뿐이다. 게다가 요셉이 실제로 갈릴리에 살았다면 퀴리니우스의 호구조사에는 마리아와 요셉이 포함되지 않는 게 정상이었다. 갈릴리는 여전히 헤로데 안티파스가 다스리는 자치 지역이지 로마의 속주가 아니었기 때문이다.

루가는 요셉과 마리아가 베들레헴에 도착했을 때 "여관에는 그들이 머무를 방이 없었다"고 말한다. 그래서 마구간을 거처로 구하고 그곳에서 "마리아는 달이 차서 드디어 첫아들을 낳았다. (…) 아기는 포대기에 싸서 말구유에 눕혔다."(루가 2:6~7).

반면 마태오는 요셉과 마리아가 베들레헴에 있게 된 이유를 다르게 말한다. 마태오는 요셉과 마리아가 실제로 그곳에서 살았다는 암시를 준다. 동방박사들을 이끌고 온 별은 "그 아기가 있는 곳 위에 이르러 멈추었다." 그러자 동방박사들은 "그 집에 들어가 어머니 마리아와 함께 있는 아기를 보"았다. 여기서 집이라는 뜻으로 사용된 단어 오이코스(oikian)에는 '집'과 동시에 '가정'이라는 의미가 있다.

마태오가 신혼부부의 주거지에 대해 이야기한다는 뉘앙스를 풍기는 대목이다. 마태오의 복음서에 따르면, 마리아와 요셉은 이 즈음 이미 결혼해 함께 살고 있었다(아이를 낳기 전에

1986년에 관측된 핼리 혜성. 먼지와 플라즈마로 구성된 꼬리가 선명하게 보인다.

이탈리아의 화가 조토 디 본도네(Giotto di Bondone, 1267~1337)의 프레스코화 '동방박사의 경배'(110쪽). 상단 중앙에 있는 별은 핼리 혜성에서 영감을 받아 그렸다고 한다.

유다의 땅 베들레헴아,
너는 결코 유다의 땅에서
가장 작은 고을이 아니다.
내 백성 이스라엘의 목자가 될
영도자가 너에게서 나리라.

마태오 2:6
C.E. 75~90년경

고대의 출산

다른 대대수 문화권과 마찬가지로 갈릴리 지역에서 출산은 산파의 감독 아래 여성 혼자 감당해야 하는 일이었다. 그리스 의사 소라누스(Soranus)가 남긴 출산과정에 대한 자세한 기록을 참고해보자. 산전 관리는 대개 임신 7개월째 시작되었다. 이때 아마 섬유 붕대를 여성의 등 주변에 묶어 커져가는 배의 무게를 지탱하도록 도왔다. 8개월이 넘으면 이 붕대를 치웠다. 중력의 작용으로 태아가 아래로 내려오도록 하기 위해서였다. 자궁 수축이 시작되면 여자는 분만의자에 앉았다(좌석부 가운데를 뚫어 아이가 나올 수 있게 만든 편안한 의자를 말한다. 팔걸이와 등받이가 달린 의자도 있었다). 갓난아기는 따뜻한 물로 헹군 뒤 살균제 역할을 하는 빻은 소금을 뿌려주었다. 흥미롭게도 소라누스는 아이를 뉘일 요람으로 "여물통" 즉 "구유"를 사용하라고 제안했다. 살짝 기울어진 구유가 아이의 머리를 들어주는 역할을 하기 때문이었다.

요셉은 "마리아를 아내로 맞아들였다."). 반면 루가는 요셉이 "약혼한 마리아와 함께 등록"하러 갔다고만 말할 뿐이다(마태오 1:24, 루가 2:5).

이후 마태오는 요셉과 마리아가 헤로데 왕을 피해 이집트로 도망갔다고 말한다. 그리고 천사가 꿈에 나타나서 요셉에게 돌아가도 안전하다고 말하지만 "아르켈라오가 자기 아버지 헤로데를 이어 유다 왕이 되었다는 말을 듣고 그리로 가기를 두려워하였다. 그러다가 그는 다시 꿈에 지시를 받고 갈릴래아 지방으로 가서 나자렛이라는 동네에서 살았다."라고 적고 있다. 아르켈라오스가 헤로데의 뒤를 이었다는 것은 유대 지역 통치자에 관한 역사적 사실과 일치한다. 하지만 이 말은 요셉과 마리아가 실제로 베들레헴에서 살다가 헤로데 왕가의 승계 문제를 둘러싼 소요가 일어나자 북쪽인 갈릴리로 이동해 아르켈라오스의 관할권 밖으로 벗어났다는 의미가 된다.

성경에서 베들레헴의 역할

루가와 마태오의 기록이 서로 다르다는 점이 중대한 문제일까? 종교적 관점에서는 그리 대단한 문제가 아니다. 예수의 탄생지가 베들레헴이기만 하면 된다. 두 복음서의 저자가 예수의 탄생지를 베들레헴이라는 마을로 적시한 것은 그로부터 수세기 전 예언자 미가(Micah)가 다윗의 후손이 그곳에서 태어나리라고 선포했기 때문이다. 히브리어 성경에 대한 풍부한 암시로 하느님의 약속이 이루어졌음을 말하려 했던 마태오는 미가의 예언을 다른 말로 풀어서 자세히 적어놓기도 했다.

유다의 땅 베들레헴아, 너는 결코 유다의 땅에서 가장 작은 고을이 아니다. 내 백성 이스라엘의 목자가 될 영도자가 너에게서 나리라.
(마태오 2:6, 미가 5:2와 사무엘 하 5:2에 대한 주석과 같은 구절이다)

하지만 이후 몇몇 학자가 다른 가능성에 주목하기 시작했다. 나사렛에서 11킬로미터 떨어진 작은 마을 하나가 베들레헴이란 이름으로 불렸던 것이다. 다시 말해 "갈릴리의 베들레헴"이다. 이 이름은 여호수아가 즈불룬 후손의 영토 경계를 설명하면서 언급한 19개의 지명에도 포함되어 있다(여호수아 19:15). 나사렛 인근에 베들레헴이라 불리는 아주 작은 촌락이 있었다는 사실은 분명 흥미롭다. 브루스 칠턴(Bruce Chilton)은 마리아가 아이를 낳기 위해 이곳으로 간 것이 아버지가 누구인지 의심을 받는 상황과 관련이 있다고 추정한다.

마리아는 사람들의 입방아에 오르내리고 싶지 않았던 것이다. 그리고 증명할 수는 없지만 그곳에 마리아와 요셉 가족 중 누군가가 살았을 가능성도 있다. 여하튼 베들레헴이라 불리는 갈릴리 마을에서 예수가 태어났다는 추정은 복음서 저자들에게 미가의 예언을 생각나게 했을 것이다.

할례와 정결례

아들을 낳고 칠일이 지날 때까지 마리아는 종교적인 의미에서 부정한 사람으로 여겨졌다(레위기 12:2). 이런 풍습은 여성이 출산의 피로를 풀고 몸을 천천히 회복시키는 기간을 확보해 주었다. 딸아이라면 부정하게 여겨지는 기간은 14일이 된다(레위기 12:5). 그렇게 처음 일주일을 쉬고 8일째 되는 날에는 즐거운 행사가 열린다. 이 즈음이면 사람들은 아기가 할례라고 불리는 종교적 포경수술을 받을 만큼 건강해졌다고 생각했다(창세기 17:10–12). 루가도 다음과 같이 기록했다. "여드레째 되는 날은 아기에게 할례를 베푸는 날이었다."(루가 2:21). 이런 의식은 대개 마을의 모든 연장자가 참석한 가운데 이행되었다. 고대 유대 관습에 따라 요셉

네덜란드 화가 헤리트 반 혼트호르스트(Gerrit van Honthorst, 1592~1656)가 그린 '성탄도'. 낭만적인 조명은 바로크 시대에 유행한 화풍의 영향이다.

산파 한 명이 젊은 여자의 출산을 돕는 로마시대의 화상석(112쪽). 오스티아(Ostia)에서 발굴되었다.

은 이 의식을 기념하는 의미로 아이에게 이름을 지어주었다.

요셉이 예수에게 성과 이름을 정해준 것은 자신의 합법적인 자손으로 이 아이를 받아들인다는 의미였다.

요셉이 아들에게 붙인 이름은 예수였다. 앞서 언급했듯 "예수"는 1세기 팔레스타인에서 흔한 이름이었다. 현재의 영미권에서 '존'이나 '조' 정도로 불리는 이름이라고 생각하면 된다. 요세푸스의 저서에서도 최소한 20번 이상 '예수' 또는 '여호수아'라고 불리는 사람들이 등장한다. 이들 중 반수는 예수와 동시대 사람들이다.

할례와 명명식이 끝나고 나면 잔치가 열리고 마을 공동체에 새로운 구성원이 생겨났음이 선포된다. 여자들은 과일과 보리빵, 와인으로 상을 차리느라 분주하게 움직인다. 그해 수확량이 많았다면 양이나 염소 한 마리를 잡아서 잔치 분위기를 한층 고조시킬 수도 있다.

〈레위기〉에 나와 있듯이 마리아는 그로부터 33일 동안 "거룩한 물건에 결코 닿으면 안" 되고 "성소에 들어가지도 못한다." 몇몇 학자들은 이런 말이 대부분의 가사노동에서 제외된다는 뜻이라고 해석한다(레위기 12:4).

〈레위기〉는 아마도 이 기간 동안 갓난아기와 갓 어머니가 된 여성이 집안일을 걱정하지

아기는 날로 튼튼하게
자라면서 지혜가 풍부해지고
하느님의 은총을 받고 있었다.

루가 2:40
C.E. 75년~90년경

않고 유대관계를 형성하면서 어머니가 되는 즐거움과 불안함, 그 힘들고 낯선 과정을 경험하는 특별한 때라고 말하는 것 같다. 이 행복한 기간에 여성들은 자신과 남편에게 필요한 일은 할 수가 있었다. 성스럽지 않은 물건이나 사람은 만질 수 있어서, 남편과 키스하거나 포옹하는 일은 가능했다.

그럼에도 불구하고 요셉과 마리아는 이 기간에 그러한 성적 관계를 금해야 한다는 걸 알고 있었다. 〈마태오 복음〉에 의하면 이 부부는 결혼을 했음에도 불구하고 아이가 "성령으로" 잉태되었으니 세상에 나오기 전까지 그 어떤 부부관계도 하지 않았다고 한다. 마태오는 요셉이 "아들을 낳을 때까지 동침하지 않고" 지냈다고 기록했다(마태오 1:25).

출산 후 33일을 지낸 마리아는 배우자와 어머니의 위치로 돌아가 맡은 일을 했을 것이다. 그리고 정결함을 회복하기 위해 하느님에게 제물을 바쳐야 했다. 〈레위기〉에서는 1년 된 양을 잡아다가 번제로 드리고 집비둘기나 산비둘기를 속죄제물로 바쳐야 한다고 주장하고 있다. 여기서 "속죄제물"은 정결례를 위한 제물을 의미한다고 볼 수 있다. 하지만 양 한 마리를 바치는 것은 대다수 농민들의 능력을 벗어나는 일이었다. 따라서 〈레위기〉는 가난한 자들도 제사를 드릴 수 있도록 "집비둘기 두 마리나 산비둘기 두 마리를 구해서 한 마리는 번제로 드리고 한 마리는 속죄제물로" 드려도 좋다고 허용해주었다(레위기 12:6-8). "아기를 주님께 드리려고 예루살렘으로 데리고 올라갔다. (…) 또 주님의 율법에 이르신 바 '산비둘기 한 쌍이나 어린 집비둘기 두 마리를 드려야 한다' 한 대로, 희생제물을 드리기 위한 것이었다."라는 루가의 언급은 요셉과 마리아가 가난했음을 보여주는 말이기도 하다(루가 2:22-24).

그러나 루가에게 예수의 가족이 예루살렘으로 간 목적은 정결례 때문만은 아니었다. "아기를 주님께" 바치기 위함이기도 했다. 그래서 루가는 〈출애굽기〉를 인용했다. "어머니의 태를 처음 여는 사내아이마다, 주님의 거룩한 사람으로 불릴 것이다."(루가 2:23, 출애굽 13:2). 한나가 자신의 아들 사무엘을 실로(Shiloh)에 있는 야훼의 성전으로 데리고 갔듯 마리아 역시 예루살렘 성전에 예수를 데리고 간 것이다(사무엘 상 24-28). 루가는 예수가 사무엘처럼 신이 보낸 구원자라는 의미를 강조하기 위해 "성령이 임한" 시므온(Simeon)이라는 사람이 예수를 만나 "모든 백성 앞에 마련하신 주님의 구원"임을 알아보는 모습을 묘사했다(루가 2:25-31).

나사렛에서 성장기를 보내다

예수가 부모의 고향인 나사렛에서 자랐다는 점은 마태오와 루가 두 사람 모두 의견일치를 보인다(마태오 2:23, 루가 2:39). 예수가 살았던 집은 돌과 바위를 회반죽으로 붙이고 진흙을 그 위에 덧발라 여름의 태양빛과 겨울의 추위와 비를 막도록 해놓은 소박한 주택이었을 것이다. 이런 구조물의 지붕은 목재 들보를 격자로 엮은 위에 나뭇가지와 야자 잎을 엮어올리고 진흙을 굳혀서 덮어놓은 형태다. 나무틀을 격자로 엮어 타일을 얹는 방식의 지붕은 도시에서는 흔했지만 농민에게는 분수 넘치는 일이었다. 그래도 이 소박한 집은 요셉과 마리아, 갓난아기가 살기에는 부족함이 없었을 것이다.

마르코는 마리아가 요셉과 살면서 다른 자녀를 더 두었음을 암시한다. 예수에게는 네 명

마리아가 아기 예수에게 모유 수유하는 모습을 묘사한 흔치 않은 채색 조각상. 14세기 오스트리아에서 만들어졌다.

베들레헴의 수태고지 교회(114쪽). 비잔틴 제국의 황제 유스티니아누스가 C.E. 565년에 세운 교회로 전 세계에서 가장 오래도록 운영된 교회 중 하나로 손꼽힌다.

1세기 갈릴리의 가족 모습 재현. 당시 나사렛의 성인과 어린이의 옷차림을 알 수 있다.

북부 골란(North Golan)의 카즈린(Kazrin) 마을에서 1세기 북부 팔레스타인 지역의 전형적인 단독세대 가정의 주거 모습을 복원했다(117쪽).

의 남동생이 있었다. "그 형제들은 야고보, 요셉, 유다, 시몬"이었다. 그리고 최소한 두 명의 누이도 더 있었다(마르코 6:3). 하지만 몇몇 학자는 가톨릭에서 전통적으로 주장하는 '마리아의 평생 동정(Perpetual Virginity)' 교리를 옹호하기 위해 '형제(그리스어 아델포스adelphos)'라는 말이 가까운 친척이나 사촌을 지칭할 때도 쓰였음을 지적한다.

식구가 늘어 집을 늘려야 할 때 대부분의 농민들은 원래 있던 집 위에 2층을 올렸다. 중동 지역에서는 지금도 이런 방식으로 집을 늘린다. 앞서 보았듯이 이런 농가는 대개 공동으로 사용하는 안뜰을 가운데에 두고 다른 세대의 주택이 둘러싸듯 모여 대가족이 어울려 살도록 지어졌다. 이런 배열은 외부 공격에 대한 방어에 유리하고 염소젖이나 달걀 또는 빵을 굽는 데 사용하는 오븐이나 방아를 공유할 수 있게 해준다. 제이브 사프레이(Ze'ev Safrai)는 이런 다세대 주택의 유적을 히르벳 나자르(Hirbet Najar)와 히르벳 수시아(Hirbet Susyah), 메이론(Meiron)을 비롯한 여러 지역에서 찾아냈다.

매일 아침 동이 트면 여자들은 마을 우물에서 신선한 물을 길어온다. 그런 다음 "날마다 필요한 양식"을 만들기 위해 뚜껑이 있는 항아리에서 곡물을 꺼내다가 방아에 붓는다. 이 방아는 두 개의 둥근 돌판을 겹쳐놓고 가운데 나무 꼬챙이를 끼워 만든 것이다. 윗돌에 붙은 나무 손잡이를 잡고 돌리면 두 개의 돌판이 서로 반대로 돌면서 곡식을 빻는다.

알곡이 미세한 가루가 되면 아래로 걸러진다. 여성들은 그 가루를 모아 대접에 담고 약간의 소금과 올리브오일, 물 반 컵, 이스트를 첨가한 후 열심히 치대서 반죽을 한다. 그런 다음 반죽을 얇게 펴서 둥근 빵 모양으로 만든다. 이렇게 해야 빵이 빨리 부풀어 시간과 연료를 절약할 수 있었다. 그 다음 나뭇가지와 불쏘시개, 동물의 대변을 연료로 오븐에 불을 붙였다. 흙으로 만든 오븐이 충분히 가열되면 반죽 패티를 집어넣고 빵이 부풀어올라 먹을 수 있을 때까지 구웠다. 막 구운 빵냄새가 집 안으로 퍼지면 식구들 모두가 안뜰로 모인다. 날이 선선하면 오븐 곁에 둘러앉아 올리브오일을 곁들여 빵을 먹고 물을 마셨다. 그러는 사이 젊은 여성들은 떠오르는 태양빛 아래 모여서 수다를 떨었다. 예수는 훗날 이 같은 갈릴리의 전형적 생활의례에 대한 오마주로 "날마다 우리에게 필요한 양식을 주시고"라는 주기도문을 제자들에게 가르쳤을지도 모른다.

> 또한 헤로데는 세포리스 주변에 성벽을 쌓고(갈릴리 전역을 방어하는 성벽이었다) 그곳을 나라의 수도로 삼았다.
>
> 요세푸스, 《유대 고대사》
> C.E. 95년경

들에서 일하기

아침식사를 마치면 여성들은 남은 빵을 모아 저녁으로 먹게 보관하고 남성들은 가족에게 인

북부 갈릴리의 올리브나무(119쪽)는 고대에 가장 값진 농산품으로 손꼽혔다. 요리와 미용, 조명에도 활용되었고 조미료로도 쓰였다.

굶주림과 가난

산상수훈(Sermon on the Mount)에서 예수는 가난한 사람과 굶주린 사람에 대해 구체적으로 언급한다. 갈릴리의 농민들은 얼마나 가난했을까? 통상적으로 한 농가가 소유한 농지는 4에이커 정도였던 것으로 추정된다. 율리우스 카이사르는 재향 군인들에게 6에이커에 달하는 농지를 배당했다. 한 가족을 부양할 최소한의 농지 면적이었다. 고대의 농부는 파종을 하면 그 다섯 배 정도 수확물을 거둔 것으로 추정된다. 제이브 사프레이는 1년 동안 1에이커의 토지에서 수확하는 곡물 양이 600킬로그램 정도였다고 계산했다. 윤작이 가능했으므로 평균적인 농부는 가구구성원 일인당 0.625에이커의 땅을 확보해야 했다. 더글라스 오크먼(Douglas Oakman)은 성인 1명이 1년 동안 필요한 식량은 밀을 기준으로 11부셸이라고 추정했다. 윌리엄 아르날(William Arnaleh)은 이에 동의하면서 갈릴리에서 4~5인 가구의 가족구성원이 충분히 먹고 살려면 5.5~6.5에이커의 땅이 필요하다고 주장했다. 그런데 이런 계산은 세금을 공제하기 전이다. 최근 UN에 따르면 개발도상국 농부가 소유한 농지는 이와 비슷한 양상을 띤다. 이런 사실은 대부분의 갈릴리 농가가 최저생계 유지마저 어려웠다는 점을 보여준다.

사를 건넌 뒤 일하러 갈 채비를 한다. 하부 갈릴리와 같은 농경사회에서 일하러 나간다는 것은 인근 들판으로 나간다는 의미다.

이상적인 상황에서라면 가족 소유 농지는 집과 가까운 곳이어야 한다. 그래야 일손이 필요할 때 서로 돕고, 가축과 농기구를 나눠쓸 수 있었다. 하지만 대부분 농지는 여기저기 조각조각 흩어져 있었다. 동족결혼을 했기 때문이다. 개별 농지는 표석으로 표시되었다. 이와 반대로 올리브 과수원과 포도원은 담으로 경계를 쌓았다. 들짐승과 도둑을 막기 위해서였다. 그렇다면 요셉도 농사를 지었을까? 마르코는 예수가 사역을 시작한 후 고향인 나사렛에 돌아왔을 때 사람들이 그의 말을 듣고 놀랐다고 기록한다. "저 사람은 그 목수가 아닌가? 그 어머니는 마리아요, 그 형제들은 야고보, 요셉, 유다, 시몬이 아닌가?"(마르코 6:3). 킹 제임스 성경에서 '목수'라고 번역한 그리스어 '텍톤(tektōn)'은 사실 석재나 목재, 금속을 잘 다루는 능숙한 일꾼이라는 의미를 지닌다. 가공할 수 있을 만큼 품질이 좋은 목재는 하부 갈릴리에서 값비싼 자재였다. 그러므로 농기구를 제외한 목재가구는 대다수 농민들이 가질 수 없는 물건이었다. 사실 예수가 나중에 천국에 대한 비전을 설명하면서 말한 부자 비유담을 보면 밭과 들의 은유가 자주 사용된다. 예수는 씨앗과 파종, 풍성한 과수원의 즐거움, 추수할 시기에 조속하게 일하는 것과 같은 이야기를 여러 번 한다. 루가는 포도원지기에 관한 비유담을 기록하기도 했는데, 여기서 포도원지기는 무화과나무를 심은 주인에게 "주인님, 이 나무를 금년 한 해만 더 그냥 두십시오. 그 동안에 제가 그 둘레를 파고 거름을 주겠습니다. 그렇게 하면 다음 철에 열매를 맺을지도 모릅니다. 만일 그때 가서도 열매를 맺지 못하면 베어버리십시오."라고 조언한다(루가 13:6-8). 이는 어릴 적부터 과수원과 밭이 계절에 따라 어떻게 주기적으로 관리되는지 관찰했던 사람이 쓸 수 있는 말이다. 그렇다면 마르코는 왜 예수를 '텍톤'이라고 불렀을까? 이에 대한 적절한 답은 갈릴리의 정치적 상황이 어떻게 변화되었는지 살펴보면서 얻을 수 있을 것이다.

조세 저항

로마의 총독 퀴리니우스가 명령하고 프레펙투스 코포니우스가 유대와 사마리아 지역을 대상으로 이행한 호구조사는 좋은 평가를 받지 못했다. 로마 정부는 그곳 주민들의 재산을 통화가치로 환산해주기를 기대한 반면, 호구조사에서는 수세기 동안 해온 방식 그대로 예상 수확량인 현물로 기록했기 때문인 것으로 추정된다. 요세푸스는 많은 유대인들이 "아무런 저항 없이 자신들의 재산내역을 모두" 알려주었다고 말한다. 여기에 해당하는 부류는 도시의 지배층이었다. 하지만 농민 대다수는 순순히 조사에 응하지 않았다. 그리고 다시 한 번 사람들의 불만이 모여 저항운동으로 발전하기 시작했다. 이번에 반란을 이끈 이는 갈릴리의 유다(Judas the Galilean)라 불리는 사람이었다. 요세푸스는 이 사람이 헤

티베리아스의 건물

14세기, 아우구스투스가 영면한 후 그의 의붓아들 티베리우스가 왕위를 계승했다. 아우구스투스와 껄끄러운 관계에 있던 헤로데 안티파스에게는 희소식이었다. 로마에서 교육을 받은 안티파스는 티베리우스 측근과 연줄을 만들었다. 요세푸스는 후에 "티베리우스가 크게 호의를 보였던 영주"라고 안티파스를 설명했다. 안티파스는 자신의 뒤를 봐줄 새로운 군주를 위해 제2의 도시를 건설하고 그 이름을 따서 티베리아스라고 명명했다. 갈릴리 호수 서부연안에 위치한 이 도시는 진정한 의미에서 그리스-로마 양식을 구현했다. 유대 전쟁 이후 로마의 앙갚음이 있었지만 이 도시는 무사했다. 도시 거주민의 친로마 성향을 여실히 보여주는 사건이다. 티베리아스는 고대 공동묘지 지역에 세워졌다. 종교적으로 정결하지 않다고 여겨지던 곳이었다. 그래서 많은 유대인들은 가능한 한 이 도시에서 일하지 않으려 했다. 하지만 시몬 바르 요하이(Shimon bar Yochai) 또는 바르 코크바(Bar Kokhba)라 불리던 사람이 두 번째 유대 반란을 이끌면서 이 도시를 정화한 후 유대인 공동체의 중심지가 되었고 이곳에서 산헤드린(Sanhedrin) 공의회가 열리게 되었다.

고대 티베리아스의 유적은 지금도 갈릴리 호수 남서연안에서 찾아볼 수 있다.

'갈릴리의 모나리자'라고 알려진 3세기 모자이크 작품. 1980년대 세포리스의 로마 저택에서 발견되었다.

호메로스(Homer) 《오디세이아》의 한 장면이 새겨진 이 올리브 기름등(아래)은 로마제국 전역에서 사용된 전형적인 테라코타 등이다.

로데 대왕 사후 반란을 이끌었던 히즈키야의 아들 유다와 동일인인지 여부를 밝히지 않았다. 1세기 팔레스타인에 '유다'라는 이름이 흔했던 것을 감안하면 동일인은 아닌 것 같다.

하지만 이번 반란은 이전과 다른 양상을 띠었다. 유다와 바리새파, 사두개파는 재산 내역 보고를 비롯한 일체의 로마 법령에 불복종할 것을 주장하는 운동을 이끌었다. 이것은 현대에서 볼 수 있는 수동적 저항운동으로, 폭력은 피하면서 불법이라 간주되는 행동으로 규정을 지키지 않는 형태였다. 유대인의 시각에서 로마의 호구조사는 불법적인 일이었다. 토지는 하느님에게 귀속된 것이지 로마의 것이 아니었다. 유다와 그의 추종자들에게 호구조사를 받아들이는 행위는 노예가 되는 것에 버금가는 굴종이었다. 요세푸스는 내키지 않는 어조로 유다의 이상적인 동기를 인정하며 《유대 전쟁사(The Jewish War)》에서 유다를 '강도'가 아닌 '선생'이라고 부른다. 이런 저항운동이 궁극적으로 젤롯당으로 이어져 그로부터 60년 뒤 발발하는 유대 전쟁의 시초가 되었다고 생각하는 학자들도 있다.

세포리스 재건

갈릴리의 중심지 세포리스에 머물던 분봉왕 헤로데 안티파스는 로마인들이 유대 지역에 들어와 머물면서 아버지 소유였던 왕국을 자신이 전부 물려받지 못하게 된 현실을 마지못해 받아들였다. 몇몇 학자들은 이때 안티파스가 비록 자신이 왕위를 승계하지 못했지만 승계한 척 행동할 수 있다는 생각을 했다고 주장한다. 그래서 안티파스는 부친이 그랬듯 도시를 건

설하기 시작했다. 그의 명에 따라 지어진 첫 번째 도시는 세포리스였다. B.C.E. 4년에 아레다 왕이 파괴한 후 성벽과 성탑만 복원해놓았던 세포리스를 새롭고 화려한 그리스-로마 양식 도시로 탈바꿈시키자고 그는 마음먹었다.

요세푸스의 표현대로 "모든 갈릴리 지역에 빛을 더해주는 아름다운 도시"가 된 것이다. 갈릴리에서 전례를 찾을 수 없는 일이었다. 헤로데 왕은 단 한 번도 이 지역에 뭔가를 건설하려는 시도를 한 적이 없고 이런 상황은 하스몬 왕조 때도 마찬가지였다. 갈릴리의 소도시는 대개 좁은 길이 복잡하게 얽혀 있었다. 계획도시란 상상도 못할 일이었다.

이런 대규모 사업은 인근 마을에 큰 영향을 미쳤다. 9.7킬로미터밖에 떨어지지 않은 나사렛 역시 그랬다. 12세 이상 청소년을 포함해 신체 건강한 남자 대부분이 세포리스 건설현장에 징집되었다. 헤로데 왕 역시 화려한 가이사리아와 세바스테(Sebaste) 건설을 위해 이렇게 인력을 동원했다. 로마인들까지 습관처럼 동력을 강제 차출했다. 플리니우스(Pliny)의 서한이 이를 입증한다. 예수와 그의 아버지 요셉이 세포리스에서 몇 년 동안 석재와 목재, 금속을 다루는 일을 했던 텍톤이었을 것이라고 추정하는 저작물도 있다. 그리하여 재건된 세포리스에는 잘 포장한 거리와 보도로 연결된 다층 건물이 들어섰다. 시카고 대학교의 셜리 케이스(Shirley J. Case)는 요셉과 예수가 극장 건축에 참여했을 것이라고 추측한다. 이 극장의 건축 시기는 논란의 대상이 되고 있다. 세포리스가 확장된 시기는 2세기 이후이기 때문이다. 하지만 일부 학자들은 지금도 1,500명의 관람객을 수용할 수 있는 이 극장의 핵심시설이 헤로데 안티파스 치하에서 건축되었다고 믿는다.

안티파스는 일을 조심스럽게 추진했다. 목욕탕과 김나지움, 이교도 신의 신전처럼 유대인에게 반감을 사는 건축물은 짓지 않았다. 또 이 도시에서 발견된 주화에는 살아 있는 생물의 형상이 새겨지지 않았다. 그러나 2세기 이후 세포리스의 성격은 달라지고, 공공연히 친로마 성향을 드러내기 시작했다.

하지만 마크 챈시(Mark Chancey)와 에릭 마이어스(Eric Meyers)가 증명했듯 예수 당대에 세포리스는 유대교의 영향력 아래 있었다. 유대교의 정결의식에서 몸을 물에 담그는 데 사용하는 미크바(mikvah)나 석조 용기가 통용된 점이 그 증거다. 안티파스의 노력으로 C.E. 20년경의 세포리스는 1만 2,000~3만 명이 사는 대도시로 부활했다.

그 사이 예수는 성경 읽는 법을 배웠던 것 같다. 그가 어디서 교육을 받았는지는 분명치 않지만 말이다. 나사렛은 매우 작은 촌락이어서 시나고그 방식의 교육을 받을 수 있는 장소는 없었다. 《탈무드》는 C.E. 70년 예루살렘 성전이 파괴된 후 랍비 유대교의 시대 동안 랍비들이 농민의 아들을 비롯한 모든 소년에게 기초적인 율법 공부를 시켰다고 말한다. 하지만 이런 프로그램이 얼마나 확대되었는가에 관한 의견은 분분하다. 3~4세기경까지 랍비들이 마을을 찾아가 지역 농민의 자녀에게 히브리어 성경을 가르쳤을 수도 있다. 하지만 이런 일이 예수 당대에 행해졌을 가능성은 희박하다. 그럼에도 불구하고 예수는 히브리어 성경에 관해 상당한 지식을 보유하고 있었다. 복음서에서 자주 그를 랍비라 지칭하는 것도 그런 이유 때문이다.

세포리스에서 발견된 다채로운 모자이크(123쪽). 기하학적 문양은 3세기경 만들어진 것으로 추정된다.

요르단의 세례자 요한

그 무렵에
세례자 요한이 나타나 유다 광야에서
"회개하여라. 하늘나라가 다가왔다!"
하고 선포하였다.

마태오 3:1-2
C.E. 75년~90년경

세례자 요한이 예수에게 세례를 준 장소로 추정되는 곳을 휘감아도는 요르단 강물.
강물은 여기서 해수면 아래 396미터에 위치한 사해까지 흘러간다.

세포리스 재건 이후 20여 년이 흐른 C.E. 26년경, 예수는 자신의 고향 갈릴리를 떠나 남쪽에 있는 유대 지역으로 간다. 그 여정의 대부분은 요르단 강 기슭을 따라 이어졌다. 요르단 강은 2,800미터 높이에 달하는 헤르몬 산(Mount Hermon) 근처 가장 높은 봉우리에서 흘러내려 해수면 213미터 아래로 뚝 떨어져 97킬로미터 정도 더 흐르다가 전 세계에서 수면이 가장 낮은 호수인 갈릴리 호수로 편입된다. 그 물길 사이로 흘러드는 지류 중에는 레바논에서 시작된 하스바니(Hasbani)와 헤로몬 산기슭에서 흘러내리는 단(Dan)과 바니야스(Banyas)가 있다.

필로테리아(Philoteria) 바로 아래쪽을 통해 갈릴리 호수를 벗어난 요르단 강은 로마의 휴양지 하맛 가데르(Hamat Gader)를 지난다. 이어 야르무크 강(Yarmouk River)에 합류해 새로운 동력을 얻는 요르단 강은 구불구불 흘러 지구상에서 가장 낮게 파인 요르단 협곡으로 흘러내려가 너른 요르단 평야를 파고 들어간다.

이 지점에 이르면, 갈릴리의 연한 녹색 산등성이에는 살구와 레몬색 양탄자가 깔리기 시작한다. 그러다가 순식간에 풍경이 바뀌어 흙으로 덮인 유대 광야지역의 황량한 산등성이가 짙푸른 하늘을 배경으로 붉게 타오른다. 이제 요르단 강은 나할 야보크(Nahal Yaboq)와 나할 티르자(Nahal Tirza) 같은 또 다른 지류들과 합쳐져 예리코를 지나 해수면 아래 416미터에 위치한 사해로 흘러 들어간다. 남부 유대에 푸른 물길을 내는 이 강은 계곡 양편 척박한 풍경과 대조를 이룬다. 등나무 류와 협죽도, 능수버들, 잡목이 넘쳐나는 강가는 〈마태오 복음〉에서 말한 거칠 것 없는 '광야' 유대 사막의 심장부를 이룬다.

0 25 50킬로미터
0   25   50마일
현재의 국가명과 국경선.
해안선을 기준으로 한 지도.

시돈 • 다마스쿠스 •
헤르몬 산 •
띠로 •
세포리스 •
나사렛 •
갈릴리 호
지중해
이스라엘
예리코 •
예루살렘 • 쿰란 •
사해
가자지구
마카에루스 ■
이집트
네게브
나바테아

요르단 강의 요한

예수는 유대로 향하는 길목에서 당대 가장 큰 영향력을 지녔던 반체제 종교인 요한(John)을 만나게 된다. 모든 복음서가 이 중요한 사건을 묘사한다. 여러 면에서 예수의 사역이 시작되었음을 알리는 일이기 때문이다. 마르코는 특유의 간결한 문체로 "그 무렵에 예수께서는 갈릴래아 나자렛에서 요르단 강으로 요한을 찾아와 세례를 받으셨다."(마르코 1:9)라고 기록했다. 루가는 역사적 맥락 안에서 이 사건에 대한 이야기를 시작했다. "로마 황제 티베리오가 다스린 지 십오 년째 되던 해에 본티오 빌라도가 유다 총독으로 있었다. 그리고 갈릴래아 지방의 영주는 헤로데였고…"(루가 3:1). 티베리우스가 아우구스투스의 자리를 승계한 것은 C.E. 14년이고 폰디우스 필라투스(Pontius Pilate, 본디오 빌라도)가 로마의 명을 받아 유대 프레펙투스가 된 해는 C.E. 26년이다. 현대적인 방식으로 계산하면 루가가 이야기하는 연대는 C.E. 28년 정도다.

마태오는 세례자 요한의 모습을 생생한 묘사로 우리에게 전해준다. "요한은 낙타털 옷을 입고 허리에 가죽 띠를 두르고 메뚜기와 들꿀을 먹으며 살았다."(마태오 3:4)고 썼다. "가죽으

로 아랫도리를 가리고 몸에는 털옷을 걸친 사람"이라고 묘사된 엘리야의 이미지를 연상시
키려 한 듯하다(열왕기 하 1:8). 아마도 의도적으로 엘리야를 암시한 것으로 보인다. 마태오가
복음을 전하려는 대상들은 세례자 요한에 대한 글을 읽고 "이 야훼가 나타날 날, 그 무서운
날을 앞두고 내가 틀림없이 예언자 엘리야를 너희에게 보내리니"(말라기 3:23)라는 약속을 떠
올렸을 터이기 때문이다. 마태오의 명쾌한 알레고리에서 요한은 메시아의 전조로 그려진다.
엘리야가 구세주가 세상에 올 것을 예언한 것과 마찬가지다.

요한의 복음서에서도 이와 같은 메타포가 사용된다. "예루살렘에서 대사제들과 레위 지파
사람들"이 그가 엘리야인지 아니면 메시아인지 묻자 세례자 요한은 둘 다 아니라고 분명히
말한 뒤 〈이사야서〉 40장 3절을 인용해 대꾸한다. "나는 예언자 이사야의 말대로 '주님의 길
을 곧게 하여라.' 하며 광야에서 외치는 이의 소리요."(요한 1:23).

그렇다면 세례자 요한은 누구인가? 루가는 사람들에게 메시아가 올 것을 예고하면서 큰
징벌이 다가오리니 어서 죄를 회개하고 용서를 구하라고 강력히 권고하는 웅변가로 그를 묘

지구상에서 가장 낮게 움푹 팬 요르단 협곡
은 시리아에서 시작되어 이스라엘과 요르단,
팔레스타인 영토를 가로지르고 사해를 지나
동아프리카에 이르는 370킬로미터 길이의
단층대다.

사한다. 이런 식의 종말론 신봉자는 비단 요한만이 아니었다. 이전 세기까지 유대에서는 하스몬 왕조가 대사제와 세속적 군주를 결합시킨 것에 대해 의견이 분분하게 나뉘어 있었다. 헤로데가 왕좌에 앉은 후에도 상황은 나아지지 않았다. 헤로데 본인이 대사제는 아니었지만 자신이 믿고 통제할 수 있는 가족과 측근을 사제로 임명했기 때문이다.

이런 정실인사에 대한 사람들의 혐오감은 마침내 분열을 초래했고 각 분파마다 율법에 따라 의식과 경건한 행위를 따로 정하기에 이르렀다. 사두개파는 예루살렘 성전에서 희생제를 드리는 일이 구원과 회개에 이르는 주요한 방법이라고 주장한 반면, 바리새파에서는 신성함의 가능성을 확대해서 사제 계급을 넘어 평범한 사람들도 영적 정결함을 이룰 수 있기를 원했다. 율법에 대한 끊임없는 논쟁을 통해 바리새파는 평범한 유대인이 종교의식에 접근할 수 있는 방법을 강구했다.

이 외에 제3 분파인 에세네파(Essenes, 에쎄네파)가 있었다. 이들은 바리새파의 주장에 동의했지만 육체와 영의 순결을 이루기 위한 극단적 수행을 추구했다. 심지어 성스러운 날을 더럽히지 않기 위해 안식일에 장운동까지 자제할 정도였다. 수도원 같은 곳에서 공동체를 이뤄 살아간 그들은 아마질 시프트 원피스 차림에 목욕을 자주하는 등 금욕적인 생활방식을 통해 하느님에게 한층 더 가까이 갈 수 있다고 믿었다. 이들의 수가 약 4,000명에 이르렀다고 주장하는 요세푸스의 기록에 의하면 "그들은 부자를 경멸했고, 공동체에 들어오는 사람은 누구라도 자신의 모든 소유를 구성원 전체와 공유해야만 했다." 그리고 "쾌락은 악이라 여겨 거부하면서 금욕과 열정의 극복을 미덕으로 여겼다."

헤로데 가문 치하에서 유대 왕국이 헬레니즘의 영향을 크게 받고, 뒤이어 닥친 로마의 유대 정복은 조금 더 급진적인 네 번째 분파를 낳았다. 바리새파에서 갈려나온 것으로 추정되는 이들은 종교와 정치에 있어서 타협의 여지가 전혀 없는 완벽한 자유를 추구했다. C.E. 6년의 조세 저항운동과 연루된 이 분파는 점차 호전적인 성격이 강해지면서 훗날 '젤롯당'이라 알려지게 된다.

종말론

하지만 이런 분파 모두는 유대가 잘못된 길을 걷고 있으며 그 죄와 유대를 점령한 이방인들의 죄로 인해 구세주의 분노를 사게 될 것이라고 확고하게 믿었다는 공통점을 지닌다. 당시 유대의 절망적인 상황이 결국 대변동을 야기하고, 하늘이 정해준 구세주 즉 메시아(Messiah)가 내려와 하느님의 진정한 통치 시작을 예고할 것이라고 굳게 믿은 것이다.

데이비드 레벤슨(David Levenson)을 비롯한 몇몇 학자들이 증명했듯이 이런 종말론적 생각

1759년경 프랑스의 화가 안투 앙 드 페브레(Antoine de Favray, 1706~1792)의 작품 '그리스도를 가리키는 광야의 세례자 성 요한'이다.

폰티우스 필라투스(본디오 빌라도)

폰티(Pontii)는 로마의 기사계급 가문으로, 진정한 귀족계급인 원로원 의원과는 엄연히 구분되는 신분이었다. 기사가 원로원에 들어가기 위해서는 군사·정치적으로 특별한 경력을 쌓아야 할 뿐 아니라 100만 세스테르티우스가 넘는 자산을 보유해야 했다(현재 화폐가치로 환산하면 400만 달러에 달하는 돈이다). 법에 정한 바에 의하면 원로원 의원 혹은 의원이 되려는 사람은 상업이나 교역 또는 투기와 같은 일을 할 수 없었다. 그러므로 대부분의 기사가 승진하기 위해서는 외교관직을 맡는 게 유일한 길이었다. 총독이나 프레펙투스로 일하는 동안 독점권과 가맹점 운영권을 팔고, 채광이나 세금징수 과정에서 돈을 빼돌리는 식으로 큰 재산을 모을 수 있었다. 키케로(Cicero)가 고발한 악명 높은 사건 중에는 시칠리아 총독 가이우스 베레스(Gaius Verres)가 부자들에게 십자가 처형을 하겠다는 협박으로 거액의 돈을 갈취한 일이 있다. 폰티우스 필라투스가 유대의 프레펙투스가 되었던 C.E. 26년에 티베리우스 황제는 일선에서 물러나 근위대 대장 루키우스 아일리우스 세야누스(Lucius Aelius Sejanus)에게 통치권을 맡겼다. 몇몇 학자들은 필라투스가 세야누스와 절친한 사이여서 특별한 외교적·군사적 전력 없이도 유대의 통치자로 임명되었을 것이라고 추측한다.

가이사리아에 있던 로마 극장에 사용된 석재. 신에게 바치는 헌사로 "(이) 티베리움Tiberium(을 바치는 사람은) 유대의 프레펙투스 폰티우스 필라투스"라고 새겨져 있다.

의 기원은 B.C.E. 2세기 중반으로 거슬러 올라간다. 〈다니엘서〉에서도 "이렇게 온 이스라엘이 주의 법을 어기고 말씀을 듣지 않아, 죄를 얻었습니다."라고 한탄한다(다니엘 9:11). 그리고 이스라엘이 회개해야만 하느님의 통치권이 유대에 복원되리라고 말한다. 예수가 태어나기 50여 년 전에 씌어진 〈솔로몬의 시편〉 역시 유대의 영적 "정화"를 예견한다. "자비와 축복의 날이자 주의 기름 부음을 받은 자를 되살리는 약속의 날에 이스라엘을 정케 하시리라."(솔로몬의 시편 18:6~8). 여기서 '기름 부음을 받은 자'라는 표현은 히브리어인 메시아를 문자 그대로 옮겨놓은 것이다.

하지만 이 메시아가 누구인가에 관해 유대인들 사이에 의견일치가 되지 않았다. 메시아를 다윗 왕의 후손이라 해석하고 하느님의 통치권을 복원한다는 말을 옛 다윗 왕조의 복권으로 해석하는 경우도 있었다. 〈다니엘서〉에서는 이 구원자를 천사(미카엘Michael)나 보통의 평범한 인간을 의미하는 "사람의 아들 같은 분"이라는 표현을 번갈아서 사용한다. 또 메시아를 군대 지휘관으로 생각하는 이들도 있었다. 많은 사람들이 C.E. 132년 로마에 대항해 2차 유대 반란을 지휘했던 시몬 바르 코크바(Simon bar Kokhba)를 메시아로 여겼다. 이에 반해 사해 사본에서는 두 명의 메시아를 이야기하고 있다. 하나는 다윗의 후손으로 전쟁을 이끌어 왕국을 재건할 "이스라엘의 메시아(Messiah of Israel)"였고, 다른 한 명은 "아론의 메시아(Messiah of Aron)"로서 성전 재건 및 정화를 감독할 이였다.

이런 맥락에서 보면 세례자 요한도 당대 사람들과 크게 다르지 않았다. 그 역시 메시아가 올 것을 설파하고 "도끼가 이미 나무뿌리에 닿았으니 좋은 열매를 맺지 않는 나무는 다 찍혀 불 속에 던져질 것이다."(루가 3:9)라고 경고했다. 요한의 공격적인 말로 미루어보아 그가 군사적인 힘으로 유대를 되찾아줄 메시아를 생각했던 것이라 짐작된다. 루가의 복음서에 등장하는 세례자 요한은 협박조로 말한다. "그분은 손에 키를 들고 타작마당의 곡식을 깨끗이 가려 알곡은 모아 곳간에 들이고 쭉정이는 꺼지지 않는 불에 태우실 것이다."(루가 3:17). 요한은 이런 일에 대비해 회개하고 그 증거를 행실로 보이며 세례를 받으라고 선포했다.

세례 장소

요한이 주로 활동한 장소는 어디였을까? 요한의 복음서에서는 예수와 요한이 처음 만나는 장소가 "요한이 세례를 베풀던 요르단 강 건너편 베다니아"라고 말한다(요한 1:28). 학자들은 오랜 세월 동안 페레아에 속하는 요르단 강 동쪽 땅 트랜스요르단에 있는 베다니아(Bethany)라는 마을이 어디인지 알아보려 애를 썼다. 복음서에 등장하는 또 다른 베다니 마을이 있지만 그곳은 예루살렘에서 몇 킬로미터 떨어진 다른 장소다.

비잔틴 시대인 6세기에 만들어진 마다바 지도(Madaba Map)에 요르단 강 서쪽에 있는 벳 아라바(Beth Araba)라는 마을이 언급되는데, 오리겐(Origen)과 유세비우스(Eusebius)를 비롯한 몇몇 교부는 여기가 요르단 강 건너편 베다니아라고 여겼다.

제2성전기 후기의(.B.C.E. 1세기~C.E. 1세기) 물건으로 추정되는 이 솥은 쿰란에 있던 신원 미상 남성의 무덤에서 발굴했다.

2세기경 건축된 것으로 추정되는 이 인상적인 로마의 목욕탕 건물 유적은(130쪽) 갈릴리 호수 동쪽 연안 근처 야르무크 계곡(Yarmouk Valley)의 하맛 가데르에서 발굴되었다.

사해 사본은 1947년 사해에서 가까운 고대 쿰란 거주지 인근 동굴들, 위 사진에서 보는 것과 같은 동굴에서 발견되었다.

요르단에 있는 고대의 동굴(133쪽)은 2차 유대 반란(C.E.131년~135년)으로 도망자 신세가 된 유대인들의 은신처였다.

하지만 다른 문헌에서는 요한이 요르단 강 동쪽에서 활동했으며, 그 이유는 통치자 프레펙투스 안티파스가 그곳과 멀리 떨어진 세포리스 궁에 있어서 직접적인 영향을 덜 받았기 때문이라고 주장한다.

4세기에 거룩한 땅으로 가던 콘스탄티누스 대제의 어머니 헬레나 황후는 그 동쪽 강가를 세례자 요한이 있었던 장소라 생각하고 그 자리에 교회를 짓는다. 위치가 정확히 알려지지 않았던 이 교회는 1994년 이스라엘과 요르단 간 평화협정이 맺어진 후 요르단 군이 지뢰를 제거하는 과정에서 발견되었다. 군의 뒤를 따라가다 유적지를 발견한 고고학자들은 조심스럽게 그곳이 요한의 베다니아라고 결론을 내렸다. 사해에서 북쪽으로 11킬로미터 정도 떨어진 곳이다. 요르단 문화재청은 모하메드 와히드(Mohamed Waheed)의 지휘 아래 1996년부터 6년 동안 발굴을 진행해 다양한 초기 로마시대 유적지와 비잔틴 시대 수도원의 모습을 세상에 소개했다.

종교적 정결함을 보존한다고 칭송받던 돌항아리가 발굴되면서 그 장소에 한때 독실한 유대 공동체가 있었다는 점이 분명해졌다. 인근에서는 초기 비잔틴 제국의 교회 유적이 발굴되기도 했는데 헬레나 황후가 세운 건물일 가능성이 높다.

이곳이 진짜 요한의 베다니아 마을이라면, 거기와 가까운 또 다른 유명한 장소 키르벳 쿰란(Khirbet Qumran)에 거주했던 공동체도 주목하지 않을 수 없다.

쿰란 공동체

쿰란은 깎아지른 수많은 절벽과 험준한 바위로 이루어진 사해 인접 지역이다. 1947년 겨울, 양을 치던 모함메드 아흐메드 엘-하메드(Muhammad Ahmed al-Hamed)라는 이름의 베두인 소년은 잃어버린 염소 한 마리를 찾고 있었다. 바위산 여기저기에는 동굴이 있었다. 그 중 지금은 제1동굴이라 불리는 동굴 한 곳에서 이 양치기 소년은 고대 두루마리 문서가 든 항아리 몇 개를 발견한다. 그 두루마리 중에 세상에서 가장 오래된 히브리어 성경 사본도 포함되어 있었다. 고고학자들과 그에 못지않은 열의를 지닌 베두인들이 산으로 올라가 다른 고대 "사해 두루마리"를 찾아나섰고, 석회암 절벽들 사이 260개의 동굴 중 40여 개 동굴에 흩어져 있던 고대 사본들이 속속 사람들의 손에 쥐어졌다. 탄소연대측정법에 따르면 B.C.E. 20년~C.E. 60년 사이의 사본도 있었다. 대부분 히브리어로 씌어진 이들 사본은 C.E. 66~70년 유대 전쟁이 발발하기 직전인 예수 당대의 것이다.

사해 사본에서 주목해야 할 부분은 제작 연대다. 사해 사본이 발굴되기 전까지 히브리어로 씌어진 성경 사본 중 가장 오래된 것은 10세기경에 작성된 알레포 코덱스, 가장 오래된 그리스어 신구약 사본은 4세기경에 만들어진 시나이 사본(Codex Sinaiticus)이라고 알려져 있었다. 게다가 사해 사본에는 〈에스델서(Book of Esther)〉를 제외한 거의 모든 히브리어 성경이 포함되어 있었다.

하지만 이 은닉처에는 성경 이외의 문헌도 보관되어 있었다. 그곳에는 종교공동체의 규율로 보이는 것들도 나왔는데, 소위 '공동체 규례(Serekh ha-Yahad)'(학자들은 1QS라 부른다)라 불리는 문서와 주요 교리 및 규약이 담긴 '카이로 다마스쿠스 문서(Cairo-Damascus Document)'도 그 중 하나다. 이들 문서를 작성한, 정체를 정확히 알 수 없는 분파는 아마도 사해 사본의 필사작업과 보관에 관여했을 것이다.

사해 사본이 발견되면서 이 공동체가 어디에 살았을지 집중적으로 조사하기 시작했다.

1951년, 페르 롤랑 드 보(Pere Roland de Vaux)가 키르벳 쿰란 근처에서 대형 정착지를 발굴하기 시작했다. 900개가량의 두루마리가 발견된 바위투성이 노두(露頭) 바로 앞이었다. 롤랑 드 보는 이후 성

> 의를 행하는 모든 사람은
> 빛의 왕의 통치를 받으며
> 빛의 길을 걷지만,
> 사악한 일을 행하는 모든 사람은
> 어둠의 천사의 통치를 받는다.
>
> 쿰란 '공동체 규례'
> B.C.E. 150년~C.E. 70년경

채로 보호받았던 우아한 복합건물의 모습을 찾아냈다. 그곳에는 도서관으로 보이는 장소와 대형 식당, 가마를 갖춘 옹기작업장도 있었다. 롤랑 드 보는 식수 저장이나 목욕을 위해 사용되었을, 계단이 있는 우아한 수조시스템도 찾아냈다. 질그릇 조각과 다른 공예품으로 미루어보건대 이곳에 공동체가 세워진 건 B.C.E. 150년경이고 유대 전쟁이 발발하기 전인 C.E. 66~70년까지는 잘 유지되었다고 짐작할 수 있다.

여섯 개나 되는 잉크통이 발견되기도 했다. 고고학적 기준에서 볼 때 상당히 많은 편이다. 이는 필경사들이 광범위하게 활동했다는 의미이다. 일부 학자들은 이 정착지가 개인 빌라나 군대 요새 또는 여행자 숙소라고 주장하기도 하지만, 대다수 학자들은 이곳에서 사해 두루마리가 필사되었다는 주장을 받아들인다. 쿰란의 필경사들이 유대 전쟁 기간에 진격해오는 로마 군대를 피해 사본을 안전하게 지키려고 인근 동굴에 숨겨두었다는 가설도 있다.

선생님과 예언자

소위 카이로 다마스쿠스 문서라고 불리는 자료에 의하면 쿰란 공동체는 "의로운 선생(Moreh Tzedek)"의 지도 아래 형성된 집단이었다. 그의 권위는 예수 시대에도 널리 알려져 있던 히브리어 성경의 성서 정전, 즉 《토라》와 예언서'에 대한 해박한 지식과 해석 능력에서 나왔다. 한 문서에는 "하느님이 자신의 종, 예언자의 말씀에 담긴 신비한 지식을 모두 밝혀 보여준 사람"이 바로 "의로운 선생"이라고 적혀 있다. 카이로 다마스쿠스 문서는 이런 의로운 선생이 예언자이자 선생이며 사람들을 구원해줄 사람이라고 소개한다. 쿰란 공동체는 그를 귀감으로 삼아 따르며 회개하고 성경 공부에 매진해서 곧 있을 하느님의 통치를 예비해야 한다는 의미다.

그렇다면 쿰란 지역에 모여 살았던 사람들은 어떤 분파였을까? 유대교의 정결의식을 수행하는 미크바가 발견된 점이나 육체적인 정결함에 관심을 갖고 성경 구절을 공부하는 데 흥미를 보였다는 사실로 미루어 바리새파라고 볼 수 있다. 하지만 바리새파는 도시지역에서 살았지 사막에 살지 않았다. 이 집단이 사두개파와 연관이 있을 것이라고 보는 전문가들도 있다. 사제나 사제의 위치에 있는 사람이 지도자로 쿰란 공동체를 이끌었기 때문이다. 하지만 쿰란 공동체는 사두개파가 중시하던 예루살렘 성전에서의 의례를 거부했다. 그러므로 요세푸스가 설명하는 세 번째 종교집단인 에세네파와 연관되어 있다고 보는 사람들이 많다.

에세네파에 관한 요세푸스의 설명을 쿰란에서 발견된 고고학적 증거물과 비교해보면 많은 유사점이 나타난다. 요세푸스는 에세네파 사람들이 오후 5시가 되면 "하얀색 베일을 쓰고 차가운 물에서 몸을 씻었다."고 말한다. 이것은 쿰란에서 발견된 수조에 대한 설명이 된다.

매일 해질 무렵 사람들이 몸을 담그는 의식을 수행하도록 이 수조에 빗물을

충분히 받아놓았을 가능성이 높다. 세정식이 끝나면 에세네파는 마치 성스러운 성전에 들어가듯 공동 '식당'으로 가서 식전 기도를 올리고 음식을 함께 나누었다고 한다. 쿰란에서 발견된 '식당'이 바로 그곳이라고 조심스럽게 추정해볼 수 있다.

뿐만 아니라 요세푸스는 에세네파가 "애를 써서 고대의 문헌을 공부했고 그중 자신들의 몸과 영혼에 이로운 것을 선택해 취했다."고 말한다. 이것은 에세네파가 사해 사본의 저자와 동일인일 가능성을 강하게 시사한다. 요세푸스는 또한 "(에세네파는) 자신들의 분파에 속한 서적도 똑같이 보존했다."고 주장한다. 이것은 사해 사본 중에서 "공동체 규례"를 언급할 것일 수 있다.

하지만 쿰란 공동체가 에세네파인지 아닌지는 여전히 학계의 숙제거리다. 요세푸스의 저서에서는 에세네파가 사막의 은둔자 공동체라기보다 도시의 현상으로 묘사되었다고 주장하는 학자도 있다. 유대인 철학자 필론(Philo)도 이에 동의하며 에세네파는 "유대의 많은 도시와 마을에서 살았으며 구성원이 많은 훌륭한 사회에서 한데 무리지어" 생활했다고 적었다.

현재 많은 학자들은 쿰란 공동체를 에세네파에서 분리되어 광야로 돌아간 후 곧 다가올 하느님의 통치를 준비한다는 의미로 사막의 고독함을 추구한 사람들이라고 추측한다. 요세푸스 역시 "또 다른 에세네 체제"가 있다는 언급을 했다.

롤랑 드 보는 쿰란의 옛 정착지에서 B.C.E. 150~C.E. 70년 사이의 공예품과 질그릇 조각을 찾아냈다.

테라코타와 구리로 만든 잉크 항아리(134쪽). 제2성전기 후반(B.C.E. 1세기~ C.E. 1세기)의 물건으로 추정되며 쿰란에서 발견되었다.

쿰란의 1동굴에서 발견된 '공동체 규례'에는 공동체 안에서 재산을 분배하는 규칙에 대해서도 자세히 적혀 있다.

이런 야자수들이(136쪽) 사해에 인접한 쿰란의 고고학적 지역 경계선이 되고 있다.

쿰란과 세례자 요한

세례자 요한과 쿰란 공동체 사이에는 연관성이 있을까? '공동체 규례'를 보면 이 분파의 사명은 선과 악의 세력 즉 '빛'과 '어둠'이 최후의 결전을 벌일 때를 대비하는 것이다. 이는 훗날 〈요한 복음〉에서 메시아가 올 것을 기대하면서 "빛의 왕"이라는 은유적 표현을 풀어 쓰는 것으로 다시 나타난다.

쿰란 공동체 문서에는 구성원에게 "자신의 소유와 재산을 다수의 소유를 관장하는 이에게 넘겨주어라."라고 적혀 있다.

세례자 요한도 비슷한 말을 군중에게 했다. "속옷 두 벌을 가진 사람은 한 벌을 없는 사람에게 주고 먹을 것이 있는 사람도 이와 같이 남과 나누어 먹어야 한다."(루가 3:10–11). 쿰란 공동체와 세례자 요한 모두 한적한 곳에서 고독하게 지냈고 유대의 도심에서 벗어나 금욕적인 생활양식을 고수하며 검소하고 엄격한 식단으로 연명했다.

또 쿰란 공동체가 생각하는 선생이나 예언자는 성령의 인도로 사람들이 회개하도록 이끄는 사람이었다. 이것은 복음서가 그린 세례자 요한과 예수의 모습을 떠올리게 한다. 예수와 세례자 요한 역시 선생님이라 불리곤 했다(루가 3:12, 요한 3:26).

하지만 중요한 차이가 있다. 쿰란 분파는 매우 친밀한 공동체여서 가입 절차가 필요한 반면 세례자 요한은 자신의 말을 지키려는 사람이라면 누구든 환영했다. 마태오에 의하면 사

두 개파든 바리새파든 가리지 않았다(마태오 3:7). 쿰란 공동체는 침례의식을 수행했지만 개인 욕조인 미크바를 이용해 육체와 도덕의 정결함을 얻었다. 반면 요한에게 침례는 매일 하는 정화의식이 아니라 회개를 상징하는 표상일 뿐이었다. 요한이 주는 "세례"는 개인에게 권한을 부여하는 방법이자 변화의 계기가 되었다. 무엇보다 요한은 세례식을 위해 개인용 미크바를 쓰지 않고 모두가 사용가능한 요르단 강의 흐르는 강물을 이용했다는 차이를 보인다.

요한과 쿰란 분파 사이의 공통점과 차이점을 모두 설명하는 유일한 방법은 쿰란 공동체의 일원이었던 그가 이후 독자적인 노선을 걸었다고 가정하는 것이다. 어쩌면 그는 가깝게 지내는 구성원 사회보다는 모든 유대 사람을 대상으로 회개운동을 벌이고 싶었던 것인지도 모른다. 흥미로운 사실은 루가가 요한의 유아기에 대해 다음과 같이 설명했다는 점이다. "아기는 날로 몸과 마음이 굳세게 자라났으며 이스라엘 백성들 앞에 나타날 때까지 광야에서 살았다."(루가 1:80).

요한과 헤로데 안티파스

복음서에서 세례자 요한을 묘사할 때는 주로 종교적인 표현을 사용한 반면 요세푸스는 거의 반 페이지에 걸쳐서 그의 명성을 정치적 관점에서 다룬다. 요세푸스의 글은 로마인을 대상으로 했다는 점을 기억할 필요가 있다. 로마인들은 유대인의 메시아에 관한 염원에 대해서는 잘 알지 못했다. 하지만 C.E. 66년에 발발한 유대 반란으로 인해 유대 지역의 정치적 안정에 대해서는 많은 관심을 보였다. 요세푸스는 "세례자" 요한이 "선량한 사람이며 유대인에게 서로 의롭게 대하고 하느님에게 경건하라는 두 가지 면에서 덕을 행하라고 권고하면서 세례를 받으라고도 말했다."고 적었다. 나아가 그는 요한의 회개운동이 매우 성공적이어서 "무리가 그에게 몰려들어 그의 말에 크게 감동했다."고 첨언한다.

세례자 요한의 이런 인기는 헤로데 안티파스의 마음을 불편하게 했다. 앞서 언급했듯이 안티파스는 요르단 강 동편을 비롯한 갈릴리와 페레아를 다스렸다. 요세푸스에 의하면 요한의 추종자들은 "그가 조언하는 대로 무엇이든 할 태세를 갖춘 듯 보였"기 때문에 안티파스로서는 당연히 수상쩍을 수밖에 없었다. 1세기의 팔레스타인 지역에서 종교적 열정과 정치적 염원은 늘 밀접하게 연결되었다. 요한을 따르는 많은 사람들은 언제라도 골칫거리가 될 수 있었다. 게다가 요한은 다소 충격적인 독설도 서슴지 않았다. 그의 말을 들으려 애써 찾아온 사람들도 그렇게 느낄 정도였다.

루가의 복음서에서 요한은 그에게 세례를 받으려고 찾아온 사람들에게 대뜸 "이 독사의 족속들아."라고 부르며 "'아브라함이 우리의 조상이다.' 하는 말은 아예 하지도 마라."라고 퍼붓는다. 이어서 "도끼가 이미 나무뿌리에 닿았으니 좋은 열매를 맺지 않는 나무는 다 찍혀 불 속에 던져질 것이다."라고 말한다(루가 3:8-9). 정치적으로 격앙되었던 당시 상황을 감안하면 이렇듯 강한 표현에 정부 당국이 예민하게

> (요한은) 물로 씻어주는 세례는 면죄뿐만 아니라 몸의 정화를 위해서도 적절한 행위라고 보았던 것 같다. 영혼은 올바른 행위로 말끔히 정화될 수 있다고 믿었기 때문이다.
>
> 요세푸스, 《유대 고대사》
> C.E. 95년경

반응하는 건 당연했다. 요한은 현 상태에 만족하고 안주하려는 사람들을 흔들어 깨워서 회개를 촉구하려는 의도로 그랬을 수 있다. 나중에 예수도 이와 같은 수사를 사용하곤 한다. 특히 갈릴리의 부자나 세도가들에게 설교할 때 더욱 강한 어조를 썼다.

요한은 세리와 군인 등 지배 계층의 부패와 타락에 대해서는 구체적인 내용으로 꾸짖었다. 〈루가 복음〉에서 요한은 세리에게 "정한 대로만 받고 그 이상은 받아내지 마라."고 말한다. 로마의 호구조사를 통해 부과된 세금을 의미하는 걸로 보인다. 군인들은 "협박하거나 속임수를 써서 남의 물건을 착취하지 말고 자기가 받는 봉급으로 만족하여라."라는 경고를 듣는다. 부당한 강탈과 착취가 일상적으로 행해졌다는 걸 알려주는 대목이다(루가 3:12-14).

이런 상황에서 헤로데 안티파스가 요한을 위협적인 존재로 주목한 것은 어찌 보면 당연하다. 그는 "요한이 사람들에게 지대한 영향을 미치는 존재가 되어 반란을 일으킬 수 있는 힘을 가지게 될 것을 두려워했다." 요세푸스는 유대와 갈릴리 지역에서 얼마 전에 일어난 농민

플랑드르 화가 요아킴 파티니르(Joachim Patinir, 1480~1524)가 1515년경에 그린 패널화 '그리스도의 세례.'이다.

군인을 그린 이 채색화(138쪽)는 레바논의 시돈 인근 묘비에서 발견되었다. 군인계급은 타락하고 부패한 행위로 세례자 요한에게 비판받았다.

반란을 되짚으면서 이런 우려가 근거 없지 않음을 설명했다. 복음서에서도 요한을 예수보다 더 격상시키지 않으려고 세심한 주의를 하면서도 "예루살렘을 비롯하여 유다 각 지방과 요르단 강 부근의 사람들이 다 요르단 강으로" 찾아왔다고 적고 있다(마르코 1:5, 마태오 3:5).

> 그 즈음에 예수께서 세례를
> 받으시려고 갈릴래아를 떠나 요르단
> 강으로 요한을 찾아오셨다.
>
> 마태오 3:13
> C.E. 75~90년경

예수의 세례

바로 이때 예수가 등장한다. 예수는 왜 요한의 세례운동에 참여하였을까? 그리고 왜 하필 그때였을까? 우리의 계산이 맞는다면 C.E. 28년경 예수는 32세 정도 나이를 먹었다. 당시 기준으로 보면 중년에 가까운 나이였다.

복음서의 저자들은 이와 관련한 이야기는 하지 않는다. 마태오와 루가가 예수의 인생 여정에 있었던 사건마다 이유와 의미를 부여하는 데 애썼다는 점을 생각하면 이들의 침묵은 주목할 필요가 있다. 일각에서는 예수가 요한에게 마음이 이끌린 것은 요한이 종교 개혁에 관해 인상적인 메시지를 전했기 때문이라고 설명한다. 요한은 회개를 촉구하고 장차 도래할 하느님 왕국에 대비해서 악한 생활방식을 버

리라고 강력히 권고했다. 이것은 이후 예수의 사역 과정에서도 주요 테마가 된다. 또 다른 이유는 요세푸스의 《유대 고대사》에서 찾아볼 수 있다. 예수가 요르단 강에 가기 1~2년 전인 C.E. 26년에 기시 기문인 폰티우스(본디오) 성을 쓰는 필라투스(빌라도)라는 이름의 새로운 프레펙투스가 유대 백성의 심기를 거스를 것이 뻔한 도발적인 정책을 시행했던 것이다. 당시 필라투스의 명목상 상관인 시리아 총독 루키우스 아일리우스 세야누스(Lucius Aelius Sejanus)는 안티오크가 아닌 로마에 장기 체류하던 상황이어서 필라투스에게는 충분한 재량권이 보장된 상태였다.

그의 이런 도발은 결국 예루살렘에서 대규모 시위가 벌어지는 결과를 낳았다. 필라투스가 예루살렘 성전에 있는 돈을 탈취해 로마의 송수교를 세울 거라는 풍문이 돌면서 시위가 촉발되었다. 많은 군중이 예루살렘 성전 근처에 운집하자 필라투스는 병사들에게 민간인이 입는 망토를 입고 군중 속으로 잠입하도록 명령했다. 그리고 자신이 신호를 보내면 망토를 벗어던진 후 칼을 빼서 근처에 있는 사람 모두를 베도록 했다. "시위에 참여하지 않은 사람뿐 아니라 곁에 서 있었을 뿐 아무런 상관도 없는 무고한 사람들까지 모두 학살당했다." 요세푸스의 말이다. 날이 저물기도 전에 예루살렘의 구불구불한 골목길에는 죽었거나 죽어가는 사람들 수천 명이 널브러져 있었다. 공포가 온 유대를 휩쓸었다. 이 일로 많은 유대인이 고향을 떠나 당시 종교적으로 가장 유명한 웅변가 중 한 명을 찾아가 도움과 지도를 받게 된 듯하다.

예수는 광야에 도착한 후 요르단 강으로 가서 요한에게 세례를 받았다. 복음서는 이 사건의 미묘한 모순을 분명히 인식하고 있다. 요한의 세례는 죄인이 회개하는 수단이었기 때문이다. 예수에게 어떤 죄가 있었던 말일까? 마태오의 이야기에서는 예수가 세례를 받으려고 찾아오자 요한이 거절하는 대목이 나온다. "제가 선생님께 세례를 받아야 할 터인데 어떻게 선생님께서 제게 오십니까?" 그러자 예수는 이렇게 답한다. "지금은 내가 하자는 대로 하여라. 우리가 이렇게 해야 하느님께서 원하시는 모든 일이 이루어진다."(마태오 3:14-15). 그제야 요한은 세례를 주지만 마르코는 예수가 물에서 나오면서 "하늘이 갈라지며 성령이 비둘기 모양으로 당신에게 내려오시는 것을 보셨다. 그때 하늘에서 '너는 내 사랑하는 아들, 내 마음에 드는 아들이다.' 하는 소리가 들려왔다."고 기록하고 있다(마르코 1:10-11). 이 구절은 "너는 내 아들, 나 오늘 너를 낳았노라."(시편 2:7)라는 〈시편〉의 구절과 〈이사야서〉의 "마음에 들어 뽑아 세운 나의 종이다."(이사야 42:1)라는 구절을 결합한 것으로 보인다. 이런 표현은 다른 복음서에서도 거의 그대로 반복되어 나타난다(마태오 3:17, 루가 3:22, 요한 1:32-33).

비둘기 모양은 요한의 세례가 지닌 은유적 의미를 잘 드러낸다. 요르단 강의 정화수로 죄를 씻어버리는 것을 상징하는 대신 예수가 메시아로서 사역을 감당한 사람으로, 성령의 선택을 받은 '기름 부은 자'라는 걸 보여준다.

이 장면을 묘사하던 복음서 저자들은 다시 한 번 히브리어 성경에서 영감을 얻은 듯하다. "주 야훼의 영을 내려주시며 야훼께서 나에게 기름을 부어주시고 나를 보내시며 이르셨다.

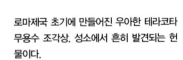

로마제국 초기에 만들어진 우아한 테라코타 무용수 조각상. 성소에서 흔히 발견되는 헌물이다.

'헤로데의 생일잔치'라는 이름의 인상적인 그림(140쪽)은 역사와 성경을 공부한 영국 빅토리아 시대 화가 에드워드 아미티지(Edward Armitage, 1817~1896)의 작품이다.

요한의 처형장

마케루스 요새(fortress of Machaerus)는 하스몬 왕조의 방어시설로 사해의 동편, 페레아 지역에 위치했다. 고고학자들은 이곳을 처음 건설한 사람이 하스몬 가문의 알렉산더 얀네우스(Alexander Jannaeus, B.C.E .103~B.C.E 76)라고 생각한다. 그로부터 30년 후 폼페이우스가 팔레스타인을 침략하는 와중에 로마군에 의해 파괴되었던 것을 헤로데 왕이 천혜의 방어시설로 재건한다. 헤로데가 증축한 또 다른 천혜의 요새 마사다. 헤로디온과 마찬가지로 마케루스는 사해 해수면에서 91미터 높이로 치솟아 주변 경관을 내려다볼 수 있는 지리적 조건을 갖추었다. 사방이 협곡으로 둘러싸인 이곳에서는 호화로운 궁을 지어놓고도 철저한 방어책을 펼칠 수 있었다. 요세푸스에 의하면 바로 이곳에서 세례자 요한이 헤로데 안티파스의 명에 따라 처형당했다. 페레아는 안티파스가 다스리는 곳이었기 때문이다. 유대 전쟁 동안 젤롯당이 이 요새를 차지하는 바람에 로마 장군 루킬리우스 바수스(Lucilius Bassus)는 요새를 포위하고 C.E. 73년 마사다에서와 마찬가지로 공성장비를 올려보낼 비탈길을 건설했다. 하지만 마케루스를 장악했던 세력은 공성장비가 오기도 전에 항복했다. 마케루스는 1968년에 처음 발굴되었지만 헤로데의 궁 유적은 1978~1981년 프란체스코 성경연구소의 비르길리오 코르보(Virgilio Corbo)에 의해 모습을 드러냈다.

요르단 강에서 남동쪽으로 24킬로미터 떨어진 마케루스 요새는 B.C.E. 30년경 헤로데 대왕이 재건해서 아들 헤로데 안티파스에게 물려주었다.

'억눌린 자들에게 복음을 전하여라. 찢긴 마음을 싸매주고, 포로들에게 해방을 알려라. 옥에 갇힌 자들에게 자유를 선포하여라.'"(이사야 61:1). 나중에 예수는 가버나움에서 히브리어 성경의 이 구절을 읽고 자신의 사역이 시작되었음을 선언한다(루가 4:18). 그리고 이후 가르침을 펴면서 종종 세례자 요한에 대해 경의를 표한다. 루가의 복음서에는 예수가 군중에게 이렇게 묻는 장면이 나온다. "너희는 무엇을 구경하러 광야에 나갔었느냐? (…) 예언자냐? 그렇다. 그러나 사실은 예언자보다 더 훌륭한 사람을 보았다."(루가 7:24, 26). 그리고 "사실 여자의 몸에서 태어난 사람 중에 세례자 요한보다 더 큰 인물은 없다."라고 첨언한다(루가 7:28). 마태오의 복음서에서는 요한을 "다시 오기로 된 엘리야"라고 칭하면서 "들을 귀가 있는 사람은 알아들어라."라고 말한다(마태오 11:14-15).

요한 체포되다

C.E. 28년 이후 헤로데 안티파스는 요한이 설교자로 활동하는 것을 더 이상 참아줄 수 없다고 판단해 체포를 명한다. 복음서에서는 이 결정이 종교적인 이유로 이루어졌다고 기술했지만 요세푸스는 정치적인 관점에서 설명을 한다.

안티파스는 원래 아레타스 4세 필로파트리스(Areta IV. Philopatris)의 딸과 결혼했다. 안티파스의 장인은 농민 반란이 일어나던 당시 갈릴리를 폐허로 만들어놓은 아레타스와 동일인일 가능성이 높다. 안티파스는 로마를 방문했다가 이복형제인 필립보의 아내 헤로디아(Herodias)를 소개받는다. 요세푸스가 언급한 필립보가 가울라니티스(Gaulanitis)의 분봉왕 헤로데 필립보 1세인지 여부에 관해서는 학계의 의견이 갈린다. 하지만 어느 쪽이든 불편한 가족관계였던 것만은 틀림없다. 헤로디아 역시 안티파스와 혈연관계로 맺어져 있었다. 안티파스의 이복형제 아리스토불루스(헤로데 대왕과 마리암네의 아들)의 딸이었기 때문이다. 그리 이례적인 일은 아니었다. 헤로네 가문에서 결혼한 39명 중 최소한 17쌍은 혈족 결혼이었다.

안티파스는 헤로디아에게 청혼을 한다. 헤로디아는 첫 번째 부인인 아레타스 왕의 딸과 이혼한다면 청혼을 받아들이겠다고 말한다. 하지만 안티파스의 첫 부인은 자신이 곤경에 처했다는 사실을 알아차리고 곧바로 마케루스 요새로 달아나 그곳에서 나밧(Nabat)의 군대와 함께 친정으로 돌아간다. 진노한 아레타스 왕은 곧 보복을 가한다.

세례자 요한은 안티파스가 헤로디아와 결혼한 행위를 매우 부도덕하다고 보았다. 그래서 이 분봉왕에게 "동생의 아내를 데리고 사는 것은 옳지 않습니다."라고 여러 번 말한다(마르코 6:18). 이는 〈레위기〉를 참고한 것임이 분명하다. "네 형제의 아내의 부끄러운 곳을 벗겨도 안 된다. 그것은 곧 네 형제의 부끄러운 곳이다."(레위기 18:16). 마르코는 안티파스가 요한을 감옥에 가두었지만 그의 비판에 몹시 괴로워했으며 "요한을 의롭고 거룩한 사람으로 알고 그를 두려워하여 보호해"주었다고 적었다.

하지만 헤로디아는 그럴 마음이 없었다. 헤로디아의 딸(첫 번째 결혼으로 얻은 딸)이 계부 안티파스의 생일날 뇌쇄적인 춤으로 즐겁게 해주자 안티파스는 "네가 청하는 것이면 무엇이든

일명 게르치노(Guercino)라 불리던 바로크 시대 이탈리아의 화가 조반니 프란체스코 바르비에리(Giovanni Francesco Barbieri)가 1637년에 그린 캔버스화 '세례자 요한의 머리를 받아드는 살로메'이다.

주겠다. 내 왕국의 반이라도 주겠다."라고 말한다. 요세푸스에 따르면 살로메라는 이름으로 불렸다는 이 딸은 어머니와 의논한다. 헤로디아는 "세례자 요한의 머리를 쟁반에 담아서 가져다" 주도록 청하라고 시킨다. 마르코에 의하면 안티파스는 "몹시 괴로웠지만 이미 맹세한 바도 있고 또 손님들이 보는 앞이어서 그 청을 거절할 수가 없었다."(마르코 6:17-28).

그리하여 세례자 요한은 참수당하고 만다.

하지만 요세푸스는 요한이 죽어야 할 이유가 분명하다고 보았다. 안티파스는 요한의 힘을 두려워했다. 점점 불어나는 그의 추종자들이 언제라도 "요한의 말에 따를" 태세였기 때문이다. 안티파스는 자신이 개입하지 않으면 "반란을 일으킬 능력과 성향을 갖춘" 요한이 긴장상태를 부추길 수도 있다며 우려했다. 마태오도 이런 평가에 동의했는지 다음과 같이 말한다. "그래서 헤로데는 요한을 죽이려고 했으나 요한을 예언자로 여기고 있는 민중이 두려워서 뜻을 이루지 못하고 있었다."(마태오 14:5). 요세푸스는 안티파스가 "(요한을) 죽임으로써 만일의 해악을 미연에 방지할 수 있으리라 생각했다."고 설명한다.

그런데 안티파스가 법적 절차 없이 요한의 처형을 명령할 권한이 있다고 여겼다는 점에 주목할 필요가 있다. 유대인의 전통적인 법전이라고 할 수 있는 《미슈나》 산헤드린 편에서는 '거짓 예언자'를 재판에 회부해도, 회부하지 않아도 된다는 규정을 설명한다. 그러나 일부 학자들은 1세기 초반에 산헤드린 규정이 유대 지역이 아닌 곳까지 영향을 미쳤는지 여부를 두고 논쟁을 벌이고 있다.

> 헤로데는 (요한을) 죽임으로써 만일의 해악을 미연에 방지할 수 있으리라 생각했다. 그를 살려두고 때늦은 후회를 하면서 어려움을 겪는 것보다 나으리라 여겼다.
>
> 요세푸스, 《유대 고대사》
> C.E. 95년경

분명한 것은 안티파스가 요한의 사형을 신속하게 처리한 일이 예수를 십자가에 매달기까지 지리한 법적 절차를 거쳐야 했던 것과 확연히 대조된다는 사실이다. 마르코는 요한이 처형당하자 "그 뒤 소식을 들은 요한의 제자들이 와서 그 시체를 거두어다가 장사를 지냈다."라고 기록했다(마르코 6:29). 이 무덤이 어디에 있는지는 지금까지 밝혀지지 않았지만 2005년 고고학자 시몬 깁슨(Shimon Gibson)은 아인카림(Ain-Karim)의 츠오바 키부츠(Tzova Kibbutz) 근처에서 '무덤' 하나를 발견한 뒤 그곳이 세례자 요한의 무덤이라고 주장했다. 요한이 주장한 회개 운동은 2세기까지 이어졌고 심지어 소아시아까지 침투했다(사도행전 19:1-4). 그러나 "세례자 요한의 무덤"을 찾았다는 깁슨의 주장은 폭넓은 지지를 얻지 못하고 있다.

마지막으로 아레타스 왕이 자신의 딸과 불명예스럽게 이혼한 안티파스를 응징하기 위해 C.E. 35년경, 안티파스가 다스리던 페레아를 침략한 이야기를 잠시 살펴보자. 헤로데 안티파스는 군대를 보내 침략자에게 맞섰지만 참패했다. 요세푸스는 안티파스 군의 패전 소식이 팔레스타인에 퍼지자 많은 사람들이 기뻐했다고 전한다. 사람들은 "헤로데의 군대가 대패한 것은 하느님의 뜻이라고 생각했다. 그가 (세례자) 요한에게 한 일에 대한 벌을 내리신 것이라고 여겼다."

예수,
사역을 시작하다

요한이 잡힌 뒤에 예수께서 갈릴래아에 오셔서
하느님의 복음을 전파하시며 "때가 다 되어
하느님의 나라가 다가왔다.
회개하고 이 복음을 믿어라." 하셨다.

마르코 1:14−15
C. E. 66년~70년경

1937년에 이탈리아 정부가 세운 팔복교회(The Church of the Beatitudes),
라파엘(Raphael)의 '성처녀의 결혼The Marriage of the Virgin'(1504)에 그려진 교회에서
영감을 받아 만든 이 건물의 부지는 예수의 산상수훈과 연관이 있다고 여겨진다.

복음서를 읽어본 사람이라면 누구라도 요한의 복음서가 '공관복음서'인 마태오와 마르코, 루가와 다르다는 걸 눈치챌 수 있을 것이다. 요한의 복음서는 대체적으로 문학적이고 상징적인 측면이 강하다. 그래서 다른 복음서와 달리 예수의 기다란 강론에 대해 깊이 다루고 있다. 이 복음서는 1세기 말경에 집필되었을 것으로 추정된다. 대부분의 학자들은 C.E. 80~90년대 후반으로 생각하고 있다.

그럼에도 불구하고 요한의 복음서에는 독특한 인물과 사건이 실려 있다. 가나의 혼인잔치 이야기 등도 다른 복음서에서는 찾아볼 수 없다. 이것은 요한의 복음서가 공관복음서의 전통에 닿아 있으면서도 동시에 독자적인 관점을 발전시켜왔다는 걸 의미한다. 사실 요한 또는 요한이라는 이름으로 복음서를 쓴 저자는 자신의 글이 제자의 "증언"에 근거한다고 주장한다. "그 제자는 이 일을 증언하고 또 글로 기록한 사람이다." (요한 21:24).

마태오와 루가는 요한에게 세례를 받은 예수가 광야로 가서 "사십 주야를 단식"했다고 적고 있다(마태오 4:2). 유대인들은 이 구절을 읽으면서 모세가 약속의 땅으로 들어가기 전 40년 동안 광야에서 지냈던 일을 상징적으로 암시한다고 생각할 것이다. 마르코의 복음서에서는 "요한이 잡힌 뒤에 예수께서 갈릴래아에 오셔서"라고만 말한다(마르코 1:14).

반면 요한의 복음서에서는 요한의 몇몇 제자들이 모여 예수를 찾아갔음을 알려주고 있다. 이때 이미 요한의 제자들은 예수를 '랍비'라 부르고 있다. 하지만 이 복음서의 저자인 요한에 의하면 세례자 요한은 예수를 "하느님의 어린 양"이라고 칭했다. 요한의 제자 중 안드레아(Andrew)라고 불리는 사람이 자신의 형 시몬 베드로(Simon Peter)에게 "우리가 찾던 메시아를 만났소."라고 말한다(요한 1:38-41). 그런 다음 이 형제는 예수를 따라 가기로 한다. 그런 그들을 반기던 예수는 시몬을 알아보고 "너는 요한의 아들 시몬이 아니냐?"라고 말한다.

0 25 50킬로미터
0 25 50마일
현재의 국가명과 국경선,
해안선을 기준으로 한 지도.

시돈 • 다마스쿠스 •
띠로 •
가버나움
타부가 • 벳새다
아벨 산
나사렛 • 티베리아스
사마리아
지중해
예루살렘 •
가자지구 사해
이집트 네게브

이 말을 했다고 해서 예수가 시몬이나 그의 가족을 알고 있었다고 단언할 수는 없다. 하지만 예수는 한결같고 의지가 굳은 시몬의 성격을 알아보고 곧 그에게 새로운 이름을 지어준다. "앞으로는 너를 게파(Cephas)라 부르겠다." 그리스어인 "게파"는 아람어 케파(kêfa)와 같은 단어로 '바위'나 '돌'을 의미한다. 그리스도교 문헌에서는 '바위'라는 뜻을 가진 단어인 페트로스(Petros) 또는 베드로(Peter)라는 표현으로 사용되고 있다. 여기서 예수는 하느님이 준 사명을 시작하려는 사람에게 새로운 이름을 지어주는 성경의 관례를 따르고 있다. 아브람이 아브라함이 된 일이나 야곱이 이스라엘이라 이름을 바꾼 것도 여기에 해당한다.

그리고 시몬 베드로와 안드레아에 이어서 필립보(Philip)라는 이름의 세 번째 제자가 합류한다. 알고 보니 필립보는 앞서 제자가 된 두 형제와 마찬가지로 벳새다(Bethsaida) 출신이었다. 1세기 팔레스타인에서 출신지와 혈연관계는 매우 중요한 문제였다.

고대 가버나움에 인접한 갈릴리 호수 북부
연안의 현재 모습. 예수가 사역을 시작하던
당시 모습과 크게 달라지지 않았다.

갈릴리로 향하는 예수

그런 후에 예수와 제자들은 갈릴리로 향한다. 요한의 복음서에서는 세례자 요한 체포와 예
수의 갈릴리 행 사이에 연관관계가 있음을 명시하지 않는다. 그러나 마태오는 "요한이 잡혔
다는 말을 들으시고 예수께서는 다시 갈릴래아로 가셨다."고 말한다(마태오 4:12). 요한의 복
음서에는 갈릴리로 가는 길에 필립보가 나타나엘(Nathanael)이라는 사람을 만나 그에게 "우
리는 모세의 율법서와 예언자들의 글에 기록되어 있는 분을 만났소. 그분은 요셉의 아들 예
수인데 나자렛 사람이오."라고 말하는 장면이 나온다. 나타나엘은 아무런 감흥도 못 받은
듯 비웃는 투로 대꾸한다. "나자렛에서 무슨 신통한 것이 나올 수 있겠소?" 예수는 나타나엘
이 무슨 말을 했는지 알고 있었다. 그래서 나타나엘이 내키지 않는 마음으로 예수를 만나러
왔을 때 예수는 조롱하는 어투로 "이 사람이야말로 정말 이스라엘 사람이다. 그에게는 거짓
이 조금도 없다."고 말한다(요한 1:45~47). 예수가 '이스라엘 사람'이라는 말을 한 것은 야곱의
이름인 이스라엘을 염두에 둔 말장난이다. 〈창세기〉에 묘사된 바에 의하면 야곱은 속임수로
형 에사오(Esau)에게 속임수를 써서 '장자의 상속권'을 훔쳐낸 사람이다. 나타나엘은 다른 복

음서에서 바르톨로메오(Bartholomew)라고 불리는 사람과 동일인물로 12사도 중 한 명이라고 알려져 있다.

예수가 이 무리를 이끌고 벳새다에 간 것은 세 명의 제자들이 친척들에게 부탁해 거처를 마련할 수 있었기 때문인 듯하다. 요르단 강 동편에 위치한 벳새다는 갈릴리 호수의 북동 연안이자 분봉왕 필립보가 다스리는 갈라디아에 속한 지역이기도 했다. 이렇게 해서 예수와 그를 따르는 새로운 무리는 헤로데 안티파스의 영향력이 미치는 지역을 벗어났다. 안티파스가 요한의 나머지 제자들도 체포할지 안 할지 여부는 알 수 없었다. 요한의 세례운동이 완전히 진압되었다고 안티파스가 안심할 때까지는 장담할 수 없는 일이었다.

벳새다는 말 그대로 풀면 "어부의 집"이라는 뜻이다. 이곳의 주요 산업을 잘 보여주는 지명이다. 하드리아누스 황제도 이 지역의 풍부한 어류를 극찬할 정도였다. 하지만 그 명성에도 불구하고 학자들은 이 고대 도시의 위치를 정확하게 찾아내는 데 애를 먹었다. 같은 이름을 쓰는 두 개의 도시가 존재했다고 추정하는 학자도 있다. 하지만 요한은 하나의 벳새다만을 언급하며, 고대에는 인접한 장소에 같은 이름을 붙이는 일이 드물었다는 점을 생각할 필요가 있다. 게다가 이 도시는 마르코(마르코 8:22-26)와 루가(루가 9:10-17)의 복음서에서 예수의 "사역 삼각지대(ministry triangle)"를 형성하는 주요 세 도시 중 하나로 언급된다. 이런 점으로 미루어 최소한 가버나움과 코라진 (Chorazin)에서 도보로 하루 정도 이동할 수 있는 거리에 위치한 것으로 추정할 수 있다.

1987년, 이스라엘의 고고학자 라미 아라브(Rami Arav)는 벳새다로 추정되는 장소 중 한 곳을 조사하기로 한다. 갈릴리 호에서 내륙으로 1.6킬로미터 정도 떨어진 텔(tell, 중동에서 고대 도시의 유적이 겹쳐 쌓여서 된 언덕 모양의 유적)에 이르는 이 발굴작업은 네브라스카 대학을 비롯한 14개 미국 대학과 독일, 폴란드의 대학까지 참가하는 대규모 프로젝트로 발전되었다. 이 다국적 발굴팀은 로마 제정 초기의 유적과 더불어 인근에서 구할 수 있는 암회색 현무암으로 지은 건축물을 갖춘 소도시를 찾아냈다. 이곳은 예수가 C.E. 28년에서 29년 말엽에 지냈던 거주지였을 가능성이 있다.

예수, 제자를 모으다

마침내 예수와 그를 따르는 새로운 추종자들은 요르단 강을 건너 갈릴리로 이주해서 나훔의 마을이라 불리던 가버나움(Capernaum, 가파르나움)에 정착한다. 마르코의 복음서를 근거로 이곳에 베드로의 처갓집이 있었다고 추정하는 학자들도 있다(마르코 1:29-30). 그게 맞다면 예수가 사역을 준비하는 동안 지낼 곳에 대한 걱정을 할 필요는 없었을 것이라고 추정할 수 있다. 당시 가버나움은 벳새다보다 규모가 큰 지역으로 다마스쿠스와 예루살렘 사이의 주요 교역로 중 하나를 가로지르고 있었다. 도로 상황이 좋았고 갈릴리 호를 가로지르는 방대한

로마 제정 초기(B.C.E. 1세기~C.E. 1세기)의 어부들이 흔히 사용했던 낚시바늘.

예수께서 갈릴래아 호숫가를 지나가시다가 호수에서 그물을 던지고 있는 어부 시몬과 그의 동생 안드레아를 보시고 "나를 따라오너라. 내가 너희를 사람 낚는 어부가 되게 하겠다." 하고 말씀하셨다.

마르코 1:16-17
C.E. 66년~70년경

갈릴리의 어부

현대 연구결과에 의하면 조상대대로 물려받은 땅을 빼앗긴 소작농들이 무작정 갈릴리 호 인근에 형성된 어부들의 전통적인 지역공동체로 몰려들었을 거라고 볼 수 있다. 이런 식으로 유입된 신출내기 어부들은 별다른 성과는 거두지 못했을 것이다. 주요 어장을 확보하려면 몇 사람이 올라타 어망을 투척한 후 끌어당길 수 있을 정도의 배가 필요했다. 그리고 위험한 호수의 물길을 잘 헤쳐나갈 수 있는 경험 많은 뱃사람도 필요했다. 배는 값비싼 물건이었지만 사람들은 팀을 이루어 교대로 일하면서 배를 빌려 쓸 수 있었다. 어업인구가 증가하면서 과잉 어획과 어류자원 고갈은 불가피한 일이 되었다. 루가의 복음서에서 시몬 베드로는 깊은 곳으로 가서 그물을 치라고 한 예수의 말에 투덜거리며 "저희가 밤새도록 애썼지만 한 마리도 못 잡았습니다."라고 말한다. 그리고 베드로는 예수가 시키는 대로 다시 한 번 그물을 던졌다. 그러자 "엄청나게 많은 고기가 걸려들어 그물이 찢어질 지경"이 되었고 "동료들이 와서 같이 고기를 끌어올려 배가 가라앉을 정도"의 만선을 하게 되었다. 이 대목에서 밤에도 많은 어부들이 호수에 나와 고기를 잡으려 했다는 걸 알 수 있다 (루가 5:4-7).

이탈리아 라벤나의 성 아폴리나레 누오보(S. Apollinare Nuovo) 교회에 있는 6세기 무명 화가의 모자이크 작품.
성 안드레아와 성 베드로가 예수의 부름에 응답하는 모습을 묘사하고 있다.

교역항으로도 유명했다. 이런 이유로 예수가 가버나움을 선택했을지도 모른다. 세례자 요한 과 달리 그는 순회설교자로서 사역을 시작했기 때문이다. 사람들이 자신을 찾아오기를 기다 리기보다 촌락과 소도시를 찾아다니며 복음을 전하는 사역을 한 것이다. 그런 점에서 보면 가버나움은 더할 나위 없이 좋은 장소였다.

예수가 갈릴리 호를 가로지르며 여러 지역을 돌아다니기 위해서는 어부들의 도움이 반드 시 필요했다. 사실 마태오의 복음에서는 그가 갈릴리 호숫가를 걸어 다니다가 "제베대오의 아들 야고보와 요한 형제를" 보았는데 "그들은 자기 아버지 제베대오와 함께 배에서 그물 을 손질하고" 있었다고 전한다. 그리고 예수가 그들을 부르자 "그들은 곧 배를 버리고 아버 지를 떠나 예수를 따라갔다."고 덧붙인다(마태오 4:18-21). 이 일화는 랍비 예수의 새로운 면 모를 보여준다. 요한이나 고대의 다른 랍비들과 달리 예수는 직접 자신의 제자를 골랐던 것 이다. 이런 일로 미루어 예수가 앞으로 어떤 활동을 펼칠지에 대한 윤곽을 잡아가고 있었다 고 볼 수 있을 듯하다. 마르코의 복음서는 예수가 매우 이른 시간인 "먼동이 트기 전"에 일 어나 외딴 곳으로 가서 기도했다고 전하고 있다. 그러자 시몬과 다른 제자들이 그를 찾아나 섰다. 마침내 예수를 찾은 베드로는 "모두들 선생님을 찾고 있습니다."라고 말한다. 그러자 예수는 자신이 계획하고 있는 일을 들려준다. "이 근방 다음 동네에도 가자. 거기에서도 전 도해야 한다." 그리고 덧붙여 "나는 이 일을 하러 왔다."고 말한다(마르코 1:35-38). "순회"설 교자가 되기로 한 예수에게는 추종자보다 사절이 필요했을 것이다. 선발대가 되어서 사람들 을 모으고 공개행사를 준비하고 자신의 일신을 챙기고 예수의 뒷바라지까지 할 수 있 는, 그런 인물이 필요했다. 공교롭게도 '사절'이라는 말은 히브리어와 아람어로 '샬 리아(shaliach)'라 불렸다(파견된 자'라는 뜻을 갖고 있다). 이 말은 복음서에서 사도 (Apostle)라고 옮겨졌다.

최종적으로 예수는 12사도를 모은다. 12는 이스라엘의 12지파에서 영감 을 받은 숫자다. 그리고 나중에 예수는 사도들에게 "너희는 내 나라에서 내 식탁에 앉아 먹고 마시며 옥좌에 앉아 이스라엘의 열두 지파를 심판하 게 될 것이다."라고 약속한다(루가 22:30). 시몬 베드로와 안드레아, 필립보 에 이어서 제베대오의 아들 야고보와 요한을 선택한 예수는 이후 "바르톨 로메오, 마태오, 토마, 알패오의 아들 야고보, 타대오, 혁명당원 시몬, 그리 고 예수를 팔아넘긴 가리옷 사람 유다"를 사도의 구성원으로 충원한다(마르코 3:18-19). 사도의 구성을 이렇게 설명한 사람은 마르코이지만 마태오와 루가의 복 음서에서도 그대로 반복된다(마태오 10:2-4, 루가 6:13-16). 하지만 공관복음서에서는 베 드로와 야고보와 요한이 단연 돋보이는 인물로 그려지고 있다. 이들은 예수의 변화산 사건 에도 등장하고 겟세마네(Gethsemane, 게쎄마니)에서 보낸 마지막 순간에도 예수와 함께 하다 체포당한다. 반면 요한의 복음서에서는 안드레아와 필립보를 상대적으로 매우 중요한 인물 로 부각시킨다.

3세기의 로마 테라코타 그릇. 두 명의 어부 가 그물을 끌어당기는 가운데 주변에 다양 한 어종의 물고기가 헤엄치고 있는 모습이 섬세한 저부조 기법으로 표현되었다.

고대 가버나움에서 발견된 주거지 유적. 인 근 지역에서 얻을 수 있는 현무암을 이용해 지어졌다(152쪽).

타부가 인근의 갈릴리 호 연안. 예수가 자신의 제자들을 불렀던 장소를 연상시킨다.

예수 당대에 갈릴리 호수를 오갔을 배의 대략적인 모습을 보여주는 현대의 어선이다 (155쪽).

제자가 되기 위한 조건

베드로가 상급 제자로서 예수의 "오른팔" 노릇을 했을 것이라는 주장에 반박하는 이는 거의 없다. 따라서 베드로가 지역의 어부들과 맺은 관계망을 이용해 예수의 제자가 되기에 합당하다고 믿는 사람들을 선발했을 가능성도 있다. 이런 식으로 제자를 모았다고 추정할 수 있는 것은 당시 갈릴리 호 인근에서 일하는 어부들 대부분이 협동조합을 결성하고 있었기 때문이다. 루가가 "제베대오의 두 아들 야고보와 요한도 똑같이 놀랐는데 그들은 다 시몬의 동업자였다."라고 언급한 것만 봐도 그렇다. 협동조합이 필요했던 것은 기금을 공동출자한 후 앞으로 잡을 물고기를 담보로 조합에서 자본을 빌려 필요한 장비와 그물을 갖춘 배를 사거나 대여했기 때문이다. 조합이 없는 경우에는 (헤로데 안티파스가 엄격하게 통제하는) 조업권을 판매하거나 인두세를 뜯어내는 중개업자나 세리들에게 돈을 빌려야 했다.

복음서를 보면 예수는 자신이 선택한 사람들에게 철저한 헌신을 요구했다. 야고보와 요한은 당장 그물을 내던지고 아버지 제베대오를 버려둔 채 예수를 따라갔고, 알패오의 아들 레위는 통행세를 받던 자리를 박차고 그대로 예수를 따라나섰다(마르코 1:20; 2:14). 가족이나 혈연조차 중요하지 않았다. "나는 분명히 말한다. 하느님 나라를 위하여 집이나 아내나 형제나 부모나 자녀를 버린 사람은 누구나 이 세상에서 여러 갑절의 상을 받을 것이며 오는 세상에서는 영원한 생명을 얻을 것이다." 루가의 복음서에서 예수가 한 말이다(루가 18:28-30). 그리고 예수는 좀더 강력한 어조로 제자가 되기 위한 조건을 되풀이해 말한다. "누구든지 나에게 올 때 자기 부모나 처자나 형제자매나 심지어 자기 자신마저 미워하지 않으면 내 제자가 될 수 없다."(루가 14:26). 하지만 예수의 제자가 되었다고 해서 전적으로 그 일에만 매달렸던 건 아니라는 기록도 있다. 복음서 여기저기에서 제자들이 자신의 생업을 위해 돌아가거나 갈릴리 호에서 고기를 잡는 모습이 나온다. 그렇지 않았다면 제자들의 가족은 빈곤과 굶주림에 시달렸을 것이다. 심지어 예수도 제자들과 같이 배에 타서 어획량을 늘리는 데 일조하거나 갑작스러운 돌풍을 가라앉히는 일을 했다.

그렇다면 복음서에서 제자가 되는 일을 "양자택일"의 극단적 상황으로 묘사한 이유는 무엇일까? 복음서의 저자들은 아마도 엘리사와 엘리야의 사례에서 영감을 받은 듯하다. 〈열왕기 상〉에서 소개되는 이 두 인물은 복음서에 자주 등장한다. 〈열왕기 상〉에 따르면 엘리야는 길을 가다가 밭을 갈고 있는 엘리사를 만나 그를 제자로 맞이하기로 결정한다. 엘리사는 그 자리에서 선뜻 제자가 되겠다고 한 뒤 집에 돌아가 가족에게 작별인사를 하고는 엘리야의 제자가 된다(열왕기 상19:19-20). 마태오의 복음서에는 이보다 조금 더 강경하게 제자의 조건을 제시하는 일화가 있다. 제자 한 명이 예수에게 와서 "주님, 먼저 집에 가서 아버지 장례를 치르게 해주십시오."라고 청한다. 유대교에서 경건한 의무로 여기는 일을 하겠다고 말한 것이다. 하지만 예수는 무뚝뚝하게 대답한다. "죽은 자들의 장례는 죽은 자들에게 맡겨두고 너는 나를 따라라."(마태오 8:22). 이런 식으로 예수가 전적으로 헌신할 것을 명령하는 일화는 무조건적인 신앙과 헌신을 요구한다는 점을 강조하기 위한 은유적 설명이라고 봐야 할 것이다. 특히 초기 그리스도교가 종교적 박해를 받기 시작하는 1세기 후반에는 이런 점을 강조하는 게 중요했을 것이다. 아니면 일부 학자들의 주장처럼 당대 여타 종교지도자나 종교활동에서 이런 식의 헌신을 요구했기 때문일 수도 있다. 세례자 요한이나 쿰란 공동체도 마찬가지였다.

가버나움

가버나움에서 예수는 자신이 선생이자 치유자임을 공식적으로 선포한다. "예수의 일행은 가파르나움으로 갔다. 안식일에 예수께서는 회당에 들어가 가르치셨는데 사람들은 그 가르침을 듣고 놀랐다. 그 가르치시는 것이 율법학자들과는 달리 권위가 있었기 때문이다." (마르코 1:21-22). 여기서 언급한 "율법학자"는 다양한 법률문서 작성 기술을 보유한 전문 문필가로

> (예수는) 즈불룬과 납달리 지방 호숫가에 있는 가파르나움으로 가서 사셨다. 이리하여 예언자 이사야를 시켜 (…) 하신 말씀이 이루어졌다.
>
> 마태오 4:12-16
> C.E. 75-90년경

언약궤의 일부로 추정되는 부조 파편. 약 4세기경 가버나움에 세워진 시나고그 회당 인근에서 발굴되었다.

서 팔레스타인의 문맹 농민들을 대신해 여러 가지 일을 해주던 사람들이다. 이 지역 사람들이 유대교 율법서인 《토라》를 신봉하고 있었다는 점을 감안하면 이런 사람들은 모세의 법률이 정한 지침에도 정통했을 것이다. 그래서 마르코는 이들을 예수에게 반대하는 지식 계급으로 표현하면서 바리새파나 사두개파와 비슷한 부류로 분류하기도 한다.

이 시점부터 예수를 설명하는 글은 귀신을 쫓아내는 엑소시즘(exorcism) 묘사로 이어진다. 마르코는 회당에 모인 사람들 사이에 "더러운 악령 들린 사람 하나가 있다가 큰소리로 '나자렛 예수님, 어찌하여 우리를 간섭하시려는 것입니까? 우리를 없애려고 오셨습니까? 나는 당신이 누구신지 압니다. 당신은 하느님께서 보내신 거룩한 분이십니다.'고 외쳤다."라고 적었다. 예수는 "입을 다물고 이 사람에게서 나가거라." 하고 준엄하게 꾸짖었다. 그러자 "더러운 악령"은 그에게서 떠나갔다. 이 사건을 기술한 목적은 표적(sign, 그리스어 세메이온 semeion(기호)에서 유래된 말이다)을 제시함으로서 예수가 하느님에게 받은 사명을 다하기 시작했다는 것을 입증하는 데 있다. 요세푸스가 인용한 사례를 보면 당대 많은 사람들은 예언자가 초자연적인 행위를 보여주어야만 그의 진실성을 인정했다는 사실을 알 수 있다. 그 대표적인 행위가 악령을 퇴치하는 행위인 엑소시즘이었다. "(악령을 내쫓는) 능력은 오늘날까지도 우리에게 강렬한 인상을 준다." 요세푸스가 《유대 고대사》에 적은 내용이다. 그리고 자신도 엘르아살(Eleazar)이라는 유대인이 악령을 내쫓는 모습을 직접 보았다고 덧붙인다.

예수가 설교를 하고 악령을 퇴치한 일은 가버나움 회당에 모인 신도들을 놀라게 하기에 충분했다. 마르코는 당시의 모습을 이렇게 기록하고 있다. "이것을 보고 모두들 놀라 "이게 어찌 된 일이냐? 이것은 권위 있는 새 교훈이다. 그의 명령에는 더러운 악령들도 굴복하는구나!" 하며 서로 수군거렸다." 그리고 다음과 같이 이후 상황을 덧붙였다. "예수의 소문은 삽시간에 온 갈릴래아와 그 근방에 두루 퍼졌다."(마르코 1:27-28).

1905년, 독일인 고고학자 두 명이 성경에 나오는 가버나움과 연관이 있는 텔 훔 인근에서 발굴작업을 시작했다. 그리고 고대 유대교 회당으로 보이는 건축물을 찾아냈다. 바실리카 양식으로 지어진 이 건물은 뒷부분의 기둥 두 개와 두 줄로 늘어선 열주로 지탱되고 있었다. 기도실의 벽면에는 석재로 만든 장의자가 늘어서 이런 부류의 회당에서 흔히 볼 수 있는 모습이었지만, 옥외 시설에 장식이 많은 특징을 갖고 있었다. 기둥머리는 코린트 양식으로 조각되고 주요 출입구에는 포도넝쿨과 포도, 야자수가 새겨진 띠 모양의 프리즈 장식이 있었다. 이와 함께 인상적인 면은 갈릴리에서 쉽게 구할 수 있는 현무암 대신 훨씬 값비싼 소재인 석회암으로 지어졌다는 사실이다.

이 발굴은 세계적인 관심을 받았다. 과연 이 회당은 예수가 악령에 사로잡힌 사람을 구했던 곳일까? 지금은 아름답게 복원되어 야자수로 둘러싸인 이 건물은 예수 당대의 회당에 대

고대 가버나움의 회당. 백색 석회석 벽돌로 지은 4세기 초엽의 이 건물 아래에 예전의 회당 건물이 그대로 있다고 믿는 학자들도 있다.

갈릴리의 회당

3세기에서 4세기를 지나는 동안 지어진 회당 상당수가 갈릴리 전역에서 발굴되고 있다. 이중에는 상당히 인상적인 건축물도 보이지만 최근 발표된 연구에 따르면 유대 전쟁이 있던 C.E. 66~70년 사이 기간 이전에도, 그리고 예수 당대에도 회당은 있었을 것이라고 한다. 회당을 의미하는 '시나고그(Synagogue)'는 그리스어 '시나고게(synagogé)'에서 유래했으며 특정한 건물이 아니라 모임이나 회합을 의미한다. 요세푸스는 시나고그 회당을 기도의 집이라는 의미를 지닌 '프로슈케(proseuchè)'라고 표현했다. 고고학자들은 디아스포라의 몇몇 장소에서 기도처를 발견했는데 이는 대부분 유대인 공동체가 융성한 곳이었다. 그리스의 델로스 섬 등에서는 B.C.E. 3세기경 기도를 위해 지은 건물이 발견되었다. 초기 시나고그 회당은 예리코와 감라(Gamla)에서도 발견되었다. 또 마사다(Masada)에서도 기도처가 발견되었다. 갈릴리에서는 C.E. 70년 이전에 지어진 회당 일곱 개가 발굴되었다. 그 중에는 나중에 잠시 언급하게 될 막달라(Magdala)의 회당도 포함되어 있다. 그러나 규모가 작은 촌락에서는 마을 광장이나 연장자의 집(규모가 큰 집이어야 했다) 혹은 개방된 장소 등에서 안식일 예배를 드렸다. 이 점은 〈사도행전〉에서 확인할 수 있다. 바울과 그의 일행이 "안식일이 되어" "성문 밖으로 나가 유대인의 기도처가 있으리라고 짐작되는 강가에 이르렀다."고 기록되어 있다(사도행전 16:13). 가버나움과 코라진의 회당을 비롯한 갈릴리의 주요 회당 중 일부는 이 지역에서 랍비 유대교가 전성기를 맞았던 3~4세기경에 세워진 것으로 추정된다.

4세기 비잔틴 양식 교회의 유적. 열주로 둘러싸인 8각형 구조물이 특징인 이 교회는 가버나움에 있다는 베드로의 집 위치를 기린다고 알려져 있다.

프랑스의 화가 제임스 티소(1836-1902)가 1894년경 그린 '지붕을 통해 아래로 내린 중풍 걸린 사람'(159쪽).

해 사람들이 기대하는 모습을 두루 갖추고 있다. 하지만 이를 확신할 수 없다며 건축 시기를 2세기 후반에서 3세기 초엽으로 추정하는 학자들도 있다. 이런 논쟁은 버질리오 코르보(Virgilio Corbo)가 1969년 새로운 발굴작업에 나서는 계기가 되었다. 코르보는 현재 지상에 서 있는 시나고그 아래를 파고 들어갔다. 그리고 거기서 4세기의 주화와 질그릇 조각, 그리고 또 다른 건물을 발견했다. 건축 양식 면에서 보면 가버나움의 회당은 300년경에 건축된 것으로 추정되는 코라진의 회당과 매우 흡사하다.

하지만 또다시 뜻밖의 사건이 일어난다. 현재의 시나고그 회당 아래 있는 건물이 예수가 가르침을 폈던 회당일 수도 있다는 주장이 제기된 것이다. 이런 주장은 상당한 설득력을 지닌다. 새로운 회당은 흔히 기존 건물의 위에 지어졌던 것이다. 하지만 가장 최근에 이루어진 연구결과에 따르면 가버나움 회당 아래에서 발견된 구조물은 개인의 주택이 모인 것에 불과할 수도 있다. 그렇다고 해도 그 중에 기도처(proseuchè)로 사용되던 곳이 하나 있으리라는 추정이 틀렸다고 볼 수는 없다. C.E. 70년 이전 갈릴리의 다른 촌락과 소도시에서 그런 식으로 기도처가 마련된 경우가 흔했기 때문이다. 하지만 이런 기도처는 오늘날 우리가 아는 회당의 모습은 아니었을 것이다.

베드로의 집

1969년 발굴팀은 가버나움의 회당에서 몇 걸음 떨어지지 않은 곳에서 1920년대에 발굴된 독특한 8각형 건물 아래를 파내려갔다. 이 건물은 중세 순례자들이 묘사했던 것과 비슷한 외관이었다. 사실 이 건축물에는 세 개의 8각형 건물이 포함되어 있었다. 그 중에 너비가 7.92미터밖에 되지 않는 가장 작은 건물은 베드로의 집을 가로지르는 것으로 알려져 있다. 마르코와 마태오가 이 집의 존재를 확인해주고 있다. "예수께서 베드로의 집에 들어가셨을 때에 베드로의 장모가 마침 열병으로 앓아누워 있었다."(마태오 8:14). 예수는 베드로의 장모를 고쳐주었고 곧 그 집으로 병들고 마귀 들린 사람들이 몰려들었다.

비잔틴 제국 초기에 8각형 구조 교회는 《신약성서》의 중요한 사건이 일어난 장소와 관련이 있는 곳에 지어진 것으로 알려져 있다. 실제로 발굴팀은 8각형 교회 아래에서 투박한 현무암 벽돌로 지어진, 훨씬 더 이른 시기의 교회 건물 유적을 찾아냈다. 이곳에는 신심 깊은 순례자들이 적어놓은 그리스어와 시리아어 낙서 100여 개가 있었다. "주 예수 그리스도가 이 종을 도우시니…" 혹은 "그리스도는 자비로우시다."라는 글도 있었다. 도기 파편과 주화는 가장 오래된 이 교회가 로마 제정 초기에는 개인 주거지였음을 보여준다. 따라서 예수 당대에도 개인의 주거지였을 가능성이 높다. 이 주거지는 중앙의 안뜰을 중심으로 하여 단독 주택이 여럿 모여 있는 갈릴리의 주거 형태를 따르고 있다. 이곳의 안뜰에 공용 오븐이 있었다.

6.4×6.1미터 정도로 다소 큰 편이던 중앙의 방 하나를 두고 발굴팀은 초기 교회의 중심이 되는 곳이었다는 가설을 제시했다. 이런 가설은 4세기 순례자인 에게리아(Egeria)의 기록물로 뒷받침된다. "가버나움에서는 제1사도(베드로)의 집이 교회가 되었는데, 그 원래 벽은 지금도 건재하다." 또 한 금석학(金石學) 전문가가 남긴 회반죽 파편에 적힌 글에서도 "로마의 돕는 자, 베드로"라는 글을 찾아볼 수 있다. 하지만 이 글은 알아보기 힘들 정도로 휘갈겨져 지금도 논란이 여지가 많다. 이 주거지의 벽은 너무 얇아서 테라코타 타일을 송진으로 붙여놓은 지붕을 지탱하기에 역부족이었다. 그래서 얇은 들보를 격자무늬로 엮어 위에 얹고 야자수 잎사귀로 그 위를 덮은 다음 진흙으로 다져놓았을 가능성이 높다. 이런 점은 마르코의 복음서가 확인해준다. 예수가 베드로의 집으로 돌아오자 군중이 모여들었다. 그때 네 사람이 중풍 환자 한 명을 데리고 왔다. 그러나 "사람들이 너무 많아 예수께 가까이 데려갈 수가 없었다. 그래서 예수가 계신 바로 위의 지붕을 벗겨 구멍을 내고 중풍병자를 요에 눕힌 채 예수 앞에 달아내려 보냈다."(마르코 2:1-4). 순례자 에게리아도 이에 동의하고 있다. "여기가 바로 주님께서 중풍 환자를 치료하신 곳이다."

> 예수의 소문은 그곳 모든 지방에 두루 퍼졌다. 예수께서는 여러 회당에서 가르치시며 모든 사람에게 칭찬을 받으셨다.
>
> 루가 4:14-15
> C.E. 75-90년경

갈릴리 호는 깊이 60미터에 불과한 얕은 호수다. 그렇지만 호수와 그 너머 산림지역의 온도 차 때문에 골란 지역의 바람이 갑작스러운 돌풍으로 변하기도 했다.

상아로 만든 10세기 미니어처 작품. 예수가 더러운 악령을 좇아내는 모습을 묘사하고 있다(아래).

나사렛으로 돌아온 예수

가버나움에서 벌어진 일들에 대한 소문은 주변 마을로 퍼져나갔다. 그리고 예수는 자신들이 사는 곳의 기도처에서 설교해달라는 요청을 받게 된다. 사역 초기 예수는 자신의 본거지에서 멀리 떨어진 곳으로 이동하지 않았고, 많은 군중 앞에 서기보다 회당에서 주로 활동했다. 이런 점으로 미루어 그의 설교가 안식일의 예배 시간에 이루어졌다고 추정해볼 수 있다. 그 외 시간에는 농민과 어부, 장사꾼들이 일을 해야 했기 때문이다. 이것은 루가가 "안식일이 되자 늘 하시던 대로 회당에 들어가셨다."라고 말한 데서도 확인할 수 있다(루가 4:16).

루가의 복음서에는 예수가 마침내 자신의 유년시절을 보낸 나사렛으로 갔다고 적혀 있다. 이것은 예수뿐만 아니라 그의 가족에게도 경사로운 일이었을 것이다. 루가는 "성서를 읽으시려고 일어서서 이사야 예언서의 두루마리를 받아들고" 서시었다고 묘사했다. 두루마리를 골라서 읽을 사람에게 건네는 건 예배에 참석한 사람 중에서 마을의 연장자가 하는 일이었다.

예수는 이사야의 예언서를 펴서 읽었다. "주님의 성령이 나에게 내리셨다. 주께서 나에게 기름을 부으시어 가난한 이들에게 복음을 전하게 하셨다. 주께서 나를 보내시어 묶인 사람들에게는 해방을 알려주고, 눈먼 사람들은 보게 하고, 억눌린 사람들에게는 자유를 주며 주님의 은총의 해를 선포하게 하셨다."(이사야 61:1-2). 글을 다 읽은 예수는 자리에 앉아 말했다. "이 성서의 말씀이 오늘 너희가 들은 이 자리에서 이루어졌다."(루가 4:21). 마르코는 "사람들은 모두 예수를 칭찬하였고 그가 하시는 은총의 말씀에 탄복하며 "저 사람은 요셉의 아들이 아닌가?" 하고 수군거렸다."고 적고 있다(마르코 6:2). 사람들이 놀라는 건 당연했다. 예수처럼 시골에서 자란 아이들에게는 히브리어 성경에 관한 교육을 받을 기회가 거의 주어지지 않았던 점을 생각하면 정말 놀랄 일이었다. 아마 예수의 가족들 역시 놀랐을 것이다. 그

런데 예수의 유아기를 설명한 글 이후에는 요셉에 관한 언급은 복음서에서 찾아볼 수 없다. 예수의 청소년기나 유년기 초기에 요셉이 사망했다는 의미로 해석할 수 있을 것 같다. 반면 그의 어머니 마리아는 분명히 생존해 있어서 이후의 복음서에 계속 등장한다. 예배를 위해 모인 나사렛의 신자들은 서로 돌아보며 놀라움을 표하고 이렇게 말했다. "저 사람은 그 목수가 아닌가? 그 어머니는 마리아요, 그 형제들은 야고보, 요셉, 유다, 시몬이 아닌가? 그의 누이들도 다 우리와 같이 여기 살고 있지 않은가?"(마르코 6:3).

예수는 모인 사람들이 놀라고 의아해하는 것을 충분히 이해했다. "너희는 필경 '의사여, 네 병이나 고쳐라.' 하는 속담을 들어 나더러 가파르나움에서 했다는 일을 네 고장인 여기에서도 해보라고 하고 싶을 것이다." 그리고 애석해하며 말했다. "사실 어떤 예언자도 자기 고향에서는 환영을 받지 못한다."(루가 4:23-24). 그런 다음 〈열왕기 상〉과 〈열왕기 하〉의 글을 인용해 예언자가 고향 사람들과 소원하게 지내는 것에 대한 이야기를 펼쳐나간다. 히브리 성경의 구절을 통해 궁핍하고 어려운 시기에 예언자 엘리야와 엘리사가 이스라엘 사람들 대신 이방인을 돕도록 보내졌다는 점을 알린 것이다. 이방인들이 예언자의 도움을 받을 여지가 더 많았기 때문이다. 이렇듯 소원한 관계로 인해 예언자가 친인척들에게 퇴박당하지만 다른 이들에게는 받아들여졌다는 식의 이야기는 마르코의 복음서에서 자주 거론되는 소재다.

예수의 담론은 기도처의 분위기를 급랭시켰다. 경전을 읽은 것에 대해 뜻밖의 기쁨을 표하던 사람들이 분개하며 화를 내기 시작했다. 마르코는 그들이 "좀

엑소시즘

엑소시즘(구마驅魔, Exorcism)은 악령이나 마귀가 씌운 사람에게서 그 악령이나 마귀를 강제로 쫓아내는 행위를 말한다. 가버나움 회당에서 악령을 쫓아낸 일로 인해 예수는 새로운 역할을 승인받으면서 성경에 대해 가르치는 선생일 뿐만 아니라 사탄의 졸개인 마귀를 이기는, 하늘에서 정해준 예언자가 되었다. E. P. 샌더스는 예수의 엑소시즘이 당시 종교적·정치적 지배층에 대한 직접적인 도전이었다고 주장한다. 사탄의 힘을 끊어내거나 조정하는 그의 능력이 분명히 드러나는 과정에서 군중이 모이기 시작했기 때문이다. 엑소시즘은 오늘날까지도 계속되고 있다. 로마가톨릭교회에서는 지역을 관할하는 주교의 인정을 받은 신부만이 엑소시즘을 행할 수 있다고 주장한다.

이탈리아, 라벤나의 성 아폴리나 누보(St. Apollinare Nuovo)에 있는 6세기 모자이크. 화려한 채색이 돋보이는 이 모자이크는 산상수훈을 묘사하고 있다.

일부 학자들은 갈릴리 호 연안에 있는 이 완만한 구릉지를 예수의 산상수훈 장소로 지목한다(163쪽).

처럼 예수를 믿으려 하지 않았다."고 적었다. 루가는 좀더 확실하게 당시 분위기를 전한다. "회당에 모였던 사람들은 이 말씀을 듣고는 모두 화가 나서 들고 일어나 예수를 동네 밖으로 끌어냈다. 그 동네는 산 위에 있었는데 그들은 예수를 산벼랑까지 끌고 가서 밀어 떨어뜨리려 하였다."(루가 4:28–29). 하지만 결국 아무도 예수에게 손대지 못했고 예수는 "그들의 한 가운데를 지나서 자기의 갈 길을" 갔다.

반면 가버나움에서 예수는 확실한 명성을 얻고 있었다. 베드로의 장모를 고치고 지붕을 통해 내려온 중풍 걸린 사람의 병을 낫게 하면서 예수가 신유치료자(faith healer)로서의 평판을 얻자, 장애를 지닌 사람과 병든 사람들이 끊임없이 밀려들었다. "사람들은 갖가지 병에 걸려 신음하는 환자들과 마귀 들린 사람들과 간질병자들과 중풍병자들을 예수께 데려왔다. 예수께서는 그들도 모두 고쳐주셨다."(마태오 4:24). 그칠 사이 없던 병자들의 물결은 이제 홍

수가 될 지경에 이르렀다. 급기야 예수는 "밀어닥치는 군중을" 피하려고 "제자들에게 거룻배한 척을 준비하라고" 이르게 되었다. 마르코에 의하면 예수가 많은 사람을 고치자 "병으로 고생하는 사람들이 앞을 다투어 예수를 만지려 밀려들었던 것이다."(마르코 3:9-10).

병든 사람을 고치는 일은 예수의 사역에서 매우 중요한 위치를 차지한다(여기서 "병으로 고생하는 사람"이라고 언급된 이들 중에는 헤로데 왕가에 의해 땅을 압류당하고 굶주림과 영양실조를 겪는 사람들도 포함되었을 것으로 보인다). 예수가 구상하는 하느님 나라의 복음(앵글로색슨어 'god-spell'에서 유래했다)을 실증적으로 입증하는 일이었기 때문이다. 앞에서 살펴보았듯이 많은 유대교 공동체에서는 수십 년 전부터 "하느님 나라"에 대한 이야기를 해왔다. 그들은 로마나 헤로데 왕가의 폭군이 아니라 다윗 왕의 자손이 유대교의 율법에 따라 통치하는 나라를 꿈꾸었다. 하지만 예수에게 "하느님 나라" 또는 '하느님'의 이름을 망령되게 일컫지 않으려는 이들이 사용하는 "하늘나라(kingdom of Heaven)"는 전혀 다른 의미를 지닌 표현이었다.

산상수훈(山上垂訓)

어느 날, 예수는 어김없이 "병을 고치려" 다가오는 많은 무리를 보았다. 예수는 병을 고쳐주는 대신 설교를 하기로 마음먹었다. 자신의 위대한 비전을 보여주고 할라카(Halakhah) 즉 유대교 율법에 대한 정확한 가르침을 펼칠 때가 되었다고 판단한 것이다. 일명 '산상수훈'이라고 불리는 이 설교에는 팔복(八福)이라고 알려진 여덟 가지 축복에 대한 이야기가 포함되어 있다. 마태오의 복음서에서 사용된 그리스어 마카리오이(Makarioi)는 '복이 있다 또는 행복하다'라는 의미로 히브리어 성경에서 "아쉬레이(ashrei)"라고 언급되는 수사학적 수식어다(시편 1:1, 욥5:17, 다니엘 12:12). 팔복 중에서 "마음이 가난한 사람은 행복하다. 하늘나라가 그들의 것이다."라는 구절은 〈시편〉 37편의 한 구절과 병치구조를 이룬다. "보잘것없는 사람은 땅을 차지하고, 태평세월을 누리리라."(시편 37:11).

예수는 이렇게 말했다.

> 마음이 가난한 사람은 행복하다. 하늘나라가 그들의 것이다.
> 슬퍼하는 사람은 행복하다. 그들은 위로를 받을 것이다.
> 온유한 사람은 행복하다. 그들은 땅을 차지할 것이다.

옳은 일에 주리고 목마른 사람은 행복하다. 그들은 만족할 것이다.(마태오 5:3-6).

하느님의 나라에 대한 이 이야기는 예수의 말을 따르려는 사람들이 쉽게 이해할 수 있는 내용이었다. 그리고 이 메시지는 이후 갈릴리와 그 이외 지역에서 벌이는 사역을 통한 주요 가르침이 되었다. 예수와 동시대를 살았던 사람들 대다수는 하느님의 통치가 이루어지는 것을 장차 올 구세주 즉 메시아가 실현시켜줄 미래의 약속으로 생각했다. 하지만 복음서에서 예수는 하느님의 나라가 자신의 생애에 이루어질 것으로 보았다고 암시한다(마르코 1:15, 루가 17:21). 예수가 생각한 하느님 나라의 개념은 다윗 왕의 자손이 세우는 새로운 정치적 조직체가 아니었을 것이다. 그보다는 사회 운영방식이 근본적으로 달라지는 것을 의미한다고 봐야 한다. 이런 일이 현실화되기 위해서는 새로운 사회적 약속이 있어야 했다. 그 약속에 따라 유대인들은 초심으로 돌아가 율법의 본질적인 미덕을 지키기로 서약해야 했다. 서로에 대한 연민을 갖고 공동체 안에서 연대하며 하느님에 대한 사랑과 믿음을 가져야 한다는 이야기였다.

예수는 미가와 호세아, 예레미야와 같은 예언자에게서 이 말의 영감을 얻었을 수 있다. 특히 예레미야가 큰 영감을 주었을 것이다. 예레미야는 사회 정의에 대한 성경의 계율에 관해 이야기하면서 유대인들을 이렇게 꾸짖었다. "너희의 생활 태도를 깨끗이 고쳐라. 너희 사이에 억울한 일이 없도록 하여라. 유랑인과 고아와 과부를 억누르지 마라. 이곳에서 죄 없는 사람을 죽여 피를 흘리지 마라. 다른 신을 따라가 재앙을 불러들이지 마라. 그래야" 하느님께서 "한 옛날에 너희 조상에게 길이 살라고 준 이 땅에서 너희를 살게 하리라."(예레미야 7:1-7).

그래서 예수가 생각한 하느님의 나라를 사회적·영적인 측면에서 혁명을 일으키는 것이라고 해석하는 이들도 있다. 민중의 힘으로 뿔푸리 민주주의 운동과 같은 일을 일으켜야 한다고 본 것이다. 루가의 복음서가 그 근거가 된다. "하느님 나라가 언제 오겠느냐는 바리새과 사람들의 질문을 받으시고 예수께서는 이렇게 대답하셨다. "하느님 나라가 오는 것을 눈으로 볼 수는 없다. 또 '보아라, 여기 있다.' 혹은 '저기 있다.'고 말할 수도 없다. 하느님 나라는 바로 너희 가운데 있다."(루가 17:20-21).

하지만 하느님 나라에 대한 예수의 비유는 모호한 측면이 있고 제자들이 예수의 비전을 정확히 이해하고 있었는지도 의심스럽다. 다만 한 가지는 확실하다. 예수는 기존 유대교를 탈피하려는 생각은 전혀 없었다는 점

예수께서 그들과 함께 산에서
내려와 평지에 이르러 보니 거기에
많은 제자들과 함께 유다 각 지방과
예루살렘과 해안지방인 띠로와
시돈에서 온 사람들이
많이 모여 있었다.

루가 6:17
C.E. 75-90년경

이다. 오히려 사회적 책임과 하느님에 대한 충성이라는 유대교의 핵심 가치를 재정립하려 했다. 예수는 팔복에 관한 이야기 말미에 분명한 어조로 당대 히브리어 성경의 두 가지 주요 경전인 율법서(토라)와 예언서(느비임)를 언급한다. "내가 율법이나 예언서의 말씀을 없애러 온 줄로 생각하지 마라. 없애러 온 것이 아니라 오히려 완성하러 왔다." 그리고 그 개념을 강조하기 위해 덧붙여 말한다. "분명히 말해 두는데, 천지가 없어지는 일이 있더라도 율법은 일 점 일 획도 없어지지 않고 다 이루어질 것이다."(마태오5:17-18).

팔복산

예수가 사회적인 측면과 영적인 측면을 아우르는 갱생운동을 시작하면서 사람들에게 중요한 규례를 선포했던 산상수훈의 장소는 어디일까? 구전을 통한 후보지가 몇 군데 있다. 벳새다 근처 혹은 티베리아스 근처 아르벨 산(Mount Arbel)이라고도 한다. 갈릴리 호에서 도보로 이동할 수 있는 아르벨 산은 갈릴리 호수면에서 305미터 상공까지 치솟아 있다. 하지만 가장 오랫동안 산상수훈 장소라고 알려진 곳은 단연 팔복산(Mount of Beatitudes)이다. 에레모스 산(Mt. Eremos)이라고도 불리는 이곳은 타부가와 고대 가버나움과 인접하고 갈릴리 호

비잔틴 시대 초기의 바실리카 양식을 기본으로 해서 1982년에 세워진 오병이어 기적 교회. 이곳에서는 반대편 페이지에 있는 모자이크를 비롯한 수많은 5세기 모자이크를 찾아볼 수 있다.

빵 바구니와 물고기 두 마리가 그려진 유명한 5세기의 모자이크(164쪽). 모든 복음서에 나오는 예수의 오병이어 기적을 기념하고 있다.

북쪽 연안과도 가깝다. 4세기 초엽 비잔틴 양식의 교회가 그곳에 세워졌고 후에 증축되어 수도원이 되었다. 그리고 지금은 그 유적이 발굴되었다. 1937년, 이탈리아의 독재자 베니토 무솔리니(Benito Mussolini)가 그 부지에 새로운 교회를 건설하라고 명령하자 안토니오 바르루치(Antonio Barluzzi)가 라파엘의 '성처녀의 결혼'(1502)에 나오는 중앙 집중형 교회에서 막연한 영감을 얻어 세운 이 건물은 아름다운 8각형이다. 교회의 각 측면은 팔복을 기리는 의미를 담았다. 여기 서면 예수의 말이 울려퍼졌다고 알려진 완만한 구릉지의 전경을 감상할 수 있다.

타부가에서 조금만 걸어가면 예수의 오병이어 기적과 연관이 있다고 알려진 장소가 나온다. "5,000명"을 먹였다는 기적으로 알려진 이 일화는 네 개의 복음서가 모두 기록한 유일한 기적이다(마태오 14:13-21, 마르코 6:31-44, 루가 9:10-17, 요한 6:5-15). 네 개의 복음서 기록을 종합해보면, 예수는 그를 보러 온 수많은 군중을 보며 측은하게 여겼다고 한다. "목자 없는 양" 같았기 때문이다(마르코 6:34). 예수가 사도들에게 먹을 것을 구해다 주라고 이르자 그들은 회의적인 태도로 대꾸한다. "저희가 가서 빵을 이백 데나리온 어치나 사다가 먹이라는 말씀입니까?" 많지 않은 자금으로 활동하던 이들에게 심각한 부담이 될 수 있다는 의미의 말이었다. 예수는 "지금 가지고 있는 빵이 몇 개나 되는지 가서 알아보아라."라고 말한다. 이에 사도들은 "빵 다섯 개와 물고기 두 마리"가 있다고 답한다. 그러자 예수는 모든 사람이 "풀밭에 떼지어 앉게" 한 뒤 "빵 다섯 개와 물고기 두 마리를 손에 들고 하늘을 우러러 감사의 기도를 드리신 다음, 빵을 떼어 제자들에게 주시며 군중에게 나누어주라고 하셨다. 그리고 물고기 두 마리도 모든 사람에게 나누어"주었다. 마르코는 "사람들은 모두 배불리 먹었다."고 덧붙였다. 그렇게 모든 사람이 배를 채운 후 "남은 빵조각과 물고기를 주워모으니 열두 광주리에 가득" 찼다(마르코 6:37-43).

이 기적과 연관이 있다고 전해진 장소에는 4세기에 작은 교회가 세워졌다. 이어 5세기에 비잔틴 양식의 바실리카가 그 위에 들어선다. 그리고 1932년, 이 바실리카 유적이 발굴되었다. 이 유적은 1970년대 후반 독일성지재단이 그곳에 세운 현재 구조물에 영감을 주었다. 이 건물은 여러 측면에서 원 건물의 우아한 소박함을 재현하려 시도했다. 가능한 한 과거 벽이 있던 장소에 새로운 벽을 세우려 노력했고 기둥들도 원래 위치에 복원하려 애썼다. 전반적인 인상은 대단히 평화롭다. 제단 바로 앞 포석에 새겨진 물고기 두 마리와 빵이 담긴 바구니가 묘사된 아름다운 모자이크는 그대로 보존되었다. 4세기 순례자인 에게리아도 그 모습 그대로를 기록하고 있다.

루가는 이 장소에서 예수가 사도들에게 공식적인 사명을 주어 파견했다고 기록한다. 대략 12개월의 시간이 남아 있었던 예수는 자신의 위대한 비전을 설파하기 시작했다. 이제 가버나움과 주변 마을뿐 아니라 갈릴리 전 지역과 그 외 이방의 소도시와 도시까지 진출한 것이다.

타부가 인근 갈릴리 호에 있는 이 오래된 정박지는 예수 당대 어부들이 사용했던 정박지와 비슷하게 설계되어 있다(167쪽).

예수께서는 빵 다섯 개와 물고기 두 마리를 손에 드시고 하늘을 우러러 감사의 기도를 드리신 다음, 빵을 떼어 제자들에게 주시며 군중들에게 나누어주라고 하셨다.
그리고 물고기 두 마리도 모든 사람에게 나누어주셨다.
사람들은 모두 배불리 먹었다

마르코 6:41-42
C. E. 66-70년경

CHAPTER

갈릴리의
선교활동

소경이 보게 되고
절름발이가 제대로 걸으며
나병 환자가 깨끗해지고
귀머거리가 들으며
죽은 사람이 살아나고
가난한 사람이 복음을 듣는다.

루가 7:22
C.E. 75~90년경

갈릴리 호수의 잔잔한 물결 위로 떠오른 태양이 동쪽 호숫가에 늘어선 언덕을 황금빛으로 물들이고 있다.

줄지어 가버나움으로 온 군중의 열정에 힘을 얻은 예수는 하루 동안 걸어서 갈 수 있는 반경을 넘어서는 이동을 감행하기에 이른다. 그리고 가버나움(Capernaum, 가파르나움)—벳새다(Bethsaida, 베싸이다)—코라진(Chorazin, 고라신)으로 이루어진 연안 삼각지대를 떠나서 갈릴리 전역을 돌아다니며 하느님 나라에 대한 자신의 비전을 설파하기 시작했다.

예수의 여정을 정확하게 재구성하기는 어렵다. 공관복음서의 주요 출전(마르코)이 연대순으로 정리되지 않은 까닭이다. 앞서 보았듯이 이는 전형적인 고대 풍습이다. 많은 필경사와 저자들은 사실의 객관적인 정리보다 주요 메시지를 뒷받침할 이야기를 구성하는 데 더 많은 신경을 썼다. 이런 사실은 이미 2세기에 지적된 바 있다. 마르코의 복음서 초기 모습을 증언한 파피아스 주교(Bishop Papias)는 이렇게 말했다. "마르코는 자신이 기억하는 주님의 말씀을 정확히 기록했다. 비록 순서대로 적지는 않았지만 틀림없이 그렇게 했다." 그럼에도 불구하고 마르코의 복음서에서 제공한 몇 가지 지형학적 내용을 토대로 갈릴리 사역에 대한 대충의 모형을 재구성해볼 수는 있다.

예수의 두 번째 사역은 사도들에게 사절 또는 대리인이라는 새로운 역할을 공식적으로 지시하면서 시작되었다. 그들에게 갈릴리 지역 마을과 촌락을 정찰하는 임무를 맡겨 자신의 설교를 받아들일 만한 사람들이 있는지 알아보게 한 것이다. "열두 제자를 불러 더러운 악령을 제어하는 권세를 주시고 둘씩 짝지어 파견하셨다. 그리고 여행하는 데 지팡이 외에는 아무것도 지니지 말라고 하시며 먹을 것이나 자루도 가지지 말고 전대에 돈도 지니지 말며 신발은 신고 있는 것을 그대로 신고 속옷은 두 벌씩 껴입지 말라고 분부하셨다."(마르코6:7-9). 마태오와 루가의 복음서에서는 예수가 더욱 혹독한 지시를 내리는 모습을 볼 수 있다. 신도 신지 않고 일꾼을 거느리지 말아야 하며 자신들이 한 일에 대한 보수도 받지 말아야 했다. 이유인즉 "거저 받았으니, 거저 주어"야 하기 때문이었다(마태오 10:8-10).

0   25   50킬로미터
0   25   50마일
현재의 국가명과 국경선,
해안선을 기준으로 한 지도.
자세한 것은 182-183쪽
지도 참조.

시돈
다마스쿠스
헤르몬 산
띠로
가버나움   갈릴리 호
막달라   (긴네렛 호)
타볼 산
스키토폴리스   가다라
지중해
사마리아   게라사
이스라엘
예루살렘
가자지구   마케루스
사해
에돔
(아두매)
이집트   네게브

따라서 사도들은 만나는 사람들의 동정심에 전적으로 의지해야만 했다. 음식과 마실 것, 쉴 자리를 얻느냐 아니냐는 그날 찾은 마을과 촌락의 자비로움에 달린 문제였다. 이런 방식으로 사도들은 예수의 비전에 대한 믿음을 '시험'할 수 있었다. 갈릴리 사람들이 서로에게 마음을 열고 하느님 나라를 포용할 수 있는지 여부를 가늠한 것이다. 이때 예수는 경고의 말도 잊지 않았다. "이제 내가 너희를 보내는 것은 마치 양을 이리떼 가운데 보내는 것과 같다. 그러므로 너희는 뱀같이 슬기롭고 비둘기같이 양순해야 한다."(마태오 10:16).

까다로운 조건을 다소 완화해주기 위해 예수는 사도들을 환영하는 집을 찾게 되면 "그곳을 떠날 때까지 거기에 머물러"도 좋다는 점을 분명히 한다. 다시 말해 집집마다 돌아다니며 구걸할 필요가 없다는 의미다. 그럴 경우 마을 사람들의 아량에 무리를 줄 수 있었다. 또 사

2세기부터 골란 고원에 있었던 로마 시대 온천장 하맛 가데르(Hamat Gader)는 전형적인 로마 시대 목욕탕의 모습을 잘 보여준다.

도들의 영접을 거부한 가정과 논쟁하지 말라고도 지시한다. "그러나 너희를 환영하지 않거나 너희의 말을 듣지 않는 고장이 있거든 그곳을 떠나면서 그들에게 경고하는 표시로 너희의 발에서 먼지를 털어버려라."(마르코 6:11). 긴 도보여행 뒤 발에 묻은 먼지를 씻기는 일은 방문객을 맞은 주인이 베푸는 첫 번째 친절이다. 하지만 사도들은 발에 묻은 먼지를 털어버리는 무언의 행동으로 자신들의 불쾌함을 분명하게 알리고 길을 떠날 수 있었다.

예수는 이 새로운 전략이 사도들에게 불안감을 안길 수 있다는 걸 충분히 이해했다. 복음서에서 '베드로의 집'이라는 표현이 반복적으로 등장하는 것으로 보아 이때까지는 하루 일과가 끝나면 사도들은 모두 각자의 집으로 돌아간 것 같다. 하지만 이제 사도들은 어디서 잠을 자야 할지 모르고, 한밤중에 들판에서 야영을 해야 할 수도 있는 상황에서 여행을 떠나야 했다. 도둑과 들짐승이 들끓는 지역에서 기꺼이 할 일은 절대 아니었다. 사도가 되겠다고 찾아온 율법학자에게 예수는 다음과 같이 말했다. "여우도 굴이 있고 하늘의 새도 보금자리가 있지만 사람의 아들은 머리 둘 곳조차 없다."(마태오 8:20).

가족과 함께 살아가던 사도들에게 장기적인 여행이란 막대한 대가를 요구하는 일이었다. 하지만 이런 희생은 사역 성공을 위해 감내해야 할 일이었다. "아버지나 어머니를 나보다 더 사랑하는 사람은 내 사람이 될 자격이 없고 아들이나 딸을 나보다 더 사랑하는 사람도 내 사람이 될 자격이 없다."(마태오 10:37). 예수의 분명한 입장이 드러나는 말이다. 예수의 사역을 돕는 일은 극도의 자기부정이 필요했다. 큰 위험을 무릅써야 하는 일이어서 어정쩡한 약속은 허용할 수 없었다. 그리고 마태오에 의하면 예수는 "열두 제자에게 분부하시고 나서 그 근방 여러 마을에서 가르치시며 전도하시려고 그 곳을 떠나셨다."

게라사 사람들의 지역으로 가다

최대한 많은 지역공동체와 접촉하기 위해 예수는 갈릴리 호수를 주요 거점으로 삼아 항구와 연안도시 사이를 신속하게 이동하기 시작했다. 베드로와 다른 사도들은 자신의 배를 이용하거나 어선을 대여했을 것으로 추측된다. 이 시점에서는 사도들이 선박에 쉽게 접근할 수 있다는 점이 중요해진다. 예수가 가버나움을 넘어서는 지역에서 사역을 펼치려 했기 때문이다.

예수는 중간에 벳새다에 머물기도 했는데 세례 요한이 체포된 후에는 이 도시에서 여러 날을 기거했던 것 같다. 예수가 도착하자마 지역민들은 한 맹인을 예수에게 데려왔다. 예수가 그를 데리고 나가 "두 눈에 침을 바르고, 손을 얹으신 다음"에 맹인은 앞을 볼 수 있게 되었다. 그러자 예수는 그 자에게 당장 집으로 가라면서 "저 마을로는 돌아가지 마라."고 명했다. 아마도 가버나움에서 그를 따라다니며 기적을 보고자 하는 무리를 피하기 위해 그랬던 것 같다(마르코 8:22-26).

마르코의 복음서에 의하면 예수는 벳새다를 떠나 "호수 건너편 게라사 지방"으로 배를 타고 이동한다. 이곳에서도 예수는 도착하자마자 자신의 치유 능력을 발휘한다. 이번에는 무덤 사이에서 지내는 "더러운 악령 들린" 미친 사람이 등장한다. 그는 힘이 무척 세서 쇠사슬로도 묶어둘 수 없을 정도였다. 예수는 그에게 이름을 물었다. 그는 "군대라고 합니다. 수효가 많아서 그렇습니다."라고 답했다. 예수는 그를 홀린 악령들을 내쫓았다. 그러자 수많은 악령은 근처에서 놓아 기르던 돼지 떼에게로 달아났다. "더러운 악령들은 그 사람에게서 나와 돼지들 속으로 들어갔다. 그러자 거의 이천 마리나 되는 돼지 떼가 바다를 향하여 비탈을 내리달려 물 속에 빠져 죽고 말았다."(마르코 5:1-13).

엑소시즘의 마무리가 다소 기괴한 데에는 특별한 뜻이 있다. 사탄과 그 시종인 악한 귀신이 아무리 많더라도 예수가 그보다 큰 권능을 갖고 있음을 보여주기 위해서이다. 게라사의

> 군중이 너무나 많이 모여들었기 때문에 예수께서는 배를 타고 그 안에 앉으신 다음 배를 물에 띄웠다. 그리고 군중은 모두 호숫가에 그대로 서 있었다.
>
> 마르코 4:1
> C.E. 66-70년경

귀신 들린 사람처럼 미친 사람들이 사탄의 조종을 받고 있다는 점은 그들이 예수의 정체를 단번에 알아본다는 사실로 입증된다. "지극히 높으신 하느님의 아들 예수님"(마르코 5:7)이란 개념은 사실 이때까지만 해도 사도들에게 없었다.

그렇다면 여기서 등장하는 "게라사 지방"은 어디일까? 마르코에 의하면 귀신 들렸다가 치유를 받은 사람은 "물러가서 예수께서 자기에게 해주신 일을 데카폴리스 지방에 두루 알렸다."고 한다(마르코 5:20). 데카폴리스(Decapolis, 데가볼리)는 10개의 도시라는 의미를 지닌 단어로, 갈릴리 바다 동쪽과 남쪽에 위치한 10개의 헬라 도시가 로마 폼페이우스에 의해 정복된 후 상업과 방어를 위해 동맹체로 통합된 지역을 일컫는다. 현재 요르단과 시리아 남부 지역에 걸쳐 있다. 데카폴리스는 정치적 동맹체라기보다 상업적 의미의 헬라 도시연방이어서 각 지역이 상업, 문화, 종교적 중심지로서 역할을 나누어 맡았다. 요르단 강과 갈릴리 호 동쪽, 로마제국과 아랍 반도 사이 동쪽 국경지역이다. 하지만 공식적으로 베이트 쉐안(Beit She'an)이라고 불리던 스키토폴리스(Scythopolis)는 요르단 서편, 갈릴리와 유다 경계선에 위치했다. 이즈르엘 유역(Jezreel Valley)과 가까운 곳이기도 했다.

벳새다의 고대 도시에 남겨진 주거지 유적은 1987년부터 미국과 독일, 폴란드의 대학 연합에 의해 발굴되기 시작했다.

이탈리아의 화가 두치오 디 부오닌세냐(Duccio di Buoninsegna)가 1311년경에 그린 패널화 '맹인을 고치는 예수'(172쪽).

갈릴리 호 동부 연안에 있는 풍요로운 경작지를 복음서에서는 "게라사 사람들의 지역"이라고 지칭했다.

영국의 낭만파 화가 조지 퍼시 제콤 후드(George Percy Jacomb-Hood, 1857-1929)가 그린 인상적인 회화, '예수와 야이로의 딸'(175쪽).

〈마르코 복음〉에서 데카폴리스를 언급한 것은 "게라사 지방"이 오늘날 제라슈(Jerash)라고 불리는, 게라사가 장악하고 있던 영토임을 나타내기 위한 것이라고 볼 수 있다. 게라사는 데카폴리스의 열 개 도시 중 선도적인 곳으로 손꼽혔다. 동방에서 가져온 향료와 유향 등 사치품을 전해주는 카라반 무역의 중심지였기 때문이었다. 그 외 북쪽 다마스쿠스의 시리아나 남쪽 페트라의 나바테아에서 공수해온 물건들도 이곳에서 팔렸다.

로마의 동방 정벌 이후 80년 동안 게라사와 페트라는 그야말로 폭발적인 성장세를 누렸다. 로마가 실크로드보다는 아랍 반도를 통한 동방무역을 장려했기 때문이다. 실크로드를 이용하기 위해서는 호전적인 파르티아의 영토를 지나야 했다. 암만에서 북쪽으로 40킬로미터 떨어진 게라사는 오늘날 전 세계에서 그리스-로마 시대의 도시가 가장 잘 보존된 곳으로 명성을 떨치고 있다. 콜로네이드로 둘러싸인 타원형의 독특한 포럼도 이곳에서 볼 수 있다. 하지만 오늘날 남은 유적 대부분은 2세기 초엽 하드리아누스 황제 통치 기간에 만들어진 것이다.

그렇다고 해서 예수가 게라사를 실제로 방문하지 않았다는 말은 아니다. 다만 연안지역만 국한해서 방문했을 것이라는 뜻이다. 상업적·정치적인 면에서 게라사 '지방'이라는 지칭은 이런 위성지역을 포함했다. 이들 지역의 비유대적 특성을 확증해주는 것으로 큰 돼지 떼가 있었다는 사실을 꼽을 수 있다. 유대교에서 돼지 떼는 불결하게 여겨진다.

하지만 〈마르코 복음〉을 담고 있는 고대 사본 중에는 "가다라 사람들의 지역(country of Gadarenes)"이라고 지칭하는 것도 있다. 이 표현은 마태오의 복음서에서도 찾아볼 수 있다(마태오 8:28). 여기서 '가다라'라고 불리는 도시는 오늘날의 요르단 움 카이스(Umm Qays)를 가리키는 것으로 보인다. 이곳은 갈릴리 호와 조금 더 가깝다. 극장과 로마식 콜로네이드 유적 일부만 발굴되었지만 가다라는 한때 인접한 대도시 게라사 못지않은 영화를 누렸던 것으로 추측된다.

야이로의 딸

그 후에 "예수께서 배를 타고 건너편"으로 갔다고 마르코는 말한다. 구체적인 항구 이름이 나오지는 않았지만 아마 갈릴리 호 서부연안으로 간 것 같다. 여기서 예수는 다시 한 번 큰 무리를 만난다. 그들 가운데 야이로라는 사람이 있었다. 그는 "회당장"이었다. 야이로는 예수의 발아래 엎드려서 간곡히 청했다. "제 어린 딸이 다 죽게 되었습니다. 제 집에 오셔서 그

아이에게 손을 얹어 병을 고쳐 살려주십시오."(마르코 5:21-24). 그래서 예수가 이동하기 시작하자 무리가 예수를 밀어대며 따라갔다. 이들도 병을 고쳐달라고 외치고 있었을 것이다. 이렇게 청원하는 사람들 중에 12년 동안 혈루증을 앓아온 여자가 있었다. 군중 사이에서 아무리 소리를 질러도 소용없으리라 생각한 그 여자는 "군중 속에 끼여 따라가다가 뒤에서 예수의 옷에 손을 대었다." 아마도 "그 옷에 손을 대기만 해도 병이 나으리라고" 생각했던 모양이다. 그러자 여자는 정말 몸이 나은 것을 느꼈다. 하지만 예수는 "곧 자기에게서 기적의 힘이 나간 것을" 느끼고 돌아서서 군중을 둘러보며 누가 옷에 손을 댔는지 물었다. 여자는 두려워 떨면서 예수 앞에 나와 엎드렸다. 예수는 여자를 위로하면서 "여인아, 네 믿음이 너를 살렸다."라고 말했다(마르코 5:27-34).

그렇지만 이 일로 인해 예수는 걸음을 지체했고 곧 몇 사람이 야이로의 딸이 죽었다는 끔찍한 소식을 전해왔다. 그들은 "그러니 저 선생님께 더 폐를 끼쳐드릴 필요가 있겠습니까?"라고 체념하는 말을 했다. 그러나 예수는 "베드로와 야고보와 야고보의 동생 요한"만을 데리고 야이로의 집으로 향했다. 세례 요한의 제자였던 이들이다. 회당장의 집에 도착하니 사람들이 울며 통곡하는 모습이 보였다. 전문적으로 곡을 해주는 사람이 있었다는 의미인지도 모른다. 당시 부유한 가정에서는 장례식에 곡하는 사람을 고용하기도 했다. 하지만 예수는

말했다. "왜 떠들며 울고 있느냐? 그 아이는 죽은 것이 아니라 잠을 자고 있다." 그리고 모든 사람을 집 밖으로 내보낸 뒤 아이의 부모에게 죽은 딸아이의 방으로 안내하라고 말했다. 마르코는 그 다음 일을 이렇게 기록했다. "아이의 손을 잡고 '탈리다 쿰.' 하고 말씀하셨다. 이 말은 '소녀야, 어서 일어나거라.'라는 뜻이다. 그러자 소녀는 곧 일어나서 걸어다녔다." 다른 때와 마찬가지로 마르코는 예수의 말을 인용하면서 자신이 사용하던 언어인 아람어를 썼다.

막달라 마리아

그 후 예수는 마태오가 마가단(Magadan)이라고 지칭한 마을로 이동했을 것이다. 이는 갈릴리 호 서부연안에 위치한 막달라(Magdala, 사실 그리스어 필사본에서는 '막달라'라는 표현을 그대로 사용하기도 했다)를 의미한다. 막달라는 갈릴리 어업의 중심지였다. 인근 지역에서는 고대부터 전해내려오는 생선소스로 유명했다. 탈무드에서는 이곳을 아람어로 막달라 누나이야(Magdala Nunayya)라고도 불렀다. '어촌 막달라'라는 뜻이다. 또 그리스어로는 다리크아에(Tarichaea)라고 불렀는데 생선 제염소라는 의미다.

예수를 따르는 사람 중에는 막달라 출신이 한 명 있었다. 그녀의 이름은 막달라 마리아였다. 하지만 복음서를 통해서는 그녀의 배경에 대해 거의 알 수가 없다. 복음서에 등장하는 다른 마리아와 달리 막달라 마리아는 결혼을 하지 않은 사람으로 나온다. 이는 흔하지 않은 일이었다. 핸슨(K. C. Hanson)과 더글러스 오크만(Douglas Oakman)의 주장에 따르면 예수 시대의 팔레스타인은 철저한 가부장제 사회였다. 여성은 사랑받고 존경받는 존재였지만 그녀의 일거일동은 가족에서 가장 나이 많은 남성의 생각에 달려 있었다. 결혼하기 전에는 아버지의 뜻에 따라야 했고 결혼 후에는 남편을 따라야 했다. 결혼하지 않은 여자는 친척의 호위를 받지 않고는 집을 나설 수가 없었다. 하지만 마리아는 그런 제약을 무시하고 선생님이라 불린 예수를 자유롭게 따라다닌 게 분명하다.

이 수수께끼에 대한 해답으로 막달라 마리아가 부유한 가정에서 태어나 높은 수준의 자립생활이 가능했을 것이라고 추정할 수 있다. 루가는 마리아가 "자신의 재산으로 예수의 일행을 섬"기는 여러 여자 중 한 명이라는 암시를 한다(루가 8:2-3).

하지만 예수의 사역이 마지막에 이를 즈음 마리아는 그를 따르는 추종자 중 주요 인물이 되어 있었다. 예수가 십자가에 못 박혔을 때 다른 사도들은 체포되어 사형 당하지 않으려고 모두 숨었지만, 막달라 마리아는 다른 여자 몇 명과 함께 두려움 없이 십자가

동굴에 있는 막달라 마리아를 묘사한 이 그림(아래)은 프랑스 고전주의 화가 조제프 르페브르 (Jules Joseph Lefebvre)가 1876년경에 그린 것이다.

고대 막달라의 유적이 남아 있는 갈릴리 호 서부 연안을 관목과 갈대가 뒤덮고 있다. 멀리 현대의 믹달(Migdal)이 보인다(176쪽).

> 예수께서 무리를 헤쳐 보내신 뒤에 배에 올라 마가단 지역으로 가셨다.
>
> 마태오 15:39
> C.E. 75−90년경

예수 시대의 어종

꧁꧂

이스라엘 학자들은 갈릴리 호에 약 17종의 물고기가 서식했다고 밝힌다. 이중 상당수는 고대 문헌에서도 묘사되었다. 당시 어부들과 마찬가지로 열두 사도들도 갈릴리 호에 사는 물고기 중 식용 가능한 세 종류의 물고기를 포획하는 데 대단한 관심을 보였을 것이다. 그 첫 번째 어종은 흔히 볼 수 있는 정어리다. 복음서에서 4,000명을 먹였다는 "웬 아이"가 가져온 "작은 물고기 몇 마리"도 정어리였을 것이다(마르코 8:7, 요한 6:9). 두 번째 어종은 잉어 비슷한 모양에 입가에 수염이 달려 있어서 '바벨(Barbel)'이라 불린다. 하지만 가장 인기 있었던 것은 오늘날 '갈릴리 틸라피아(Galilee tilapia)'라 불리는 어종이다. '성 베드로의 물고기'라고도 알려진 이 물고기에는 빗 모양을 한 기다란 등지느러미가 달려 있다. 30~45센티미터까지 자라고 무게는 1.5킬로그램까지 나간다. 성 베드로의 물고기는 해초를 먹고 살았기 때문에 호수의 생태계에서 필수적인 존재였다. 해초가 식물의 생장을 억제하는 역할을 맡고 있어서 호수의 화학적 균형을 바꿀 수도 있었기 때문이다.

옆에 서 있었다(마르코 15:40-41).

막달라 마리아와 예수의 관계는 《다빈치 코드》와 같은 스릴러 소설에서 선정적으로 다뤄지기도 했다. 하지만 《다빈치 코드》에서 폭로했다는 내용은 이미 학자들이 다 알고 있었다. 특히 1945년 이집트에서 나그 하마디 코덱스(Nag Hammadi Codices)를 발견한 후에는 재론의 여지가 없는 사실이었다. 이 사본은 영지주의 공동체를 위해 씌어진 것으로 '복음서'와 비슷한 부류의 문서를 상당수 포함하고 있다. 〈빌립의 복음서(the Gospel of Philip)〉와 같은 곳에서는 "(구세주의) 동반자(코이노스, Koinōnos, κοινωνός), 막달라 마리아"라는 기록이 나온다. 하지만 이런 표현을 두고 연인관계를 의미하는 것으로만 해석할 수는 없다. 예수가 마리아를 다른 열두 사도와 마찬가지로 존중했다는 의미로 '동반자'라는 단어를 사용한 것이다.

같은 복음서에서는 열두 사도가 막달라 마리아를 두고 예수와 정면으로 부딪치는 장면이 나온다. "어째서 우리 모두보다 저 여자를 더 사랑하십니까?"라는 제자들의 질문에 예수는 "저 여자(를 사랑하는)만큼 너희를 사랑하지 않을 리가 있느냐?"라고 답한다. 모두를 똑같이 사랑한다는 의미다. 2세기 초엽의 문헌인 〈마리아의 복음서〉에서는 그녀가 격상된 지위를 누린 이유를 마리아의 모범적인 행동과 예수의 비전에 대한 명확한 이해 때문이라고 설명한다. 이 영지주의 복음서에는 "당신은 알지만 우리는 모르는 당신이 기억하는 구세주의 말을 이야기해 달라"고 베드로가 마리아에게 청했다고 나온다.

영지주의 문헌에 정통한 학자 일레인 페이젤(Elaine Pagels)은 막달라 마리아가 초대 교회와 영지주의 그리스교인 사이의 긴장을 잘 보여주는 전형적인 예라고 생각한다. 영지주의 공동체에서는 여자가 선생이나 치유자의 역할을 맡는 경우가 많았고 심지어 초대 교회에서 여자에게는 허용하지 않은 성직자의 일까지 할 수 있었다. 결국 일부 교회 전통에 막달라 마리아를 폄하하는 작업이 포함되면서 그녀를 '참회하는 여인'으로 지칭하기에 이르렀다.

복음서 어디에도 막달라 마리아가 문란한 생활을 했다거나 나쁘게 살았다는 증거는 없다. 하지만 3세기에 이르자 막달라 마리아는 〈루가 복음〉에 나오는 무명의 여인과 동일 인물로 치부되었다. "죄인"인 그 여자는 눈물로 예수의 발을 적셔 닦고 자신의 머리카락으로 말린다(루가 7:38). 6세기에 이르러 교황 그레고리 1세는 막달라 마리아가 창녀의 속성인 "금지된 행위"를 저지른 "타락한 여인"이라고 선포한다. 이런 주장은 현대에 만들어진 〈패션 오브 크라이스트〉라는 영화에 이르기까지 막달라 마리아를 따라다니며 괴롭히고 있다. 1969년에야 비로소 교황 바오로 6세는 막달라 마리아를 "죄 많은 여인"들과 다른 인물이라고 분명하게 구분해주었다.

어업으로 유명했던 고대 막달라 인근의 구릉지. 막달라 마리아가 이곳을 걸어다녔을지도 모른다.

갈릴리 호에서 막 잡아올린 물고기(178쪽). 다양한 어종이 잡혔음을 알 수 있다.

막달라에서 게네사렛 호까지

복음서 자체로만 놓고 볼 때 막달라 마리아는 이런 것들과 아무런 상관이 없다. 루가는 예수가 "고을과 마을을 두루 다니"는 과정에서 "악령과 질병에서 고침을 받은 몇몇 여자들"과 동행했다고만 적었다. 그러므로 마리아는 예수의 치유능력 덕에 만난 사람에 불과할지 모른다. 루가는 단지 "일곱 귀신이 떨어져나간 막달라라고 하는 마리아"가 있었다고만 기록한다. 이 말은 마리아가 간질과 같은 병으로 고생했다는 의미일 수 있다. 고대에 간질은 (루가 8:2) 악령이 들린 것이라고 여겨지곤 했다. 막달라 마리아가 마르다(Martha)와 나사로(Lazarus)의 자매인 마리아와 동일인물일 수 있다고 말하는 학자도 있다. 하지만 이 주장을 뒷받침할 증거는 없다. 마리아나 미리암은 1세기 팔레스타인에서 매우 흔한 이름이었다. 막달라 마리아가 예수의 십자가 수난 이후 중요한 역할을 맡았다는 사실로 미루어보아 능력 자체로 예수의 제자 중 중요한 인물로 부상했다고 인정하지 않을 이유가 없다.

고대 막달라의 유적지는 갈릴리 호 북서쪽 믹달 해변가의 리조트 부지와 인접한 위치에 있다. 2009년, 이스라엘의 고고학자 디나 압살롬 고르니(Dina Avshalom Gorni)가 발견한 이 고대 회당의 유적지에는 메노라(menorah)라고 알려진, 일곱 개로 갈라진 촛대가 새겨진 돌이 있었다. 가버나움의 회당과 마찬가지로 다채로운 프레스코화 장식이 있는 벽을 따라 회당 참석자들을 위한 석조 장의자가 설치된 형태였다. 압살롬 고르니는 이 회당이 로마 제정 초기인 예수 당대에 세워진 것으로 생각하고 있다. 어쩌면 유대 전쟁이 있었던 C.E. 66년에서

179

복음서에서 게네사렛이라고 일컫은 곳으로 여겨지는 텔 킨로트(Tel Kinrot)의 유적지. 철기시대의 인상적인 유물들이 다수 발견되고 있다.

네덜란드의 화가 코르넬리스 엔헤브레흐츠(Cornelis Engebrechtsz)가 1520년경에 그린 '예언자 엘리사가 시리아의 군사령관 나아만을 고치다'(181쪽).

70년 사이에 파괴되거나 손상을 입었을 수도 있다. 요세푸스는 막달라의 시민들이 베스파시아누스가 이끄는 로마군과 용감히 싸워 지역을 지켰다고 전한다. 하지만 결국 로마가 승리를 거두면서 6,500명의 주민들이 학살당하는 결과를 맞았다.

마르코의 설명에 의하면 그 다음으로 예수가 찾아간 마을은 게네사렛인 것 같다. "그들은 바다를 건너 게네사렛 땅에 배를 대었다."(마르코 6:53). 〈여호수아서〉에서 긴네렛(Kinnereth)이라고 소개되는 게네사렛은 막달라 북쪽 인근 커다란 산 위에 자리잡고 있다. 이곳에서는 지역의 주요 교역로를 한 눈에 내려다볼 수 있다. 게네사렛은 철기시대의 주요 도시였던 것으로 추정된다. 튼튼한 벽과 도기 파편이 나오고 이집트와 시리아, 페니키아의 물건들이 발굴되었다. 텔 킨로트라고 알려진 이 부지에서는 현재 독일과 핀란드, 스위스 고고학자들이 연합한 발굴팀의 작업이 진행 중이다.

마르코에 따르면 예수 일행이 "배에서 내리자 사람들은 곧 예수를 알아보고 그 근처 온 지방을 뛰어다니면서 병자들을 요에 눕혀가지고 예수가 계시다는 곳을 찾아 그리로 데려왔다."(마르코 6:54-55).

예수가 행한 기적

예수의 갈릴리 사역을 이야기하면서 기적에 관한 이야기를 빠뜨릴 수는 없다. 요세푸스의 기록을 통해 보면, 사회 및 종교사상을 전파하려는 그의 포교활동 목적이 "기적적인 일을 행하는 자(paradoxōn ergōn poiētēs)"로서의 명성에 가려질 지경까지 이르렀던 것 같다. 예수가 갈릴리의 촌락과 소도시를 찾아가면 그의 기적을 직접 보려는 사람과 질병을 치유받으려는 이들이 대거 몰려드는 결과만 초래하곤 했다. 선생으로서의 예수와 치유자로서의 예수 사이에 충돌이 있었을까? 아니면 그 두 존재 모두 같은 메시지를 따르고 있던 걸까?

복음서의 저자들은 이 질문에 분명하게 답한다. 선생과 치유자는 하나이고 같은 존재다. 기적은 하느님이 이 땅에서 권능을 지니고 있음을 가시적으로 보여주어 하느님 나라의 도래를 기대하게 만들기 때문이다. 하지만 복음서의 다른 많은 사건들과 마찬가지로 예수의 기사이적은 히브리어 성경에 소개된 일화와 병치

> 그들이 배에서 내리자 사람들은 곧 예수를 알아보고 그 근처 온 지방을 뛰어다니면서 병자들을 요에 눕혀가지고 예수가 계시다는 곳을 찾아 그리로 데려왔다.
>
> 마르코 6:54-55
> C.E. 66-70년경

예수는 시몬 베드로의 고향으로 추정되는 가버나움을 근거지로 갈릴리 지역 선교활동을 수행했다.

코라진은 갈릴리 호 북쪽 연안의 주요한 소도시였지만 믿음이 부족하다는 이유로 예수에게 비난을 받았다(루가10:13).

다볼 산으로 추정되는 곳에 예수의 모습이 변화한 사건을 기리는 교회가 여럿 생겨났다. 현재 바실리카 교회 건물 근처에서 그 유적을 찾아볼 수 있다.

예수의 하부 갈릴리 목회

지도 설명

- 가버나움으로 목회지 이동
- 하부 갈릴리에서의 목회
- 띠로와 시돈으로의 여정
- 띠로를 경유하는 데카폴리스 여행
- 가이사랴 빌립보로의 목회 여정

- • 역사적인 도시
- • 현재의 도시
- ○ 확실하지 않은 위치
- • 데카폴리스 도시

0   4   8 kilometers
0   4   8 miles

현재의 국경선과 배수로를 기준으로 했다.
괄호 안은 현재의 지명.

지 중 해

아코 만
(하이파만)

에크디파
(텔 아크지브)

나하리야

프톨레마이스
(아코)

나할 베제트
나할 케지브
146 m
479 ft
203 m
666 ft

가톤
(호르바트 가톤)
575 m
1,887 ft

야노아
(아누)

악삽
(카프르 야시프)
23 m
75 ft

21 m
69 ft

46
1,5

시돈

카불론
(카불)
52 m
171 ft

키리아트 얌

커리아트 모츠킨

키리아트 비알리크

아벡
(텔 아페크)

게도라
(호르바트
게도라)

키리아트 아타

셰파르암

6 m
20 ft

548 r
1,798

시카미니움
(텔 시크모나)

하이파

13 m
43 ft

티라트 카르멜

가나로 가던 길에(예수는
죽음이 임박했던)어느
고관의 아들을 살려낸다
(요한 4:43~54).

아소키
(지포리)

546 m
1,791 ft

342 m
1,122 ft

하르 쇼케프
497 m
1,631 ft

후시파
(이스피야)

예수의 고향
이곳 사람들은 예수와(그의
가르침을 모두 거부한다
(마태오 2:19~23,
루카 4:16~30).

벳셰아림
(호르바트 베트 셰아림)

벳셰아림

하르 쇼케프
458 m
1,503 ft

무호라카
482 m
1,581 ft

믹달 하에메크

야파
(야파

욕느암
(텔 요크네암)

210 m
689 ft

도라
(도르)

208 m
682 ft

레기오
(텔 메기도)

지크론 야아코브

바논

가다사 •
(텔 케데시)

필립보의 가이사리아
갔다가 가버나움으로
돌아오는 길

띠로와
사돈으로

홀라
호수

띠로,
필립보의 가이사리아로부터

하르 아비탈
1,204 m
3,950 ft

540 m
1,772 ft

82 m
269 ft ▲

504 m
1,654 ft

하르 요시폰
981 m
3,219 ft

하르 아디로
1,006 m
3,301 ft

885 m
2,904 ft

160 m
525 ft

372 m ▲
1,221 ft

가울란티스

기살라 •
(지시)

하르 벤 짐라

아소르 •
(텔 하쪼르)

435 m
1,427 ft

가버나움
예수는 이 도시에 근거지를 두고
목회하며 여러 기적을 행한다.
안티파스와 필립보의 통치 지역
사이에 낀 이 도시는 중요한
교역로로 자리 잡은 덕분에
전 지역으로 예수의 말씀을
퍼뜨릴 수 있었다(마태오 9:1).

하르 메롬
1,208 m
3,963 ft

예수는 부활한 뒤 갈릴리에서
제자들을 만나 그들에게
"제자로 삼으라"고 명령한다
(마태오 28:16~20).

메롬 •

제파트 •

하르 하아리
1,047 m
3,435 ft

하르(힐렐)
1,071 m
3,514 ft

기적을 가장 많이 행한
동네에서 사람들이 회개하지
않자 예수는 꾸짖는다.
벳새다와 가버나움은 심판
받게 될 것이라고도 말한다
(마태오 11:20~24).

빵과 생선을 불려 수많은
군중을 먹인 기적이 일어난
장소로 추정된다(마태오
14:13~21, 15:32~39).

가말라 •

국의 복음을 전하면서
병자를 치유하자 근방
수많은 사람들이 울려든다
1:23~25).

베르사베 •
(호르바트 베에르세바)

수많은 군중을 먹인 기적이
일어난 장소 마태오(14:13~21,
15:32~39). 예수는 사도들과
함께 이곳을 찾았을 때 여러
환자를 치유시킨다(마르코
6:53~56).

하르 케나인
486 m
1,595 ft

코라진
(코라짐)

벳새다
(조메트 베트 자이다)

벳새다
사도(베드로, 안드레아,
빌립보의)고향이다
(루카 1:44).

예수는 소경의(눈에
침을 뱉고 손을 얹어
치유한다 마르코
8:22~26).

크 아트 베트 케렘
• 카르미엘

하나니아 •
(조메트 t하나니아)

하로 캄몬
598 m
1,962 ft

하르 하존
584 m
1,916 ft

이곳의 산에서
설교가 이루어졌다.

막달라 마리아의 고향. 치유
받고 정화된 후 예수와 사도들을
도운 몇몇 여인 중 한 명이다
(루카 8:2~3).

가버나움
(케파르 나훔)

헵투페곤
(엔세바)

달리물

사도들의 배를(먼저
보낸 후 예수는 밤중에
물 위를 걸어간다
(마태오 4:22~33).

예수는 이곳에서 물을
포도주로 바꾸는
첫 번째 기적을 행한다
(요한 2:1~11).

겐네사렛
(긴노사르)

갈릴리호

타파타
데파트

하르 네토파
526 m
1,726 ft

막달라/다러케
(믹달)

게르게사
(쿠르시)

가나
(호르바트 카나)

네 토 파

하틴의 뿔
(카르네 히팀)
326 m
1,070 ft

아르벨라
(호르바트
아르벨)

261 m
856 ft

예수가 마귀를 내쫓아 돼지
몸속에 들어가게 했던 곳으로
추정된다(루카 8:26~39).

151 m
495 ft

아벡
(아피크)

하레 티르안
548 m
1,798 ft

티베리아스
(테베리아)

히포스
(호르바트 수시타)

벳마우스
(호르바트
베트 마온)

급작스러운 폭풍으로
사도들이 공포에 빠지지만
예수는 잠에서 깨 바람과
파도를 꾸짖으며 폭풍을
가라앉힌다(마태오 8:23~27).

포리스
(포리)

가리스 •
(케프르 칸나)

이 지역 마을에서 목회하던
예수는 나병환자를 고치고
그 명성이 널리 퍼진다
(마르코 1:38~45).

함맛 •

368 m
1,207 ft

드헤벨
슈하드)

하르 요나

532 m
1,745 ft

예수 시대에 갈릴리와 페레아를
다스린 헤로데 안티파스의 수도.
헤로데는 예수를 '여우'라 부른다
(루카 13:32).

나자렛
(나제라트)

나제라토(일리트

예수의 변모 현상이 일어났다고
여겨지는 곳 예수는 간질 환자
소년을 치유하기도 한다
(마태오 17:1~13, 17:14~22).

144 m ▲
472 ft

필로테리아 •

센나브리스 •

에마타 •

제라트

엑살롯 (익살)

397 m
1,302 ft

타볼산
588 m
1,929 ft

368m
1,207 ft

비크 아트 케 술 롯

케 술 롯

가다라
(움 카이스)

565 m
1,854 ft

335 m ▲
1,099 ft

엔도르
(엔도르)

예수는 과부의 죽은 아들을 되살린다
(루카 7:11~17).

플라 일리트

나인
(네인)

기브아트 하모레
515 m
1,690 ft

라 모 트 이 사 카 르

147 m ▲
482 ft

가몬
(캄)

수넴
술람) •

이즈르엘 에스드라엘라 (이즈르엘)

예수는 이곳에서
귀머거리와 벙어리를 치유한다
(마르코 7:31~37).

377 m ▲
1,237 ft

엘

이즈르엘 계 곡

1986년, 갈릴리 호 연안에서 발견된 배. 1세기 초엽에 만들어진 것으로 추정된다.

그리스 접시(185쪽). 고대에 애용된 조미료인 생선소스를 넣을 수 있도록 가운데가 움푹 파였다.

구조를 이룬다고 주장하는 학자들도 있다. 특히 엘리야와 엘리사가 등장한 이야기와 유사한데, 이들은 복음서 저자들이 예언자의 모범으로 생각한 인물이었다. 가령 타부가 인근에서 빵과 물고기의 수를 기적적으로 늘렸다는 일화는 엘리야가 사렙타(Zarephath, 사르밧)에서 한 과부의 양식이 떨어지지 않게 한 일과 대조를 이룬다(열왕기 상 17:14). 또 죽어가는 야이로의 딸이 일어나 걸어다니도록 한 일은 엘리야가 병들어 죽은 과부의 아들에게 생명의 호흡이 되돌아오게 만든 사건에서 영감을 얻었다고 볼 수 있다(열왕기 상 17:22). 여러 번 설명되는 나병 환자 치유 기적(마르코 1:41)도 엘리사가 나병에 걸린 시리아의 군사령관 나만을 고친 이야기(열왕기 하 5:14)와 병치를 이룬다. 엘리사가 예리코의 오염된 샘터를 정화해서 신선한 물로 만든 사건도(열왕기 하 2:21) 예수가 가나에서 물을 포도주로 만든 사건의(요한 2:9) 본보기였을 수 있다.

하지만 분명한 사실은 예수에 대한 가장 오래된 기록에도 기적에 관한 내용이 들어 있다는 점이다. 복음서의 저자들이 수집해서 편집하기 훨씬 전부터 구전된 이야기들이다. 이것은 아주 예전부터 예수에 관한 기억은 그가 이룬 기적에 관한 이야기와 연관이 있었다는 의미다. 여기서 우리가 기억해야 할 것은 예수가 살았던 사회는 현대사회와 달리 마술과 마법의 존재를 믿었고, 그들 삶을 통제하는 초인적 능력의 존재를 증명해주는 도구로서 경이로운 현상을 보았다는 사실이다. 따라서 성령을 받은 특별한 사람이 기이한 일을 할 수 있으리라는 기대는 당연한 것이었다. 기사이적은 예언자라는 주장의 근거가 되고 하느님의 뜻에 따라 행동하며 하느님을 대변하는 능력을 지녔음을 입증하는 일이 되었다. 〈출애굽기〉에도 모세가 파라오의 마술사들과 누가 기사이적을 더 많이 보여줄 수 있는지 겨루는 이야기가 나온다.

존 마이어와 같은 학자들은 예수의 기적을 (1)치유 기적과 (2)엑소시즘, 그리고 (3)자연 현상과 관련된 기적으로 구분한다. 정밀한 분석을 통해 치유 기적에는 특정한 구성방식과 어휘가 반복적으로 발견된다는 걸 알 수 있는 반면, 자연 현상과 관련된 기적에는 분명하게 드러나는 구성방식이 없다. 이런 점으로 미루어 치유 기적은 목격자가 진술한 역사적 사건을 반영하는 반면 자연 현상과 관련된 기적은 상징적인 메시지를 전달하려는 의도가 강하다고 볼 수 있다. 이런 자연 기적 사례 중 하나를 〈마르코 복음〉에서 찾을 수 있다. 예수가 게라사의 시골지역으로 이동하기 직전에 벌어진 일이다. 예수와 사도들은 저녁이 되자 배를 타고 호수 건너편으로 이동한다. 그때 "거센 바람이 일더니 물결이 배 안으로 들이쳐서 물이 배에 가득 차게 되었다." 하지만 예수는 뱃고물을 베개 삼아 잠자고 있었다. 이 모습은 태풍이 거세게 몰아쳐 배가 깨어질 지경인데도 배 밑창에 내려가 자던 요나를 연상시킨다(요나 1:5). 제자들은 겁에 질려 예수를 깨운다. 예수가 일어나서 "바람을 꾸짖으시며 바다를 향하여 "고요하고 잠잠해져라!" 하고 호령하시자 바람은 그치고 바다는 아주 잔잔해졌다."(마르코 4:35-39).

이 기적은 히브리어 성경에서 하느님과 그의 예언자가 바다를 다스릴 수 있다고 말하는 부분들과 병치를 이룬다. 모세가 홍해를 가르는 이야기도 여기에 해당한다. 〈시편〉에도 비슷한 사례가 나온다. "만군의 하느님, 당신 같으신 이 어디에 또 있으리이까?"라고 되묻고 "(당신은) 뒤끓는 바다를 다스리시며 파도치는 물결을 걷잡으십니다."라고 말한다(시편 89:8-9). 또 다른 편에서는 "광풍을 잠재우시어 물결을 잠잠케 하셨다."라고 노래한다(시편 107:29).

하지만 치유 기적에 관한 기록에서는 전혀 다른 서사양식이 나타난다. 마르코는 기사이적을 기록한 다른 복음서보다 질병의 종류나 치유 장소에 관한 내용을 자세하게 제공한다. 치유 기적에 관한 이야기는 네 개의 복음서 모두에 수록되었다. 심지어 요한의 복음서에서도 빠지지 않는다. 반면 자연 현상과 관련된 기적은 대부분 덧붙여 설명하는 식으로 기록되어 있다. 그리고 예수는 마치 진단을 하듯 아픈 사람을 대한다. 병든 사람을 관찰한 다음 손을 대고서 "너는 죄를 용서받았다."(마르코 2:5)라고 말하는 식이다. 의학 드라마를 수없이 보아온 우리가 듣기에, 의료적 개입 중에 내뱉는 말이라고 하기에는 이상하고 낯설 수 있다. 하지만 예수가 살던 시대에는 선천적 장애와 만성 질병이 환자 자신이나 부모가 죄를 저질러 하느님에게 벌을 받는 것이라고 생각했다. 장님이나 귀머거리 또는 기형아로 태어났다면 부정하게 잉태되었다는 의미다. 아이가 부모의 부도덕적인 행위에 대한 형벌을 감당하는 셈이다. 요한의 복음서를 보면 선천적으로 눈이 먼 소경을 만나자 제자들이 예수에게 다음과 같이 묻는 장면이 나온다. "선생님, 저 사람이 소경으로 태어난 것은 누구의 죄입니까? 자기 죄입니까? 그 부모의 죄입니까?"(요한 9:1-2). 예수는 단호한 어조로 질병에 대한 이런 인식을 부정한다. "자기 죄도 아니고 부모의 죄도 아니다." 그리고 앞을 보지 못하게 태어난 데는 다른 이유가 있다고 힘주어 말한다. "다만 저 사람에게서 하느님의 놀라운 일을 드러내기 위한 것이다."(요한 9:3).

예수의 치유 행위에서 가장 우선시되는 핵심 요소는 병에 걸려 마땅한 사람이라는 주장을 배제하는 일이었다. 그러므로 "너는 죄를 용서받았다."라는 말은 환자뿐만 아니라 주변 마을 사람들을 향한 전언이기도 했다. 죄책감을 떨쳐낸 환자들은 다시 마을로 돌아가 환영받을 수 있다는 생각만으로도 힘을 얻었을 것이다. 그래서 다시 보고, 듣고, 걸어야겠다는 심리적 동기가 생겨났을 수 있다.

갈릴리 배

학자들은 복음서 저자들이 주장하듯 많은 사도를 수용할 수 있는 큰 배를 갈릴리 어부들이 사용했을지 매우 궁금해했다. 이런 의심을 잠재울 물건이 1986년에 발견되었다. 역사적인 가뭄으로 갈릴리 호 수면이 낮아지는 바람에 진흙에 묻힌 채 보존되어 있던 고대 배가 그 모습을 드러낸 것이다. 발견 장소는 믹달 해변에서 8킬로미터 정도 떨어진 곳이었다. 이스라엘 고고학자 셸리 박스만(Shelley Wachsmann)이 이끄는 팀이 탄소연대측정법을 통해 여러 번 검사를 한 결과 B.C.E. 50년에서 C.E. 50년 사이에 건조된 배로 밝혀졌다. 예수의 사역 시기와 정확하게 일치한다. 길이 약 8미터에 폭 2.3미터에 달하는 이 '갈릴리 배'는 그물과 바구니 등 도구를 싣고도 열 명의 사람들이 넉넉하게 탈 수 있을 만큼 컸다. 널빤지를 전통적인 장부촉이음으로 연결한 후 나무못으로 고정시킨 방식은 고대에 애용되던 선박 건조법이다.

작가 미상의 프랑크 왕국 화가가 9세기에 그린 성 요한 사도 복음사가의 세밀화. 9세기 작품이다.

요한의 복음서 연대

요한의 복음서는 예수가 매우 넓은 지역을 이동한 것으로 그리고 있다. 공관복음서에서는 갈릴리 사역 기간을 1년이나 18개월 정도로 보고 예루살렘에도 유월절에 한 번 찾아간 것으로 기록했지만 요한의 복음서는 예수가 주로 예루살렘과 그 주변 지역에 머문 것으로 설명한다. 아

마도 요한이 글을 쓴 목적은 문학적 배경을 확장시켜 히브리어 성경과의 직간접적인 관계 속에서 예수의 신학사상을 샅샅이 살펴보기 위이었던 것 같다. 사실 요한의 복음서 연대표에 따르면 예수의 사역은 최소 3년이 되어야 한다. 연례행사인 유월절이 세 번 등장하기 때문이다. 첫 번째 유

월절은 예수가 사역을 시작하는 시기와 겹친다(요한 2:13). 그런 다음 갈릴리에 모여든 군중에게 먹을 것을 마련해주기 전을 두 번째 유월절이라고 기록한다(요한 6:4). 마지막 유월절은 예수가 예루살렘으로 되돌아와서 수난을 겪기 시작할 즈음이다(요한 12:1).

예수의 치유 기적에서 두 번째로 관찰되는 공통 양식은 신앙에 대한 질문이다. "믿느냐?" 병으로 고통받는 사람들은 어김없이 예수로부터 이 질문을 받는다. 위업을 이룰 능력이 하느님에게 있음을 믿으라는 것은 예수의 가르침에서 가장 중요한 내용이다. 예수는 누차 이와 관련된 이야기를 사도들에게 전한다. "너희가 의심하지 않고 믿는다면" "너희에게 겨자씨 한 알만한 믿음이라도 있다면" "너희는 어찌하여 그렇게도 믿음이 약하냐?"(마태오 21:21; 17:20; 6:30). 하지만 믿음은 믿음 그 자체로도 의미가 있다. 현대 학자들은 건강과 행복을 되찾는 데 우리의 마음이 믿을 수 없을 정도로 크게 기여한다는 사실을 밝혀냈다. 아시아의 심신의학에서 일찍이 인정했던 이 사실을 우리는 까맣게 잊은 채 처방약과 수술요법에만 과도하게 의존해왔다. 예수는 믿음이 없으면 치유될 수 없다고 말한 듯하다. 사실 예수는 병을 고친 후 마지막으로 늘 비슷한 말을 했다. 혈루증을 앓던 여자를 고쳐주고 예수가 했던 말이 여기에 해당한다. "여인아, 네 믿음이 너를 살렸다."(마르코 5:34).

그럼에도 이런 요소들은 예수의 치유 기적을 '설명'하기에 턱없이 부족하다. 과학적인 방법만으로는 절대로 입증할 수 없는 일이라고 봐야 한다. 사실 많은 현대 학자들은 치유 기적에 관한 기록들을 어떻게 해석해야 할지를 두고 논쟁을 벌이고 있다. 하지만 복음서의 저자들에게 예수의 기적은 매우 중요한 목적이 있는 행위다. 바로 예수의 가르침이 지닌 힘을 묘사하는 것이다. 5,000명을 먹임으로써 예수는 "굶주린 사람들아, 너희는 행복하다."라는 경구의 실례를 분명히 보여주었다. 아픈 사람을 고쳐준 것은 하느님 나라에서 신실한 사람들을 기다리고 있는 자비로움을 생생하게 보여주기 위함이다. 한마디로 치유 기적은 예수가 말한 팔복을 구체적으로 보여주는 일이요, 하느님 나라가 가까이 왔다는 사실을 생생하게 보여주는 증거다.

변화산 사건

예수와 사도들의 하부 갈릴리 지역 선교활동은 변화산 사건과 같은 신비한 일로 마무리된다. 가장 신뢰하는 제자인 베드로와 야고보, 요한을 데리고 예수는 산을 올라간다. "높은 산"에 이르렀을 때 예수의 "모습이 그들 앞에서 변하고 그 옷은 세상의 어떤 마전장이도 그보다 더 희게 할 수 없을 만큼 새하얗고 눈부시게 빛났다." 동시에 예수 곁으로 천국에 있는 인물 둘이 나타난다. 한 명은 엘리야고 다른 한 명은 모세다. 마르코는 그때 구름 속에서 목소리가 들려왔다고 전한다. "이는 내 사랑하는 아들이니 너희는 그의 말을 잘 들어라."(마르코 9:3-7).

어떤 취지에서 이 사건을 기술했는지 파악하기 어려운 측면이 있지만, 마르코가 염두에

다볼 산에서 내려다본 전경. 1923년에 완공된 네오비잔틴 양식 바실리카의 뒷모습과 과거 교회의 자취를 볼 수 있다.

라파엘의 '변화산 사건(The Transfiguration)'은 1520년에 화가가 사망하자 그의 제자 줄리오 로마노가 완성했다(189쪽). 전성기 르네상스 최고의 회화작품으로 손꼽힌다.

둔 독자들은 그 상징적 의미를 금방 알아챘을 것이다. 모세와 엘리야는 예수 당대 히브리어 성경의 주요 부분인 율법서(토라)와 예언서(느비임)를 상징한다. 그러므로 이 두 인물의 등장은 히브리어 성경에서 하느님이 약속한 구원을 진정한 의미로 실현할 주인공이 바로 예수라는 복음서의 주요한 신학사상을 실증적으로 보여준다. 하느님의 음성이 구름에서 흘러나온다는 이야기는 요르단 강에서 예수가 성령으로 기름 부음을 받았던 것을 반복하기 위한 것이다. 그러므로 그리스도교의 용어로 말하자면 이 장면은 예수가 하느님의 언약을 확정지어줄 메시아이며 옛 언약을 완전하게 만들 새로운 언약이 그에게 주어졌다는 점을 확인해준다고 말할 수 있다. 변화산 사건 이야기는 복음서에서 독특한 위치를 차지한다. 종말론적 어휘로 이미지가 묘사되는 일은 〈마르코 복음〉에서 흔치 않다. 게다가 예수의 모습이 변화하는 기적적인 사건은 이것이 유일하다.

그리스도교에서는 변화산 사건이 일어난 장소가 이즈르엘 유역(새번역 성경에서는 이스르엘 평야라고 옮김. ―옮긴이)에 있다고 본다. 사방이 과수원과 완만하게 경사진 벌판으로 둘러싸인 이 구릉지는 얼핏 "높은 산"으로 보인다. B.C.E. 2000년만 해도 이곳은 바알 신에게 바쳐진 가나안의 신전이었다. 그 후 이 산에서는 드보라(Deborah)와 바락(Barak)이 결집해 시스라가 이끄는 하솔 왕의 병력을 물리친다(판관기 4:12-16). 셀레우코스 왕조의 안티오코스 3세는 이곳에 요새를 지어 남북으로 뻗은 이즈르엘 유역의 전략적 요충지로 개발했다.

변화산 사건이 일어난 장소로 다볼 산을 지목한 것은 3세기의 일이다. 그리고 이곳을 기리는 첫 번째 교회가 세워진 것은 4세기 말이나 5세기 초엽이다. 현재의 교회 건물은 1923년에 프란치스코 수도회가 완공했다. 안토니오 바를루치(Antonio Barluzzi)가 설계한 이 건물은 현대적이지만 십자군 양식과 비잔틴 양식을 혼합하려 노력했다. 현대의 순례자들이 선호하는 양식을 반영한 결과다. 이 교회의 한 예배당에 있는 모자이크는 4세기에 세워진 초기 건축물에 속한 것이다. 인근에는 1911년 십자군 양식의 교회 유적지에 세운 성 엘리아스 그리스정교회가 있다. 하지만 이곳 하스몬 왕조의 요새가 로마군 혹은 그들의 대리인들에게 점령당했을 가능성을 고려할 때 변화산의 무대가 될 수 없다고 주장하는 학자도 있다. 그 외 후보지로 이스라엘과 레바논, 시리아 사이에 걸쳐진 요충지 헤르몬 산과 오늘날의 요르단에 있는 느보 산이 거론된다. 모두 모세가 약속의 땅으로 살펴보았던 곳이다.

변화산 사건의 특별한 의미는 신과 인간 그리고 천국과 세상의 교차점으로서 성찬례를 설정하고 이 두 대척점 사이를 잇는 존재로 예수를 말하는 데 있다. 이런 이유로 변화산 사건은 헤아릴 수 없이 많은 모자이크 작품과 성상으로 표현되어왔고 때로 동방정교회의 반원형 돔을 아름답게 꾸미기까지 했다. 일부 신학자들은 마르코의 복음서에 예수의 부활에 대한 기록이나 직접 목격담이 없기 때문에 변화산 사건이 그 간극을 메워준다고 생각한다. 그리스도교 교인들이 예수 부활의 모습을 상상할 수 있도록 해주는 사건이기 때문이다.

> 엿새 후에 예수께서 베드로와
> 야고보와 요한만을 따로 데리고
> 높은 산으로 올라가셨다.
>
> 마르코 9:2
> C.E. 66~70년경

CHAPTER 9

갈릴리를 벗어나
타지로 가다

예수께서 거기를 떠나
띠로와 시돈 지방으로 가셨다.

마태오 15:21
C. E. 75-90년경

오늘날의 레바논 지역인 고대 띠로(Tyre, 티레) 시 한복판에 서 있었던 로마 개선문.

갈릴리 호 주변 주요지역을 돌아본 예수는 행동반경을 좀더 넓히기 시작하면서 출신지인 갈릴리를 벗어나 타 지역으로 이동하기 시작했다. 이를 두고 마르코는 다음과 같이 설명했다. "예수께서 그곳을 떠나 띠로 지방으로 가셨다."(마르코 7:24). 갈릴리 북쪽 지역인 띠로(티레)는 페니키아에 속해 있어서 헬레니즘화된 비유대인 지역이 대부분이었다. 띠로는 근동에서 가장 오래된 도시 중 하나로 B.C.E. 3000년부터 사람이 살지 않은 적이 없는 번화한 곳이었다.

예언자 에제키엘(Ezekiel, 에스겔)은 B.C. 6세기에 받은 신탁을 통해 띠로가 신바빌로니아의 유대 침략을 은밀히 환영했었다고 비난한다. "너는 스스로 잘났다 하여 거만해졌다." 에제키엘은 띠로가 페니키아에서 가장 아름다운 도시로 명성을 떨치고 있음을 마지못해 인정하면서 그런 "영화를 누리다가 슬기를 쏟아버렸다"고 책망했다(에제키엘 28:17).

여기서 말하는 '영화'의 대부분은 띠로가 근동지방 교역의 중심 항구였기 때문에 생겨난 것이었다. 이 지역을 정복한 로마인은 서둘러 띠로를 독립적인 도시로 복원시켰다. 이 지역부의 주요 동력인 띠로에 어떤 식으로든 영향을 주지 않으려는 생각 때문이었다.

그러므로 예수가 이 도시로 이동한 동기는 다소 의문스럽다. 사역을 시작하면서 예수는 자신의 가르침은 오직 "이스라엘 백성 중의 길 잃은 양"만을 대상으로 한다고 분명히 밝혔다. 사도들에게도 "사마리아 사람들의 도시에도 들어가지 마라"라고 일렀다(마태오 10:5-6).

0 25 50킬로미터
0 25 50마일
현재의 국가명과 국경선,
해안선을 기준으로 한 지도.
자세한 내용은 201쪽 지도 참조.

시돈 · 다마스쿠스 ·
띠로 · 필립보의
· 가이사리아
나사렛 · 갈릴리호
(긴네렛 호수)
지중해 사마리아
이스라엘 예루살렘 ·
가자지구 유다 사해
이집트 네게브 나바테아

물론 예수는 이방인이었을 가능성이 농후한 안티파스의 군단장인 백인대장(백부장이라고도 번역되는 직책으로 말 그대로 100명의 보병을 호령하는 군단병 계급이다. —옮긴이)의 하인이 중풍병에 걸렸을 때 고쳐준 적이 있다. 하지만 그 일은 가버나움에서 백인대장을 우연히 만나면서 생긴 일일 뿐 이방에서 일어난 일은 아니었다(마태오 8:5). 띠로와 시돈이라 불리던 페니키아의 도시를 예수가 찾아간 이유는 마르코가 예수의 사역이 시작되었음을 알리면서 지적했듯이 "예루살렘과 에돔과 요르단 강 건너편에 사는 사람들이며 띠로와 시돈 근방에 사는 사람들까지도" 예수를 보러 가버나움으로 찾아왔기 때문일 수 있다. 페니키아의 발달된 도심에 사는 이방인들이 그렇게 멀리까지 찾아와 갈릴리 랍비의 이야기를 들으려 하는 모습을 보고 예수가 관심을 보였을지도 모른다는 말이다. 하지만 마르코의 복음서에서는 예수가 그 도시를 찾아갔다고 말하는 대신 "띠로 지방"을 여행했다고 표현한다. 이 말은 갈릴리의 경계선 북쪽뿐만 아니라 페니키아 해안가를 따라 펼쳐진 너른 땅을 모두 다녔다는 의미다.

이방 땅에 도착한 예수는 "거기서 어떤 집에 들어가 아무도 모르게 조용히 계시려 했으나 결국 알려지고 말았다."라고 마르코는 전한다. 그리고 "악령이 들린 어린 딸을 둔 한 여자가 곧 소문을 듣고 예수를 찾아와 그 앞에 엎드렸다." 하지만 그 여자는 "시로페니키아 태생의 이방인"이었다(마르코 7:24-26). 예수는 그 딸아이를 돕는 일을 그리 내켜하지 않았다. 그래서 다음과 같이 말한다. "자녀들을 먼저 배불리 먹여야 한다. 자녀들

이 먹는 빵을 강아지들에게 던져주는 것은 좋지 않다." 이것은 치유 은총이 이스라엘의 "자
녀"만을 대상으로 할 뿐, 그가 경멸조로 "개"에 비유한 이방인은 해당되지 않는다는 점을 여
자에게 분명히 전하는 말이었다. 하지만 여자는 다음과 같은 말로 예수의 차가운 말에 대꾸
한다. "상 밑에 있는 강아지도 아이들이 먹다 떨어뜨린 부스러기는 얻어먹지 않습니까?" 하
느님의 백성으로 선택받지 못한 사람일지라도 예수의 은총을 갈망할 수 있다는 뜻이었다.

예수는 여자의 대답에 깊은 인상을 받았다. 그래서 "옳은 말이다. 어서 돌아가라."라고 전
한 뒤 "마귀는 이미 네 딸에게서 떠나갔다."라고 덧붙였다. 여자가 집에 돌아가자마자 누워
있는 딸아이를 확인해보니 "과연 마귀는 떠나가고 없었다."(마르코 7:27-30).

띠로에서 일어난 불가사의한 사건은 예수가 이 단계에서 펼친 활동에 대한 몇 가지 사실
을 알려준다. 일단 예수는 자신의 메시지를 얼마나 멀리까지 전달할 수 있을지 알아보려 했
던 것 같다. "예루살렘과 에돔과 요르단 강 건너편에 사는 사람들"이 자신의 말에 흥미를 보
인다는 사실이 하느님 나라에 대한 가르침을 갈릴리 이외 지역으로 전파할 가능성으로 연결
되는지 알고 싶었던 것이다. 이스라엘 역사에 등장하는 대부분의 예언자들은 특정한 지리적

예수는 이곳 하조르(Hazor, 성경 속 지명은 하솔) 북쪽 들판을 가로질러 걸어가서 페니키아의 해안가 도시 띠로로 갔을 것이다.

2009년에 발굴된 2,000년 된 석회석 용기에서 발견된 양각(195쪽). 용기에 담긴 액체의 정결함을 언급하는 글로 알려져 있다.

영역 안에서만 활동했다. 대중적 매체가 전무한 시대에 예언자가 의지할 수 있는 메시지 전달 수단은 오로지 자신의 목소리뿐이었다. 하지만 갈릴리 지역 주민을 위해 갈릴리에서 만들어진 하느님 나라에 관한 신학체계가 큰 영향력을 발휘할 가능성을 포착한 예수는 국제적인 관심을 얻을 수 있다는 점에 주목했을 것이다. 사실 예수는 띠로를 찾아간 후 거기서 북쪽으로 56킬로미터 떨어진 페니키아의 연안도시 시돈을 방문했다. 그리고 남쪽으로 방향을 틀어 요르단의 이방 지역인 데카폴리스를 찾았다(마르코 7:31). 앞서 갈릴리 호에서 발굴한 배와 같은 것을 타고 "게라사 지방"에 잠시 들른 적도 있다. 하지만 이번에는 육로를 이용했다. 이 여행에서 예수는 마르코와 마태오가 기록한 것처럼 필립보의 가이사리아를 찾아갔다. 이 도시는 먼 북쪽, 요르단 강 수원 근처 헤르몬 산기슭에 있었다.

띠로를 다시 찾은 예수의 모습을 살펴보면 자신의 행적을 비밀에 부치고 치유 기적이 외부로 알려지지 않도록 고심한 흔적이 보인다. 야이로의 딸을 치료한 후 예수는 사람들에게 입막음을 시킨다. "이 일을 아무에게도 알리지 말라고 엄하게 이르시고 소녀에게 먹을 것을

주라고 하셨다."(마르코 5:43). 띠로와 시돈에서 돌아온 후에도 자신을 찾아온 청각장애자를 고쳐주고 나서 그 장면을 목도한 모든 이에게 "아무에게도 말하지 말라고 엄하게" 명령했다(마르코 7:36). 하느님 나라에 대한 기쁜 소식을 전파하려고 노력하는 중임에도 불구하고 예수는 왜 자신의 행위를 비밀에 부치려 했을까?

20세기 내내 이 질문은 다양한 이론을 양산해냈다. 이른바 "메시아의 비밀(Messianic secret)"을 설명하려는 노력이 이어진 것이다. 그 중 윌리엄 브레데(William Wrede)가 제기한 견해에 의하면, 마르코는 의도적으로 메시아로서의 예수를 경시했다. 앞으로 좀더 살펴보겠지만 이것은 유대인과 유대인 그리스도교도들 간 상당한 긴장관계의 근원이 되는 개념이기 때문이었다. 또 다른 쪽에서는 예수가 병자나 기적 목격에 목마른 군중이 몰려오는 걸 원치 않았다는 식으로 주장하기도 한다. 복음서에서는 다음과 같은 이야기를 몇 번이나 반복한다. "마을이나 도시나 농촌이나 어디든지 예수께서 가시기만 하면 사람들은 병자들을 장터에 데려다놓고 그 옷자락만이라도 만지게 해달라고 간청하였다. 그리고 손을 댄 사람은 모두 나았다."(마르코 6:56). 복음서에서 주장하듯이 예수의 치유력이 발휘될 때 강렬한 물리적 노력이 수반된다면 이런 식으로 조심하고 삼가는 태도는 이해할 만하다. 마르코에 의하면, 혈루증을 앓던 여자가 예수의 옷에 손을 대자마자 예수는 "곧 자기에게서 기적의 힘이 나간 것을" 알아차린다(마르코 5:30).

그러나 또 다른 설명도 존재한다. 예수가 자신의 사역과 선교활동에 대해 커져가는 반감을 감지하면서 조심했다는 설이다. 예수가 체포되어 사형에 처해진 것은 운명적인 유월절 사건이 있기 몇 달 전부터 용의주도하게 준비된 음모의 결과라고 보는 것이다. 이런 반대파의 핵심세력이 바리새파라고 복음서에서는 말하고 있다(마르코 3:6, 마태오 12:14).

> 예수께서는 율법교사들과 바리새파 사람들을 향하여 "안식일에 병을 고쳐주는 일이 법에 어긋나느냐? 어긋나지 않느냐?" 하고 물으셨다.
>
> 루가 14:3
> C.E. 75~90년경

파올로 베로네세Paolo Veronese(1528–1588)가 대형 캔버스에 묘사한 예수와 세리, 레위의 모습(197쪽). '레위 가의 잔치'라는 제목으로 1573년에 발표되었다.

예수와 바리새파

바리새인들이 처음 등장한 것은 가버나움에서다. 마르코는 다음과 같이 설명하고 있다. "그리고 그 후에 길을 가시다가 알패오의 아들 레위가 세관에 앉아 있는 것을 보시고 "나를 따라오너라." 하고 부르셨다. 그러자 레위는 일어나서 예수를 따라나섰다."(마르코 2:14). 가버나움을 통해 주요 교역로가 뻗어나간다는 점을 감안하면 여기서 말하는 세관은 흔히 볼 수 있는 장소였을 것이다. 물건이 관할 구역을 지나갈 때마다 세금이 부과되었다. 이 경우에는 필립보의 영지인 가울라니티스에서 안티파스의 영지인 갈릴리로 이동할 때 세금이 부과되었을 것이다. 그리고 예수가 레위의 집에서 "세리와 죄인"들과 동석해 음식을 먹는 모습이 이어진다. 당시는 세리에 대한 뿌리 깊은 반감이 퍼져 있었다. 이들은 통행세뿐만 아니라 부동산과 곡식, 어획물, 소금 등에도 세금을 부과했다. 또 이들 대부분은 체납자에게 부당한 고금리로 돈을 빌려주는 고리업자였다. 세리들이 헤로데 안티파스에 긴밀히 협조했으며 유대 지역을 장악한 로마인들과 함께 일했다는 사실도 이들의 평판을 갉아먹는 데 일조했다.

이 광경을 본 한 무리의 바리새파 율법학자들이 예수가 "죄인"과 기꺼이 어울리는 것을 문제 삼는다. 앞서 말했듯이 이 율법학자들은 현대의 공증인과 같은 역할을 하는 학식 높은 사람들이었다. 바리새인들은 예수가 죄인, 세리 등과 빵을 나누는 문제를 직접적으로 거론한다. "저 사람이 세리와 죄인들과 어울려 같이 음식을 나누고 있으니 어찌 된 노릇이오?"(마르코 2:16). 세리에 대한 반감은 3세기까지 이어진다. 《미슈나》의 보충문헌인 구전전승 모음집 《토세프타(Tosefta)》에는 이런 구절이 있다. "세리가 집에 들어서면 그 집은 깨끗하지 않게 된다."

마르코의 복음서에서는 바리새파와 예수 사이의 충돌이 다섯 번이나 이어져 대립적인 상황을 만들어낸다. 바리새파는 지속적으로 예수가 유대 관습과 율법을 준수하고 있는지 따졌다. 레위의 집에서 있었던 일이 마무리된 직후 예수는 또 다른 질문 하나를 받는다. "요한의 제자들과 바리새파 사람의 제자들은 단식을 하는데 선생님의 제자들은 왜 단식을 하지 않습니까?"(마르코 2:18). 단식은 율법에서 규정한 적이 없지만 유대인들은 때때로 단식을 했다. 특히 속죄일인 욤키프(Yom Kippur)에는 꼭 단식을 했다(레위기16:29). 세례자 요한이나 쿰란 공동체와 같은 분파에서도 금욕과 자제력을 키우기 위해 단식을 했다. 여하튼 예수는 그들에게 강경하게 대꾸했다. "잔칫집에 온 신랑 친구들이 신랑이 함께 있는 동안에야 어떻게 단식을 할 수 있겠느냐? 신랑이 함께 있는 동안에는 그럴 수 없다."(마르코 2:19).

안식일 성수의 문제

바리새파의 세 번째 도전은 제자들이 안식일에 밀밭 사이를 지나다가 밀 이삭을 자르던 때에 벌어진다. 앞서 벌어진 두 번의 논쟁과 달리 안식일 성수는 바리새인 사이에서도 맹렬히

> 예루살렘에서 온 바리새파 사람들과
> 율법학자 몇 사람이 예수께
> 모여왔다가 제자 몇 사람이 손을
> 씻지 않고 부정한 손으로
> 음식을 먹는 것을 보았다.
>
> 마르코 7:1–2
> C.E. 66–70년경

타브가에 위치한 신바빌로니아 양식의 오병이어 교회(199쪽). 갈릴리 호 동쪽 연안 요르단 구릉지의 인상적인 경관을 배경으로 서 있다.

논의되는 문제였다. 《토라》에서는 이렛날을 "하느님 야훼 앞에서" 쉬는 "안식일"이라고 분명히 규정하고 있다. 이 날에는 "어떤 일도 해서는 안 된다."(출애굽 20:10). 마르코의 복음서에 등장한 바리새인들의 비난 내용은 두 가지로 압축된다. 하나는 밀 이삭을 자른 것으로, 율법에서 금하는 일이다. 그리고 두 번째는 밀밭을 가로질러 오랫동안 걸어간 것으로, 이 역시 관례상 금지된 행동이다. 바리새파보다 더 엄격하게 《토라》의 내용을 고수했던 쿰란 공동체는 "안식일에는 자신을 위한 일로 들판을 걷는 것도 해서는 안 된다."고 주장했었다.

하지만 허기를 달래려는 필수 욕구와 관련된 일은 어떻게 봐야 할까? 안식일에 허용되는 일은 무엇이고 금지되는 일은 무엇인가? 이런 질문을 두고 힐렐 학파와 샴마이 학파 사이에 뜨거운 논쟁이 벌어졌다. 이 논쟁은 《미슈나》에 고스란히 담겼다. 이 논쟁을 통해 집에 불이 났을 경우 어떤 종류의 노력을 기울일 수 있는지가 정해졌다. 유대인은 안식일에 불을 끌 수 없고 물건을 나르지도 못한다. 그러나 안식일 동안 가족이 먹을 음식을 가져오는 일은 허용되었다. 또 이방인이 화재를 진압하는 일은 허용하지만 그 일을 해달라고 찾아가 부탁하는 건 금지되었다. 그 외에도 다양한 상황에 대한 규정이 만들어졌다.

《바빌로니아 탈무드》에서는 2세기의 랍비 유다 벤 엘아이(Rabbi Judah ben El'ai)의 다음과 같은 말을 전한다. "(안식일에) 손으로 (곡식 낟알을) 따서 먹을 수 있지만 기구를 사용하지 않

제의적 정결

제의적 정결에 관한 바리새파의 접근 방식을 두고 예수와 바리새파 간 논쟁이 있었다. 율법에서 규정한 전통적 정결 의식은 사제의 일로서, 성전 안에서 이루어져야 했다. 하지만 사두개파에게 밀려나 종교적 지배력을 잃은 바리새파는 정결 의식을 자신의 가정과 일상생활 안으로 옮겨왔다. 이것은 마을마다 성물을 모시게 되었다는 의미다. 이 과정에서 바리새인들은 음식 준비 및 제의적 목욕과 십일조 납부 등 안식일 준수와 관련한 세부 규칙들을 만들었다. 가령 안식일과 식사 전에 반드시 몸을 씻는 것들이었다. 마르코의 복음서에서 보면 바리새인은 사도들이 "손을 씻지 않고 부정한 손으로 음식을" 먹었다고 크게 책망한다(마르코 7:1). 예수는 이에 대해 "너희는 하느님의 계명은 버리고 사람의 전통을 고집하고 있다."라고 응수한다(7:20-22). 예수는 바리새인들이 율법의 세부에만 치중해 "박하와 회향과 근채"에 대한 십일조를 어떻게 바칠 것인가만 생각하다가 "정의와 자비와 신의 같은 아주 중요한 율법"은 무시하기에 이르렀다고 보았다(마태오 23:23). 마르코는 유대의 정결 개념을 신학적 용어로 풀어 설명한다. 성령이 하느님 나라가 도래하도록 만드는 하느님의 힘이라면 사탄의 힘은 "더러운 악령"이라는 것이다. 이는 마귀라는 형태로 사람을 사로잡는데, 이런 악령과 마귀는 오직 예수만이 퇴치할 수 있다.

정결 의식을 위한 욕탕 미크바.
예루살렘의 성전산 바깥 성벽에서 발굴했다.

아야만 한다. (겉껍질을) 문질러 벗겨 먹을 수 있지만 많은 양을 도구로 문지르는 건 안 된다." 즉 도구를 사용해 "일"이라고 부를 만한 활동을 벌이지 않는 범위라면 안식일에 곡식 낟알을 따서 먹어도 된다는 예수의 생각과 상통하는 말이다.

바리새인들이 네 번째로 제기한 문제 역시 안식일 성수와 관련이 있었다. 마르코의 설명에 의하면 사건은 다음과 같이 시작되었다. "안식일이 되어 예수께서 회당에 들어가셨는데 마침 거기에 한 손이 오그라든 사람이 있었다. 그리고 예수께서 안식일에 그 사람을 고쳐주시기만 하면 고발하려고 지켜보는 사람들도 있었다."(마르코 3:1-2). 자신의 일거수일투족을 세심하게 주시하는 사람들을 향해 예수는 다음과 같이 말했다. "안식일에 착한 일을 하는 것이 옳으냐? 악한 일을 하는 것이 옳으냐? 사람을 살리는 것이 옳으냐? 죽이는 것이 옳으냐?" 이 문제는 바리새인들 사이에서 벌어진 안식일 논쟁의 핵심이 되었다. 안식일 성수를 핑계로 생명이 위협받는 사건에 개입하지 않는다면? 다시 한 번 《미슈나》에는 이 주제와 관련된 수많은 논쟁들이 더해졌다. 출산과 같이 삶과 죽음을 가르는 문제는 안식일 성수 규정을 "파기"하거나 "옆으로 미뤄"둘 충분한 이유가 된다는 게 일반론이었다. 하지만 발목이 삐거나 팔이 탈구된 것은 해당하지 않았다. 그러니까 "한 쪽 손이 오그라든 사람"은 생명이 위협당하는 상황이 아니므로 안식일 성수 규정을 지켜야 했다. 하지만 예수는 "그들의 마음이 완고한 것을 탄식하시며 노기 띤 얼굴로 그들을 둘러보시고 나서 손이 오그라든 사람에게 "손을 펴라." 하고 말씀하셨다. 그가 손을 펴자 그 손은 이전처럼 성하게 되었다."(마르코 3:5).

마르코는 예수가 그 사람에게 손을 대지 않았다는 점을 조심스레 강조한다. 일반적인 상황이라면 치유의 중요한 형식으로 반드시 행해졌을 일이다. 그 외에 "일"이라고 부를 만한 다른 행위를 했다는 언급도 없다. 예수는 그저 "손을 펴라." 말했고 그 말에 따르자 손이 성하게 되었다는 것이다. 예수의 치유력으로 손이 펴진 것은 분명하지만 안식일 규정을 어길 만한 그 어떤 행위도 없었다고 적는다. 예수는 안식일 성수에 관한 자신의 생각을 단 한 문장에 모두 담아 표현했다. "안식일이 사람을 위하여 있는 것이지, 사람이 안식일을 위하여 있는 것은 아니다."(마르코 2:27). 이후 《탈무드》에도 같은 취지의 문구가 만들어진다.

바리새파 : 적군인가 아군인가?

브루스 칠턴은 복음서에서 바리새인들이 종종 "앞잡이"로 등장한다고 말한다. 그들은 들판이든 마을이든 회당이든 예수를 쫓아다니며 호시탐탐 계략에 빠트릴 기회를 엿본다.

식사시 정결함을 위한 의례를 지키지 않았다고 비난하고 안식일에 병든 자를 고쳐주어 규정을 어겼다고 책망한다. 예수는 "무엇이든지 밖에서 몸 안으로 들어가는 것은 사람을 더럽히지 않는다. 더럽히는 것은 도리어 사람에게서 나오는 것이다."라고 응수한다(마르코 7:15).

예수의 사역을 말살하기 위한 야심 찬 음모에 바리새인들이 직접 연루되었음을 시사하는 표현은 마르코의 복음서에만 나온다. 손이 오그라진 사람이 치유받은 후 바리새인들이 "나가서 즉시 헤로데 당원들과 만나 예수를 없애버릴 방도를 모의하였다."고 기록한 것이다(마르코 3:6). 예수는 사도들에게 "바리새파 사람들의 누룩과 헤로데의 누룩을 조심하여라."라고 경고한다. 그 후 예수가 예루살렘 성전에서 가르침을 전하고 있을 때 대사제는 "말로 예수를 책잡으려고, 바리새파 사람들과 헤로데 당원 가운데서 몇 사람을 예수"에게 보내기도 했다(마르코 12:13).

학계에서는 바리새파와 헤로데 안티파스의 법정이 공모해 예수를 제거하려 했다는 주장에 의문을 제기해왔다. 먼저 안티파스는 예수를 체포하기 위해 법적으로든 다른 면으로든 그 어떤 핑계도 찾을 필요가 없었다. 예수에게 몰려드는 군중이 진정 자신의 통치에 위협적이라고 판단했다면 세례자 요한을 처리한 것과 같은 방식을 동원하면 될 일이었다. 군대를 보내 예수를 체포한 뒤 지하 감옥에 처넣으면 그만이었다. 갈릴리는 안티파스 치하에 있었다. 이 지역의 법과 질서를 유지하고 저항의 싹을 색출해 잘라버리는 일이야말로 로마가 안티파스에게 위임한 사항이었다.

프랑스의 화가 자크 조셉 티소가 1894년경에 그린 인상적인 상상도 '예수와 손이 오그라진 사람'이다.

그리고 마태오와 루가의 복음서를 보면 바리새파와 예수 사이에 상당한 연대감이 존재함을 알 수 있다. B.C.E. 2세기부터 율법이 고정불변한 것이 아니라는 점을 내세웠던 바리새파는 계율이야말로 사람들의 일상생활에 지침이 되어야 한다는 주장을 펴기 시작한다. 그러므로 바리새인들에게 율법에 대한 해석과 토론은 얼마든지 수용가능한 일이었다. 하느님은 이런 논쟁을 장려할 뿐만 아니라 성령을 보내어 논쟁을 인도하신다는 주장을 폈기 때문이다. 게다가 바리새인들은 죽은 사람이 다시 살아나는 것과 영혼의 불멸성을 믿었다. 이런 사상은 예수가 전파한 가르침의 기본이기도 했다.

이러한 맥락에서 살펴보면 마르코가 기록한 예수와 바리새인들 간 안식일과 제의적 정결함에 관한 날선 논쟁도 사실 바리새인이 즐겨 하던 격렬한 토론과 다르지 않다는 걸 알 수 있다. 예수의 많은 가르침에서 반복적으로 등장한 안식일 성수나 십일조, 결혼, 이혼, 병든 자를 돌보는 일 등의 문제는 훗날 《미슈나》 논쟁의 핵심이 된다. 이렇게 보면 바리새인들이 이들 문제를 두고 예수에게 의견을 물었던 것도 깊은 존경의 표시일 수 있다. 많은 바리새인들은 예수의 관점에 이의를 제기했지만 복음서의 기록에 따르면, 그것은 예수의 견해가 설득력 있고 고려해볼 만한 가치도 높다고 그들이 판단했기 때문이었다.

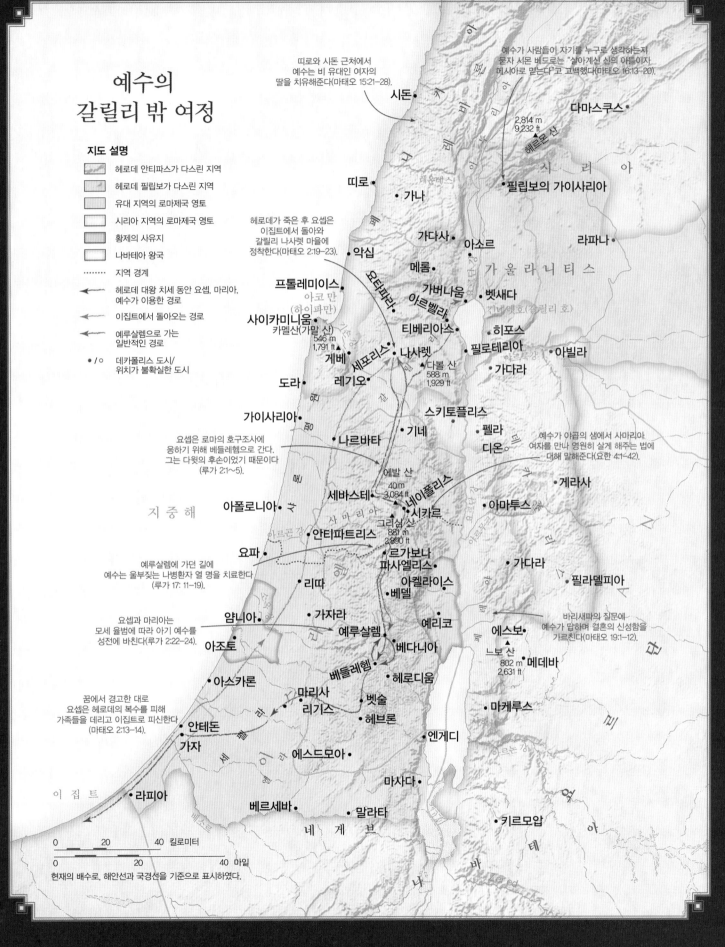

예수의 갈릴리 밖 여정

지도 설명

- 헤로데 안티파스가 다스린 지역
- 헤로데 필립보가 다스린 지역
- 유대 지역의 로마제국 영토
- 시리아 지역의 로마제국 영토
- 황제의 사유지
- 나바테아 왕국
- ······ 지역 경계
- ← 헤로데 대왕 치세 동안 요셉, 마리아, 예수가 이용한 경로
- ← 이집트에서 돌아오는 경로
- ← 예루살렘으로 가는 일반적인 경로
- • / ○ 데카폴리스 도시/ 위치가 불확실한 도시

띠로와 시돈 근처에서 예수는 비 유대인 여자의 딸을 치유해준다(마태오 15:21-28).

예수가 사람들이 자기를 누구로 생각하는지 묻자 시몬 베드로는 "살아계신 신의 아들이자 메시아로 믿는다"고 고백했다(마태오 16:13-20).

헤로데가 죽은 후 요셉은 이집트에서 돌아와 갈릴리 나사렛 마을에 정착한다(마태오 2:19-23).

요셉은 로마의 호구조사에 응하기 위해 베들레헴으로 간다. 그는 다윗의 후손이었기 때문이다 (루가 2:1~5).

예수가 야곱의 샘에서 사마리아 여자를 만나 영원히 살게 해주는 법에 대해 말해준다(요한 4:1-42).

예루살렘에 가던 길에 예수는 울부짖는 나병환자 열 명을 치료한다 (루가 17: 11-19).

요셉과 마리아는 모세 율범에 따라 아기 예수를 성전에 바친다(루가 2:22-24).

바리새파의 질문에 예수가 답하며 결혼의 신성함을 가르친다(마태오 19:1-12).

꿈에서 경고한 대로 요셉은 헤로데의 복수를 피해 가족들을 데리고 이집트로 피신한다 (마태오 2:13-14).

시돈
다마스쿠스
2,814 m
9,232 ft
헤르몬 산
시 리 아
띠로
가나
필립보의 가이사리아
가다사
아소르
라파나
악십
메롬
가울라니티스
프톨레미이스
요르단
가버나움
아르벨라
벳새다
아코 만 (하이파만)
사이카미니움
티베리아스
히포스
카멜산(가말 산)
546 m
1,791 ft
게베
세포리스
나사렛
필로테리아
기네렛호(갈릴리 호)
아빌라
도라
레기오
다볼 산
588 m
1,929 ft
가다라
가이사리아
스키토플리스
기네
펠라
디온
나르바타
에발 산
40 m
3,084 ft
세바스테
네이폴리스
시카르
게라사
아폴로니아
사 마 리 아
아마투스
지 중 해
안티파트리스
그리심 산
881 m
2,890 ft
요파
르가보나
파사엘리스
가다라
리따
아켈라이스
벧델
필라델피아
얌니아
가자라
예리코
에스보
예루살렘
느보 산
802 m
2,631 ft
메데바
아조토
베다니아
베들레헴
헤로디움
아스카론
마리사
리기스
벳술
헤브론
마케루스
안테돈
엔게디
가자
에스드모아
마사다
이 집 트
라피아
베르세바
말라타
키르모압
네 게 브

0   20   40 킬로미터
0   20   40 마일

현재의 배수로, 해안선과 국경선을 기준으로 표시하였다.

예수와 성경

예수는 성경에 대한 깊은 조예를 여기 저기서 드러냈다. 그렇다면 그는 히브리어를 알고 있었을까? 확실한 답을 하기는 불가능하다. B.C.E. 3세기경 알렉산드리아의 유대 공동체에서 유대교 성경을 그리스어로 번역해 〈칠십인역(Septuagint)〉이라고 세상에 소개한 적이 있었다. 예수 당대에는 아람어 번역본도 있어서 구해보는 일이 가능했을 것이다. 예수는 아람어를 사용했었다. 〈욥기〉의 아람어 번역본 〈타르굼(Targum)〉에는 예수와 동시대 인물인 랍비 가믈리엘 1세에 관한 언급이 있다. 〈욥기〉 아람어 역본은 쿰란 동굴에서도 발견되었는데 B.C.E 1세기의 것으로 추정된다. 또 다른 아람어 역본은 유대교의 저명한 현자 힐렐(B.C.E. 30~10년경 활동)의 제자 요나단 벤 우지엘이 편찬한 것으로 알려져 있다. 예수가 이들 아람어 역본에 정통했다는 주장의 근거는 복음서에서 찾을 수 있다. 십자가에 매달린 마지막 순간에 예수는 〈시편〉 22편 구절을 아람어로 읊었다. "엘리오 엘리오 레마 사박타니?" 하고 부르짖으셨다. 이 말씀은 "나의 하느님, 나의 하느님, 어찌하여 나를 버리셨나이까?"라는 뜻이다."(마태오 27:46). 게다가 사해 사본에서도 자신들이 번역한 히브리어 성경이 예수가 정통한 사본과 상당히 가깝다고 주장하고 있다.

예수 당대에 사용되었던 《토라》 두루마리(203쪽 위). 고대 팔레스타인에서 가장 많이 사용된 아람어로 씌어졌다.

고대 필립보의 가이사리아 지역은 골란 고원에 있는 헤르몬 산기슭에 있었다(203쪽 아래).

바리새인들이 예수의 사역에 동조하고 있었음을 보여주는 복음서의 일화는 이 외에도 많다. 루가는 예수가 "여러 동네와 마을에" 들러 가르침을 전파할 때 "몇몇 바리새파 사람들이" 찾아와 예수를 따르는 무리가 많아지는 것을 헤로데 안티파스가 알아차렸다고 경고하면서 "어서 이곳을 떠나시오."라고 말했다고 기록한다(루가13:31). 이 장면은 바리새인과 헤로데가 예수를 죽이려 공모했다는 마르코의 이야기와 정면으로 배치된다. 사실 루가는 이 일화 직후 예수가 바리새파 지도자의 집에 들어가 음식을 함께 먹었다고 적었다(루가 14:1). 더 나중에는 베드로와 다른 사도들이 산헤드린 공의회에서 심문을 당하는 상황에서 유명한 바리새파 현자 가믈리엘이 그들을 변호하기도 했다(사도행전 5:34~39).

그렇다면 마르코는 왜 바리새인들을 예수의 사역에 큰 걸림돌이 되는 반대 세력으로 묘사했던 걸까? 몇몇 학자들은 복음서가 C.E. 1세기 후반에 씌어졌다는 전제 아래, 당시 대다수 유대인과 예수를 따르는 유대인들 간 적대감이 커진 상황을 보여주기 위해 이런 식으로 기록했다고 주장한다. C.E. 70년 예루살렘 성전이 무너진 이후 사두개파의 사제 공동체는 붕괴되었다. 그리하여 바리새파는 성전 파괴 이후 유대교의 새로운 지도층으로 부상했다. 성전에서 희생제를 지내던 오랜 전통의 맥이 끊어지자 바리새파는 자신들이 여러 해 동안 따랐던 대안적 유대교를 한층 더 발전시켰다. 율법에 대한 해석과 토론을 활발히 전개하고 거기서 얻은 통찰을 일상의 관습에 투영시켰다. 그 결과 랍비 유대교(Rabbinic Judaism)의 시대가 열렸다. 이제 성경 학습이 성전에서의 희생제와 예배를 대신하기에 이르렀다. 하지만 불행하게도 회당의 회합에 계속 참석하면서 예수를 메시아라고 주장하는 유대인에 대한 차별은 더욱 심해졌다. 이렇게 해서 그리스도교를 믿는 유대인들은 유대 공동체에서 배척당했다. 이런 맥락에서 바리새인들에 대한 편견이 복음서에 강하게 투영된 듯하다.

커져가는 반감

마르코의 복음서를 주목해야 하는 이유는 우선 마태오와 루가의 복음서 서사의 기초 자료가 된 첫 복음서이라는 사실 때문이다. 예수의 수난에 관한 부분에서는 요한 역시 마르코의 복음서를 기초로 삼았다. 복음서 기록에 따르면 예수는 갈릴리 지역에서 선교활동이 정점에 이르자 열광하는 군중에 둘러싸였고 결국 갈등과 반목의 소용돌이 안으로 휩쓸렸다. 이런 상황은 거침없이 예수를 골고타(Golgotha, 골고다)로 내몰았다. 이렇게 불화하며 소원해진 사람 중에는 예수의 가족도 포함되어 있었다. 복음서를 보면 예수의 가족은 그의 행동에 대해 틀렸다고 생각했다. 어느 날 예수가 "집에" 돌아오자 너무나 많은 군중이 다시 모여들어 "예수의 일행은 음식을 먹을 겨를도 없었다." 그때 구체적으로 관계가 밝혀지지 않은 예수의 친족들은 "예수를 붙들러 나섰다. 예수가 미쳤다는 소문이 돌고 있었기 때문이다."(마르코 3:19~21).

마르코는 이어서 예수가 군중에 둘러싸여 있을 때 "예수의 어머니와 형제들이 밖에 와 서서 예수를 불러달라고 사람을 들여보냈다."라고 적었다. 이에 예수가 아무런 응답을 하지 않자 앉아 있던 몇 사람이 놀란 기색으로 "선생님의 어머님과 형제분들이 밖에서 찾으십니다."라고 말했다. 이에 예수는 "누가 내 어머니이고 내 형제들이냐?"라고 반문한 뒤 주변에 둘러앉은 사람들에게 이른다. "바로 이 사람들이 내 어머니이고 내 형제들이다. 하느님의 뜻을 행하는 사람이 곧 내 형제요, 자매요, 어머니이다."(마르코 3:32-35). 보통의 어머니라면 이런 말을 들은 후 깊은 마음의 상처를 입었을 것이다. 하지만 예수의 말은 통상적 의미와 다른 것이었다. 따라서 그 어머니 마리아는 끝까지 예수에게 헌신했고 마지막 순간에도 아들 곁을 지켰다고 전해진다. 마리아와 마르타의 이야기로 증명되듯이 복음서에서 묘사한 예수는 따뜻하고 애정 어린 모습을 지니고 있었다. 그럼에도 가족과 반목하는 일화를 소개한 것은 예수가 주변 사람들에게 서서히 버림을 받았다는 주장에 힘을 실어주기 위함이었다. 가족과 제자뿐 아니라 모여든 군중까지도 훗날 예수의 십자가 처형을 주장하기에 이르렀다는 사실과 그 끝에 예수가 궁극의 영광을 차지했음을 설명하려 한 것이다.

팔마 일 죠바네(Palma il Giovane, 1544–1628)는 베니스의 수호성인으로 숭배받는 복음서 저자 마르코를 묘사하면서 그 배경에 베니스의 산마르코 대성당을 그려넣었다.

사도들조차 마냥 호의적으로 묘사되지는 않았다. 예수가 모호한 표현으로 하느님 나라에 대해 이야기하면 제자들은 당혹스러워하며 그 의미를 알아내려 고군분투했다. 그러면 격분한 예수는 제자들에게 "그래도 아직 모르겠느냐?"라고 말하고(마르코 8:21) 다른 비유를 들기 시작한다. "하느님 나라는 겨자씨에 비길 수 있다. 어떤 사람이 밭에 겨자씨를 뿌렸다. 겨자씨는 모든 씨앗 중에서 가장 작은 것이지만 싹이 트고 자라나면 어느 푸성귀보다도 커져서 공중의 새들이 날아와 그 가지에 깃들일 만큼 큰 나무가 된다."(마태오 13:31–32). 그리고 또 다른 비유를 들어 설명한다. "하느님 나라는 이렇게 비유할 수 있다. 어떤 사람이 땅에 씨앗을 뿌려놓았다. 하루하루 자고 일어나고 하는 사이에 씨앗은 싹이 트고 자라나지만 그 사람은 그것이 어떻게 자라는지 모른다. 땅이 저절로 열매를 맺게 하는 것인데 처음에는 싹이 돋고 그 다음에는 이삭이 패고 마침내 이삭에 알찬 낟알이 맺힌다. 곡식이 익으면 그 사람은 추수 때가 된 줄을 알고 곧 낫을 댄다."(마르코 4:26–29). 그러다가 마침내 예수는 말한다. "너희가 이 비유도 알아듣지 못하면서 어떻게 다른 비유들을 알아듣겠느냐?"(마르코 4:13).

왜 비유일까? 예수는 왜 명확한 표현으로 하느님 나라에 대한 자신의 비전을 설명하지 않았을까? 예수의 비유담들은 수수께끼와 같아서 의도를 이해하기가 참으로 어려웠다. 이에 대한 예수의 답변은 이러했다. "너희에게는 하느님 나라의 신비를 알게 해주었지만 다른 사람들에게는 모든 것을 비유로 들려준다. 그것은 그들이 보고 또 보아도 알아보지 못하고 듣고 또 들어도 알아듣지 못하게 하려는 것이다. 그들이 알아보고 알아듣기만 한다면 나에게 돌아와 용서를 받게 될 것이다."(마르코 4:11–12).

하느님 나라에 관한 이야기를 로마인들이 정치적으로 해석할 여지가 다분했기 때문에 예수가 내용을 드러내지 않았다고 설명하는 문헌도 있다. 따지고 보면 결국 로마인들은 그런 식으로 해석해 예수를 처형했다. 당대의 다른 저항운동과 달리 예수는 로마인과의 충돌을 피하려 했다. 루가에 의하면 예수는 "카이사르에게 세금을 바치는 것이 옳습니까? 옳지 않습니까?"라는 질문을 받은 적이 있다. 예수는 데나리온 한 닢을 가지고 오라고 한 후 "그 돈에 누구의 초상과 글자가 새겨져 있느냐?"고 묻고는 "카이사르의 것은 카이사르에게 돌리고 하느님의 것은 하느님께 돌려라."라고 답한다(루가 20:22–24).

예수가 말한 하느님 나라가 어떤 체제를 의미하는가를 두고 학자들은 논쟁을 계속하고 있지만 그의 주장에 정치적인 측면이 없었다는 데는 대부분 동의한다. 그에 반해 예수의 하느님 나라 신학은 사회적 측면이 강하다고 주장하는 이들이 많다. 지주와 소작인, 세리와 어부, 부유한 자와 가난한 자 사이의 간극을 메우는 가교 역할에 관심이 많았다는 것이다. 이런 권력자들은 갈수록 심해지는 갈릴리의 사회적 대립에 대한 책임과 동시에 그 현실을 타개할

그리고 제자들을 가리키시며 "바로 이 사람들이 내 어머니이고 내 형제들이다. 하늘에 계신 내 아버지의 뜻을 실천하는 사람이면 누구나 다 내 형제요 자매요 어머니이다." 하고 말씀하셨다.

마태오 12:49–50
C.E. 75–90년경

사람의 아들

공관복음서에서는 예수를 메시아라고 공언하지만, 정작 예수 자신은 스스로를 "사람의 아들"(ben adam:아담의 아들)이라고 지칭한다(마르코 2:10-12). 이 표현은 공관복음서에서만 81차례 등장한다. 이 말의 기원은 히브리어 성경에 있다. 〈에제키엘서〉에서는 하느님이 예언자를 "사람의 아들"이라고 90회 이상 일컫는다. 〈다니엘서〉에는 "사람 모습을 한 이가 하늘에서 구름을 타고" 오는 광경을 보았다는 이야기가 나온다(다니엘7:13). 이것은 하느님 통치의 도래를 알리는 천사나 사절을 의미한다. 일부 학자들은 예수가 스스로를 사절로 생각했다고 주장한다. 루가의 복음서에서 예수는 "사람들은 사람의 아들이 구름을 타고 권능을 떨치며 영광에 싸여 오는 것을 볼 것이다."라고 말한다(루가 21:27). 하지만 예수가 지칭한 "사람이 아들"이란, 전통적인 의미에서 다른 인간과 같이 죽을 수밖에 없는 유한한 존재를 의미한다고 보는 학자들도 있다.

네덜란드 화가 렘브란트 하르먼손 판 레인(Rembrandt Harmenszoon van Rijn, 1606-1669)이 그린 예수의 초상화. 친근하고 인간적인 모습을 묘사했다.

고대 도시인 필립보의 가이사리아(207쪽)가 주요 순례지로 각광받은 까닭은 그리스 판 (Pan) 신에게 바쳐진 지성소 동굴 안 파니아스(Paneas)의 신성한 샘물 때문이다.

예수께서 필립보의 가이사리아 지방에 이르렀을 때에 제자들에게 "사람의 아들을 누구라고 하더냐?" 하고 물으셨다

마태오 16:13
C.E. 75–90년경

힘을 지니고 있었다. 예수는 "죄인과 세리들"과 자리를 함께 하는 이유를 이렇게 설명했다. "성한 사람에게는 의사가 필요하지 않으나 병자에게는 필요하다. 나는 의인을 부르러 온 것이 아니라 죄인을 부르러 왔다."(마르코 2:17).

사람의 아들

하부 갈릴리를 벗어나 타지로 떠난 예수는 필립보의 가이사리아에서 극적인 결말을 맞이한다. 몇 년 후 그리스–로마 양식의 도시로 화려하게 변모하는 이 도시는 그리스 판 신 숭배의 진원지였다. 사람들은 파니아스라고 알려진 샘물과 인근 동굴에 성소를 차리고 판 신을 숭배했다. 이런 이방에 머물던 중 귀향을 결심한 예수는 자신의 선교활동이 얼마만큼의 파급력을 미쳤는지, 나아가 갈릴리 사람들이 하느님 나라를 맞이할 준비를 얼마나 했는지 문득 궁금해졌을 것이다. 예수는 제자들에게 질문한다. "사람들이 나를 누구라고 하더냐?" "세례자 요한" 혹은 "엘리야"라고 답하거나 둘 모두를 아우르기 위해 "예언자 중의 한 분"이라 일컫는다고 대답하는 제자도 있었다. 예수는 다시 제자들에게 묻는다. "그러면 너희는 나를 누구라고 생각하느냐?" 어려운 질문이었다. 그때 시몬 베드로가 일어서서 분명한 어조로 답한다. "선생님은 그리스도이십니다." 그러자 예수가 "자기 이야기를 아무에게도 하지 말라고 단단히 당부"했다고 마르코는 기록한다(마르코 8:30).

이 이야기를 마태오는 조금 다르게 전한다. 복음서에서 예수는 자신을 그리스도라고 선포하는 베드로를 따스하게 칭찬한다. "시몬 바르요나, 너에게 그것을 알려주신 분은 사람이 아니라 하늘에 계신 내 아버지시니 너는 복이 있다." 그리고 베드로의 이름이 그리스어로 바위를 뜻한다는 사실을 이용해 다음과 같이 덧붙였다. "너는 베드로다. 나는 이 반석 위에다가 내 교회를 세우겠다." 마태오가 복음서를 쓸 당시에는 로마제국 전역에 그리스도교 공동체가 번성하고 있었다. 그럼에도 불구하고 마태오가 소개한 일화에서도 예수는 여전히 "자기가 그리스도라는 것을 아무에게도 말하지 말라고" 당부한다(마태오 16:20).

왜 그랬을까. 예수가 메시아라는 호칭에 포함된 정치적 책임에 관해 염려한 것인지 아니면 신학적 의미로 삼가는 태도를 보인 것인지는 분명치 않다. 복음서의 기록을 토대로 확인할 수 있는 유일한 사실은 예수가 자신을 "사람의 아들"이라고 칭했다는 점이다. 이것은 〈다니엘서〉에 나온 종말론적 비전에서 영감을 얻었을 것이라 추측된다.

이 일이 있은 후 예수는 "군중과 제자들을 한자리에 불러놓고" 하느님이 자신을 위해 예비한 역할이 무엇인지 밝히기 시작했다. 마르코의 기록에 따르면 "그 때에 비로소 예수께서는 사람의 아들이 반드시 많은 고난을 받고 원로들과 대사제들과 율법학자들에게 버림을 받아 그들의 손에 죽었다가 사흘 만에 다시 살아나시게 될 것임을 제자들에게 가르쳐주셨다"고 한다. 이 말을 믿지 못한 베드로는 예수를 붙잡고 항의했다. 그러자 예수는 꾸짖으며 대꾸했다. "하느님의 일은 생각하지 않고 사람의 일만 생각하는구나!"(마르코 8:31–33).

CHAPTER IO

예루살렘으로
가는 길

우리는 지금 예루살렘으로 올라가고 있다.
거기에서 사람의 아들은
대사제들과 율법학자들의 손에 넘어가
사형선고를 받을 것이다.

마태오 20:18
C.E. 75-90년경

고대에 사마리아라고 불리다가 헤로데 왕이 세바스테라고 명명한 땅.
이곳의 바위투성이 노두에 서면 예루살렘으로 가는 고대의 도로를 관통하는 계곡 전경이 내려다보인다.

띠로와 시돈에서 돌아온 예수는 자신의 가르침이 생각대로 이루어지지 않았음을 깨달았다. 갈릴리를 하느님 나라로 개조하는 일에 대해 지지하는 사람이 생각보다 적었던 것이다. 예수가 모여든 군중을 향해 쏟아낸 몇 차례의 감정적인 언사에는 낙담과 좌절감이 고스란히 묻어 있었다.

간질병으로 고통받는 아들의 치유를 제자에게 부탁했다가 낳지 않자 예수를 찾아온 남자에게 그는 말한다. "아, 이 세대가 왜 이다지도 믿으려 하지 않고 비뚤어졌을까? 내가 언제까지나 너희와 함께 살며 이 성화를 받아야 한단 말이냐?" 아이의 병을 고쳐주지 못한 사도들이 예수의 분노를 감지하고 물었다. "우리는 어찌하여 귀신을 쫓아내지 못했습니까?" 예수는 답한다. "너희의 믿음이 적기 때문이다."(마태오 17:14-20).

하지만 가장 큰 질책은 과거 예수의 갈릴리 사역 중심지였던 도시에게 돌아갔다. "코라진아, 너는 화를 입으리라. 베싸이다야, 너도 화를 입으리라. 너희에게 베푼 기적들을 띠로와 시돈에서 보였더라면 그들은 벌써 베옷을 입고 재를 머리에 들쓰고 회개하였을 것이다."(마태오 11:21, 루가 10:13). 유대인에게는 정말 심한 질책이었다. 예수가 "베푼 기적"을 보며 페니키아의 이교도조차 마음을 달리 먹을 정도인데, 갈릴리의 심장부가 꿈쩍도 하지 않았으니 그럴 만도 했다. 예수는 한때 자신의 집이고 활동 근거지가 되었던 가버나움에도 성을 냈다. "가파르나움아, 네가 하늘에 오를 것 같으냐? 지옥에 떨어질 것이다."(루가 10:15). 예수가 인간의 모습으로 있는 동안 다시는 이곳으로 돌아오지 않은 것도 자신의 갈릴리 사역에 대한 저항이 점점 강해지는 상황에 환멸감을 느꼈기 때문인지 모른다. 루가에 따르면 예수는 "하늘에 오르실 날이 가까워지자 예루살렘에 가시기로 마음을" 정했다. 요한의 복음서에서는 예수가 일단 요르단 강 건너편 베다니아라고 불리던 가울라니티스로 갔다고 기록한다(요한 10:40). 얼마 전까지 세례자 요한이 활동했던 곳이다. 초대 교회 문헌에서는 요르단 동쪽 바사니티스(Basanitis) 지역 코차바(Kochaba)라는 마을에 예수의 친척이 있었다고 주장한다.

반면 마르코와 마태오, 루가는 바로 이때 예수가 남쪽에 있는 유대의 예루살렘으로 가기로 결심했다고 주장한다. 어쩌면 예언자 예레미야로부터 영감을 얻은 결정일지도 모른다. 예레미야 역시 자신감을 잃고 낙담한 적이 있는데 이때 하느님은 다음과 같은 훈계를 했다. "너는 허리를 동이고, 일어나 나의 백성에게 일러주어라. 내가 시키는 말을 모두 전하여라."(예레미야 1:17). 예레미야는 하느님의 부름에 응답하고 예루살렘 성전 대문에 가서 자신이 전해 들은 하느님의 말을 선포했다. "야훼께 예배하러 이 문으로 들어오는 유다 사람은 모두 야훼의 말씀을 들어라."(예레미야 7:2). 그리하여 탄생한 것이 히브리어 성경에서 가장 중요한 설교로 손꼽히는 '예레미야의 성전 설교'다.

0 25 50킬로미터
0 25 50마일

현재의 국가명과 국경선.
해안선을 기준으로 한 지도.

자세한 내용은 218쪽
'예루살렘으로 가는 길'
참조.

시돈
다마스쿠스
띠로
코라진 가버나움
벳새다
갈릴리 호
(갈릴리 호)
나사렛
가이사리아
사마리아
그라심 산
게라사
지중해
예리코
예루살렘
바사니
코차바
사해
가자지구
네게브
이집트

예수는 이 설교를 잘 알고 있었던 게 확실하다. 바로 그 장소에 서서 예레미야의 설교를 인용했기 때문이다. 예레미야 이후 500년이 지난 시점인 당시에는 헤로데가 지은 제2성전의 안뜰이었다.

예루살렘에서 설교한다는 건 모든 유대인을 대상으로 설교하는 것과 마찬가지였다. 시기도 적당했다. 유대력으로 정월달에 해당되는 니산(Nisan)월이 막 시작된 때였다. 팔레스타인 지역의 유대인과 디아스포라 유대인 수천 명이 유월절 축제를 위해 예루살렘으로 모여들 터였다. 이제 예수의 말을 들은 청중의 수는 열 배로 불어나고 그의 메시지는 로마제국 구석구석까지 전파될 것이었다.

그리고 예수는 운명의 예루살렘 여정을 시작했다. "예수의 일행이 예루살렘으로 올라가는 길이었다. 그때 예수께서 앞장서서 가셨고 그것을 본 제자들은 어리둥절하였다. 그리고 그 뒤를 따라가는 사람들은 불안에 싸여 있었다."(마르코10:32). 뒤따르는 이들이 불안해한 데에는 이유가 있었다. 폰티우스 필라투스가 예루살렘 폭동을 유혈 진압한 지 겨우 2년이 지난 시기였다. 게다가 예루살렘에 주둔한 로마군은 유월절이면 삼엄한 경계를 폈다. 이집트

오늘날 예루살렘 구시가에 있는 성벽은 1535년경 오스만 제국의 술레이만 대제(Suleiman the Magnificent)가 건립한 것이다.

의 파라오라고 알려진 또 다른 폭군으로부터 이스라엘이 해방된 것을 기리는, 유월절 축제에 담긴 정치적 함의 때문이었다. 따라서 C.E. 28년 이후부터 유월절이 되면 로마군은 한층 철저한 경비를 서고 성전에서 벌어지는 모든 일에 신경을 곤두세웠다.

추종자들의 우려를 감지한 예수는 "열두 제자를 가까이 불러 장차 당하실 일들을 일러주셨다. '우리는 지금 예루살렘으로 올라가는 길이다. 거기에서 사람의 아들은 대사제들과 율법학자들의 손에 넘어가 사형선고를 받고 다시 이방인의 손에 넘어갈 것이다. 그러면 그들은 사람의 아들을 조롱하고 침 뱉고 채찍질하고 마침내 죽일 것이다. 그러나 사람의 아들은 사흘 만에 다시 살아날 것이다.'"(마르코 10:32-34). 예수가 자신이 당할 수난을 예견했다는 것은 마르코의 복음서에서 기본이 되는 요소다. 예수의 십자가 처형이 하느님이 예정한 계획의 일부라는 사실을 반증하기 때문이다. "죽음과 부활에 대한 예언"은 마태오와 루가, 요한의 복음서에도 나온다. 하지만 일부 학자들은 예수가 유월절에 사역 장소를 옮긴 것은 자신의 가르침을 더 넓은 지역에 선포해 새로운 동력을 얻기 위한 의식적인 노력이었다고 주장한다.

예수께서는 이 말씀을 마치시고 갈릴래아를 떠나 요르단 강 건너편 유다 지방으로 가셨다.

마태오 19:1
C.E. 75-90년경

212

사도들의 야망

사도들은 예수가 활동 영역을 유대 지역으로 옮기는 것이 곧 새로운 국면으로 접어드는 의미라는 점을 간파한 듯하다. 바로 이 시기에 사도들이 곧 도래할 하느님의 나라에서 중요한 지위를 차지할 생각을 하면서 서로 싸우기 시작했기 때문이다. 베드로는 나름 조리 있는 질문으로 자신에 대한 보상이 무엇인지 물었다. "보시다시피 저희는 모든 것을 버리고 주님을 따랐습니다. 그러니 저희는 무엇을 받게 되겠습니까?"(마태오 19:27). 예수는 제자들에게 단언했다. "나는 분명히 말한다. 너희는 나를 따랐으니 새 세상이 와서 사람의 아들이 영광스러운 옥좌에 앉을 때에 너희도 열두 옥좌에 앉아 이스라엘 열두 지파를 심판하게 될 것이다."(마태오 19:28). 이 답변은 제자들의 성에 차지 않았다. 오히려 누가 가장 높은 지위와 많은 보상을 받을지에 대해 불안감만 키우는 부작용을 낳았다. 마태오는 복음서에서 요한과 야고보의 어머니가 사도들의 설전에 가담해 자기 아들을 위한 로비에 나서는 모습을 그렸다. "그 부인은 '주님의 나라가 서면 저의 이 두 아들을 하나는 주님의 오른편에, 하나는 왼편에 앉게 해주십시오.' 하고 부탁하였다."(마태오 20:21). 그러자 예수는 그 형제들에게 "너희가 청하는 것이 무엇인지나 알고 있느냐? 내가 마시게 될 잔을 너희도 마실 수 있느냐?"라고 묻는다. 골고다(Golgotha, 골고타) 언덕에 올라 예수의 옆에서 십자가 형에 처해지는 두 명에 대한 암시였다. 하지만 속 모르는 형제는 냉큼 "마실 수 있습니다."라고 답한다(마태오 20:20-22).

제자들이 멋대로 야망을 키워가는 상황 속에서 예수는 어린아이를 데리고 와 축복을 빌어줄 것을 청하는 사람들에게 주목한다. 사도들은 아이를 데리고 온 부모를 나무랐다. 하지만 예수는 제자들의 입을 막고 "어린이들이 나에게 오는 것을 막지 말고 그대로 두어라. 하느님 나라는 이런 어린이와 같은 사람들의 것이다."라고 말한다(마태오 19:13-15). 마르코는 좀더 간단명료하게 표현한다. "누구든지 내 이름으로 이런 어린이 하나를 받아들이면 곧 나를 받아들이는 것이다."(마르코9:37). 하느님의 나라에 들어가기 위해서는 어린아이의 순진무구함과 절대적인 믿음을 가져야 한다고 말하고 싶었던 것 같다. 이런 덕목을 갖추지 못하면 신앙의 수준이 비약적으로 발전하는 건 불가능했다.

유대로 가는 길

요한과 마태오의 복음서에 따르면 예수와 그를 따르는 무리는 요르단 강을 따라 남쪽으로 이어진 길을 걸어 이동했다. 예수가 처음 세례자 요한에게 합류할 당시 이용한 경로와 같았다. 코차바에서 야르무크(yarmuk) 강줄기를 따라 트랜스요르단 고원지대의 바위투성이 산을 가로질렀을 것이다. 그렇게 하루 정도 이동해 왼편으로 여기저기 흩어진 하맛 가데르의 유원지와 마주했을 것이다. 광천수로 유명한 하맛 가데르는 국외에 거주

네덜란드 화가 렘브란트 판 레인이 1630년에 그린 초상화 '예루살렘의 파괴를 애도하는 예레미야'이다.

예리코의 삭막한 산(212쪽)은 요르단 강을 따라 늘어선 야자숲과 극명한 대비를 이룬다. 요르단 강가 야자숲의 울창함은 고대에도 명성이 자자했다.

'가다라의 온천수'라는 의미로 하맛 가데르 (Hamat Gader)라고 불리는 이곳은 오늘날의 이스라엘과 요르단 국경 인근에 위치한다 (215쪽). 2세기에 로마가 온천 휴양지로 개발했다.

예수가 가르쳐준 기도문

하느님과 그를 따르는 사람들이 지내는 왕국에 대한 생각은 예수가 제자들에게 가르친 기도문에 잘 드러난다. 학자들은 주기도문이라 불리는 이 기도문의 아람어 원문을 "Q"문서라고 불리는 문헌에서 찾아내려 노력중이다. 현재 가장 그럴듯하다고 여기는 기도문은 다음과 같다.

우리 아버지, 그 이름을 거룩하게 하시고
당신의 나라를 오게 하시고
내일 먹을 빵을 오늘 우리에게 주시옵소서.
그리고 우리가 우리의 빚진 자를 용서하듯이
우리의 죄(빚)를 용서해주시고
우리를 시험에 들지 않게 해주십시오.

존 마이어는 《변방의 유대인(A Marginal Jew)》에서 이 기도문을 소개하며 그 구조가 "간결하고 압축적이며 기억하기에 더할 나위 없이 적합하다."고 평한다. 다른 학자들은 "우리 아버지"(히브리어; 아비누avinu)라는 호칭을 사용한 것은 제자들 역시 하느님을 자신의 하늘 아버지 즉 아바(Abba, 나의 아버지)로 받아들이기를 원했다는 의미라고 주장한다. 하느님을 "아버지"라고 지칭하는 것은 고대부터 현재까지 유대인의 기도문에서 흔히 발견되는 기원의 표현이다.

하는 로마 관리들 덕분에 휴양지로 변모했다. 여기서 야르무크 강을 따라가면 요르단 강에 이른다. 이곳에 스키토폴리스(Scythopolis)라 불리는 이방 도시가 있었다. 여기서부터 풍경은 완연히 달라진다. 모압(Moab)의 절벽과 산은 어느새 요르단 리프트 밸리의 메마른 풍경으로 바뀌고, 그 사이사이에 대추나무 잡목숲이 산재해 있다. 니산월(3~4월)부터 기온이 올라가는 현상은 예리코와 사해를 향해 다가갈수록 한층 심해진다.

하지만 루가는 예수가 이 길이 아니라 갈릴리에서 예루살렘으로 가는 직선로를 이용했다고 적었다. "예수께서 예루살렘으로 올라가시는 길에 사마리아와 갈릴래아 사이를 지나가시게 되었다."(루가 17:11). 이 여정에 관해 가장 상세하게 묘사하는 이는 루가다. 그러면서 그의 복음서에만 수록되었으며 예수의 비유담 중 가장 사랑받는 이야기들을 들려준다. 그 중에는 착한 사마리아 사람에 관한 이야기가 있다. 예수 당대의 유대인 대부분은 사마리아에 거주하는 사람과 접촉하지 않으려 애썼다. 이런 편견은 700년을 거슬러 올라가 아시리아의 사르곤 2세 때부터 시작되었다. 북왕국의 호세아 왕이 음모를 꾸미고 있다는 풍문에 화가 난 사르곤은 이스라엘을 침공해 수도 사마리아에 사는 사람들을 강탈했다. 약탈과 강간만으로 성이 차지 않은 사르곤은 살아남은 사람들을 북쪽으로 끌고가 "아시리아로 데려다가 할라 지방과 고잔의 하볼 강 연안과 메대의 성읍들에 이주시켰다."(열왕기 하 17:6). 그리하여 사마리아에 남은 주택과 농지, 가축은 소위 말하는 바빌로니아 정착민의 소유가 되었다. 이런 정착민 다수는 바빌로니아의 구다(Cuthah, 쿠타) 출신이었다. 시간이 지나면서 이 외국인들은 기존 사마리아 사람들과 동화했고 결국 유대의 관습과 신앙까지 받아들였다. 그럼에도 그들의 자녀와 증손 세대에 이르기까지 바빌로니아 혈통이 흐르고 있었다. 유대와 갈릴리 사람들은 이 사실을 절대로 잊지 않았다. 그래서 사마리아에 사는 유대인을 일컬어 '사마리아인(Samaritan)'이라는 신랄한 호칭이나 심지어 바빌로니아의 고대 도시 구다의 이름을 따 '구다인(Cuthaean)'이라고 불렀다.

하지만 이런 반감은 쌍방이 다 품고 있었다. 루가는 예수가 심부름꾼을 미리 보내 "사마리아 사람들의 마을로 들어가 예수를 맞이할 준비"를 하게 했지만 "그 마을 사람들은 예수께서 예루살렘에 가신다는 말을 듣고는 예수를 맞아들이지 않았다."고 적었다(루가 9:52-53). 이에 분개한 사도들은 하늘에서 불을 내려 마을을 벌하자고 아우성치지만 예수는 거절한다.

착한 사마리아인

루가의 복음서에 소개된 착한 사마리아인 비유담은 예수가 가버나움과 벳새다, 코라진에게 강한 어조로 비난을 퍼부은 후에 등장한다. 아마도 갈릴리 지역의 활동을 마무리하는 의미를 담았다고 볼 수 있을 듯하다. 이런 꾸짖음 뒤에 이어지는 문단에서 예수는 자신과 하느님 아버지와의 관계를 설명한다. "아버

이탈리아의 화가 프란체스코 바사노는 '착한 사마리아인'의 배경을 이탈리아 북부 숲으로 묘사했다.

한 젊은 사마리아 여자가(217쪽) 게리짐 산에 올라 성경에서 세겜이라고 소개된 나블루스 N를 내려다보고 있다. 사마리아인들은 게리짐 산에 성전을 세웠다.

지께서는 모든 것을 저에게 맡겨주셨습니다. 아들이 누구인지는 아버지만이 아시고 또 아버지가 누구신지는 아들과 또 그가 아버지를 계시하려고 택한 사람만이 알 수 있습니다."(루가 10:22). 이 말은 필립보 가이사리아 지방에서 제자들에게 "사람의 아들을 누구라고 하더냐?" 하고 물은 것에 대한 답이 될 것이다. 여타 공관복음서보다 더 명료하게 예수와 하느님 아버지와의 관계를 설명한 대목이다.

그런 후 예수는 "어떤 율법교사"와 마주친다. 율법교사라는 점 외에 아무런 신상정보도 밝혀지지 않은 그는 예수에게 "선생님, 제가 무슨 일을 해야 영원한 생명을 얻을 수 있겠습니까?"라고 묻는다. 예수는 율법서에 적혀 있듯 주 하느님을 사랑하고 이웃을 자신의 몸같이 사랑하라고 대답한다. 또 사람에게 깊은 연민을 품는다는 것이 무엇인지 설명하기 위해 이야기를 들려준다. "어떤 사람이 예루살렘에서 예리코로 내려가다가 강도들을 만났다. 강도들은 그 사람이 가진 것을 모조리 빼앗고 마구 두들겨서 반쯤 죽여 놓고 갔다."(루가 10:30). 헤로데 대왕 이후 사마리아와 유대 지역에서는 도둑과 강도떼가 들끓었다.

땅을 잃은 농부와 로마군 점령 후 해산된 헤로데의 병사들이 도둑과 강도떼의 주축을 이루었다. 게다가 예루살렘에서 예리코로 가는 길목은 특히 위험했다. 해발 762미터에 이르던 지형이 갑자기 해수면 아래 244미터로 낮아지면서 황무지로 변하는 지역을 지나야 했기 때문이다. 마을도 드문드문 있고 절벽과 바위투성이 노두부로 이루어진 험한 환경은 도둑떼가 숨기에 유리했다. 이런 이유로 이 길을 통해 예루살렘으로 향하는 여행객들은 호신용 무기를 지녀야 했다. 사도들 역시 마찬가지였다. 제자 한 명이 칼로 대사제 종의 오른쪽 귀를 내리쳐 떨어뜨리는 일은 이런 맥락에서 가능했다(루가 22:50).

예수의 이야기는 계속되었다. "마침 한 사제가 바로 그 길로 내려가다가 그 사람을 보고는 피해서 지나가 버렸다." 또 레위 지파에 속하는 사람도 거기까지 왔다가 다친 사람을 보았지만 못 본 척 피해갔다. 하지만 길을 가던 사마리아인은 "그의 옆을 지나다가 그를 보고는 가없은 마음이 들어 가까이 가서 상처에 기름과 포도주를 붓고 싸매어주고" 자기 나귀에 태워 여관으로 데려가 간호한 뒤 여관 주인에게 두 데나리온을 주면서 그 사람을 보살펴주라고 부탁했다. 그리고 "비용이 더 들면 돌아오는 길에 갚아"주겠다고 했다.

> 그런데 길을 가던
> 어떤 사마리아 사람은
> 그의 옆을 지나다가 그를
> 보고는 가없은 마음이 들었다.
>
> 루가 10:33
> C.E. 75-90년경

예루살렘으로
가는 길

지도 설명

- 헤로데 안티파스가 다스린 지역
- 헤로데 필립보가 다스린 지역
- 유대 지역의 로마제국 영토
- 시리아 지역의 로마제국 영토
- 황제의 사유지
- 나바테아 왕국
- ······· 지역 경계
- ← 예루살렘으로 가는 길
- ●/○ 데카폴리스 도시/
     위치가 불확실한 도시

시돈

다마스쿠스

2,814 m
9,232 ft
헤르몬 산

시 리 아

레온테스

띠로

필립보의 가이사리아

가나

가다상

라파나

아소르
메롬

가 울 라 니 티 스

프톨레미이스
아코 만
(하이파만)

요르단강

가버나움
아르벨라

벳새다

게네렛호(갈릴리호)

사이카미니움

카멜산(가말 산)
546 m
1,791 ft

티베리아스

히포스

게베 세포리스

나사렛

필로테리아

아빌라

다볼 산
588 m
1,929 ft

가다라

도라

레기오

가이사리아

기네

스키토폴리스

게라사

펠라

디온

에발 산
40
3,084 ft

네아폴리스

게라사

세바스테

사 마 리 아

서카르

아마투스

지 중 해

아폴로니아

아르곤강

안티파트리스

그리심 산
881 m
2,890 ft

요파

세리 삭개오가 회개를
했다(루가 19:1–10)

르보나

파사엘리스

가다라

리따

필라델피아

벨델

아켈라이스

얌니아

예리코

예수가 앞 못 보는 거지
바르티메오의 눈을 뜨게 해주었다
(마르코 10:46–52)

아조토

가자라

에스보

느보 산
802 m
2,631 ft

메데바

아스카론

예루살렘

베다니아
(알아잘리아)

예수는 죽은 지
나흘 된 나사로를 무덤에서
일어나게 했다(요한 11:1–44).

예수가 들어서자 사람들은
'호산나'를 외친다. 이는 히브리어로
'우리를 구하소서.'라는 뜻이다.
훗날 십자가 처형을 당한 예수가 부활하는
곳도 예루살렘이다(마태오 2:13–14)).

베들레헴

헤로디움

벳술

헤브론

마리사

리기스

안테돈

가자

엔게디

에스드모아

예수가 나병환자
시몬의 집에서 기름부음을 받았다
(마태오 26:6–13, 마르코 14:3–9, 요한 12:1–8)

이 집 트

마사다

마케루스

라피아

베르세바

말라타

키르모얍

네 게 브

0   20   40 킬로미터
0   20   40 마일

현재의 배수로, 해안선과 국경선을 기준으로 표시하였다.

이야기를 마친 예수는 좌중에게 물었다. "자, 그러면 이 세 사람 중에서 강도를 만난 사람의 이웃이 되어준 사람은 누구였다고 생각하느냐?" 율법교사가 "그 사람에게 사랑을 베푼 사람입니다."라고 대답하자 예수는 말했다. "너도 가서 그렇게 하여라."(루가 10:30-37).

착한 사마리아인 비유담은 사람들이 좋아할 만한 구비설화의 조건을 갖추었다. 연민을 주제로 하는 이야기는 사회적 무관심이나 뿌리 깊은 인종적 편견을 극복할 수 있었기 때문이다. 하지만 몇몇 학자들은 이 이야기가 사회적 책임보다 의례를 우선시하고 정결함만을 추구하는 세태에 대한 예수의 비판을 보여주는 것이라고 생각한다. 그런 의도로 피 흘리며 죽어가는 사람을 도와야 하는 도덕적 의무보다 정결하지 못한 이와 관계 맺는 것을 꺼려한 인물을 예루살렘 성전에서 일하는 '사제'와 '레위 사람'으로 설정했다는 주장이다.

가장 큰 계명

이 가르침은 그리 새로울 게 없었다. 유대인이 갖추어야 할 핵심적인 덕목이었기 때문이다. 재미있는 것은 율법교사가 "영원한 생명을 얻기" 위해 무슨 일을 해야 하느냐고 묻자 내놓은 답이 착한 사마리아인 이야기라는 점이다. 루가는 율법교사가 예수의 속을 떠보기 위해 던진 질문이라고 적었지만 사실 이것은 구전 율법을 집성하는 과정에서 랍비들이 반복해 논쟁을 벌인 주제였다. 예수는 이 질문에 대해 "율법서에 무엇이라고 적혀 있으며 너는 그것을 어떻게 읽었느냐?"라고 되묻는 것으로 직답을 피한다. 그러자 율법교사는 〈신명기〉에 나온 신앙 고백의 첫 번째 구절을 암송한다. "마음을 다 기울이고 정성을 다 바치고 힘을 다 쏟아 너의 하느님 야훼를 사랑하여라."(신명기 6:5). 덧붙여 〈레위기〉를 인용한다. "네 이웃을 네 몸처럼 아껴라."(레위기 19:18, 루가 10:27-28). 사람들을 '네 이웃'처럼 대하라는 예수의 말은 당대 바리새파에서도 공유한 유대 사상의 핵심 교리였다.

마르크의 복음서에서 예수는 〈레위기〉와 쉐마(Shema, 신명기 6장 4-9절)를 인용해 하느님에 대한 사랑과 "네 이웃을 네 몸같이 사랑"하는 것 사이의 상관관계를 반복해 강조하면서 이것보다 "더 큰 계명은 없다."고 말한다(마르코 12:28-31). 그러면서 《미슈나》와 《탈무드》에서 랍비가 이야기한 것과 비슷한 내용을 다른 말로 설명한다. 예수와 동시대를 살았던 위대한 유대인 현자 힐렐의 이야기에도 이와 비슷한 사례가 있다. 힐렐 역시 율법을 한마디로 가르쳐달라는 청을 받는다. 이에 대한 힐렐의 답은 다음과 같았다. "내게 싫은 일을 남에게 하지 말라. 이것이 율법의 전부요 그 외의 것은 주석에 불과하니 가서 공부하라."

예리코에 도착한 예수

요한이 추정한 요르단 동편 루트와 루가가 선택한 사마리아 경유 직선 루트가 합쳐지는 지점에 예리코가 있다. 예루살렘에서 18미터 떨어진 이곳은 예수 당대에 이스라엘에서 가장 오

> 헤로데 역시 예리코 계곡에 도시를 세웠다. 예리코 거주민들의 경작기술 덕분에 인근 지역이 더 풍성해지고 생산성이 올라가게 되리라 생각했기 때문이었다.
>
> 요세푸스, 《유대 고대사》
> C.E. 95년경

과거 예리코에 있던 헤로데 궁 일부를 이루던 둥근 구조물. C.E. 31년 지진이 발생한 뒤 세워진 이 성은 예수가 예리코를 가로질러 가던 당시에는 굳건히 서 있었다.

네덜란드 화파의 화가 얀 베르메르가 1654년경 친밀한 분위기를 살려 그린 '마르타와 마리아의 집에 있는 그리스도'(221쪽).

래된 도시로 손꼽혀서 오늘날 우리가 아는 인구 2만 명의 노후한 소도시보다 훨씬 웅장한 모습이었다. 헤로데는 원래 클레오파트라에게 임대했던 이 도시와 울창한 야자숲을 C.E. 30년 아우구스투스로부터 선물로 받아 통치하고 있었다. 헤로데는 도시 확장공사를 시작해 자신을 위한 성과 전차 경주용 대경기장, 송수교를 건립한다. 송수교는 훗날 무슬림 시대에 부분적으로 복원된다. 로마의 지리학자 스트라보(Strabo)는 "사방에서 흐르는 시내"가 물을 공급해서 "온갖 나무들이 잘 자라 소출을 풍성하게 내고 있다"고 칭송했다.

전략적 요충지였던 이곳은 아랍과 예루살렘, 지중해를 연결하는 카라반 루트의 교차로가 되었고, 그 덕에 수많은 통행료 징수소를 만들었다. 그곳의 세관장 중에 삭개오(Zaccheus, 자캐오)라는 이가 있었다. 루가에 의하면 "그는 부자"였다. 예수가 도착하자 사람들이 몰려들었다. 하지만 키가 작아 예수를 잘 볼 수 없었던 삭개오는 앞으로 달려가 돌무화과나무(혹은 뽕나무)에 올라갔다. 예수를 보고 싶은 마음에서였다. 예수는 고개를 들어 삭개오를 보고 말했다. "자캐오야, 어서 내려오너라. 오늘은 내가 네 집에 머물러야 하겠다."(루가 19:1-5). 놀랍게도 세리 중의 대장이었던 삭개오는 자발적으로 개종한 뒤 예수의 뜻을 따른다. "주님, 저는 제 재산의 반을 가난한 사람들에게 나누어 주렵니다. 그리고 제가 남을 속여먹은 것이 있다면 그 네 갑절은 갚아주겠습니다."(루가19:1-8). 삭개오가 '하느님의 나라'를 받아들이는 이 극적인 사건

은 갈릴리에서 고초를 겪은 예수와 제자들에게 큰 힘을 실어주었다. 예수의 가르침을 그의 고향보다 더 잘 받아들일지도 모른다는 희망적인 징후였다. 루가는 "예수께서 예루살렘에 가까이 오신 것을 보고 하느님의 나라가 당장에 나타날 줄 알고 있었다."라는 말을 덧붙였다(루가 19:11).

이제 예수와 그의 제자들은 유월절 축제를 위해 예루살렘으로 가는 순례자 행렬에 합류한다. 이때 티매오의 아들 바르티매오라는 앞 못 보는 거지가 길가에 앉아 있다가 예수가 군중들과 함께 지나간다는 소리를 듣고 크게 외친다. "다윗의 자손이신 예수님, 저에게 자비를 베풀어주십시오!" 다윗 왕의 자손이 메시아라는 예언을 암시한 말이었다. 예수는 그를 불러 묻는다. "나에게 바라는 것이 무엇이냐?" 그러자 그 소경은 "선생님, 제 눈을 뜨게 해주십시오."라고 답한다. 마르코에 의하면 예수는 그를 향해 "가라. 네 믿음이 너를 살렸다."라고 말했고, 그 말이 떨어지자마자 소경은 눈을 뜨고 예수를 따라 갔다고 한다(마르코10:46-52).

베다니아의 마르타와 마리아

일행은 예리코에서 예루살렘으로 가는 가파르고 구불구불한 길을 힘겹게 걸어야 했다. 올리브 산 꼭대기로 이어지는 길을 목전에 둔 일행은 베다니아라는 마을에 잠시 들른다. 이곳에 예수와 매우 친한 가족이 살고 있었다. 복음서에서는 예수와 그 가족의 친목이 어떤 종류인지 구체적으로 밝히지 않지만 마르타와 마리아, 나사로(Llazarus, 라자로)는 예수의 어머니 마리아와 연관 있는 사람들이라고 추측할 수 있다. 1세기 팔레스타인에서 타지 사람들과의 친목은 대개 혈연관계를 의미했다. 이들의 집은 루가의 복음서와 요한의 복음서에 기록된 두 가지 중요한 사건의 무대가 된다.

루가에 따르면 예수가 그 집에 가 자리를 잡고 늘 하던 대로 가르침을 펴기 시작하면서 사건이 벌어진다. 그때 마리아는 "주님의 발치에 앉아서 말씀을 듣고 있었다." 이것은 예수가 여성들에게 보여준 호의였다. 하지만 마리아가 넋을 잃고 예수의 말에 집중하는 건 그의 언니 마르타가 예수를 모시기 위해 두 배로 힘들게 일해야 한다는 것을 의미했다. 그때나 지금이나 근동지방 사람들에게 손님맞이는 절대적으로 중요한 일이었다. 얼마 지나지 않아 마르타는 자신의 의무를 소홀히 하는 여동생에 대한 불평을 예수에게 털어놓았다. "주님, 제 동생이 저에게만 일을 떠맡기는데 이것을 보시고도 가만두십니까? 마리아더러 저를 좀 거들어주라고 일러주십시오." 하지만 예수는 예상과 전혀 다른 말로 마르타를 타이른다. "마르타, 마르타, 너는 많은

> 예수의 일행이 여행하다가 어떤 마을에 들렀는데 마르타라는 여자가 자기 집에 예수를 모셔 들였다.
>
> 루가 10:38
> C.E. 75-90년경

일에 다 마음을 쓰며 걱정하지만 실상 필요한 것은 한 가지뿐이다."(루가 10:40-42). 영적 갱신이야말로 최우선 순위라는 점을 강조한 말이었다. 동시에 여성도 남성과 마찬가지로 가르침을 받을 수 있다는 점을 은연중에 암시한다고 볼 수 있다.

나사로의 소생

요한의 복음서에는 마르타와 마리아 가족과 연관된 다른 이야기가 나온다. 예수가 여전히 "요르단 강을 건너는" 중일 때 나사로(라자로)가 병에 걸렸다. 그의 누이는 마리아와 마르타였다. 나사로의 생명이 위협받는 상황에서 마르타와 마리아는 예수에게 사람을 보내 "주님, 주님께서 사랑하시는 이가 앓고 있습니다."라고 전했다(요한 11:3).

　예수는 평소답지 않게 한걸음에 베다니아로 달려가지 않는다. 요르단 강 동쪽 연안지역에서 "이틀"을 더 머문 후에야 유대로 이동한 것이다. 몇몇 신학자들은 자신의 부활을 예상한 예수가 죽은 사람을 일으켜세우는 자기 능력을 입증하기 위해 일부러 나사로가 죽기를

렘브란트의 제자 얀 리베스가 1631년에 그린 '나사로의 소생'(아래).

나사로의 무덤

일부에서 예수가 죽은 나사로를 소생시킨 장소라고 믿는 무덤. 현재 아랍어로 '엘 아자리에(el-Azariye)'라고 불리는 곳에 있다.

복음서에 의하면 예수와 그의 제자들은 예루살렘에 도착하기 전에 베다니아라는 마을에 들른다. 여기에는 예수와 친밀한 나사로와 두 명의 누이, 마르타와 마리아 가족이 살고 있었다. 베다니아라는 이름의 어원은 "무화과의 집(beth anya)" 혹은 "빈민의 집(beth'ani)"이라는 의미로 해석할 수 있다. 구전에 따르면 성서에 등장하는 장소는 오늘날의 요르단 강 서편 알 아자리에라고 불리는 아랍의 소도시와 연관이 있다. 나사로는 히브리어로 '엘르아살'(Eleazar, 하느님이 나를 도우신다), 아랍어로 '엘라자르'(El'azar)라 한다. 올리브 산 비탈에 위치한 엘-아자리에 마을은 요르단 계곡을 마주보고 있다. 4세기에, 나사로의 무덤을 표한다고 전해지던 장소 근처에 작은 교회가 세워졌다. 그곳은 마을 공동묘지 터이기도 했다. 11세기에는 그 장소에 모스크가 세워졌다. 하지만 십자군이 와서 교회로 그 무덤을 덮어버렸다. 그러나 다시 무슬림이 재점령하면서 모스크가 세워졌다. 1953년, 동예루살렘과 요르단 서편 지역을 요르단 왕국이 다스리게 되면서 프란체스코 수도회에서 십자군 교회 유적지 인근에 새로운 교회를 세웠다. 이 건물은 지금까지 자리를 지키고 있다. 이 지역에서는 유골함이 많이 발굴되었다. 유골함에 적힌 이름을 보면 고대 베다니아에 갈릴리에 뿌리를 둔 사람들이 많이 살았다는 걸 알 수 있다. 이런 점은 나사로와 마르타, 마리아 가족이 예수의 가족과 모종의 관련이 있을 것이라는 추측에 힘을 실어준다.

기다렸다고 주장한다. 예수는 제자들에게 "우리 친구 라자로가 잠들어 있으니 이제 내가 가서 깨워야겠다."라며 되돌아가는 이유를 설명한다(요한 11:11). 또 다른 주석자들은 전언이 전해질 무렵에는 이미 나사로가 죽어 있었다고 말한다. 그러므로 예수가 이틀을 지체한 것은 자신이 죽은 지 사흘째 되는 날에 부활할 것임을 암시하기 위해서였다고 주장한다. 사망한 후 "사흘"의 시간은 고대 유대교에서 특별한 의미를 지닌다. 이 기간 동안 고인의 친족들은 무덤을 방문해 사체를 살피고 그가 깊은 혼수상태에 빠진 것은 아닌지를 확인한다. 고대의 〈미드라슈나〉 유대교 경전 주석자들은 "(사망 후) 사흘 동안 사람의 영혼은 자신의 몸 위를 배회하면서 다시 들어가려고 한다"고 적혀 있다고 주장한다. 《탈무드》의 한 항목인 '세마코트(Semachot)'에서는 무덤에서 살아난 채로 발견되어 노인이 될 때까지 살았던 이야기를 두 번 인용한다. 어쩌면 예수는 이 일을 염두에 두고 제자들에게 이런 말을 했는지도 모른다. "라자로는 죽었다. 이제 그 일로 너희가 믿게 될 터이니 내가 거기 있지 않았던 것이 오히려 잘된 일이다."(요한 11:11-16).

> 올리브 산 중턱에 있는 벳파게와
> 베다니아 가까이에 이르렀을 때
> 예수께서는 두 제자를
> 앞질러 보내셨다.
>
> 루가 19:29
> C.E. 75-90년경

그리하여 마침내 베다니아에 도착해보니 "라자로가 무덤에 묻힌 지 이미 나흘이나 지난 뒤였다." 사망 확인이 공식적으로 완료된 시점이었다. 마르타는 예수를 책망했다. "주님, 주님께서 여기에 계셨더라면 제 오빠는 죽지 않았을 것입니다." 이에 예수는 다음과 같이 말했다. "네 오빠는 다시 살아날 것이다." 그러자 마리아가 와서 애통하게 울기 시작했다. 예수는 "비통한 마음이 북받쳐 올랐다." 이런 식으로 예수의 감정을 묘사한 사례는 복음서에서 보기 드물다. 특히 요한의 복음서에서는 매우 이례적인 일이었다(요한 11:17-33).

예수는 무덤으로 갔다. 사체가 부패해 냄새가 날 것이라고 경고하는 말도 무시한 채 무덤을 막고 있는 돌을 치우게 했다. 그리고 큰 소리로 "라자로야 나오너라."라고 외쳤다. 그러자 "죽었던 사람이 밖으로 나왔는데 손발은 베로 묶여 있었다." 요한에 따르면 많은 유대인은 예수를 믿게 되었지만 더러는 바리새파 사람들에게 찾아가 예수가 한 일을 일러바쳤다고 한다. 바리새파 사람들은 더 이상 예수를 참아낼 수 없다고 판단했다. 그래서 "대사제"와 만나 "의회를 소집"했다. 산헤드린 공의회가 열린 것이라고 보아도 무방하다. 이렇게 모인 대사제와 바리새파 사람들은 그때부터 예수를 체포해 사형에 처할 음모를 꾸미기 시작했다(요한 11:39-47).

예루살렘으로 들어가다

예수의 예루살렘 입성은 네 가지 복음서에서 모두 묘사하고 있으므로 그 신빙성은 분명히 뒷받침된다. 이 이야기의 핵심적인 부분을 제공하는 것은 마르코다. 그런 다음에 마태오와 루가, 요한이 그 내용을 확대시켜 나간다. 베다니아에서 밤을 보낸 예수와 제자들은 다음날 이른 오후 예루살렘으로 길을 떠났다. 이들은 팔레스타인 전 지역과 디아스포라에서 거룩한 도성으로 물밀 듯 밀려가며 그 수를 불리는 숭배자 무리에 합류했다. 베다니아에서 올리브 산까지는 걸어서 두 시간 거리에 불과하지만 그 길에는 예리코의 야자잎을 흔들며 찬송을 부르는 남녀노소로 가득했을 것이다. 예루살렘에 가까워질수록 오후의 흙먼지를 뚫고 성전의 꼭대기가 솟아오르고, 황금 코니스 장식은 석양빛을 받아 반짝였을 것이다.

그렇게 한참이 지난 후 예수는 제자 두 명을 바라보며 말했다. "맞은편 마을로 가보아라. 거기 들어가면 아직 아무도 타보지 않은 새끼 나귀 한 마리가 매여 있을 것이다. 그것을 풀어서 끌고 오너라." 제자 중 한 명이 당시와 같은 성수기에 그런 사치품을 어떻게 살지 의아해하며 입을 벌렸던 모양이다. 예수는 즉시 덧붙여 말했다. "만일 누가 왜 그러느냐고 묻거든 주님이 쓰신다 하고 곧 돌려보내실 것이라고 말하여라."(마르코 11:1-3). 두 제자는 예수의 말에 순종했다. 가보니 과연 어린 나귀가 길가 문앞에 매여 있었다. 나귀를 풀자 거기 서 있

예루살렘에 도착한 예수는 헝가리 출신의 현대화가 발라지 발록(Balage Balogh)이 묘사한 그림과 같은 도시 전경을 보았을지도 모른다.

올리브 산 아래로 이어진 고대 도로(224쪽). 베다니아에서 예루살렘 성벽으로 가는 길이었다.

10세기에 익명의 화가가 그린 '예루살렘에 입성하는 예수'라는 제목의 세밀화(227쪽).

던 사람이 대뜸 "왜 나귀를 풀어가오?"라고 물었다. 제자들은 예수가 이른 대로 정확하게 말했다. 그걸로 충분했는지 두 제자는 아무런 방해 없이 나귀를 끌고 예수에게 갈 수 있었다(마르코 11:4-7).

예수가 나귀에 오르고 일행은 여정을 이어나갔다. 올리브 산의 구불구불한 길을 따라 키드론 골짜기를 지나 다시 한 번 예루살렘의 성벽을 올랐다. "수많은 사람들이 겉옷을 벗어 길 위에 펴놓았다. 또 어떤 사람들은 들에서 나뭇가지를 꺾어다가 길에 깔았다. 그리고 앞서가는 사람들과 뒤따라오는 사람들이 모두 환성을 올렸다. '호산나! 주의 이름으로 오시는 이여, 찬미 받으소서! 우리 조상 다윗의 나라가 온다. 만세! 높은 하늘에서도 호산나!'"(마르코 11:7-10).

이 환희에 찬 순간은 아마도 예수 사역의 정점이 되었을 것이다. 갈릴리의 군중은 주로 기사이적을 보는 데만 관심을 가졌지만 예루살렘으로 가는 길목에서 그를 맞이한 이들은 전혀 달랐다. 이들은 병을 치유하고 놀라운 일을 행하는 사람에서 나아가 하느님 나라의 도래를 알리러 이 세상에 온 사람으로 예수를 인정했다. 몇몇 학자들은 〈즈가리야서〉(스가랴서)에 이와 유사한 부분이 있음을 지적한다. 〈즈가리야서〉에서는 이스라엘을 되찾은 왕이 예루살렘에서 환영받고 모든 도시에서 기쁨의 환성을 올리는 모습이 묘사된다. "수도 시온아, 한껏 기뻐하여라. 수도 예루살렘아, 환성을 올려라. 보아라, 네 임금이 너를 찾아오신다. 정의를 세워 너를 찾아오신다. 그는 겸비하여 나귀, 어린 새끼 나귀를 타고 오신다."(즈가리야 9:9). 마르코의 복음서에 기록된 이 사건의 신빙성에 이의를 제기할 필요는 없다. 예수가 앞의 구절을 알고 그 예언서에 적힌 대로 예루살렘에 입성하기로 마음먹었을 가능성이 높기 때문이다.

예수는 올리브 산을 정면으로 보면서 골짜기 문(Valley Gate)을 지난 다음 오른쪽으로 돌아서 천천히 계단을 내려가 성전 내부에 있는 이중문으로 이동했을 것이다. 당시 헤로데가 설계한 거대한 성전 안뜰과 솔로몬 행각 등 성전을 둘러싼 거대한 건물은 한창 공사 중이었다. 이 거대한 광장 일부에는 비계가 세워지고 대리석과 석회색 먼지가 공중에 떠다녔을 것이다. 어쩌면 제자들은 그 먼지의 맛을 입술로 느꼈을 수도 있다. 그들 뒤로 엄청난 인파가 터널을 지나 안뜰로 뒤따라 들어온 뒤 개방적으로 설계된 이 광활한 공간의 여러 구역으로 들어갔을 것이다. 헤로데의 성소는 그 어떤 사람도 이전에 보지 못했을 만큼 거대한 인공 건축물이었다.

하지만 시간이 너무 늦어버렸다. 희생제 제단이 폐쇄되어 있었다. 군중의 수는 점점 줄어들었고, 성전에 주둔하던 군 병력에 의해 출입구로 몰려났다. "날이 이미 저물었다. 그래서 열두 제자와 함께 베다니아로 가셨다." 예루살렘 성전으로 가서 그곳 안뜰에서 훌륭한 설교를 하려던 예수의 계획은 다음날 아침까지 미뤄지게 되었다.

요세푸스가 묘사한 예수

요세푸스의 《유대 고대사》에 예수에 대한 언급이 있다. 전문가들은 이 글이 필사한 수도사들에 의해 '덧붙여'졌다고 믿는다. 다음은 삽입되었다고 생각되는 부분을 괄호 안에 넣은 요세푸스의 글이다.

이 즈음에 예수라는 현자(그를 사람이라고 생각하는 이들은 현자라 불렀다)가 있었다. 그는 놀라운 일을 해내는 기인이었고 진실을 흔연히 받아들이는 선생이었다. 그는 많은 갈릴리 사람들과 유대인 다수를 동원했다(그는 그리스도였다). 그리고 우리 주요 인사들이 발의했던 대로 필라투스(빌라도)가 그에게 십자가형을 언도했다. 하지만 처음에는 그를 사랑하는 사람들의 애정은 그칠 줄을 몰랐다. (예수가 사흘 뒤에 다시 살아났기 때문이다. 성스러운 예언자들이 이런 사실과 그를 둘러싼 만여 가지의 놀라운 일을 예언한 바 있었다). 그리고 예수의 이름을 따서 그리스도교라 불리는 신앙을 가진 사람들은 절멸되지 않고 오늘날까지 활동을 하고 있다.

요세푸스에 의해 확인된 내용은 다음과 같다. (1)예수는 현자였다. (2)놀라운 일을 많이 한 선생으로 여겨졌다. (3)유대 지역을 폰티우스 필라투스가 다스리는 동안 십자가형을 받았다. (4) 그의 리더십은 1세기 내내 추종 세력을 양산해냈다.

예루살렘의 유월절

드디어 무교절의 첫 날이 왔다.
이 날은 과월절(유월절)에 쓰는
어린 양을 잡는 날이었다.

루가 22:7
C.E. 75-90년경

올리브 산의 겟세마네(Gethsemane) 동산이라고 전해지는 곳에서는
과거 제2성전이 서 있던 성전산이 보인다.

예수가 유월절을 보내며 겪은 사건이 정확히 언제 일어났는지 말하기는 어렵다. 공관복음서와 요한의 복음서가 그 시기를 각기 다르게 기록했기 때문이다. 하지만 이보다 더 복잡한 문제는 유대교에서 하루의 시작을 일몰부터 계수한다는 데서 비롯된다. 서구문명에서 자정을 기준으로 하는 것을 고려하면 시간 개념이 복잡해진 이유가 납득된다. 유월절 축제는 음력에 맞추어져서 니산월 14일이 되는 날은 봄이 되어 처음으로 보름달을 볼 수 있는 날짜와 정확히 일치한다(출애굽 12:2-6).

뉴턴을 비롯한 많은 천문학자들은 이 정보를 근거로 예수가 십자가형에 처해진 때를 계산하려 애썼다. 잠정적으로 합의된 날짜는 대략 두 개다. C.E. 30년이라고 추정하면 4월 7일 금요일이고, C.E. 33년으로 생각했을 때는 4월 30일 금요일이다.

'넘어간다'라는 의미를 지닌 라틴어 파스카(Pascha)나 히브리어 페사흐(Pesach)라고 불리는 유월절은 하느님의 천사가 이집트의 장자를 모두 죽인 후 이스라엘이 이집트의 속박에서 벗어난 일을 기리는 날이다. 이스라엘들은 이집트인이 아니라는 표시를 하기 위해 양을 잡아 그 피를 자신의 집 문 상인방에 바르라는 지시를 받았다. 이 표식이 있는 집은 천사의 노여움으로 인한 재앙을 피할 수 있었다(출애굽 12:6-7). 그리고 모세의 지도에 따라 이집트를 떠나도 좋다는 신호를 기다리는 동안 양고기를 굽고 누룩을 넣지 않은 빵(무교병)을 먹으라는 지시를 받았다.

빵에 누룩을 넣지 않은 것은 부풀릴 시간이 없기 때문이었다. 〈출애굽기〉에서는 이스라엘 민족이 약속의 땅에 도착하면 영원히 이 날을 축일로 지켜야 한다고 선언했다. 《미슈나》에서 페사흐 도로트(Pesach Dorot)라고 알려진 이 날은 다음 세대에서 유월절(또는 과월절)이라는 이름으로 기리게 되었다(출애굽 12:25).

예루살렘 입성

유월절을 앞둔 며칠 동안 팔레스타인과 디아스포라 지역에서 길을 떠난 수천 명의 유대인이 예루살렘으로 모여들어 〈출애굽기〉에서 명한 전례를 이행한다. 예루살렘 성전의 문이 활짝 열리기 무섭게 순례자들은 이방인의 뜰(Court of the Gentiles)이라고 알려진 거대한 안뜰로 쏟아져 들어간다. 이어서 이방인은 절대로 넘어설 수 없는 경계선인 돌담을 지나간 군중은 평탄하지 않은 높은 계단 15개를 기어 올라간다. 계단이 평탄하지 않은 것은 조심스레 오르면서 겸손한 마음을 품게 하기 위해서다. 계단 끝 문 안으로 들어가면 여인들의 뜰(Court of Women)이 나온다. 이 안뜰 주변에 뿔 모양을 한 13개의 궤가 있다. 이 헌금궤들은 저마다 고유한 용도를 지닌다. 한쪽으로 치워진 두 개의 헌금궤는 성전세로 반 세겔을 넣는 곳이다. 나머지 궤에는 성전에서 태울 나무와 향을 구매하기 위한 헌금이나 비둘기 제물 또는 자발적인 선물을 넣도록 되어 있다.

0 25 50킬로미터
0 25 50마일
현재의 국가명과 국경선,
해안선을 기준으로 한 지도.
자세한 내용은 239쪽 참조.

시돈
다마스쿠스
레바논
띠로
시리아
세포리스
벳새다
나사렛
갈릴리 호
(긴네렛 호)
가이사리아
지중해
사마리아
이스라엘
예루살렘
유다
가자지구
사해
이집트
네게브
나바테아

루가의 복음서에서 예수는 이런 헌금궤를 언급하며 부자와 가난한 사람을 비교했다. 부자들이 헌금궤에 사치스러운 선물을 수도 없이 넣는 가운데 가난한 과부가 동전 두 닢을 넣는 모습을 목격한 예수는 이렇게 설명했다. "나는 분명히 말한다. 이 가난한 과부는 다른 모든 사람보다 더 많은 돈을 넣었다. 저 사람들은 모두 넉넉한 데서 얼마씩을 예물로 바쳤지만 이 과부는 구차하면서도 가진 것을 전부 바친 것이다."(루가 21:1-4).

성전 헌금궤에는 많은 액수의 돈이 들어 있었다. 로마제국 전역의 신실한 유대인 공동체에서 바친 십일조가 포함되었기 때문이다. 키케로가 변론한 소송을 통해 소아시아의 로마인 총독 발레리우스 플라쿠스(Valerius Flaccus)가 프리기아(Phrygia) 유대인들이 모은 일년치 십일조를 가로채려 한 적이 있었다는 사실이 알려지기도 했다. 이 기록에 따르면 한 소도시에서는 금 20파운드(9킬로그램)를 모았고, 아파미아(Apamea) 지역의 공동체에서는 100파운드(45.359킬로그램)에 육박하는 금을 모았다고 한다.

헌금궤를 관리하는 일에는 일종의 중앙은행 기능도 포함되었다. 자체 통화인 성전 세겔

요한의 복음서에는 예수가 베데스다(Bethesda, 베짜타) 연못가에서 38년 동안 병을 앓아온 움직이지 못하는 남자의 병을 고쳐주었다는 내용이 나온다. 고고학적 발견으로 정확한 위치가 입증된 몇 안 되는 복음서의 배경이다.

시리아 두라-유로포스의 고대 회당에서 발견된 프레스코화. 240년경 작품으로 추정되는 이 그림은 당시 남아 있던 예루살렘 성전에 대한 묘사글을 기반으로 제2성전의 모습을 표현해냈다.

현대의 유월절 식사 모습을 보여주는 은쟁반(233쪽 하단).

(띠로에서 주조함)을 발행하고 부유한 집안의 저축을 맡아준 것이다. 랍비가 쓴 문헌에 의하면 헌금과 헌물 잉여분은 대사제 재량껏 배분하는 방식으로 운용되었다.

유대인 여성은 여인들의 뜰 너머 공간으로는 갈 수가 없었다. 여인들은 그곳에 남아 기도를 하고, 남편들만 성전으로 계속 들어갔다. 15개의 휘어진 계단을 오르면 니카노르의 문(Nicanor Gate)이라는, 웅장한 황동문 앞에 이르렀다. 이 문이 열리면 이스라엘의 뜰(Court of the Israelites)이라고 불리는 실제 성전 뜰이 나왔다. 그곳에서 순례자들은 걸음을 멈추고 웅장한 제2성전의 파사드 전경을 넋을 잃고 바라보았다.

솔로몬의 제1성전 터에 세워졌다가 B.C.E. 587년에 느부갓네살이 파괴한 제2성전은 B.C.E. 515년에 페르시아 왕 키루스 2세의 명에 따라 재건되었다. 헤로데 대왕은 도시 확충 계획의 일환으로 낡은 성전 파사드를 허물고 새로운 건물 정면 외관을 만들어냈다. 일부에는 금박을 입히고 성전 입구 양쪽 측면 기둥에는 아름다운 넝쿨로 장식을 했다. 거기에 달린 포도송이는 사람 키만했다고 전해진다.

유월절 제물

올리브 산 위로 태양이 떠오르고 타는 듯한 햇살이 황금 잎사귀를 물들이면 성전에 모인 사람들은 시선을 돌리지 않을 수 없었다. 그들 왼편, 사제들의 뜰(Court of the Priests)이라고 알려진 곳의 연단 위에 거대한 제단이 우뚝 솟아올라 있었다. 이 제단은 사실 거대한 석쇠였다. 제단 사방에서 보조원들이 땀을 흘리며 불을 때는 가운데 사제들은 활활 타는 거대한 석쇠 위에 제물로 바쳐진 고깃덩어리를 던졌다. 몇몇 사제는 타다 남은 불에 기름과 와인을 붓고 다른 사제들은 성소로 가는 계단에 서서 성가를 불렀다.

유월절 저녁, 그러니까 니산월 14일 오후가 되면 모든 순례자들은 성전으로 가 제물로 양을 바쳤다. 그날 밤 식사로 양고기 일부를 구워 먹으며 이스라엘 민족의 출애굽이 시작된 날 밤을 기리는 것이다. 가족이나 문중 단위에서도 양과 염소를 가져왔다. 이 제물용 동물들은 엄격한 기준을 충족시켜야 했다. 유월절에 희생되는 양과 염소는 몸에 흠이나 티가 없는 한 살짜리 수컷이어야 했다(출애굽 12:5). 순례자들이 이런 동물을 쉽게 구하도록 예루살렘 성전 당국에서 연령과 여타 조건을 충족시키는 어린 양 매매시장을 운영했다.

순례자들은 처음에 30명씩 무리를 지었다. 그 중 첫 번째 무리가 양을 가지고 안뜰로 들어가면 니카노르의 문은 닫힌다. 순례자들은 '도축장'이라고 알려진 구역으로 이동해 가지고온 동물을 수직으로 세워진 말뚝에 묶었다. 레위 지파의 성가대가 할렐 시편(Hallel Psalm, 시편 113–118)을 부르기 시작하고 금관악기가 울리면 순례자들은 날카로운 칼로 짐승의 멱을 따고, 사제들은 옆에 서서 은그릇에 더운 피를 받았다. 유대 제례에 의하면 피는 신성하고 경건하다. 생명의 정수이므로 오롯이 하느님에게 속한 것이다. 은그릇은 말뚝에서 제단으로 옮겨지고 사제들은 은으로 만든 특별한 거품기로 제단 하단에 피를 뿌렸다.

그런 다음 양들은 특별한 고리에 걸려 도살되었다. 목과 간, 위처럼 번제물로 사용할 장기는 식용 부위와 분류해 따로 보관했다. 해가 지고 밤이 오면 석류나무 꼬챙이에 고기를 꿰어 구운 다음 유월절 식사로 먹었다. 제단에서 시작된 연기구름은 순례자들의 머리 위로 뭉게뭉게 피어올라 예루살렘 하늘을 가득 메웠다. 〈레위기〉에 따르면 제물이 "불에 타면서 향기를 풍겨 야훼를 기쁘게" 했던 것이다(레위기 1:13).

환전상의 축출

예수와 사제들이 두 번째로 성전을 찾아간 시기 역시 명확하지 않다. 대다수 교부들은 그 날이 월요일이라고 믿는다. 예수가 당당하게 예루살렘 성전에 개선한 것이 종려주일이라고 보기 때문이다. 그래야만 부활절 전 일주일의 수난 주간(Holy Week)에 일어난 사건들의 순서가 맞아떨어진다. 하지만 사료를 근거

유월절 식사

유월절 식사는 성전에서 제물로 바치고 남겨온 양고기를 이용했다. 해가 지면 석류나무 꼬챙이에 양고기를 끼워 구웠다. 식구들 모두가 나누어야 해서 일인분 양은 많지 않았다. 그래서 여자들은 보리와 렌틸콩으로 만든 스튜와 누룩을 넣지 않은 빵을 준비했다. 여기에 유월절에 사용하도록 정해진 쓴맛 나는 허브 파슬리와 아욱, 치커리, 무를 고명으로 곁들였다. 쓴맛 나는 허브를 사용한 것은 이집트에서 유대인이 겪은 고통을 상기하기 위해서다(출애굽1:14). 랍비 가믈리엘은 "유월절에 다음 세 가지를 언급하지 않으면 의무를 다하지 못한 것이다. 유월절 제물과 누룩을 넣지 않은 빵(무교병) 그리고 쓴맛 나는 허브다."라고 말했다. 오늘날 많은 사람들이 최후의 만찬을 유월절에 했다는 주장을 받아들이지만 사실 이는 격렬한 논쟁거리다. 브루스 칠턴은 이 주장의 진실 여부와 상관없이 초기 유대 그리스도교도 대다수가 그랬기를 소망했다고 주장한다. 그래야 유대교적 특징을 유지하면서 부활절 절기를 지킬 수 있기 때문이다.

로 볼 때, 두 번째 성전 입성은 수요일이라고 보는 편이 더 정확하다. 심지어 니산월 14일인 목요일로 볼 수도 있다. 유월절 어린 양이 성전에서 제물로 바쳐지는 시기가 이 날이기 때문이다.

베다니아에서 출발해 성전에 도착한 예수와 사도들은 한 줄로 이어진 계단을 올라 성전의 남쪽으로 난 이중문에 도착했을 것이다. 여기서 불꽃을 내며 타오르는 햇불에 의지해 솔로몬 행각 아래 터널을 지나 이방인의 뜰로 가게 된다. 동물을 사고파는 시장판이 되어버린 이곳에서는 장사치들이 흠 없는 유월절 양과 비둘기를 신나게 팔고 있었다. 그 근처에 환전상의 가판이 펼쳐져 있었다. 제물로 바칠 동물을 사려면 성전 세겔로 환전해야 했다. 성전 안에서는 띠로에서 주조된 성전 세겔 주화만 통용되었기 때문이다.

브루스 칠턴 등은 당시 양을 사고파는 일은 성전에서 떨어진 곳에서 이루어졌다고 주장한다. 올리브 산에 있던 이 시장은 차누트(Chanut)라고 불렸다. 요세푸스와 필론은 비둘기와 염소, 양을 비롯한 모든 번제물은 성전에서 멀리 떨어진 곳에 두었다가 번제를 드리는 순간에 가져오게 했다고 믿었다. 성전의 포장도로가 동물의 배설물로 뒤덮이는 걸 막기 위해서였다. 어쩌면 대사제 가야바가 관습을 바꿔 시장을 성전 안에 들였는지도 모를 일이다. 판매되는 양의 질을 통제하거나 올리브 산에서 오는 길에 순례자들끼리 충돌해 동물이 해를 입는 불상사를 방지하려고 그런 조치를 취했을 수도 있다.

어찌되었든 복음서에서 분명하게 밝히는 사실은 성전 뜰에서 벌어지는 광경을 보고 예수가 충격을 받았다는 점이다. 마르코는 다음과 같이 기록했다. "예수께서는 성전 뜰 안으로 들어가 거기에서 사고파는 사람들을 쫓아내시며 환전상들의 탁자와 비둘기 장수들의 의자를 둘러엎으셨다. 또 물건들을 나르느라고 성전 뜰을 질러다니는 것도 금하셨다. 그리고 그들을 가르치시며 "성서에 '내 집은 만민이 기도하는 집이라 하리라.'고 기록되어 있지 않느냐? 그런데 너희는 이 집을 '강도의 소굴'로 만들어버렸구나!" 하고 나무라셨다."(예레미야 7:11, 마르코 11:15-17). 요한은 예수가 "밧줄로 채찍을 만들어 양과 소를 모두 쫓아내시고 환금상들의 돈을 쏟아버리며 그 상을 둘러엎으셨다."고 전한다(요한 2:15).

어쩌면 "강도의 소굴"이라고 한 이 말이 예수의 운명을 결정지었는지도 모른다. 폰티우스 필라투스와 가야바가 성전궤에 담긴 돈을 편취해 로마의 송수교를 지으려 한다는 비난에 직면했던 게 불과 2년 전이었다. 그러므로 성전이 강도의 소굴로 변했다는 예수의 비난은 그 의도가 무엇이었든 지도층의 신경을 건드렸을 것이다. 마르코는 곧바로 다음과 같이 말한다. "이 말씀을 듣고 대사제들과 율법학자들은 어떻게 해서라도 예수를 없애버리자고 모의하였다."(마르코 11:18).

로마의 경비병들은 안토니아 성채의 톱니형 탑을 따라 경비를 서고 있었다. 성전에 인접한 이 성채는 성전 안뜰을 감시하는 장소였다. 커다란 성전 안뜰은 과거 대규모 시위의 시발

C.E. 68년경에 띠로에서 주조된 세겔 은화. '거룩한 예루살렘'이라는 글씨가 새겨진 이 주화는 성전에서 유일하게 사용된 통화였다 (상단).

'성전에서 환전상을 쫓아내는 그리스도'(235쪽)는 스페인의 화가 엘 그레코(본명: 도메니코스 테오토코폴로스, 1541~1614)가 1600년경에 그렸다.

무교절 첫 날에는 과월절(유월절)
양을 잡는 관습이 있었는데 그 날
제자들이 예수께 "선생님께서 드실
과월절 음식을 저희가 어디 가서
차렸으면 좋겠습니까?"
하고 물었다.

마르코 14:12
C.E. 66~70년경

점이 되곤 했고, 향후 몇십 년 안에 같은 일이 벌어질 가능성은 얼마
든지 있었다. 게다가 유월절은 일년 중 가장 불안한 절기였다. 그런
까닭에 로마 경비병들은 약간의 이상 징후만 감지되더라도 조기에 진
압해 상황이 걷잡을 수 없이 번지는 걸 막아야 한다고 훈련받았다. 복
음서에서는 시장에서 소란을 일으킨 일로 로마 경비병들이 비상 신호
를 울렸는지 여부는 말하지 않는다. 설령 그렇더라도 예수와 사도들
은 도망갈 수 있었겠지만 요주의 인물로 낙인찍히는 건 피할 수 없었
을 것이다.

마르코는 예수가 다음날 성전으로 돌아가 가르침을 폈다고 말한
다. 그러자 "예수의 말씀을 트집 잡아 올가미를 씌우려고 바리새파와
헤로데 당원 몇 사람"이 파견되었다(마르코 12:13). 하지만 많은 학자들
은 예수가 환전상을 공격한 일로 체포되었을 것이라 믿는다. 로마나
제사장들 모두 이 갈릴리 출신 랍비가 또 다른 폭력 시위를 벌일 수도 있다는 위험성을 간과
할 수 없었다. 꼭 성전이 아니라도 사람이 모인 예루살렘 거리에서 얼마든지 소요를 일으킬
사람으로 보았던 것이다.

최후의 만찬

니산월 14일 목요일에 예수와 사도들은 예루살렘에서 저녁식사를 하려 했다. 여행객이 머무는 여관과 숙소에 순례자들이 넘쳐나던 때였다. 평소 4만여 명이 거주하던 예루살렘은 유월절에 18만 명 넘는 사람들로 붐볐을 것이다. 예수는 사도 두 명에게 거처를 알아보라고 시켰다. 어찌할 바 모르는 두 사도에게 예수는 성 안에 들어가 물동이에 물을 길어가는 사람을 따라가서 "우리 선생님이 제자들과 함께 과월절 음식을 나눌 방이 어디" 있는지 물어보라 했다고 전하라 이른다(마르코14:14).

예수의 곁을 떠나 성으로 들어간 둘은 "과연 예수께서 말씀하신 대로"였음을 깨닫는다(마르코 14:16). 그들은 집주인에게 예수의 말을 그대로 전한다. "내가 제자들과 함께 과월절 음식을 먹을 방이 어디 있느냐?"(루가 22:11). 일부 문헌에서는 예수가 자신의 이름 대신 '선생'이라는 호칭을 사용한 것으로 미루어보아 집주인이 이미 예수를 알고 있었다고 주장한다. 이 집주인은 〈사도행전〉에서 어머니 마리아와 함께 예루살렘에 살고 있다고 소개한 요한 마르코(John Mark)일 수도 있다. 루가는 "이층의 큰 방"을 집주인이 보여주었다고 썼는데, 요한 마르코의 집에는 분명 큰 방이 있었다. 나중에 그 집에서 "많은 사람들이 모여 기도를" 드렸다고 기술하기 때문이다(사도행전 12:12~13). 하지만 이 집주인은 아리마태아 사람 요셉(Joseph

레오나르도 다 빈치가 이탈리아 밀라노의 산타마리아 델라 그라치에 교회에서 그린 유명한 프레스코화 '최후의 만찬'(1498~1495년).

고대에는 와인을 먹기 전에 물로 희석하는 게 일반적이었다. 부유한 로마 가정에서 사용된 1세기 은제 와인 숟가락이 이를 증명한다.

of Arimathea)이라는 주장도 있다. 예수가 수난을 당하고 죽은 후 시신을 장사 지낸 인물이다. 세월이 지나면서 교회 구전은 이 커다란 방이 회당 위에 있는 장소라고 굳어진다.

두 명의 사도는 집 안으로 들어가자마자 "과월절(유월절) 음식을 준비했다"고 마르코는 적는다. 여기서 음식은 전통적인 유월절 저녁식사를 의미한다(하지만 요한의 복음서에서는 조금 다른 이야기를 접할 수 있다). 음식을 나눠먹는 사이에 형성되는 유대감을 예수는 중요하게 생각했다. 예수가 가까이 지내려는 사람이나 하느님 나라에 대한 자신의 비전을 믿도록 개종시키고자 하는 사람들과 식사를 통해 가까워졌다는 사실은 여러 정황에서 드러난다. 이런 상징은 히브리어 성경과 근동지방의 접대 문화에서도 찾아볼 수 있다. 아브라함도 자신을 찾아온 천사 세 명에게 식사를 대접했다. 〈창세기〉에는 이삭이 아비멜렉과 평화조약을 맺고 잔치를 베풀어 함께 먹고 마셨다고 나온다. 음식을 함께 나누는 행위는 예루살렘 성전의 희생제에서도 핵심을 이루는 개념이었다.

예수와 사도들은 쿰란에서 발견된 것과 유사한, 가장자리가 높은 목재 접시나 테라코타 접시를 식기로 사용하고 토기 컵으로 포도주를 마셨을 것이다. 포도주는 유월절 식사에서 빠질 수 없는 음식이었다. 《미슈나》에 따르면 가장 가난한 사람도 유월절 저녁에는 "비록 공적 자선을 통해 돈을 마련하는 한이 있더라도 넉 잔 이상의 포도주"를 마셨다고 한다.

유다의 배신

그렇게 자리를 잡은 후 예수는 놀라운 발언을 한다. "너희 가운데 한 사람이 나를 배반할 것이다." 제자들이 누구냐고 묻자 예수는 "지금 나와 함께 그릇에 손을 넣은 사람이 바로 나를 배반할 것이다."라고 말한다. 사도들은 저마다 큰 소리로 무죄를 주장했다. 그 중에는 유다라는 사도도 있었다. 마태오의 복음서에서 유다는 예수에게 "선생님, 저는 아니지요?"라고 묻는다. 그러자 예수는 "그것은 네 말이다." 하고 대답했다(마태오 26:25). 학자들 대다수는 예수를 따르는 중추세력 중에 배신자가 있었다는 이야기가 사실이라고 믿는다. 예수의 제자를 나쁘게 묘사하는 이런 이야기는 고대 작가들 대부분이 어떻게든 피하고 싶었을 게 분명하기 때문이다. 그렇다고 해도 여전히 의문은 남는다. 유다는 왜 예수를 배신했을까? 일부에서는 유다의 이름이 이스가리옷 유다(Judas Iscariot) 또는 가룟 유다라는 점을 지적하면서 이 단어가 '단검'을 의미하는 라틴어 시카리우스(sicarius)와 연관이 있을지도 모른다고 주장한다. 시카리우스라는 말은 종종 유대의 젤롯당(Zealots : 열심당 또는 혁명)과 연관이 있다고 여겨졌다. 이들은 로마의 지배에 반기를 드는 반체제 인사들로 로마에 세금을 납부하지 않는 등 저항운동을 벌이고 있었다. 요세푸스는 C.E. 66년에 있었던 유대인들의 반란을 선동한 세력으로 젤롯당을 지목했다. 반란이 있고 몇 년이 지난 후 (마르코가 복음서를 작성한 시기와 비슷한 때로 추정된다) 많은 유대인과 유대 그리스도교도는 이 사건을 끔찍한 참사로 규정한다. 하지만 이스가리옷이라는 말은 유다가 유대 남부의 소도시 그리욧(Kerioth) 출신이라는 걸 의미한다고 믿는 학자들도 있다. 예

예수가 체포된 겟세마네와 연관이 있다고 전해지는
올리브 산의 구릉.

안토니아 성채의 위치를 표시한다는 시온 수녀원. 이
곳에서 빌라도가 예수를 재판했다고 추정할 수 있다.

성묘교회는 예수가 못 박혀 처형당하고 매장되었다
는 골고다에 세워졌다고 추정된다.

예수 수난의
주요 장소

지도 설명

- 예수 당대의 도시
- 송수로
- 문

정원묘지 ■ 북쪽 언덕

750

요세푸스의 제2북쪽 성벽

어문

예수가 예루살렘에 입성해
그곳에 있던 환전상들을
쫓아냈다(마태 21:1~12).

예수는 십자가 처형을 명하기
전에 옷이 벗겨지고 조롱과
매질을 당하는 수모를
겪었다(마태 27:27~31).

예수가 온몸이
마비된 사람을
낫게 했다(요한 5:2).

벳새다
연못

이스라엘
연못

참새의연못

안토니아
성채

프라에토리움

목자의 문

성전

예수가 기도를 하는 동안 제자들은
잠들어 있었다. 예수는 이곳에서
가룟 유다의 배신으로
체포당했다(마태 26:36~56).

예수의 사체는 처형당한
장소 인근에 있는 새로운 무덤에
안치되었다(요한 19:41).

제2 성벽

예수가 로마 총독
본디오 빌라도와
다시 만났다(요한 18:28~38).

예수가 성전에서
사람들을 가르쳤다
(요한 8:2).

겟세마네

북서쪽의 언덕

예수가 처형당했다
(요한 19:17).

골고다

심판의 문

예수와 빌라도가 마지막으로
대면한 장소다. 빌라도는
이곳에서 십자가 처형을
언도했다(누가 23:13~25).

성전

성전산

수산문

예수는 예루살렘 성전을 내려다보며
제자들에게 가르침을 전했다
(마태 24:3).

제1 성벽

예수가 부활하여
막달라 마리아에게 모습을
드러내었다(요한 20:11~18).

성전 출입문

다리

윌슨아치

니카노르 문

바빌로니아
유수 이후의

무덤

요세푸스의 제1 북쪽 성벽

동산 문

헤로데 탑

정원 예언자의 문

이방인의 뜰

Gate

로마 총독 관저로 사용되던
이곳에서 예수는 로마 총독 본디오
빌라도와 처음 대면했다
(요한 18:28~38).

헤로데 안티파스 궁

계단
로빈슨 아치

주랑현관
출다문

오벨 언덕

헤로데의
가족 무덤

헤로데 궁

상부 시장

상부 도시

헤로데 안티파스에게 끌려간
예수가 로마 병사들에게
매질을 당했다(루가 23:13~25).

계단

계곡문

제자들이 지켜보는
가운데 예수가 승천했다
(사도행전 1:9~11).

남서쪽 언덕

삼하부 경계선

예수가 체포된 후
대사제 가야바에게 끌려갔다
(루가 22:54).

대사제의 집

에세네 구역

기혼의 샘

히스기야 터널

아디아
베네
왕궁

다윗의
도시

시온 산
다락방

헤로데와
수형장

날 때부터 눈먼 사람을
예수가 고쳤다
(요한 9:1~12).

예수는 체포되기 전날 밤 제자들과
유월절 식사를 나누었다.
이 일은 후대 그리스도교
성찬의식의 기원이 된다
(마르코 14:12~26).

하부 도시

부활한 예수가 제자들
앞에 두 번 모습을
드러냈다(요한 20:19~29).

실로암
연못

멸망산

에세네 문?

제1 성벽

수문

힌놈 계곡

등고간격: 10미터

0   .1   .2 킬로미터

0   1   .2 마일

700

650

700

650

700

미켈란젤로 다 카라바조(Michelangelo da Caravaggio, 1571-1610)가 1602년경에 그린 '잡혀가는 예수'. 유다가 예수에게 입을 맞추자 병사들이 달려들어 예수를 체포하고 사도 요한이 살려달라고 외치는 극적인 모습을 표현했다.

수 추종세력의 핵심 조직에 흔치 않은 비갈릴리인이었을 뿐이라는 얘기다.

유다의 배신 동기를 찾으려는 또 다른 학자들은 지금은 사라진 2세기 그리스 문헌을 3~4세기에 콥트어로 번역한 소위 〈유다 복음서〉를 근거로 예수가 자신을 배신하라고 유다에게 시켰다는 주장을 편다. 이 문헌은 영지주의 그리스도교 공동체에 속한 사람이 작성했을 가능성이 높다. 이 반체제 공동체는 언제나 신이었던 예수가 잠시 인간의 모습으로 나타났다고 믿는다. 그러므로 이들은 '배신'이라는 유다의 행위가 예수의 신성을 가두는 물질적 굴레를 벗고 신으로서의 본모습을 되찾게 하는 자비로운 행위라고 주장한다. 하지만 일각에서는 유다가 배신한 목적은 이 세상에서 가장 유구한 역사를 자랑하는 동기인 '돈'이었다고 말한다. 요한의 복음서에서는 유다가 공동자금인 "돈주머니를" 맡았다는 점을 상기시킨다(요한 12:6). 마태오는 대사제들이 유다에게 배신의 대가로 은전 서른 닢을 주었다고 말한다(세겔 은화를 이른 말일 것이다, 마태오 26:15). 그 정도의 현상금으로 꼬드김을 당했다면 뿌리치기 어려웠을 것이다.

빵과 포도주로 축복하다

상이 차려지자 예수는 누룩이 들어가지 않은 빵을 떼어 축복하고 말한다. "받아 먹어라. 이것은 내 몸이다." 그 다음 잔을 들어 감사의 기도를 올리고는 제자들에게 건네어 모두 마시게 했다. 그리고 "이것은 나의 피다. 많은 사람을 위하여 내가 흘리는 계약의 피다."라고 말한다(마르코14:23-24). 이 말은 이후 그리스도교의 성찬식에서 계속 반복되고 낭송되어 현재에까지 이른다. 하지만 유대교에서 사용하는 축복의 말도 성찬식에서 그대로 차용되고 있다. "온 누리의 주 하느님, 찬미 받으소서. 주님의 너그러우신 은혜로 저희가 포도를 가꾸어 얻은 이 술을 주님께 바치오니"라는 구절은 천주교 미사 중에 신부가 축성을 드리며 낭송하는 문구다. 이것은 유대교의 축복 의식인 키두쉬(Kiddush)에서 차용한 것이다. 키두쉬의 구절은 다음과 같다. "우리의 주 하느님, 찬미 받으소서. 우주의 왕이시며 포도를 만드셨도다."

오늘날 많은 그리스도교도는 최후의 만찬 장소라고 알려진 시온 산의 한 다락방을 찾아간다. 공교롭게도 이 방은 다윗 왕의 무덤을 놓은 곳이라고 알려진 공간 바로 위에 있다. 하지만 고고학자들은 다윗 왕이 오펠(Ophel) 산 다윗의 성에 묻혔을 것이라고 주장한다. 어찌되었든 최후의 만찬 장소가 여러 번 파괴된 것은 사실이다. 그러다가 1342년에 프란치스코 수도회에서 전체 건물을 재건축했다. 시대와 어울리지 않는 고딕 양식의 건축물이 생겨난 것도 이런 연유에서다. 16세기에는 술탄 술레이만 대제가 이곳을 모스크로 개조한다. 메카 방향 키블라를 향하는 기도처로 만들어진 이곳은 오늘날에도 그 모습이 남아 있다. 하지만

무교절 주간

마르코가 "무교절 첫 날"이라고 언급한 것은 무교절 축제 기간이 시작되었음을 의미한다. 이 기간은 우연히도 유월절과 겹친다. 이 신성한 일주일 동안에는 누룩을 넣지 않은 반죽으로 빵을 구워야 한다. 성경에서 '누룩'이라고 지칭한 것은 사실 효모균(yeast)를 말한다. 이것을 넣은 반죽을 오븐에 구우면 빵이 부풀어오른다. 예수 당대에 효모균은 2~3일 먼저 반죽을 만들어 상하게 한 뒤 얻는 물질이었다. 여자들은 물과 올리브오일을 넣고 밀가루를 치댄 뒤 이스트를 첨가해 반죽을 만들었다. 예수는 하느님 나라를 누룩에 비유하기도 했다. "어떤 여자가 누룩을 밀가루 서 말 속에 집어넣었더니 온통 부풀어올랐다. 하늘나라는 이런 누룩에 비길 수 있다."(마태오 13:33). 〈출애굽기〉와 〈신명기〉에서는 유월절 기간 동안 이스라엘 민족은 발효되지 않은 반죽으로 만든 납작한 무교병인 마차(Matzah)를 먹어야만 한다고 정해두었다(신명기 16:3). 무교절이 시작되기 전에 모든 유대인 가정에서는 집을 샅샅이 뒤져 하메츠(chametz)라고 불리는 발효 빵이나 상한 빵의 부스러기를 죄다 모은다. 아주 적은 양의 효모균이라도 남아 있다면 집을 오염시킬 수 있기 때문이다.

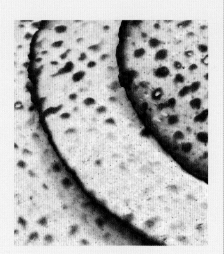

오늘날에도 누룩을 넣지 않은 무교병이 유월절에 사용된다.

이스라엘의 이스피야 근처 동굴에서 발견된 올리브오일 착유기. 예수 당대 겟세마네 동굴의 모습을 상상할 수 있게 도와준다.

1948년 제2차 세계대전이 벌어지는 동안 요르단의 포격으로 건물 버팀벽 일부가 부서졌다. 이어 제이콥 핀커펠트(Jacob Pinkerfeld)가 이끄는 고고학 발굴팀이 헤로데 왕 시대의 양식을 갖춘 돌담 일부를 찾아냈다. 도구를 이용해 잘라낸 돌로 깔끔하게 쌓은 담이었다. 이것은 1세기에 제례를 올리던 건물 즉 회당이 있었을 가능성을 시사한다. 이곳에서 교회 전통이 계속돼왔기 때문에 더더욱 그렇다.

올리브 산에서 철야 기도를 하다

밤이 다가오자 예수는 사도를 이끌고 예루살렘 도성을 빠져나가기로 한다. 이 시간에 베다니아로 돌아가는 건 위험했다. 그래서 예수는 올리브 산으로 갔는지도 모른다. 그 근처에 기름을 짜내는 곳이 있었다. 이곳의 지명인 겟세마네는 '기름을 짜냄'이라는 의미를 가진 히브리어 '갓-세마님(gat-shemanim)'에서 유래했다. 자신이 머지않아 체포될 것을 감지한 예수는

사도들에게 "내가 기도하는 동안 여기 앉아 있어라." 하고 이른다(마르코 14:32). 구전에서는 겟세마네를 동산과 연관시키지만 복음서에서는 동굴에 가깝게 묘사한다. 동굴 안 온도가 상대적으로 변화가 적기 때문에 기름 유착에 용이했다. 순례자 에제리아의 순례기를 보면 4세기까지만 해도 이런 동굴을 겟세마네라고 생각했던 걸로 나와 있다. 오늘날 많은 이들은 바위를 깎아 만든 네 개의 기둥이 지탱하고 있는 9×18제곱미터 면적의 동굴을 찾아 올리브 산의 완만한 경사지를 방문한다.

사도들은 겟세마네에서 침묵한 채 앉아 불길한 예감에 휩싸였다. 어쩌면 예수가 했던 이 말을 떠올리고 있었을지도 모른다. "'내가 칼을 들어 목자를 치리니 양떼가 흩어지리라.'고 기록되어 있는 대로 너희는 모두 나를 버릴 것이다." 예수가 이 말을 하던 당시 베드로는 분개하며 "비록 모든 사람이 주님을 버릴지라도 저는 주님을 버리지 않겠습니다."라고 단언했었다. 예수는 베드로를 보고 말했다. "내 말을 잘 들어라. 오늘 밤 닭이 두 번 울기 전에 너는 세 번이나 나를 모른다고 할 것이다."(마르코 14:27-30).

예수는 사도들이 있는 자리를 벗어나 땅에 엎드려 기도했다. "아버지, 아버지께서는 하시고자만 하시면 무엇이든 다 하실 수 있으시니 이 잔을 저에게서 거두어주소서. 그러나 제 뜻대로 마시고 아버지의 뜻대로 하소서."(마태오 26:39). 기도를 마친 예수가 제자들에게 돌아와 보니 모두 잠을 자고 있었다.

전통적인 예술에서 묘사된 대로라면 예수는 올리브 산에서 목회자로서 호젓하고 평온한 순간을 누리다가 인간적인 약함을 드러내는 중요한 고비를 넘기는 걸로 그려진다. 하지만 유월절 밤 올리브 산은 예루살렘 도성에서 머물 공간을 마련하지 못한 가난한 순례자들로 붐볐을 것이다. 수백 명의 가족들이 별빛 아래 모닥불 가에 담요를 두르고 앉아 저녁 추

〈도마 복음서〉의 일부 조각. 1945년 이집트 나그함마디(Nag Hammadi)에서 발견된 나그함마디 문서 중 영지주의파의 문헌에 속한다.

영지주의 복음서

19 45년 이집트의 양치기 두 명이 나그함마디 인근에서 발굴작업을 하고 있었다. 고대 토기 항아리 하나를 발견한 그들은 크게 기뻐하며 안에 황금이 있기를 바랐다. 학문적인 관점에서 보면 정말 황금이 담긴 항아리라고 말할 수 있었다. 초기 그리스도교 문헌으로 추정되는 코덱스 필사본 13권이 담겨 있었기 때문이다. 그리스어를 콥트어로 번역한 것과 더불어 1~2세기 이집트 언어 필사본도 있었다. 여기에 '복음서'라는 제목을 단 코덱스 사본도 나왔다. 신약성경에는 포함되지 못했으나 영지주의 공동체를 대표하는 작가가 적은 것으로 추정되고 있다. 영지주의 공동체에서는 예수가 영적으로 완전히 내놓아야 한다는 주장을 전파했다고 믿고 있다. 이를 통해 궁극적으로 우리 안에 잠재된 신성에 대한 은밀한 지식(그리스어로 '그노시스gnosis'라 함)을 알게 된다는 주장이다. 영지주의의 복음서 중 소위 〈도마(토마) 복음서〉라고 불리는 것이 가장 유명하다. 하지만 이것은 전통적인 의미에서 '복음서'라고 부를 수는 없는 문헌이다. 예수가 말했던 특정 어구만 나열했을 뿐 신학적 맥락에서 그 함의를 해석하려는 노력은 없기 때문이다. 이런 종류의 '어록 복음서'는 고대에 특정한 현인에 대한 가르침을 전파하는 데 사용되곤 했다. 그러니까 〈도마 복음서〉는 소위 Q문서라고 알려진 어록 복음서와 유사하다. Q문서는 마태오와 루가의 복음서에서 사용된 공통 출전이라고 알려졌으나 실제 문서는 발견되지 않았다.

위를 막아내며 노숙하고 있었을 것이다. 이런 상황이었기 때문에 미리 귀띔 받은 경비병들은 유다에게 동행하기를 요구했다. 수많은 사람 중에서 갈릴리 출신 랍비를 찾아내기 위해서는 그의 얼굴을 정확히 아는 사람이 필요했던 것이다. 유다는 요구에 충실히 응하고 예수를 발견하자 미리 짜놓은 암호대로 예수의 볼에 입을 맞추었다(마태오 26:49). 루가는 이때 사도 중 한 명이 자리를 박차며 달려들었다고 기록했다. 그는 칼을 빼들어 "대사제의 종의 오른쪽 귀"를 내리쳤다. 그러자 예수는 준엄한 태도로 "그만해 두어라."라며 제자를 제지한 뒤 다친 귀를 치료해주었다(루가22:51).

예수, 체포되다

이와 동시에 예수는 체포되어 손발이 묶인 채 끌려갔다. 예수는 어디로 끌려갔을까? 가장 적당한 장소는 성전 안 형무소다. 〈사도행전〉을 보면 베드로와 요한이 체포되어 성전 유치장에서 하룻밤을 지낸 후에 "(전직) 대사제 안나스를 비롯하여 가야바와 요한과 알렉산더와 그 밖에 대사제 가문에 속한 여러 사람들" 앞에 서게 된다(사도행전 4:6). 베드로가 이들 앞에서 열정 넘치는 변론을 하자 두 사도들은 풀려났다. 그 직후 베드로가 예루살렘 성전의 솔로몬 행각 근처에서 아픈 사람들을 고치며 설교를 하자 "대사제와 그의 일당인 사두개파 사람들은 모두 사도들을 시기하여 들고 일어나 사도들을 잡아다가 자기네 감옥에 처넣었다." 다시 한 번 법적 절차가 진행되었다. 베드로와 일행은 의회로 끌려가 산헤드린 의회의 심문을 받은 끝에 풀려났다.

이렇게 관대한 법적 처리를 받은 이유는 뭘까? 먼저 산헤드린 의회가 두 파로 나뉘었기 때문이라는 점을 들 수 있다. "사도들을 시기"한 대다수 사두개파와 목소리를 높이며 강경하게 의견을 밝히는 바리새파 소수로 의회가 구성되었던 것이다. 바리새인들이 예수의 가르침에 대해 부분적으로 문제 삼았던 것은 사실이지만 그들은 예수를 학식 높은 랍비로 존경했다. 그러므로 예수의 처형을 바랄 이유가 없었다. 사실 베드로가 두 번째로 산헤드린 의회에 섰을 때에도 율법교사로서 온 백성에게 존경받는 바리새파 사람 가믈리엘이 사도들을 변호해주었다. 그는 "이 사람들의 이 계획이나 활동이 사람에게서 난 것이면 망할 것이요, 하느님에게서 난 것이면 여러분은 그것을 없애버릴 수 없소."라는 말로 의회와 사도 사이를 중재했다(사도행전 5:59). 그 결과 사도들은 태형을 당한 후 즉시 석방되었다.

그러므로 예수 역시 그날 밤은 성전 형무소에서 보내며 산헤드린 의회가 소집되기를 기다렸어야 한다. 유월절 기간에는 의회가 열리지 않기 때문이다. 일이 그렇게 되었다면 예수 역시 의회의 바리새파에게서 호의적인 증언을 듣게 되리라 예상할 수 있는 상황이었다.

하지만 경비병들은 예수를 성전 형무소로 데려가지 않았다. 대신 어둠을 틈타 유대에서 가장 막강한 권세를 누리던 고위 성직자인 대사제 가야바의 개인 주거지로 끌고 갔다.

겟세마네와 연관이 있다고 알려진 장소의 고대 올리브 나무(245쪽)는 1000년이 넘은 것으로 추정된다.

예수께서 제자들과 함께 게쎄마니라는 곳에 가셨다. 거기에서 제자들에게 "내가 저기 가서 기도하는 동안 너희는 여기 앉아 있어라." 하셨다.

마태오 26:36
C.E. 75~90년경

CHAPTER

I2

재판과
십자가 처형

그들은 예수를 잡아
대사제의 관저로 끌고 들어갔다.

루가 22:54
C.E. 75~90년경

가야바의 집은 예루살렘 상부 도시 인근에 있었을 것이다. 대부분의 사제들이 이 지역에서 살았다. 이곳 주택 상당수는 예수가 재판을 받고 40년 후에 일어난 유대 반란 와중에 파괴되었다. 이들 유적지는 연이은 공사로 땅 속에 묻혀 있다가 1960년대 6일 전쟁을 거친 뒤 이스라엘 고고학자들에 의해 발굴되기 시작했다.

발굴 과정에서 585.3제곱미터 면적의 주거지를 발견한 나흐만 아비가드는 이곳을 '사제의 집'이라고 명명했다. 화로가 있는 안뜰을 지나 거대한 연회장으로 들어서는 이 호화로운 이 주택은 마르코의 복음서에서 묘사한 가야바의 거주지와 매우 흡사하다. 마르코는 예수가 관저 안쪽에서 심문을 당하는 동안 베드로가 이 안뜰과 같은 장소에서 불을 쬐고 있었다고 전한다. 니산월은 3월에서 4월에 해당하기 때문에 밤이 되면 매우 추웠다. 대사제의 여종 한 명이 베드로의 얼굴을 알아보고 "당신도 저 나자렛 사람 예수와 함께 다니던 사람이군요?" 하고 말했다. 베드로는 자신도 체포당할까 두려워 아니라고 부인하고, 그 뒤로 연거푸 두 번을 더 부인한다. 예수의 예언대로 세 번 예수를 모른다고 부정한 것이다(마르코 14:66-72).

아비가드가 발굴한 사제의 집에서 가로 10미터, 세로 6.4미터인 가장 큰 방은 입구와 가깝다. 일종의 연회장이었던 듯하다. 예수의 심문도 이런 방에서 벌어졌을 가능성이 높다. 하지만 이 정도 규모의 실내 공간에 마르코가 이야기한 '온 의회' 사람들을 수용하는 것은 불가능하다고 봐야 한다(마르코 14:55). 공의회 구성원은 71명에 달하는데다 필경사와 보좌진까지 포함해야 했다. 이런 까닭에 정식 산헤드린 공의회는 예루살렘 성전 회랑에 있는 '다듬은 돌로 지은 회의실(Lishkat La-Gazit)'이라는 장소에서 열리곤 했다. 게다가 그렇게 짧은 시간 안에 공의회 구성원 전원이 소집되는 일도 거의 불가능하다. 시기도 유월절 전야였다. 모든 공의회 구성원들은 집에서 가족과 함께 신성한 연회를 즐기는 중이었을 것이다. 《미슈나》에 의하면 산헤드린 공의회가 진행하는 재판은 야간이나 축일에 열리는 법이 없었다. 산헤드린 공의회 운영에 관한 동시대 기록은 많지 않다. 예수 당대의 산헤드린 공의회에 관해 오늘날 논의되는 이야기 대부분은 후대에 기록된 《탈무드》를 근거로 추론한 것에 불과하다.

현재의 국가명과 국경선,
해안선을 기준으로 한 지도.

가야바의 고발

가야바가 자신의 집에서 예수를 기소하려 한 것은 공의회 구성원 중 일부 특히 바리새파 의회원이 예수를 변론하고 나서는 걸 피하기 위해서였다는 설이 있다. 이 주장이 사실이라면 가야바가 해결해야 할 다음 과제는 사형 언도를 정당화할 기소 내용을 생각해내는 것이었다. 몇몇 학자들은 산헤드린 공의회의 전폭적인 지지가 없다면 대사제라고 해도 사람을 사형에 처할 만한 권한을 휘두를 수 없었다고 주장한다. 정말 그랬다면

최후의 만찬 다락방 인근 북쪽에 서서 과거 마리아 영면교회(Dormition Abbey)로 알려졌던 성모 마리아 시온 대수도원과 시온성 문쪽을 바라본 예루살렘 전경.

해법은 오로지 하나뿐이었을 것이다. 모든 문제를 로마 총독부에 위탁하는 것이다. 하지만 이렇게 결론을 내리면 논쟁의 여지가 많아진다. 산헤드린 공의회는 수십 년 전부터 로마 정권의 간섭을 받지 않는 자치권을 유지하기 위해 투쟁해왔다. 과거 헤로데 대왕이 그랬던 것처럼 로마인들은 종교적 문제나 지역 현안에 관해서는 자치권을 묵인해주었다. 유대 지역에서는 종교법인 《토라》가 버젓이 통용되었던 것이다. 하지만 세금 체납이나 반란 도모처럼 로마의 이해관계에 영향을 미치는 범죄에는 즉각적으로 개입했다.

마르코의 복음서에서는 가야바의 집에서 벌어진 형식상의 기소가 순조롭지 않았다고 기록한다. 많은 증언이 서로 일치하지 않았기 때문이다. 한 증인은 "우리는 이 사람이 '나는 사람의 손으로 지은 이 성전을 헐어버리고 사람의 손으로 짓지 않은 새 성전을 사흘 안에 세우겠다.' 하고 큰소리치는 것을 들은 일이 있습니다."라고 말했다(마르코 14:58). 이것은 치명적인 증거가 될 게 분명했다. 하지만 사형 언도를 장담할 정도는 아니었다. 게다가 수 세기를 나흐만 아비가드가 1960년대 후반 예루살렘 상부 도시에서 발굴한 585.3제곱미터 넓이에 달하는 사제의 집. 안뜰과 거대한 응접실 등이 있다.

C.E. 70년에 로마군이 파괴한 '불타버린 집(Burnt House)' 유적지(251쪽). 사제의 집으로 추정되는 이 호화로운 집에서는 개인용 미크바와 화덕, 거대한 돌 항아리, 회반죽 바른 벽 등을 볼 수 있다.

거치는 동안 예언자들이 하느님의 분노로 예루살렘 성전 파괴가 임박했다고 경고하는 것은 흔하디흔한 일이었다.

그러자 가야바는 예수를 응시하며 물었다. "그대가 과연 찬양을 받으실 하느님의 아들 그리스도인가?" 마르코가 기록한 예수의 대답은 다음과 같았다. "그렇다. 너희는 사람의 아들이 전능하신 분의 오른편에 앉아 있는 것과 하늘의 구름을 타고 오는 것을 볼 것이다." 〈다니엘서〉와 〈시편〉을 인용한 말이었다(시편 110:1, 다니엘 7:13-14).

이 말은 가야바가 로마를 끌어들일 완벽한 구실이 되었다. 예수가 히브리어 성경을 인용한 것이라고 해도 "전능하다"라거나 "하늘의 구름을 타고 온다"는 식의 표현이 로마인에게는 다른 의미로 다가갈 것이라는 사실을 대사제들은 잘 알고 있었다.

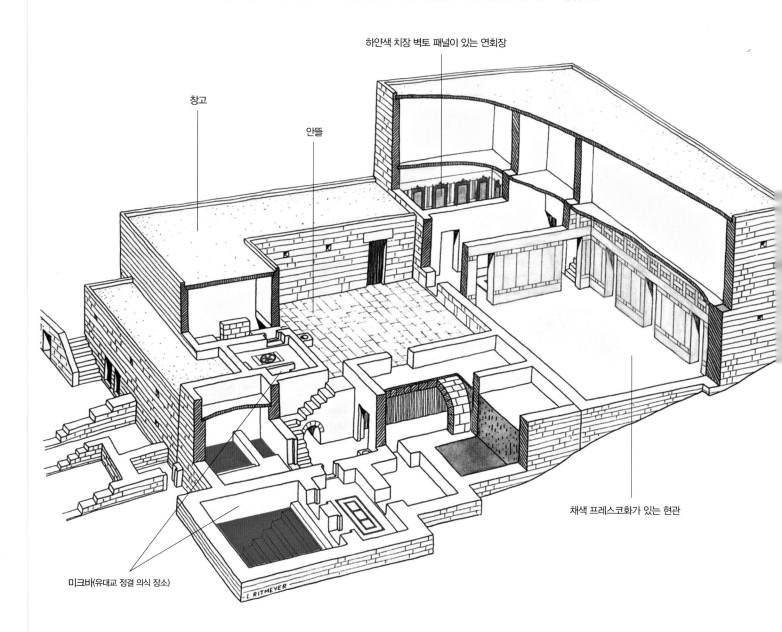

창고

안뜰

하얀색 치장 벽토 패널이 있는 연회장

채색 프레스코화가 있는 현관

미크바(유대교 정결 의식 장소)

L. RITMEYER

빌라도 앞에 선 예수

복음서가 기록하는 본디오 빌라도(폰티우스 필라투스. 이후부터 복음서 방식대로 표기함. —옮긴이)의 예수 재판이 언제 어디서 벌어졌는지 정확하게 알기는 어렵다. 고대의 저자들 특히 마르코는 이야기의 서사적 통일성을 유지하기 위해 여러 사건을 단 며칠 동안 벌어진 것으로 축약하곤 했다. 예수가 체포당하고 재판을 받고 십자가형을 당하는 일련의 사건들이 24시간 안에 모두 일어났다는 식의 주장은 초기 그리스도교 형성에 유리하게 작용했을 것이다. 신도들이 부활절 전 일주일인 수난 주간에 이 모든 사건을 재현해볼 수 있었기 때문이다. 마르코의 복음서에서는 "날이 밝자 (…) 예수를 결박하여 빌라도에게 끌고 가 넘기었다."라고 적고 있다. 그리고 바로 공판이 열렸다. 이때가 로마인들이 말하는 '제1시과' 즉 오전 6~7시경이다. 그때부터 10시간이 지나면 해가 저물고 안식일이 시작된다.

이런 일련의 일들이 벌어진 장소도 정확하지 않다. 복음서에서는 빌라도의 '프라에토리움(praetorium)'이라는, 지방 총독의 본부(한국어 성경에서는 '브라이도리온'(개역개정) '총독 공관'(새번역) '총독 관저'(공동번역)라고 번역하고 있다. —옮긴이)를 언급한다(마르코 15:15–16, 마태오 27:27). 이 장소로 지목되는 곳이 두 군데 있다. 하나는 예루살렘 북서부에 위치한 헤로데의 궁전이다. 오늘날의 욥바 문(Jaffa Gate, 야빠 문) 남쪽이다. 또 다른 장소는 안토니아 성채다. 예루살렘 성전에 인접한 헤로데의 성채인 이곳에는 로마의 예루살렘 주둔군이 있었다. 이 문제를 두고 학자들의 의견도 둘로 갈린다. 로마에서 온 총독이 지내기에는 헤로데의 궁이 더 안락한 장소였을 게 틀림없다. 하지만 금방이라도 골치 아픈 일이 생길 수 있는 상황이라면 예루살렘 성전 안뜰이 더 적절할 수도 있다. 빌라도가 유월절에 예루살렘을 찾은 이유는 폭력적인 반란을 진압하기 위해서였다. 그러므로 예루살렘 성전과 가까운 안토니아 성채에 머물렀다고 보는 편이 더 논리적이다. 이런 주장을 뒷받침하는 또 다른 증거는 바

울이 체포되어 재판을 받게 되었을 때 그가 "병영 문 앞"까지 끌려갔다는 사실이다(사도행전 21:37). 대부분의 학자들이 안토니아 성채라고 합의한 곳이다. 그리고 복음서에서는 다른 "폭도"가 프라에토리움에 있었음을 언급한다. 이로 미루어 이곳이 교도소의 기능도 한 것으로 추측되는데, 이 역시 안토니아 성채라는 주장을 뒷받침하는 증거로 작용한다.

다음 의문점은 빌라도가 관장했다고 하는 이 공판의 성격이다. 이에 대해 다소 빈약하던 마르코의 설명은 마태오와 루가, 요한의 복음서에서 조금 더 정교해져 로마의 시민법(Ius Civile)과 유사하게 진행되는 재판 과정으로 묘사된다. 관습상 지역 최고위 집정관이 수행하

는 판사 역할을 로마 총독 본디오 빌라도가 맡았다. 로마의 법체계에서 고소인은 증거 제시를 위해 소환되었다(루가 23:2). 증거가 부족할 경우 판사가 피고인을 심문할 수 있었다. 하지만 예수는 빌라도의 심문에 대답하기를 거부함으로써 이 절차를 무력화시켰다(마태오 27:14). 이런 상황이면 로마 시민법에 따라 적절한 변론을 하지 않는 경우에 해당되어 판결이 거부되거나 상급 사법당국으로 재판이 회부되어야 한다. 요한의 복음서에서는 예수와 빌라도 사이에 박식한 논쟁이 오가는 것을 보여준다. 그 결과 빌라도는 "나는 이 사람에게서 아무런 죄목도 찾지 못하였다."라고 선언하기에 이른다(요한 18:38).

그러나 이런 식으로 재판이 진행되었다는 주장에 의문을 제기하는 문헌들이 있다. 심지어 아예 재판이 열리지 않았을 것이라고 말하는 이들도 있다. 예수는 로마 시민이 아니라 식민지 백성이었기 때문이다. 식민지인에게는 로마 시민법이 규정한 법절차 혜택을 누릴 자격이 없었다. 대신 독단적으로 운용되는 '만민법(유스 겐티움)'의 법률체계에 일신을 맡겨야 했다. 애초 로마 땅에 사는 외국인과 연관된 법적 문제를 다루기 위해 만들어진 이 법은 속주의 피지배 백성도 포함하는 법령이 되었다. 일종의 '식민지법'으로 기능하면서, 해외 로마 영토에서 자국의 이해관계에 영향을 미치는 사건에 적용된 셈이다(순수한 지역 사건은 이 법으로 다스리지 않았다).

> 온 의회가 일어나
> 예수를 빌라도 앞에 끌고 갔다.
>
> 루가 23:1
> C.E. 75–90년경

이 정교한 유골함에 새겨진 글에 의하면 예수를 법정에 세운 대사제 요셉 가야바와 그 가족의 유해가 이곳에 담겨 있었다고 한다.

프랑스 화가 티소가 1894년경에 그린 가야바와 안나스의 초상화.

가야바의 유골함

가난한 사람들은 사랑하는 이가 죽으면 땅에 묻었다. 하지만 아리마태아 사람 요셉 같은 부자들은 가족묘를 쓸 수 있었다. 이들 묘 대부분은 돌투성이 경사로가 있는 키드론 골짜기에 만들어졌다. 많은 유대인이 그곳에서 최후의 심판이 시작될 거라고 믿었기 때문이었다. 이런 묘는 기본적으로 한 가문이 계속해서 사용하는 동굴무덤이라고 봐야 했다. 내부에는 코킴(kokhim)이라고 불리는, 사체 하나가 들어갈 정도의 구멍을 내놓았다. 사체가 부패하는 동안 보관해놓는 곳이었다. 살이 다 썩으면 유골을 추려 작은 상자 모양 유골함에 담아 두 번째 장례를 치렀다. 1990년 고고학자들은 1세기의 것으로 추정되는 유골함 몇 개가 있는 아담한 가족묘에서 깜짝 놀랄 만한 유물을 발굴해냈다. 가장 정교하게 장식된 유골함에 아람어로 "요셉 가야바(Yehoseph bar Qypa)"라고 적혀 있었던 것이다. 예수를 재판에 회부한 대사제 가야바와 동일인물일 가능성이 높았다. 2002년에는 또 다른 주요 유물이 발굴되었다. 아람어로 '야고보, 요셉의 아들, 예수의 형제'라는 글자가 새겨진 2000년 된 고대 유골함이 발견된 것이다. 하지만 키드론 골짜기의 실완(Silwan) 지역에서 발견되었다는 이 비문은 위조된 것으로 밝혀졌다.

이탈리아 화가 안토니오 치세리Antonio Ciseri(1821-1891)가 1880년에 그린 '에케호모(Ecce Homo·이 사람을 보라)'. 빌라도가 태형을 받은 예수를 군중에게 보여주는 모습을 그렸다.

C.E. 23년경에 주조된 티베리우스 시대의 주화(255쪽). 예수가 재판을 받고 십자가형에 처해지기 7년 전인 이 시기에 로마제국은 티베리우스의 절친한 친구이자 친위대장인 루키우스 아엘리우스 세자누스가 통치하다시피 하고 있었다.

로마의 법이 통하는 지역에서 법 집행을 하는 총독은 정교한 재판 절차를 생략한 채 자신이 적절하다고 판단하는 범위 내에서 판결을 언도할 수 있는 권한을 갖고 있었다. 이런 까닭에 바울이 C.E. 63년경에 체포당하자 아버지에게 물려받은 로마 시민권이 있다고 말하면서 예루살렘이나 가이사리아의 식민지 법정 대신 로마에서 합법적인 재판을 받게 해달라고 주장했던 것이다.

따라서 마르코가 빌라도의 공판에 대해 간결하게 정리한 것이야말로 실제 사건에 더 가까운 반면 다른 복음서 내용들이 극적으로 포장된 것이라고 보는 편이 옳을 수 있다. 마르코에 따르면 공판 절차는 짧기만 했다. 예수가 빌라도 앞에 끌려나오자 기소 내용이 낭독되었다. 이 죄수가 메시아 즉 "유다인의 왕"임을 자칭한 죄목으로 잡혀왔다는 내용이었다. 죄목을 확인하려는 빌라도의 질문에 예수는 "그것은 네 말이다."라고 답했다고 공식적인 기록은 전한다(마르코 15:2). 빌라도는 그 이후 예수가 아무런 변론을 하지 않는 모습에 놀라워하면서도 더 이상 심문하지 않는다. 사실 더 이상의 심문은 필요치 않았다. 유다의 왕이 되겠다는 야심을 품은 사람은 단연코 폭도로 규정되었고, 그가 응당 받아야 할 징벌은 십자가형으로 정해져 있었기 때문이다.

선택권을 준 빌라도

그런데 최종 평결이 낭독되기 전 기이한 일이 벌어졌다. 그때 감옥에는 "반란을 일으키다가 사람을 죽이고 갇혀 있던 폭도"들이 있었다고 마르코는 기록한다(마르코15:7). 마르코가 말한 '반란'이 무얼 가리키는지는 분명치 않다. 다만 요세푸스가 C.E. 28년경 예루살렘에서 송수교와 관련해 대규모 항의시위가 벌어졌다고 밝힌 사건일 가능성이 있다. 이 폭도 중에 바라바(Barabbas, 바라빠)라는 사람이 있었다. 빌라도는 프라에토리움 앞에 모인 '군중'에게 선택권을 주었다. "유다인의 왕을 놓아달라는 것이냐?" 이런 일을 예상했던 "대사제들은 군중을 선동하여 차라리 바라바를 놓아달라고 청하"도록 사전 작업을 해둔 상태였다. 군중은 충실히 맡은 일을 했고 빌라도는 다시 한 번 사람들에게 물었다. "그러면 너희가 유다인의 왕이라고 부르는 이 사람은 어떻게 하면 좋겠느냐?" 그러자 군중은 일제히 소리쳤다. "십자가에 못 박으시오!"(마르코 15:7-13).

마르코는 관례적으로 "명절 때마다 총독은 사람들이 요구하는 죄수 하나를 놓아"주었다고 주장하고 있다(마르코 15:6). 하지만 빌라도를 언급한 당대의 문헌에서 그런 식의 사면이 행해졌음을 입증하는 기록은 찾아볼 수 없다. 몇몇 역사학자들은 이 사건의 역사적 실제성 자체에 의구심을 표한다. 빌라도가 특별히 자비로운 사람도 아니고, 게다가 일촉즉발의 불안감마저 감도는 시국에 바라바처럼 유죄 언도를 받은 '폭도'를 풀어주는 위험을 감수할 리 없다는 주장이다. 하지만 다른 로마의 총독들 중 공개적으로 악인을 용서한 증거 사례 및 특별한 절기에 죄인을 석방하기도 했다는 사실을 지적하는 학자들도 많다.

일반적으로 마르코의 복음서는 유대 지역에서 유대 반란이 발발한 직후 혹은 한창 반란 중이던 C.E. 66-70년에 마르코가 로마에 머물면서 로마인들을 염두에 두고 작성한 글이라고 추정된다. 당시 로마에 살던 유대인 대부분은 유대 반란과 거리를 두는 데 세심한 주의를 기울였고 로마 황제에 대한 충성심을 피력하기 위해 노력했을 것이다. 게다가 초기 그리스도교는 로마의 수도에서 기반을 마련하려 발버둥치는 상황이었다. 따라서 유대 지역에서 가장 높은 로마 관리인 빌라도를 악인으로 그린다는 것은, 역효과를 넘어 위험천만한 행위일 터였다.

이런 맥락에서 마태오나 루가 그리고 요한이 이 재판 절차를 어엿한 로마식 재판으로 그려 예수가 로마의 시민이었음을 강조한 것은 아닌지 추측해볼 수 있다. 빌라도가 사실은 예수를 변론하려 했다고 묘사한 마르코의 기록 역시 같은 선상에서 바라볼 수 있다. 이런 사실은 복음서 저자들에게 딜레마였을 것이다. 빌라도 탓이 아니라면 예수 처형의 책임을 누구에게 물어야 할까?

그 답은 유대에서 벌어진 일련의 사건들로 알 수 있을 듯하다. 예수가 십자가형에 처해지고 30년이 흐르는 동안 팔레스타인의 유대인 그리스도교도들은 점차 고립되어갔다. 〈사도행전〉이 입증하듯이 예수가 십자가형에 처해진 뒤 산헤드린 공의회는 그리스도교를 억압하

> 명절이 되면 총독은 군중이 요구하는 대로 죄수 하나를 놓아주는 관례가 있었다.
>
> 마태오 27:15
> C.E. 75-90년경

로마 시대의 채찍인 플래그럼(flagrum). 날카로운 금속이나 양의 뼈 조각을 붙인 끈을 몇 가닥 이은 것으로 죄수를 매질할 때 사용되었다.

프랑스 아카데미 회화의 선두주자 윌리엄 아돌프 부그로(William-Adolphe Bouguereau, 1825-1905)가 18820년에 철저한 연구조사를 바탕으로 그린 그림 '우리 주 예수 그리스도의 채찍질 당함'(257쪽).

기 위해 사도들을 감금하기 시작한 것이다. 스테파노(Stephen, 스데반)와 같은 신도가 돌로 처죽임을 당하면서 그리스도교에 대한 박해는 강도를 더해갔다. 이런 박해에 앞장선 이들 중에 다르소 출신의 바울이라는 이가 있었다. 새로 부임한 아그리파 왕(아그리빠 왕)도 유대 그리스도교 박해에 합류하면서 C.E. 44년경 요한의 형 야고보에게 사형을 명한다(사도행전 12:2). 요세푸스는 그로부터 20년 후 대사제 아나누스(Ananus)가 예수의 형제이자 예루살렘 교회의 지도자였던 야고보에게 유죄선고를 내리고 돌로 쳐죽였다고 기록했다.

이런 맥락에서 보면 마르코가 예수 처형의 책임을 로마 대신 대사제들과 공의회에 둔 이유를 이해하기 어렵지 않다. 요한 역시 그 책임을 '유대 사람들'이라는 집합명사에게 물었다(요한 19:14). 유대인의 책임을 더욱 부각하기 위해 마태오는 빌라도가 유대의 군중에게 예수와 폭도 중 누구를 놓아주면 좋겠느냐며 물어보았다고 적었다. 유대 반란의 기억이 아직도 생생한 시기에 이런 일이 벌어졌다는 것이다. 그러자 군중은 폭도를 놓아주라고 큰 소리로 외쳤다. 마태오가 글을 쓸 당시 염두에 두었던 로마의 그리스도교 신자들은 여러 가지 어려움을 겪고 있었다. 따라서 빌라도는 어쩔 수 없이 예수에게 사형을 언도했을 뿐, 그 책임은 로마가 아닌 유대인에게 있다는 식으로 서술하는 쪽이 더 현명한 행동이었다. 빌라도는 유대 군중의 뜻에 따랐을 뿐이라는 식이다. 마르코도 같은 방식으로 서술하고 있다. "그래서 빌라도는 군중을 만족시키려고 바라빠를 놓아주고 예수를 채찍질하게 한 다음 십자가형에 처하라고 내어주었다."(마르코 15:15).

역사 속의 빌라도

마르코의 복음서에 단 10구절로 표현된 이 엄청난 비극은 다른 복음서에서도 비슷한 정도로 묘사된다. 이 비극은 중세부터 "그리스도 살해자들(Christ-killers)"이라는 죄목으로 유대인 공동체를 박해하는 행위의 근거가 되었고 이후 20세기에 벌어진 여러 참상의 기저가 되기도 했다. 유대인에게 책임을 전가하는 경향은 마태오의 복음서와 요한의 복음서에서 한층 더 강화된다. 마태오는 군중이 "그 사람의 피에 대한 책임은 우리와 우리 자손들이 지겠습니다."라고 소리쳤다고 적었다(마태오 27:25).

하지만 역사 속 빌라도는 복음서에서 묘사한 동정심 많은 인물과는 사뭇 다르다. 빌라도는 총독으로 임명된 초기부터 유대인의 감정을 자극하는 일은 의도적으로 피했지만 정치적 위험인물로 간주되는 사람은 지체 없이 탄압했다. 유대인 역사학자 필론은 C.E. 41년경에 작성한 문서를 통해 "빌라도는 뇌물을 수수하고 무례한 짓을 하며 약탈과 잔혹한 행위, 고의적인 중상모략을 행했고" 무엇보다도 "재판도 하지 않고 처형하기를 거듭했다"고 기록했다. 한마디로 "언제나 변함없이 극악무도하고 잔인한" 사람이었다는 말이다. 로마 황실의 명을 받아 글을 쓴 요세푸스조차 인간 생명을 경시하고 악행을 일삼는 빌라도의 모습을 기록하려 할 정도였다. 무엇보다 빌라도는 C.E. 36년에 사마리아의 종교행사를 금지하면서 과도한 폭력을 행사했다는 이유로 관직을

정원무덤 인근 아랍 버스 터미널을 내려다보고 있는 이 언덕(259쪽)을 골고다 언덕이라고 주장하는 사람들도 있다. 사람의 두개골과 아주 조금 닮았다는 이유에서다.

그리스도 수난에 관한 출전

예수 수난사의 주요 출전은 마르코의 복음서다. 〈도마 복음〉이나 Q문서에서는 예수 수난에 관한 그 어떤 정보도 제공하지 않는다. 그러므로 학자들은 마태오와 루가, 요한의 복음서에 적힌 수난사 대부분은 마르코의 이야기를 근거로 한다고 본다. 비록 여러 윤색으로 과장되게 묘사한다는 차이는 있지만 말이다. 하지만 마르코가 언급한 수난사의 소재도 그 이전의 문헌에서 인용한 것이라고 주장하는 학자들도 있다. 현재는 소실된 이들 문헌은 1886년 이집트에서 발견돼 〈베드로 복음〉이라고 불리는 그리스도교 문헌에서 그 흔적을 찾을 수 있다. 세라피온 주교를 비롯한 교부들은 이 문헌이 영지주의나 그리스도 가현설의 주장이 반영되어 있다고 의심했다. 따라서 그리스도가 언제나 신적 존재로 존재했다고 믿으면서 그의 인간성을 부인하는 문헌으로 간주해 이단이라고 낙인찍었다. 그럼에도 불구하고 〈베드로 복음〉이 1~2세기에 상당히 폭넓은 인기를 구가했다는 사실을 보여주는 증거가 있다. 1880년대 이후 발견된 30개의 복음서 사본 중 마르코의 복음서는 단 하나뿐이었지만 〈베드로 복음〉은 세 개의 사본 일부가 발견된 것이다.

박탈당했던 인물이다. 전하는 바에 따르면 자칭 메시아라고 주장했던 한 사람이 유월절을 기점으로 자신을 따르는 사람들을 이끌고 사마리아 사람들이 신성한 산으로 여기는 그리심 산으로 가서 모세가 묻어놓은 성배를 찾으려 했다는 것이다. 이 순례를 정치적 시위로 해석한 빌라도는 매복했다가 기습했다. 신도들 일부가 그 자리에서 죽임을 당하고 나머지 사람들은 나중에 처형당했다. 이 대학살은 안티오크와 시리아에서 지방관 자리에 있었던 빌라도의 상관 비텔리우스(Vitellius)에게 보고되었다. 그는 빌라도의 관직을 박탈하고 로마로 쫓아버렸다. 빌라도는 처분에 따랐고 역사 속에서 사라졌다. 하지만 이후 빌라도와 관련이 있는 그리스도교의 전설 상당수가 세간에 공표되었다.

매질을 당하다

사형선고를 받은 예수는 십자가 처형에 앞서 매질을 당하러 끌려갔다. 현대의 독자들에게는 터무니없는 형벌로 보일 것이다. 잠시 후면 십자가에 매달려 고통스러운 죽음을 맞이할 사람에게 혹독한 채찍질을 가할 이유가 어디 있단 말인가? 통상적으로 채찍질은 법에 따라 석방하는 사람에게 다시는 죄를 짓지 말라는 경고의 의미로 가하는 형벌이었다. 예레미야나 사도들이 이런 경우에 해당되었다. 예수에게는 의미가 없는 일에 불과했다. 그럼에도 불구하고 매질을 하라고 언도된 이유는 무엇이었을까?

구전에 의하면 십자가형은 폭도나 로마의 통치에 반기를 든 노예 등에게만 적용되는 형벌이었다. 며칠에 걸쳐 이어지는 형벌이기 때문이었다. B.C.E 71년에 로마의 집정관 크라수스가 스파르타쿠스와 그의 노예 반란군에게 내렸던 판결을 예로 들 수 있다. 6,000명의 노예가 로마에서 가장 번화한 거리인 비아 아피아를 따라 9미터씩 간격을 두고 늘어선 채 십자가 처형을 당했다. 이들 대다수는 이틀 이상 목숨을 부지했다. 로마에서 사람을 십자가에 못 박아 죽이는 이유가 바로 여기에 있었다. 유사한 생각을 품은 불온분자에게 죄를 저지른 사람이 어떤 형벌을 받는지 본보이기 위함이었다.

십자가형으로 범죄를 미연에 방지하는 일이 특히 중요했던 때는 로마 제정 초기였다. 당시 방대한 지역에 퍼져 있던 로마의 군사조직은 그리 두텁지 못했다. 실제 반란이라도 일어나면 진압이 가능할지 의심스러울 정도였다. 그리고 C.E. 66년에 유대 반란이 일어나자 이 의심이 옳았음이 증명되었다. 로마는 3년이라는 기간 동안 막대한 규모의 원정군을 파견하고 나서야 반란을 진압했다. 분쟁위험 지역에 대규모 군을 존속시키는 것은 불가능했다. 그리하여 로마인은 다른 형태의 전쟁 억제법을 고안했다. 반란 모의자에게 인간이 상상할 수 있는 가장 잔인하고 고통스러운 형벌을 주기로 한 것이다.

그렇지만 사람을 십자가에 매달아 서서히 죽이는 방식을 유대인은 용인할 수

없었다. 죄를 지은 사람을 나무에 매달아 효시할 경우 해가 지기 전에 내려서 땅에 묻으라는 《토라》의 율법 때문이었다(신명기 21:22-23). 사람을 모로 세운 채 며칠에 걸쳐 말라죽게 하면 유대인들이 격분할 수도 있었다. 이로 인해 미연에 방지하려던 반란을 도발하는 우를 범하게 될지도 몰랐다. 그렇다면 남는 문제는 십자가형을 언도받은 사람이 해가 지기 전에 죽도록 하는 것이었다. 고심 끝에 찾아낸 해결책이 처형장에 도착하기 이전에 기력을 쇠하게 만드는 것, 가장 좋은 방법은 다량의 출혈을 불러오는 것이었다.

이런 이유로 예수는 매질을 당했던 것 같다. 로마군은 플래그럼이라고 알려진 도구를 이용해 매질을 가했다. 끝에 날카로운 돌이나 양뼈 조각 등을 박은 가죽끈 서너 가닥을 묶어 만든 채찍이다. 전문적인 사형 집행인이 채찍을 휘두르면 등판의 피부는 벗겨지지만 그 아래 근육은 손상되지 않는다.

마르코의 복음서를 보면 채찍질 다음에 예수는 사형장인 골고다로 끌려갔다. 몇몇 학자들은 유월절 기간 동안 유대인 죄수를 처형함으로써 대중의 격렬한 반응을 자극하는 위험을 감수했는지에 대해 의문을 제기한다. 하지만 예수의 추종자로 예상되는 이들이 밀집한 도시

> 병사들은 예수를
> 총독 관저 뜰 안으로 끌고 들어가서
> 전 부대원을 불러들였다.
>
> 마르코 15:16
> C.E. 66-70년경

몸소 십자가를 지시고
성 밖을 나가 히브리 말로
골고타라는 곳으로 향하셨다.
골고타라는 말은
해골산이란 뜻이다.

요한 19:17
C.E. 85-100년경

에서 새로운 단계의 저항운동을 모의할 시간을 갖지 못하도록, 빌라도는 예수를 당장 처형하고 싶었을 수 있다. 십자가형은 시간과 노동력이 많이 소모되는 처형 방식이어서 단 한 명을 대상으로 즉흥적으로 시행하지는 않았다. 그러므로 유월절 기간에 맞춰 처형하려던 범죄자들이 있었을 가능성이 높다. 복음서에서도 예수가 다른 사형수들과 함께 처형당했다고 언급한다.

프라에토리움 문을 나와 사형장으로 끌려가는 예수가 입었던 엉성한 튜닉은 말라붙은 피로 뒤덮여 있었을 것이다. 마르코의 복음서에서는 예수가 자신의 처형도구를 직접 운반해야 했다고 적었다. 하지만 예수 수난에 관한 구전을 통해 알 수 있듯 십자가 전체를 짊어진 것은 아니다. 유대 지역에서 나무는 희귀한 자원이어서 값이 비싼 반면 십자가형은 빈번하게 시행되었다. 따라서 실제 처형은 지정된 장소에서만 이루어졌다. 로마에서도 에스크리네 문 밖에 처형장이 마련되어 있을 정도였다. 예루살렘에서 이 인간도살장은 골고다라고 불렸다. 아람어로 '해골이 있는 장소'라는 의미다(성경에서는 해골산이라고 설명하고 있다). 나무 십자가 하나의 가격이 꽤 비쌌다는 점을 감안하면 십자가의 수직 기둥은 영구적으로 세워두었을 가능성이 높다. 그리고 죄수들에게는 소위 '파티불룸(patibulum)'라고 불리는 십자가의 가로목을 운반하도록 했을 것이다. 이 가로목만 해도 무게가 34킬로그램에 이르렀다. 마르코는 예수를 데리고 가던 도중 옆에서 구경하던 "시몬이라는 키레네 사람"에게 강제로 예수의 십자가를 지게 했다는 일화를 소개하는데 충분히 개연성 있는 일이다.

비아 돌로로사

예수가 골고다까지 걸어간 길이라는 '비아 돌로로사(Via Dolorosa, 슬픔의 길 또는 고난의 길)'의 진위 여부도 여전히 논란거리다. 프라에토리움의 위치가 불확실한 것도 그렇지만 C.E. 132~135년 사이에 벌어진 제2차 유대 반란 기간 동안 예수 당대의 예루살렘이 철저히 파괴된 것이 문제다. 확실한 앙갚음을 통해 유대인의 저항의식을 말살하리라 작심한 황제 하드리아누스는 예루살렘을 철저히 파괴하라고 명했다. 그 잿더미 위에 새로운 로마식 도시인 아엘리아 카피톨리나(Aelia Capitolina)가 건설되었다. 나란히 뻗은 두 개의 카르디네스 막시미와 직각으로 교차하는 데쿠마누스 막시무스 도로를 중심으로 하는 이 로마식 도시의 기본 윤곽은 현재 예루살렘 구시가지에서 고스란히 찾아볼 수 있다. 하지만 전형적인 로마식 효율성을 자랑하면서 하드리아누스 황제의 명령이 이행된 탓에 예수가 골고다까지 이동했던 경로를 찾기는 극도로 어려워졌다.

그렇더라도 로마식 데쿠마누스 북쪽, 현재의 예루살렘 구시가지 서쪽에 있는 성묘교회가 예수의 처형과 매장이 이루어진 장소라는 데는 대부분의 학자들이 동의한다. 또 예수가 골고다로 출발했던 장소가 안토니아 성채라는 것은 구전에서도 분명히 밝히고 있다. 오랜 기간 동안 시온 수녀원의 교회 내부에 있는 로마식 포장도로와 기념 아치문 유물이 안토니아

성묘교회 예배당은 골고다 언덕의 위치를 표시하는 것으로 알려져 있다.

바실린다(Basilinda) 또는 '왕놀이'로 알려진 로마의 놀이판(263쪽). 과거에는 안토니아 성채의 포장도로에 새겨졌던 것으로 추정되었지만 최근 연구결과에 따르면 2세기의 것이라고 한다.

성채의 일부라고 사람들은 믿었다. 높이 치솟은 이 아치문은 요한의 복음서에서 빌라도가 예수를 매질한 후 "에케 호모."라는 말과 함께 군중에게 내어 보여주었던 장소로 여겨진다 (요한 19:5). 포장도로 일부에는 돌로 긁어서 만든 로마의 놀이판이 남아 있다. 바실린다 또는 '왕놀이'라는 놀이를 하면서 예수를 놀리던 병사들이 그렸던 것인지도 모른다.

그러나 최근 들어 조디 마그네스(Jodi Magness)와 같은 학자들은 이 유적이 하드리아누스가 세운 도시 아엘리아 카피톨리나에 있었던 삼중문의 일부로 예수의 십자가 처형이 있고 1세기가 지난 후 세워졌다는 주장을 편다. 게다가 비아 돌로로사의 공식 경로와 14개의 "십자가 지점(Stations of the Cross)"은 수세기에 걸쳐 반복적으로 달라졌다. 다양한 그리스도교 공동체가 이곳에 많은 교회와 숙박소를 세우면서 서로 자신들의 건물이 예수가 걸었던 길이라고 주장했기 때문이다. 비잔틴 시대 순례길의 시작은 올리브 산이었지만 중세에 이르러 비아 돌로로사는 여러 번 전혀 다른 경로로 바뀌었다. 유럽 지역사회의 다양한 이해관계가 반영된 결과였다. 1350년에 이르러 상황이 걷잡을 수 없이 혼란스러워지자 교황 클레멘스 6세는 진위 여부와 상관없이 모든 성지를 프란치스코 수도회(Franciscan Order)라고 하는 하나의 단체가 관리하도록 칙령을 내렸다. 이런 전통은 현재까지 이어지고 있다. 프란치스코 수도회는 성지의 수많은 성소와 고고학적 가치가 있는 장소를 독점 관리한다. 동시에 저렴한 임대료로 가난한 가족이 들어가 사는 예루살렘의 아파트 복합건물을 소유하고 있다.

권한을 위임받은 프란치스코 수도회는 정확한 비아 돌로로사 경로를 찾으려 노력했다. 최종 경로를 확정하기까지는 치열한 협상이 필요했고 18세기에 이르러 비로소 합의에 이르렀다. 그러므로 현재의 비아 돌로로사는 종교적인 의미로는 가치가 높지만 역사적 정확성은 단언할 수 없는 상태다.

십자가형에 처해진 예수

마르코는 예수와 십자가형을 받은 다른 죄인 둘의 행렬이 골고다에 도착한 시간은 대략 아침 9시경이라고 말한다. 여기서 십자가 처형 절차를 훈련받은 로마의 특기병(이무네스)이 예수를 인계받았다. 그들은 예수의 옷을 벗기고 바닥에 쓰러뜨린 뒤 두 팔을 벌려 십자가의 가로목에 대게 했다. 몇 명의 건장한 병사가 예수를 붙잡고 있는 동안 다른 두 명이 헤나로 만든 끈으로 팔을 가로목에 묶었다. 이 끈은 예수의 피부 깊숙이 파고들었다. 예수의 팔과 손이 고정되자 계급이 높은 병사가 묵직한 나무망치와 15.24센티미터 길이의 못을 가지고 와 옆에 쭈그려앉아 못 박을 장소를 찾았다. 십자가형에 대한 구전과는 달리 못은 손바닥을 관통하지는 않았다. 인간 손의 세포가 너무 부드러워서 성인의 몸무게를 견딜 수 없기 때문이었다. 그 대신 손목 바로 아래 요골과 척골 사이 지점을 찾은 병사는 온 힘을 다해 망치를 휘둘러 못을 박았다. 못은 피부를 뚫고 중앙신경을 관통하면서 작열통(灼熱痛, 팔에 타는 듯한 아픔을 느끼는 신경통의 일종. —옮긴이)이라는 통증을 유발시킨다. 똑같은 과정이 다른 팔을 향해서도 반복되었다.

예수를 가로목에 못질한 병사 두 명은 가로목 양쪽을 머리 위로 번쩍 들어올린 뒤 가장 가까이 세워져 있던 말뚝의 홈 패인 곳에 세게 밀어넣었다. 이제 예수는 땅 위에 매달렸다. 하지만 마지막 일이 하나 남아 있었다. 로마의 특기병은 다른 병사들의 도움을 받아 예수의 발목을 옆으로 비틀어 U자 모양 조그만 나무 받침 안으로 집어넣어야 했다. 여기에 못질을 한 번 더 하면 이 받침대는 곧추선 말뚝 아래에 고정된다. 이 못은 예수의 발꿈치와 나무받침을 나무 말뚝에 고정시키는 역할을 했다. 이 과정에서 두 다리는 접히고 눌려 마치 옆으로 무릎을 꿇고 있는 듯한 모습이 된다. 이 마지막 단계를 통해 십자가형의 무시무시한 목적이 성취되는 것이다. 이런 자세를 취하고 두 팔을 벌리고 있으면 숨쉬기가 매우 어렵다. 숨을 쉬기 위해서는 자신의 몸을 들어올려야만 하는데 그렇게 하면 못 박힌 팔과 발이 당겨지면서 또 다른 고통

> 그들은 예수를 십자가에 못 박고 나서 주사위를 던져 예수의 옷을 나누어 가졌다.
>
> 마태오 27:35
> C.E. 75~90년경

유대의 매장 문화

유대 지역의 관습에 따르면 장례 준비를 위해서는 사체를 깨끗이 씻고 기름을 바른 다음 리넨 천으로 감쌌다고 한다. 2002년, 고고학자 시몬 깁슨(Shimon Gibson)은 한 무덤 속에서 세월이 흘러 검게 변한 수의에 싸인 사체를 발견했다. 이후 이 수의는 탄소연대측정을 통해 1세기 초반 즉 C.E. 50년경의 것으로 밝혀졌다. 이 흥미로운 발견을 통해 예수 당대에 한 폭짜리 수의가 사용되었다는 사실이 드러났고 저 유명한 토리노 수의가 진품임을

뒷받침하는 증거가 되었다. 음영이 반전되는 네거티브 필름으로 현상하면 이 수의에는 십자가 처형을 당한 피투성이 사체의 흔적이 각인되어 있다. 그 흔적을 통해 손목 근처에 난 커다란 상처와 다리의 찔린 상처 및 태형을 당하면서 상반신과 다리에 생긴 듯한 열상(찢어진 상처)을 볼 수 있다. 1988년 바티칸에서는 방사성 탄소연대측정법을 통한 실험을 세 개의 연구소에 의뢰해 여러 차례 시행했다. 당시 이들 연구소에서는 1260~1390년에 만들어진 천이라고

말했다. 하지만 1997년에 예루살렘 히브리 대학교의 한 식물학자는 수의에 묻은 꽃가루가 예루살렘 인근에서 발견되는 다양한 식물의 것임을 밝혀냈다. 이어 2000년대에는 1988년에 탄소연대측정을 했던 수의 조각이 중세에 수선했던 부분이며 원래의 수의가 아니었다고 주장하는 연구결과가 발표되었다. 결국 토리노 수의의 유래는 많은 이들에게 여전히 수수께끼로 남아 있다.

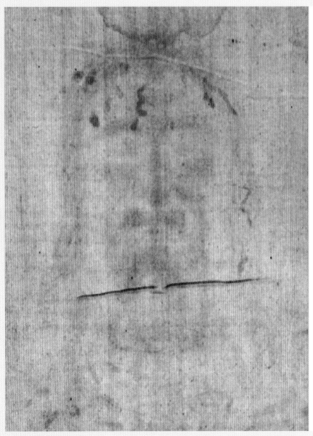 

토리노 수의의 실물 사진(왼쪽)과 네거티브 필름 사진. 예수의 수의라고 일컬어지는 이 수의의 진위 여부는 여전히 치열한 과학적 논쟁과 논란의 대상으로 남아 있다.

이 밀려오는 것이다.

유대 지역에서 집행된 로마 십자가형의 세부적인 절차가 밝혀진 것은 1986년이었다. 1세기에 십자가형을 받은 또 다른 유대인 희생자의 유골이 예루살렘 무덤에서 발견된 것이다. 예호하난(Yehohanan)이라는 사람의 오른쪽 발꿈치뼈 즉 종골(踵骨)에 11.43센티미터 길이의 휘어진 로마 못이 박혀 있었다. 발뒤꿈치 양쪽에는 나무 조각이 있었고 아래팔의 바깥쪽 요골은 닳아 없어진 상태였다. 아래팔에 꽂힌 못에 매달려 있었음을 말해주는 증거다.

마르코는 로마인들이 마지막으로 예수의 십자가에 그의 죄목을 적은 명패를 붙였다고 기록한다. 그 명패에는 조롱하는 투로 "유대인의 왕"이란 문구가 적혀 있었다. 예수와 함께 십자가에 못 박힌 "강도" 두 명은 각각 오른편과 왼편에 세워졌다(마르코 15:26-27).

그로부터 몇 시간이 흐르는 동안 십자가에 매달린 예수는 못에 살이 찢기면서 힘겹게 숨을 쉬어야 하는 극도의 고통에 시달렸다. 그리고 "온 땅이 어둠에 덮여 오후 세시까지 계속 되었다. 세시에 예수께서 큰 소리로 "엘로이, 엘로이, 레마 사박타니?" 하고 부르짖으셨다. 이 말씀은 '나의 하느님, 나의 하느님, 어찌하여 나를 버리셨나이까?'라는 뜻이다."(마르코 15:33-34). 〈시편〉에서 인용한 이 구절은(시편22:1) 유대인들이 극심한 절망에 빠졌을 때 언급하는 말이다. 몇몇 학자들은 복음서의 저자들이 자포자기한 예수의 심정을 강조하기 위해 이 인용구를 삽입했다고 본다.

이 현장에 사도들은 없었다. 오직 한 무리의 여인들만이 남아서 예수의 모습을 지켜보았는데 그 중에는 "막달라 여자 마리아"와 예수의 어머니일 수도 있는 "작은 야고보와 요셉의 어머니 마리아" 그리고 살로메가 있었다(마르코 15:40). 그렇지만 죽음을 목전에 둔 이 마지막 순간에 예수가 비탄에 젖어 이 말을 하지 않았으리라고 주장할 근거도 없다. 이후 예수는 "큰소리를 지르시고 숨을 거두셨다."고 미르코는 기록했다(미르코 15:37).

헤로데 왕가 일원의 유물이 담겨진 것으로 추정되는 예루살렘 서부의 무덤. 돌을 굴려서 입구를 막는 형태를 유지하고 있는, 몇 안 되는 1세기 무덤 중 하나다.

예수의 매장

늦은 오후, 매미가 단순하고 소박한 선율을 들려주기 시작하자 로마의 병사들은 자리에서 일어나 기지개를 켜면서 마지막 단계를 준비했다. "나무에 달린 시체"를 놔두고 밤을 보내지 말고 그날로 묻어야 하는 유대 율법에 따라야 했기 때문이다. 유대인의 안식일이 곧 시작될 판이었다. 그래서 병사들이 가서 십자가에 달린 사람들의 다리를 차례로 꺾었다(요한 19:32). 다리를 사용하지 못하면 몸을 들어올려 숨을 쉴 수 없기 때문에 서서히 질식해 죽게 된다. 병사 중 한 명은 망치를 들어올려 예수의 다리를 내리쳤다. 하지만 예수는 더 이상 숨을 쉬지 않고 있었다. 요한의 복음서에서는 병사가 창으로 예수의 옆구리를 찔러서 반응이 있는

지 살핀 것으로 그려진다(요한 9:34). 아무런 기적도 없었다. 예수는 한참 전에 숨을 거둔 것이다.

그러자 병사들은 말뚝에서 가로목을 빼내고 사체에 박힌 못을 마구 뽑았다. 이 못은 처형당한 자를 위해 따로 마련된 무덤에 함께 넣는다. 일년이 지나면 처형당한 이의 친인척이 유골을 모아 가족 무덤으로 가져가 다시 매장할 수 있다. 이때 사용된 못을 갖고 싶어하는 사람들이 많았다. 고대인들 상당수는 십자가형에 사용된 못에 마법의 힘이 있다고 믿었다.

그때 한 남자가 나타나 병사들의 걸음을 멈추게 했다. 그 이름은 아리마태아 사람 요셉이라고 마르코는 말한다. "그는 명망 있는 의회 의원이었고 하느님 나라를 열심히 대망하고 있는 사람이었다."(마르코 15:43). 이 말은 요셉이 산헤드린 공의회의 일원이고 바리새파였지만 예수가 "하느님 나라"에 대해 가르친 내용을 지지하고 있었음을 의미한다. 루가는 요셉이 "예수를 죽이려던 의회의 결정과 행동에 찬동을 한 일이 없었다."고 썼다(루가 23:50).

그날 오후에 요셉은 빌라도에게 예수의 사체를 내어달라고 청원해 승낙을 받아둔 상태였다. 최소한 마지막 품위를 지켜 개별적인 장례를 치러주고자 하는 마음에서였다. 마르코는 "빌라도는 백인대장에게서 예수가 분명히 죽었다는 사실을 전해듣고는 시체를 요셉에게 내어주었다."고 기록했다(마르코 15:45). 이 구절이 후대에 삽입되었다고 믿는 학자들도 있다. 예수가 부활하기 전에 단지 의식을 잃었던 게 아니라 죽었음을 분명히 하여 그 어떤 의심도 잠재우기 위한 조치였다는 것이다.

> 의회 의원 중에 요셉이라는 사람이 있었는데 그는 올바르고 덕망이 높은 사람이었다. 그는 예수를 죽이려던 의회의 결정과 행동에 찬동을 한 일이 없었다.
>
> 루가 23:50-51
> C.E. 75-90년경

시신을 인도받은 요셉은 종들의 도움을 받아 "미리 사가지고 온 고운 베로 싸서 바위를 파서 만든 무덤에 모신 다음, 큰 돌을 굴려 무덤 입구를 막아놓았다."(마르코 15:46). 하지만 그때는 금요일 오후로 유대인이 "준비일"이라고 부르는 안식일 전날이었다. 율법에서는 모든 장례 절차는 안식일이 시작되기 전날 일몰 무렵에 마무리되어야 한다고 구체적으로 적시했다. 그래서 마르코는 요셉이 서둘러 가장 가까운 무덤에 시신을 매장했고 안식일을 지내고 나서야 여인들이 사체에 향유를 바를 수 있었다고 기록한 것이다.

그 외 향유 바르는 절차를 마르코가 생략한 다른 이유로 고려할 수 있는 것은 한 여인이 베다니아에서 "매우 값진 순 나르드 향유가 든 옥합을 가지고 와서 그것을 깨뜨리고 예수의 머리에" 부었던 사건이다. 이 모습을 지켜본 몇 사람이 몹시 분개해서 "왜 향유를 이렇게 낭비하는가?"라고 책망했다. 하지만 그때 예수가 "이 여자는 내 장례를 위하여 미리 내 몸에 향유를 부은 것"이라고 일러주었다(마르코 14:3-8).

그렇게 태양은 지평선 너머로 가라앉고 안식일이 시작되었다. 울먹이는 여자들을 무덤에서 내보낸 요셉은 "큰 돌을 굴려 무덤 입구를 막아"놓은 후 자리를 떴다(마르코 15:46).

PART III

C.E. 30년부터 380년경까지

오순절(五旬節, Pentecost) 기간 동안 예수 부활에 관한 소식이
전해지고 사도들이 신적 영감(divine inspiration)을 받으면서
유대 전역으로 예수의 가르침을 전파하는 사도들의 선교
사역이 시작되었다. 그리고 사도 바울을 비롯한 다른 이들의
선교 사역이 이어지면서 시리아와 소아시아, 그리스에 있는
유대 공동체와 이방인 공동체를 대상으로 치열한 포교가
이루어진다. 온갖 박해와 종교적 이견에도 불구하고 그리스도교
교회는 성장을 거듭하고 결국 로마제국에서 유일하게 공인받은
합법적인 종교로 거듭나기에 이른다.

예수의

유 산

초대 그리스도인들

그리고 안식일 다음날
이른 아침 해가 뜨자
그들은 무덤으로 갔다.

마르코 16:2
C.E. 66 – 70년경

고대에 소아시아라고 불렸던 터키의 이오니아 해안은 바울이 배를 타고
이곳을 오가던 시절과 크게 다르지 않은 모습을 간직하고 있다.

"(사망 후) 삼일 동안 영혼은 사체 위를 배회하면서 다시 몸 안으로 들어가려 한다. 하지만 시체의 모습이 변하자마자 자리를 뜬다고 씌어 있다." 유대교의 《미드라시》에서 이와 같이 언급된, 사망 후 사흘째 되는 날이 되었다. 예수가 십자가에 못 박혀 죽은 것은 금요일이었다. 그 다음날은 안식일이었는데 안식일은 토요일 일몰 무렵에 끝이 난다. 그러므로 사흘째 되는 날은 일요일 아침이다.

쌀쌀한 일요일 아침, "막달라 여자 마리아와 야고보의 어머니 마리아와 살로메는 무덤에 가서 예수의 몸에 발라드리려고 향료를 샀다."(마르코 16:1). 원래 몰약과 유향 섞인 알로에 같은 장례용 향료는 예수의 가족이 감당하기 어려운 비싼 물건이었다. 하지만 요한에 따르면 니고데모(Nicodemus)라는 이름의 부유한 사람이 도움을 주기 위해 "침향을 섞은 몰약을 백 근쯤 가지고 왔다."(요한 19:39).

여기서도 예수의 남자 제자들에 대한 언급은 찾을 수 없다. 이로 미루어보아 여전히 은신 중이이었다고 추정된다. 마르코의 복음서에서 여자들이 무덤 입구를 막은 무거운 돌을 어떻게 굴릴지 걱정했던 것도 이런 맥락으로 추측할 수 있다(마르코 16:3). 여자들은 친절한 행인이나 밭일 나온 농부의 도움을 바랄 수밖에 없었다. 하지만 무덤에 도착한 여자들 앞에 놀라운 광경이 펼쳐졌다. "가서 보니 그렇게도 커다란 돌이 이미 굴러져 있었다." 그래서 무덤으로 들어갔더니 한 젊은이가 흰옷을 입고 앉아서 말했다. "겁내지 마라. 너희는 십자가에 달리셨던 나자렛 사람 예수를 찾고 있지만 예수는 다시 살아나셨고 여기에는 계시지 않다."(마르코 16:6). 여인들은 "무서우면서도 기쁨에" 넘쳤다(마태오 28:8). 그러자 남자는 차분한 목소리로 말을 이었다. "자, 가서 제자들과 베드로에게 예수께서는 전에 말씀하신 대로 그들보다 먼저 갈릴래아로 가실 것이니 거기서 그분을 만나게 될 것이라고 전하여라." 여자들은 무덤 밖으로 도망쳤지만 너무도 무서워서 아무에게도 말하지 못했다(마르코 16:6-8).

사도들 앞에 모습을 드러낸 예수

이것이 마르코가 소개한 가장 오래된 부활 이야기의 전부다. 하지만 다른 복음서에서는 이야기가 조금 다르게 전개된다. 부활한 예수에 대한 다양한 목격담이 유대와 갈릴리 전역에서 전해진 것이다. 예수가 모습을 드러내는 방식은 각기 달랐다. 때로 예수는 살과 피가 있는 인간의 모습으로, 때로는 순간적인 존재로 나타났다. 루가는 예수를 따르던 두 사람이 엠마오(Emmaus)로 가던 중 유월절에 일어난 비극에 대해 알지 못하는 낯선 사나이를 만난 이야기를 소개한다. 아무것도 모르는 그를 보며 당황스러워하던 두 사람은 "나자렛 사람 예수에 관한 일이오. 그분은 하느님과 모든 백성들 앞에서 그 하신 일과 말씀에 큰 능력을 보이신 예언자였습니다."라고 말해주었다. 그리고 슬픔에 잠겨 다음과 같이 덧붙였다. "우리는 그분이야말로 이스라엘을 구

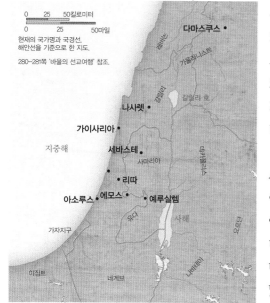

현재의 국가명과 국경선.
해안선을 기준으로 한 지도.
280-281쪽 '바울의 선교여행' 참조.

다마스쿠스 •
레바논
골란하이츠
나자렛 •
갈릴리
갈릴리 호
가이사리아 •
지중해
세바스테 •
사마리아
• 리따
아소루스 • 에모스 • • 예루살렘
가자지구
유다
사해
요르단
이집트
네게브
나바테이

원해주실 분이라고 희망을 걸고 있었습니다." 그렇게 이야기를 나누며 길을 걷던 일행은 저녁 늦게 그 낯선 이가 빵을 들어 감사의 기도를 드린 후 나누어준 후에야 눈이 열려 그가 예수였음을 알아보았다. 하지만 예수는 사라져 보이지 않았다(루가 24:13-31).

요한의 복음서에서는 예수가 막달라 여자 마리아에게 모습을 드러내서 "내가 아직 아버지께 올라가지 않았으니 나를 붙잡지" 말라고 경고한다(요한 20:17). 그리고 나중에는 문을 통하지 않고 자유롭게 실내로 들어왔다가 나갈 수 있는 존재로 나타난다. 하지만 유령 같은 모습으로 등장한 이때도 의심하는 도마(Thomas, 토마)를 불러 자신의 상처를 만지게 해 살과 피가 있는 사람임을 밝힌다(요한 20:26-27). 일부 문헌에서는 이런 식의 불일치가 무덤이 텅 빈 직후 일어난 일들에 대한 구전이 다양하게 존재했다는 점을 시사한다고 본다.

부활의 문제는 인문과학의 영역을 벗어난다. 역사적으로나 고고학적으로 증명될 수 있는 문제가 아니다. 즉, 예수의 부활을 믿는 것은 신앙의 문제다. 사도들은 예수가 부활했다고 확신했다. 바울은 나중에 그리스도('기름 부음을 받은 자' 즉 메시아의 그리스어인 '크리스토

스Christos'에서 나온 말이다)가 부활하지 않았다면 믿음은 헛된 것이 된다고 말했다(고린도 전서 15:12–19). 실제로 사도들은 예수가 요르단 강에서 세례를 받을 때 하늘에서 내려왔던 성령 즉 신성의 본질이 이제는 자신들에게 내렸다고 말했다. 이제 제자들은 예수의 현존을 느끼고 예수가 자신들의 마음속에 불어넣어주었던 말들에 귀기울이게 되었다.

사도들의 선교 사역

〈사도행전〉에서는 이런 신적 영감이 오순절에 혀 같은 모양으로 나타나 불길처럼 갈라지며 예수를 따르는 이들에게 내렸다고 표현했다. 칠칠절이라고도 불리는 오순절은 그리스어로 '50번째'라는 말인 '펜타코스트(Pentecost)'에서 유래했다. 유월절이 지나고 50일째 되는 날을 기리는 명절이기 때문이다. 오순절이 되면 다시 한 번 로마 전역에서 수많은 유대인 순례자가 예루살렘으로 모여든다. 사도들은 이 기회를 활용해 군중에게 "성령으로 가득 차서 성령이 시키시는 대로 여러 가지 외국어로 말을 하기 시작하였다."(사도행전 2:4).

그럼에도 불구하고 카리스마 넘치는 지도자를 잃은 상황에서 사도들에게는 많은 문제가 남아 있었다. 어디로 가야 하나? 어떻게 조직화해야 하나? 제자들은 예루살렘에 남아야 할까, 아니면 고향땅인 갈릴리 전역으로 흩어져야 할까? 〈사도행전〉을 보면 이들은 예루살렘에 남아 유대 지역에서 선교 사역을 계속하기로 결정한 것 같다. 예수가 바란 대로다. 얼마 지나지 않아 예수의 형제인 시몬 베드로와 야고보는 사도들의 선교 사역을 이끄는 실질적인 지도자로 부상했다. 하지만 그리스도교의 초기 단계 선교활동은 유대교와 차별성을 두지 않았다. 오히려 《토라》의 계율을 따르고 안식일을 지키며 예루살렘 성전에서 설교했다(사도행전2:45, 15:5). 심지어 베드로는 '아름다운 문'이라는 성전 문 곁에서 앉은뱅이를 고치는 등 기적을 행한 것으로 알려졌다. 이 문은 예루살렘 성전 구역과 여인의 뜰을 나누는 니카노르의 문인 것으로 추정된다. 기적을 행한 뒤 베드로는 성전 광장 동쪽으로 난 거대한 주랑인 솔로몬 행각에서 설교를 하면서 새로운 개종자를 얻고 그들에게 세례를 주어 예수의 제자로 삼았다.

같은 시기에 예수를 따르던 사람들은 개인 주택에서 서로 만나 그분의 가르침에 대해 이야기하고 식사를 나누면서 친교를 다졌다. 이렇게 사적으로 모임을 갖는 것은 그리스어로 '모임'을 뜻하는 에클레시아(ekklesia)라는 개념의 근본적 의미와 연결되었다. 그래서 이후 에클레시아는 '교회(church)'라는 말로 번역된다.

하지만 머지않아 이런 식의 초기 그리스도교 모임은 점차 거세지는 반발과 맞닥뜨린다. 예루살렘 성전 당국과 유대 공동체 내부 분파들 모두가 이들에게 반감을 보인 것이다. 베드로와 요한은 체포당해 감옥에 갇혔다가 가야바와 사두개파 사람들에게 심문을 당했다. 일부 학자들은 예수의 수난과 평행구조를

티치아노 베첼리오(Tiziano Vecellio, 또는 티티안Titian)(1490–1576)이 그린 '놀리 메 탄게레(Noli Me Tangere)'는 복음서에서 예수가 막달라 여자 마리아에게 "나를 붙잡지" 말라고 말하는 부분을(요한 20:17) 라틴 식으로 해석해 표현한 것이다.

부활의 증인

마르코에 따르면 텅 빈 무덤을 가장 먼저 목격한 것은 "막달라 여자 마리아와 야고보의 어머니 마리아와 살로메"였다. 이들은 예수에게 향료를 발라 장례 절차를 마무리하려고 무덤으로 돌아간 참이었다(마르코 16:1–2). 요한은 막달라 여자 마리아 혼자서 예수의 부활을 목격했다고 주장한다(요한 20:1). 오늘날에는 그리 주목할 만한 부분이 아니지만 고대 팔레스타인에서 여성의 목격담은 유대 법정에서 신뢰성을 인정받지 못했다는 점을 고려하면 짚고 넘어가야 할 대목이다. 어찌하다가 그리스도교에서 가장 중요한 사건인 예수 부활의 근거가 여성의 증언이 되었을까? 이것이 사실이기 때문에 그렇다고 보는 게 맞을 것이다. 당시 사도들은 몸을 숨겼거나 예루살렘으로 도망쳤다. 요한은 부활한 예수가 자신의 정체를 알린 첫 번째 사도로 마리아를 지목한다. 너무 기쁜 나머지 예수를 안으려 하는 마리아를 제지하면서 예수는 "내가 아직 아버지께 올라가지 않았으니 나를 붙잡지" 말라고 말했다(요한 20:17). 라틴어 "놀리 메 탄게레(Noli me tangere, 날 잡지 마라)"라고 번역된 이 순간은 훗날 르네상스 시대 화가들이 주요하게 활용하는 모티프가 되었다.

그리스에서 만들어진 것으로 추정되는 펜던트 달린 황금 부적은 소아시아의 많은 도심 지역이 얼마나 부유했는지를 증명해준다.

예루살렘 성전에 있는 니카노르의 문(277쪽) 복원도. 베드로가 치유의 기적을 선보인 장소로 설명되는 '아름다운 문'이라고 추정된다(사도행전 3:2).

이루기 위해 고의적으로 만든 이야기라고 주장하지만 당시 유대 지역에 이런 갈등이 존재했던 건 사실이다.

스테파노의 순교

열두 사도가 구성원으로 맞아들인 새로운 제자 중에는 〈사도행전〉에서 "그리스 말을 하는 유다인들"라고 칭한 헬라파 유대인들이 있었다. 이집트나 로마의 디아스포라 지역 출신이었을 가능성이 높다. 원래 예수를 따르던 사람들은 아람어를 구사하는 "본토 유다인"이었다. 이들 간 갈등이 수면 위로 드러난 것은 식량을 배급받을 때마다 헬라파 유대인 측 과부들이 푸대접을 받았다는 불평이 터지면서였다(사도행전 6:1). 시간이 지나면서 스테파노(Stephen, 스데반)라는 사람이 이끄는 헬라파 유대인들은 성전 예배와 희생제에 대해 타협하지 않는 급진적 자세를 취하기 시작했다. 사두개파에 대해 환멸을 느끼는 일이 새삼스러울 것은 없지만, 〈사도행전〉에 의하면 스테파노는 한 걸음 더 나아가 예루살렘 성전에서 드리는 예배를 전면적으로 부정하고 비난하기 시작했다. 이런 주장은 사도들 간 분열을 고조시킬 수 있는 위협적 요소였다. 열두 사도뿐만 아니라 북아프리카 출신 자유민과 소아시아(오늘날의 터키) 지역 공동체들은 여전히 예루살렘 성전 예배에 충실했기 때문이다(사도행전 6:9). 결국 스테파노는 산헤드린 공의회에서 "모세와 하느님을 모독"했다는 비난을 받기에 이른다. 예수 추종자들이 세를 불려가는 모습에 놀라던 예루살렘 성전 당국은 이 기회를 놓치지 않았다. 〈사도행전〉에 의하면 대사제와 의회가 스테파노를 심문하자, 스테파노는 장황한 설교로 자신을 고발한 사람에게 반박하고 "지극히 높으신 분은 사람의 손으로 지은 집에는 사시지 않습니다."라는 말로 변론을 가름했다. 이 말에 격분한 사람들은 그를 성 밖으로 끌어내 돌로 쳤다(사도행전 7:58).

이 이야기에서 지방 행정관인 프레펙투스(prefectus)가 등장하지 않는다는 이유로 이 사건이 C.E. 36년에 일어났다고 추정하는 학자들도 있다. 이때가 C.E. 35년경 빌라도가 자리에서 물러나고 새로운 행정관인 마르켈루스(Marcellus)가 부임하는 C.E. 37년 사이에 일시적으로 발생한 권력 공백기였기 때문이다. 스테파노 처형은 중요한 전환점이 되었다. 이로 인해 사제와 사도들 간 긴장감이 고조되고 예루살렘과 그외 지역에서 예수를 따르는 사람들에 대한 박해가 시작된 것이다. 이런 상황에서 많은 헬라파 제자들은 예루살렘을 벗어나 키프로스와 페니키아, 시리아로 달아났다. 특히 오론테스(Orontes) 강변에 위치한 도시, 안티오크(Antioch, 안디옥)로 도주하는 사례가 많았다.

다르소 사람 사울

이렇게 어려운 상황임에도 불구하고 〈사도행전〉에서는 그리스도교 초기를 세가 급속도로 확장한 시기로 그린다. 몇몇 학자들은 사도들이 선교활동 중에 직면했던 엄청난 도전 과제를 〈사도행전〉의 저자가 인식하지 못한 것 같다고 주장한다. 가장 먼저 맞닥뜨린 도전 과제는 하느님 나라에 관한 예수 신학체계의 의미를 사도들이 정확히 파악하는 데 애를 먹었다

는 점이다. 율법을 지키는 것 외에 어떤 삶의 방식을 취하고 어떤 전례를 지키고 어떤 수행을 해야 하는지 알 수 없었던 것이다.

두 번째 도전 과제는 구전하는 모세의 십계나 이슬람교 형성기에 무함마드(Muhammad)가 쓴 《코란》처럼 추종자들에게 지침을 주고 영감을 불러일으킬 경전을 예수가 남기지 않았다는 점이었다. 예수의 사역 기간은 너무 짧았다. 그래서 일찍이 너무나도 많은 구전이 회자되면서 각기 다른 주장이 넘쳐났다. 예수의 가르침과 그가 보인 기적, 죽음과 부활 그리고 그와 하느님과의 관계를 다룬 구전들이 저마다 정통성을 주장하는 형국이었다.

하지만 이들보다 훨씬 더 벅찬 과제가 남아 있었다. 십자가형을 받아 죽은 예수가 메시아라고 유대인을 설득할 방법을 찾는 일이었다. 더 이상 살아 있지 않은 예수가 메시아다운 지도력을 발휘할 수 없는 상황에서 그를 메시아로 인정해야 할 이유가 도대체 뭐란 말인가? 그리고 그가 진정 하늘에서 내린 선

> 흩어져 간 신도들은
> 두루 돌아다니며
> 하느님의 말씀을 전하였다.
>
> 사도행전 8:4
> C.E. 75 – 90년경

지자라면 하느님은 어찌하여 그토록 수치스러운 죽음을 맞이하도록 했단 말인가? 이런 문제는 열두 사도에게 크나큰 고민거리였다. 대부분 어부였던 사도들은 용감하고 헌신적이었지만, 예수가 가르쳐준 내용을 기반으로 포괄적인 신학 체계를 만들어낼 능력은 구비하지 못한 상태였다. 이런 리더십이 간절하던 시기에 바울이 사도들에게 합류했다.

사울이라고 불리다가 개명한 바울은 그리스도교를 접하자마자 개종한 사람은 아니었다. 실리시아(Cilicia, 현재 터키 남부) 수도 다르소(타르수스)의 유대인 집안에서 태어난 바울은 다르소에 널리 퍼져 있던 그리스어 수사학과 웅변술을 익히며 높은 지적 능력을 갖추고 있었다. "다르소 거주민의 철학과 교육 분야에 대한 열정이 어찌나 대단한지 아테네와 알렉산드리아를 비롯한 다른 장소를 능가할 정도다." 1세기 로마의 지리학자 스트라보(Strabo)의 글이다. 바울은 자신이 베냐민 지파 출신이며 바리새파 사람이라고 주장했다(필립비인들에게 보낸 편지 3:5). 〈사도행전〉에서는 바울이 예루살렘에서 유명한 랍비이자 바리새파를 이끄는 현자였던 가믈리엘에게 가르침을 받았다고 말한다. 이 가믈리엘은 산헤드린 공의회에서 베드로가 심문받을 때 변론해주었던 인물과 동일인일 가능성이 높다. 히브리어 성경을 철저하게 공부했던 바울은 훗날 그리스도교 공동체에게 쓴 각종 서신에서 히브리어 성경을 인용하곤 한다.

바울의 집안은 천막을 만들거나 가죽 세공을 했을 것으로 추정된다. 바울은 원래 예수의 제자들을 박해하는 일을 했었다(필립비인들에게 보낸 편지 3:5). 〈사도행전〉은 스테파노가 돌에 맞아 처형당하는 현장에 있었고, 당시 중요한 인물이었다고 암시하면서 스테파노를 돌로 쳐죽인 거짓 증인들이 겉옷을 벗어서 "사울이라는 젊은이에게 맡겼다."라고 기록했다(사도행전 7:58). 갈라디아인들에게 보낸 편지에서 바울은 자신이 "동년배들 사이에서는 누구보다도 유다교를 신봉하는 데 앞장섰으며 내 조상들의 전통을 지키는 일에 있어서도 훨씬 더 열성적"이었다고 말한다. 그는 온 힘을 다해 "교회를 쓸어버리려고 집집마다 돌아다니며 남녀를 가리지 않고 끌어내어 모두 감옥에 처넣었다."(사도행전 8:3).

필립보의 설교

이에 대응하기 위해 예루살렘에 있던 제자들은 사방으로 흩어졌다. 그 중에 필립보라고 불리는 이가 있었다(열두 사도 중 한 명인 필립보와는 다른 사람이다). 그는 사도 공동체에서 음식 배급 임무를 맡던 집사 중 하나였다(사도행전 6:5). 필립보라는 이름으로 보아 유대인 그리스도교 그룹에서 그리스어를 말하는 헬라파였을 것으로 추정된다. 〈사도행전〉은 필립보가 "사마리아의 한 도시로" 내려갔다고 기록한다. 헤로데가 지은 세바스테나 세겜(Shechem) 중 한 곳을 의미하는 것으로 보인다. 여기서 필립보는 설교를 했는데, 사람들 모두 그의 말에 귀를 기울여 "더러운 악령이 큰소리를 지르며 나갔고 또 많은 중풍병 환자들과 불구자들이 깨끗이" 나았다.

다마스쿠스에 있는 우마야드 모스크(Umayyad Mosque)의 첨탑(278쪽). 바울이 이 도시에 머물던 당시 공사 중이던 주피터 신전 유적지 옆에 늠름하게 서 있다.

그 뒤 바르나바는 사울을 찾아 다르소로 가서 그를 만나 안티오키아로 데리고 왔다.

사도행전 11:25
C.E. 75-90년경

선교 사역 초기에 바울은 키프로스의 파포스(Paphos, 바포)에서 성공을 거두고 그 지역 총독인 세루기오 바울로(Sergius Paulus)를 개종시켰다(사도행전 13:12).

아마도 바울은 여기 있는 카르도 막시무스(cardo maximus)를 이용해 에페소 항구에서 도심으로 이동했을 것이다. 이 지역은 2년 동안 그의 주요 활동지가 되었다.

바울은 로마로 가는 중 난파당해 다른 죄수들과 선원과 함께 시라쿠사(Syracuse)에 상륙한 적이 있었다. 현재 시라쿠사에는 원형극장 유적지가 그대로 남아 있다.

바울은 두 해 동안 로마에 살면서 전도한다(사도행전 28:30~31).

어틸리아

로마

오스티아 • 트레스(타베르네)

포룸 아피

카푸아
푸테올리
(포추올레) 네아폴리스
(나폴리)

바울은 로마에서 에페소인들에게 보낸 편지, 골로사이인들에게 보낸 편지, 디모데오에게 보낸 둘째 편지, 필레몬에게 보낸 편지, 필립비인들에게 보낸 편지를 썼다.

마레 티르헤눔
(티레니아해)

파노르무스
(팔레르모)

릴리바에움
(마르살라)

시칠리아

카타나
(카타니아)

시칠리아 시라쿠사

베네벤툼 (베네벤토)

타렌툼
(타란토) 브룬디시움
(브린디시)

크로톤
(크로토네)

이오니아해

메사나
(메시나) 레기움
(레기오 칼라브리아)

바울을 태운 배가 풍랑으로 난파한다(사도행전 27:27~44).

몰타

크로아티아

몬테네그로

마케도니아

스코드라
(슈코더르)

디르하키움
(두레스)

알바니아

아폴로니아
(포잔)

에피루스

니코폴리스
악티움

바울이 회당에서 설교하자 유대인들이 폭동을 일으켜 바울은 베레아로 떠난다(사도행전 17:1~9).

베레아
(베리아)

바울은 이곳에서 고린토인들에게 보낸 둘째 편지와 디모데오에게 보낸 첫째 편지를 쓴다.

델피

파트라이
(파트라)

고린토
(코린토스)

스파르타
(스파르타)

바울은 이곳에서 로마인들에게 보낸 편지, 그리고 데살로니카인들에게 보낸 첫째와 둘째 편지를 쓴다.

페니케,

마
레

(지

타라불루스
(트리폴리)

레프티스 마그나

아프리카

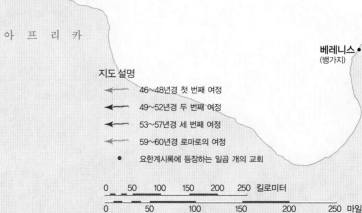

바울의 선교 여행

키레네
(샤하트) 아폴로니아 (수사)

다르니스

베레니스
(뱅가지)

키레나이카

리비아

지도 설명

← 46~48년경 첫 번째 여정
← 49~52년경 두 번째 여정
← 53~57년경 세 번째 여정
← 59~60년경 로마로의 여정
• 요한계시록에 등장하는 일곱 개의 교회

0 50 100 150 200 250 킬로미터
0 50 100 150 200 250 마일

현재의 배수로, 해안선과 국경선을 기준으로 표시하였다.
괄호 안은 현재의 지명이다.

이스트룸
(니키우프)

불 가 리 아

로디카
(아)

필리포폴리스

필립보 네아폴리스 (카발라)

아폴로니아
타소스
사모트라케
임브로스
렘노스

트 라 키 아

흑 해

바울은 귀신 들린 노예 여자에게서
귀신을 쫓아주었다가 돈벌이를
못하게 된 주인들이 고소해 감옥에
갇힌다. 그리고 지진이 일어나
풀려난다(사도행전 16:16~40).

시노페

아마스트리스
(아마스라)

아미수스
(삼순)

헤라클레아 폰티카
(에레글리)

폰 토 스 산 맥

비잔티움
페린투스 (이스탄불)

칼케돈
(카디코이)

니코메디아
(코카엘리)

아마세이아
(아마시아)

키지쿠스

람프사쿠스
(라프세키)

마케도니아 사람이 도움을
청하는 꿈을 꾼 후 바울은 곧
그곳으로 떠난다
(사도행전 16:9~10).

앙키라
(앙카라)

아마세이아

터 키

알렉산드리아 트로아스
아드라미티움
(에드레미트)

아소스
레스보스

페르가문
(베르가마)

(미틸리니)미틸레네
바울은 고린토들에게
보낸 편지(첫째 편지와 디도에게
보낸 편지를 에페수스에서
썼을 가능성이 크다
19:23~41).

아 시 아
아르테미스 대신전이 있는 곳이다.
바울이 우상 숭배를 금하라고
설교하자 사람들이 들고
일어난다 사도행전

고르디움
(고르디온)

아 나 톨 리 아
(소 아 시 아)

카이사레아 카파도키아
(카이세리)

멜리테네
(말라티아)

아르켈라이스
(아크사라이)

선교와 치유를 행한 후 바울은 유대인들이
선동한 군중에 돌팔매질을 당하고 도시
밖에 버려진다. 죽지 않고 살아난 그는
선교를 계속한다(사도행전 14:8~20).

베우보에아

키오스

티아티라
(아크히사르)

사르디스
스미르나
(이즈미르)
에페수스

필라델피아
(알라세히르)

피시디안 안티오크
(얄바츠)

이코니움

티아나

사모사타
(삼사트)

에데사
(산리우르파)

제우그마

라오디케아
(호나즈)
골로사이 (호나즈)

아파메아
(디나르)

리스트라
데르베

타 우 루 스 산 맥

포르타 킬리키에
(실리시안 문)

이수스

밀레투스

유대 어머니와 그리스 아버지 사이에서
태어난 디모테오가 바울의 두 번째
선교여행에 동행한다(사도행전 16:1~3).

페르가

페르가

타르수스
안티오키아
(안티오크)

알렉산드리아 아드 이숨
(이스켄데룬)

아레포

할리카르나수스
(보드룸)

아탈레이아
(안탈리아)

시데

사울의 고향이다. 그는
개종하기 전까지 교회를
박해하던 바리새 파였다
(사도행전 9:11,
필립비 3:5~6).

셀레우키아
트라케오티스
(실리프케)

셀레우키
피에리아
(사만다그)

코스
크니두스

초기 그리스도교의 보루였던
세 차례에 걸친 바울의 선교 여
(사도행전 13:3,(15:40, 18:22~

시 리 아 아

철학자들과 논쟁한
끝에 바울은 일부
철학자를 개종시킨다
(사도행전 17:20~34).

산토리니

로도스
로도스

파타라 미라
(칼레)

예수 그리스도의
추종자들이 처음으로
'그리스도교도'라 불리게
된다(사도행전 11:26).

마레 크레티쿰
(크레타 해)

크레타

트리폴리스

비블로스

크레타 크노수스(크노소스)
고르틴
미항 라세아

카페 살모네
(아크로티오 플라카)

키프로스

살라미스

키 프 로 스

우다
도스)

바울이 바르예수라는 거짓
예언자를 꾸짖어 장님으로 만들자
이를 본 총독이 개종한다
(사도행전 13:6~12).

파포스
(쿠클리아)

레바논

그리스도교도들을
잡으러 가던 사울은
기적을 경험한 후
개종한다(사도행전
9:1~19).

시돈
띠로

다마스쿠스

인 테 르 눔 해)

프톨레마이스

갈릴래아

보스트라

베드로, 바울, 바르나바는 다른
그리스도교 지도자들과 만나
비유대인 개종자들의 유대 율법
준수 문제를 의논한다. 그리고
예수에 대한 신앙만으로 충분히
구원받을 수 있다는 데 합의한다
(사도행전 15:1~21).

가이사리아
이스라엘

안티파트리스

네아폴리스
(나블루스)

예루살렘
가자
유대

파라에토니움
(마트루흐)

알렉산드리아
(엘 이스칸드리야)

펠루시움

페트라

다프나이

요 르 단

테레누티스

세 번째 선교여행을 마치고
예루살렘으로 돌아온 바울은
소란 죄로 고소된다. 그는 로마
시민으로서 황제에게 상소할 권리를
주장한다(사도행전 21:26).

헬리오폴리스

아 에 깁 투스

멤피스

아엘라나
(알 아카바)

이 집 트

시 나 이

사우디

이제 필립보는 남서쪽으로 발걸음을 돌려 지중해 연안으로 향했다. 쉐펠라(Shephelah) 구릉지를 지나고 가자(Gaza) 방향으로 이동하는 길에서 필립보는 "에티오피아 여왕 간다케의 환관으로서 그 여왕의 모든 재정을 관리하는 고관"을 개종시키는 놀라운 일을 해냈다. 〈사도행전〉에서는 "주의 천사"가 그를 오늘날의 아슈도드인 아스돗으로 보냈다고 말한다. 거기서 필립보는 남쪽으로 방향을 틀어 해안가로 이동한 뒤 "여러 동네를 다니며 복음을 전하다가 마침내 가이사리아에 이르렀다."(사도행전 8:40). 여기서 필립보는 그리스도교 공동체를 육성시키면서 네 명의 딸을 키웠다. 딸들은 "모두 예언자였다."(사도행전 21:9).

그러는 사이 베드로는 사마리아를 거쳐 북쪽으로 가서 오늘날의 로드(Lod)에 인접한 리따(Lydda)로 이동했다. 해안가에서 14킬로미터 정도 떨어진 곳이었다. 여기서 베드로는 "팔 년 동안이나 중풍병으로 자리에 누워 있는 애네아라는 사람"의 병을 고쳐준다(사도행전 9:34). 요세푸스에 의하면 리따는 30년 후쯤 유대 반란이 일어나 쑥대밭이 되고 말았다. 리따에서 그리 멀리 떨어지지 않은 곳에 오늘날 야파(Jaffa)라고 불리는 요파(요빠)가 있었다. 팔레스타인에서 가장 오래된 도시로 손꼽히는 요파에는 B.C.E 2000년부터 계속 사용된 항구가 있었다. 여기에 다비타(Tabitha)라는 여신도가 살고 있었는데 이 무렵에 병이 들어 죽었다. 베드로가 리따에 왔다는 소식을 들은 신도들은 사람 둘을 보내 베드로를 요파로 데려오도록 했다. 둘을 따라 나선 베드로는 다비타를 다시 살려냈다. 이 일화는 예수가 야이로의 딸을 살려낸 것과 유사한 평행구조를 이룬다(사도행전 9:40). 그 뒤 베드로는 한동안 요파에서 지내며 시몬이라는 무두장이(피장이. 짐승의 가죽으로 물건 만드는 일을 맡아 하던 사람)의 환대를 받았다.

다마스쿠스로 가는 중에 생긴 일

한편 그때 바울(〈사도행전〉에서는 이때까지 사울이라는 호칭을 쓰고 있다)은 다마스쿠스로 가서 그리스도교 박해를 허가해달라는 청을 넣으려던 참이었다. 당시 그는 "여전히 살기를 띠고 주의 제자들을 위협하며" "그리스도교를 믿는 사람은 남자 여자 할 것 없이 눈에 띄는 대로 잡아서" 예루살렘으로 끌고 오려고 혈안이 된 상태였다(사도행전 9:2). 다마스쿠스는 오래 전에 로마-시리아의 데카폴리스가 되어 있었다. 하지만 C.E. 37년, 즉 사울이 이 도시로 찾았던 즈음에는 로마 황제 칼리굴라가 나바테아 왕국을 다스리던 충실한 분봉왕 아레타스 4세에게 그곳의 통치권을 양도했다. 아레타스 4세는 헤로데 안티파스에게 딸을 시집보냈던 왕과 동일인일 가능성이 높다. 〈사도행전〉에서는 다마스쿠스에 몇 개의 회당이 있었을 것이라는 점을 내비친다. 원하던 권한을 얻으려고 길을 나섰던 사울은 그 여정에서 이상한 일을 당했다. 다마스쿠스로 가던 중에 "갑자기 하늘에서 빛이 번쩍이며 그의 둘레를 환히 비추었다." 사울은 땅에 엎드렸다. 이어 목소리가 들려왔다. "사울아, 사울아, 네가 왜 나를 박해하느냐?"(사도행전 9:4). 사울은 땅에서 일어났지만 앞을 볼 수가 없었다. 그래서 사람들이 그의 손을 끌고 다마스쿠스로 데리고 갔다. 한편 다마스쿠스에 살던 아나니아라는 제자는 신비로운 환상을 통해 사울을 돌보라는 명을 받았다. 아나니아가 그에게 손을 얹고 하느님의 말을 전하자 "비늘 같은 것이 떨어지면서 (사울은) 다시 보게 되었다."(사도행전 9:18). 사울은 바울이라는 이름으로 개명하고 세례를 받은 다음 "곧 여러 회당에서 예수가 바로 하느님의 아들이심을 전파하기 시작하였다." 그가 다마스쿠스에 온 원래 목적을 알고 있던 사람들은 어리둥절해했다. 예수 추종자들을 말살시키겠노라고 맹세했던 그가 "예수가 그리스도라는 것을 증언"하고 있었으니 당연한 반응이었다. 이제 바울은 밤을 틈타 다마스쿠스를 빠져나가지 못하도록 철통 감시를 당하는 신세가 되었다. 바울 살해 음모가 진행된다는 사실을 안 그의 제자들은 "어느 날 밤에 틈을 타서 바울을 광주리에 담아 성 밖으로 달아 내렸다."(사도행전 9:25).

하지만 바울은 예루살렘에서도 비슷한 대접을 받아야 했다. 〈사도행전〉은 그가 사도들에게 소개되었을 때 많은 그리스도인들이 위장침투를 위한 개종은 아닌지 의심하며 그를 두려워했다고 기록했다. 헬라파 유대인들도 바울을 죽이려고 했다(사도행전 9:26-29). 바울은 예루살렘을 떠나 자신의 고향 다르소로 돌아가야만 했다. 바울과 열두 사도 간의 갈등은 초기 그리스도교 성장에 크나큰 영향을 미쳤다.

바울과 바르나바

바울은 갈라디아인들에게 보낸 편지에서 일련의 사건 연대를 다르게 알리고 있다. 하느님이 그를 택하여 불렀을 때도 "어떤 사람과도 상의하지 않았고 또 먼저 사도가 된 사람들을 만나려고 예루살렘으로 가지도 않았"다고 말한다. 대신 그는 "곧바로 아라비아로" 갔다. 그곳에서 생각을 정리했을지도 모를 일이다. 이런 일화는 예수가 광야에서 40일 동안 머물다 자신의 사역을 시작했던 것과 유사하다(갈라디아인들에게 보낸 편지 1:17). "아라비아"는 아마도 나바테아 왕국을 가리키는 듯하다. 아라비아 사막 변두리에 위치한 그곳의 통치권은 다마스쿠스로 넘겨져 있었다. 바울은 그곳에서 3년 간 체류한 후 마침내 예루살렘으로 가서 게파(베드로)를 만나 보름을 함께 지냈다. 그 이후 자신의 고향인 다르소로 돌아갔다.

그 사이 스테파노 사후 흩어졌던 헬라파 유대인들 상당수는 로마-시리아의 수도이자 로마 총독이 머물고 있는 안티오크에 정착했다. 다양한 국적의 사람들이 모여사는 이 도시에는 꽤 큰 규모의 유대인 공동체

미켈란젤로 카라바조가 1601년에 그린 캔버스 회화 '다마스쿠스로 가는 길에서의 회심'.

칼리굴라라는 별명을 지닌 가이우스 황제의 두상(282쪽). 소아시아에서 발견된 이 유물은 C.E. 40년경 작품으로 추정된다.

도 있었다. 예루살렘에서 망명한 사람들은 비슷한 정서를 지닌 이들끼리 무리를 이루었고 시간이 지나면서 "많은 사람들이 믿고 주께로" 돌아왔다고 〈사도행전〉은 적고 있다(사도행전 11:21).

이 기막힌 부흥 소식은 곧 예루살렘으로 전해졌고, 예수의 제자들 중 하나가 직접 가서 상황을 알아보기로 했다. 그리하여 선택된 사람이 키프로스 출신 요셉(Joseph)이라는 유대인이었다. 자신의 재산을 처분해 예루살렘 교회에 바친 인물이다. 제자들은 기꺼이 그를 일원으로 받아들인 뒤 바르나바(Barnabas)라는 이름을 붙여주었다(아람어로 "예언자의 아들"이라는 의미). 늦지 않은 시기에 안티오크에 도착한 바르나바는 소문이 사실이라는 걸 확인했다. 그리고 바르나바의 격려로 "많은 사람이 주님께 나오게 되었다."(사도행전 11:24). 예수의 제자를 '그리스도인'이라고 처음 부른 이들도 이 안티오크 사람들이었다(사도행전 11:26).

안티오크에서 벌어진 그리스도교 선교활동에 압도된 바르나바는 도움의 손길을 찾았다. 예루살렘은 매우 멀리 떨어져 있었고 바울의 고향인 다르소는 훨씬 더 가까웠다. 게다가 바르나바는 바울을 잘 알고 있었다. 〈사도행전〉에 의하면 바울이 예루살렘에 잠시 머무는 동안 제자들에게 그를 소개한 사람이 바로 바르나바였다. 바르나바는 다르소로 바울을 찾아가 안티오크에서 자신과 함께 선교활동을 벌일 것을 청했다. 바울은 동의했고 둘은 함께 안티오크로 돌아왔다. 그리하여 그리스도교 형성의 중추적 역할을 하게 될 바울의 기나긴 선교활동이 시작되었다.

밤필리아(Pamphylia) 해안가에 있는 베르게(Perga). 바울이 소아시아로 처음 떠난 여행에서 방문한 도시로, 거대한 로마식 목욕탕 유적지가 현재까지 잘 보존돼 있다.

바울은 첫 번째 선교여행 동안 자신의 동료 바르나바의 출신지인 키프로스 파포스(285쪽)를 찾아갔다.

이방인들의 개종

안티오크에 일년 간 머무는 과정에서 바울과 바르나바는 동반자 관계를 구축했다. 그리고 이 관계는 곧 제1차 선교여행으로 이어졌다. 이 두 사람은 흥미로운 사실 하나를 발견했다. 자신들처럼 예수의 제자가 되는 일에 관심을 보이는 이방인이 많다는 것이었다.

이방인을 받아들이는 것은 보기 드물었지만 전례가 아주 없지는 않았다. 〈사도행전〉에서는 조심스레 이방인에게 최초로 세례를 준 사람이 바울이 아닌 베드로였다는 점을 지적한다. 가이사리아의 로마 군대를 지휘하던 백부장 고르넬리오(Cornelius)가 그 주인공이었다(사도행전 10:48). 일견 매우 모순적으로 보이는 일이다. 일반적으로 유대인은 이방인과 긴밀한 접촉을 금하고 있었다. 이방인들은 정결의 율법을 존중하지 않고 정결한 음식인 코셔를 먹지 않기 때문이었다. 게다가 예수도 이방인의 도시와는 거리를 둔 채 "이스라엘의 길 잃은 양"에게 자신의 사역을 집중했었다. 하지만 〈사도행전〉에서는 베드로가 신비한 환상을 보았다는 이야기로 이 문제를 해결한다. 요파에서 시몬의 집에 머물던 베드로는 무아지경에 빠진다. 그리고 온갖 정결하지 못한 동물이 들어 있는 커다란 보자기가 하늘에서 내려오는 모습과 함께 "베드로야, 어서 잡아먹어라." 하는 음성을 들었다. 저항하는 베드로에게 또다시 음성이 들렸다. "하느님께서 깨끗하게 만드신 것을 속되

다고 하지 마라."(사도행전 10:10-15). 이 일을 겪은 베드로는 이방인의 개종을 금할 이유가 더 이상 없다는 점을 이해했다. 바로 그때, 베드로를 찾아온 사람들이 가이사리아의 고르넬리오를 방문해달라고 청했다. 베드로는 그들과 함께 길을 떠났다. 백부장의 집에 도착한 베드로는 "아시다시피 유다인은 이방인과 어울리거나 찾아다니지 못하게 되어 있습니다. 그러나 하느님께서는 나에게 어떤 사람이라도 속되거나 불결하게 여기지 말라고 이르셨습니다."라고 말한다(사도행전 10:28). 뒤이어 고르넬리오와 그의 주변 사람들은 세례를 받았다. 그럼에도 불구하고 이방인을 초기 그리스도교에 합류시키는 일의 실질적 중요성을 사람들은 제대로 이해하지 못했다.

> 바르나바와 사울은 성령께서
> 보내시는 대로 셀류기아로
> 내려가서 배를 타고
> 키프로스 섬으로 건너갔다.
>
> 사도행전 13:4
> C.E. 75-90년경

바울의 제1차 선교여행

이후 14년 동안 바울은 세 차례에 걸쳐 벌인 선교활동을 통해 로마제국의 동쪽 지역 전역에 그리스도교 복음을 전했다. 제1차 선교여행에 동반한 사람은 바르나바였다. 도움을 주러온 요한 마르코는 바울을 데리고 바르나바의 출생지인 키프로스로 갔

아테네에 도착한 바울은 아레오파고 (Areopagus)라고 알려진 언덕에서(전경에 있는 장소) 설교했다. 이곳에서는 고대 아크로폴리스의 인상적인 모습을 볼 수 있다.

템페라화가 그려진 판자(287쪽). 이탈리아의 화가 비치 디 로렌초(Bicci di Lorenzo, 1375~1452)가 베드로와 바울을 그려놓았다.

다. 그곳에서 바울은 살라미스에서 파포스에 이르는 여러 지역의 회당에서 설교했다. 첫 번째 선교활동은 성공적이었다. 바울은 로마의 총독 세루기오 바울로(Sergius Paulus)를 개종시키기도 했다(사도행전 13:12). 바울과 바르나바는 소아시아로 이동해 밤필리아 해안에 있는 베르게에 상륙했고, 요한 마르코는 예루살렘으로 돌아갔다. 여기서 바울과 바르나바는 안티오크라고 불리지만 비시디아(Pisidiad)에 있는 도시로 이동했는데, 지역 유대인 공동체의 극렬한 반대에 부딪힌다. 두 사람은 로마 리가오니아(Lycaonia) 지방에 있는 이고니온(Iconium)으로 방향을 틀었으나 다시 한 번 반대 세력과 맞닥뜨렸다. 목숨의 위협을 느낀 두 사람은 리가오니아 지방에 있는 도시 리스트라(Lystra)로 피신했다. 그곳에서 바울은 앉은뱅이를 치유시켰다. 그러자 군중은 "저 사람들은 사람 모양을 하고 우리에게 내려온 신들이다."라고 외치기 시작했다(사도행전 14:10~11). 이 광경에 격분한 지역 유대인 공동체는 바울을 돌로 쳐죽이려고 했다. 바울과 바르나바는 다시 한 번 데르베(Derbe)로 이동한다. 그곳은 그들의 설교를 훨씬 호의적으로 받아들였다. 지금껏 어려움을 겪으며 지쳤던 심신을 추스른 둘은 지나온 길을 되짚어 베르게로 가서 설교를 한 뒤 아탈리아(Attalia)로 내려가 시리아의 오론테스 강을 따라 자신들의 본거지인 안티오크로 가는 배를 탔다.

이 과정에서 바울은 예수의 제자가 된다는 것은 어떤 의미이며 그를 따르는 사람들의 일상과 종교적 수행은 어떠해야 하는지에 대해 포괄적으로 설명하는 신학이론의 기반을 개발했다. 바울은 살아 있는 예수를 직접 만난 적은 없지만 율법에 대한 논쟁을 훈련받았던 터라 이런 일을 해낼 만한 최적의 인물이었다. 무엇보다 바울은 자신이 예수의 영에 이끌리고 있다는 느낌으로 충만한 상태였다. 그래서 "우리는 그리스도의 생각을 알고 있습니다."라고 말하기까지 했다(고린도전서 2:16).

선교여행을 통해 바울은 많은 이방인이 자신의 백성을 사랑하는 자비로운 유일신과 그 신을 섬기는 종교의 숭고함에 매료된다는 사실을 발견했다. 로마 신화에 등장하는 신들과는 다른 지점이었기 때문이다. 제국 전역에서는 많은 이들이 로마의 불평등과 끊임없는 분열이 끝나기를 열망하고 있었다. 이들은 의로운 이가 되면 천국에서 궁극적인 구원을 얻는다고 설교하는 사람과 그가 전하는 기쁜 소식, 그 증거로 보여주는 기적에 이끌렸다. 로마 세계는 새로운 영적 권위를 형성할 여건을 모두 갖추고 있었다. 로마인들은 황제가 죽으면 신으로 추앙하는 제국의 사교가 아닌, 진정한 영성을 갈망했다.

하지만 바울은 이방인의 합류를 막는 심각한 장애가 있다는 점을 간파했다. 율법 준수 문제였다. 세례받은 이방인은 유대인과 똑같이 행동해야 할까? 유대교의 율법에 따라 살아야만 할까? 율법에 의해 정결하게 된 코셔 음식을 먹어야만 할까? 음식 문제는 특히 심각했다. 식탁에서 나누는 친교인 성만찬은 초대 교회의 주요한 특징을 이루었던 까닭이다. 마지막 문제는 이방인도 할례를 받아야 하는지 여부였다. 유대교 율법을 고수하던 최초의 사도들은 이 물음에 모두 '그렇다'라고 답했다. 그들에게 예수를 믿는다는 것은 예수가 랍비로서 본을 보인 모습과 뗄 수 없는 일이었다. 바울의 생각은 달랐다. 그는 그리스도에 대한 믿음과 세례가 유대교의 할례를 대신할 수 있다고 생각했다. 바울은 "유다인의 속마음을 가져야 진정한 유다인이 되며 할례도 법조문을 따라서가 아니라 성령으로 말미암아 마음에 받는 할례가 참 할례입니다."라고 말했다(로마서 2:29). 그래서 "우리는 율법을 지킴으로써가 아니라 그리스도를 믿음으로써 하느님과 올바른 관계를 가지려고 그리스도 예수를 믿은 것입니다."라는 결론을 내렸다(갈라디아인들에게 보낸 편지 2:16). 이런 과정을 통해 바울은 유대교 전통을 벗어나 이방인의 유입 조금 더 자유롭도록 개방된 형태의 종교를 만들어내고, 현재 우리가 알고 있는 그리스도교의 기반을 세웠다.

예수를 직접 만난 적 없는 바울이지만 그는 갈라디아인에게 보내는 편지에서 "이 복음은 내가 사람에게서 받은 것도 아니고 배운 것도 아닙니다. 예수 그리스도께서 직접 나에게 계시해 주신 것입니다."라고 단언한다(갈라디아인들에게 보낸 편지 1:12).

예루살렘 공회

바울의 활동 소식은 예루살렘으로 서서히 알려지고 경고를 받기에 이르렀다. 사도들은 원칙적으로 이방인에게 전도하는 데 이의를 제기하지 않았다. 다만 "모세의 율법이 명하는 할례를 받지 않으면 구원을 받지 못한다"는 점을 강하게 주장할 뿐이었다(사도행전 15:1). 바울과 바르나바는 이 문제에 대해 예루살렘에 가서 해명할 것을 요청받았다. 예루살렘으로 갈 기회가 생긴 것은 요세푸스의 책에서도 소개된 적 있는 처참한 기근이 유대 지역에 발생한 후였다. 바울은 안티오크에서 신도들이 힘 닿는 대로 헌금한 돈을 가져가달라는 부탁도 받았다(사도행전 11:27–30). 바울은 서신에서 이때 예루살렘을 방문한 목적이 이방인들 사이에서 자신이 한 일에 대한 변론을 하기 위해서였다고 밝혔다(갈라디아인들에게 보낸 편지 2:1–10). 학자들은 이 중대한 공회가 열린 때가 C.E. 45~48년이라고 믿는다.

바울은 예루살렘의 교회들이 끊임없는 박해 속에서 세워진 반면, 자신의 소아시아 그리스도 공동체는 급격한 성장세를 보이고 있음을 잘 알았다. 모든 문제는 질문 하나로 요약될 수 있었다. 예수를 진심으로 믿는다면 율법이나 할

거의 폐허가 된 고린토의 모습. 율리우스 카이사르가 재건한 이곳은 바울이 제2차 선교여행을 하는 동안 머물렀던 그리스의 주요 도시 중 하나였다.

프랑스의 화가 발렌틴 데 볼로뉴(Valentin de Boulogne, 1591~1632)가 1620년에 그린 '서신을 쓰는 성 바울로'(289쪽).

례 등 유대 관습을 따르지 않고도 세례를 받을 수 있는가? 바울은 "그럴 수 있다"고 답했다. 그는 로마인들에게 보내는 편지에서 "이방인의 하느님이시기도 하지 않습니까?"라고 말하고 있다(로마인들에게 보낸 편지 3:29).

야고보와 사도들은 쉽게 설득당하지 않았다. "이방인 교우들과 한자리에서 음식을" 먹었던 베드로조차 "할례를 주장하는 그 사람들이 두려워서" 심경의 변화를 일으켰다(갈라디아인들에게 보낸 편지 2:12). 결국 예루살렘 공회는 절충안을 내놓는 것으로 마무리되었다. 바울은 시리아와 소아시아의 유대인과 이방인에게 선교할 수 있지만 야고보와 그의 제자들은 할례받은 사람들에게만 설교하라는 결론이 내려졌다. 여기에 야고보는 우상숭배와 사회 통념에 어긋나는 성관계 금지라는 조건을 내걸었다. 또 목 졸라 죽인 짐승의 고기와 피를 먹지 말아달라는 호소도 덧붙였다(사도행전 15:20). 이런 것들은 〈레위기〉에서 이방인을 포함해 이스라엘 땅에 사는 모든 이에게 부여했던 규제와 같은 내용이다(레위기 1:1–18:30). 이 절충안은 율법을 존속시키는 동시에 이방인이 세례를 받고도 유대의 관습을 따를 필요가 없도록 해주었다.

바울의 제2차 선교여행

예루살렘 공회 결과에 고무된 바울은 곧 제2차 선교여행을 떠났다. 좀더 야심찬 이번 여정에는 실라(Silas)가 동행했다. 바르나바와 바울은 요한 마르코와 함께 가는 문제를 두고 논쟁을 벌였다. 바울은 단호하게 안 된다고 말했지만 바르나바는 요한 마르코를 키프로스로 데리고 갔다. 그리하여 바울과 실라는 육로를 통해 데르베와 리스트라, 비시디아의 안티오크에

이르는 긴 여정을 떠났다. 두 번째 선교여행의 원래 목적은 훗날 바울이 갈라디아인들에게 보내는 편지에서 언급했던 공동체를 비롯해 바울과 바르나바가 첫 번째 여행에서 세운 그리스도교 공동체를 더욱 튼튼하게 만드는 것이었다. 리스트라에서 바울은 디모테오(Timothy, 디모데)라는 이름의 제자와 합류한다. 바울에게 매우 헌신적이던 제자 중 한 명이었다(디모테오에게 보낸 편지 1:1-8).

바울의 계획은 소아시아의 서쪽 지역(오늘날의 터키 서부지역이다)으로 가는 것이지만 신비로운 환상에 이끌려 트로아스에서 에게 해를 건너 마케도니아의 네아폴리스 항구로 방향을 틀었다. 〈사도행전〉은 이 대목부터 3인칭 시점에서 1인칭 시점으로 서술 방식이 바뀐다("우리는 곧 마케도니아로 떠날 채비를 서둘렀다.")(사도행전 16:10). 이 점으로 미루어 몇몇 학자들은 〈루가 복음〉을 쓴 루가가 이 시점에 바울의 여정에 합류했고, 〈사도행전〉까지 저술한 것으로 추정한다.

이후 바울 일행은 로마제국 전역에 건설된 주요 군용도로인 에그나티아 대로(Via Egnatia)

티베리우스 율리우스 아퀼라(Tiberius Iulius Aquila)가 130년에 에페소에 지은 '셀수스 도서관'(291쪽). 도심에 매장 장소를 만들 수 없자 돌아가신 부친을 기리기 위해 도서관을 세웠다.

를 따라 여정을 이어나갔다. 그리스 본토를 가로지르던 중 바울은 필리피에서 처음으로 리디아(Lydia)라는 이름의 여인을 개종시킨다. 그리고 우여곡절 끝에 데살로니카에 도착했다. 바울의 설교는 이곳에서 큰 성공을 거두었지만 폭동이 일어나 베레아로 몸을 피했다(사도행전 17:5-10). 그곳에서도 많은 사람을 개종시켰으나 데살로니카에 살던 유대인들이 거기까지 몰려와 무리를 선동하고 소란을 피우며 공격했다(사도행전 17:11-13). 이런 어려움 속에서도 바울은 몇몇 그리스도교 공동체를 세웠고, 그들에게 내륙 더 깊숙이 복음을 전파하는 사명을 맡길 수 있었다(데살로니카인들에게 보낸 첫 번째 편지 1:8).

그런 연후에 아테네로 옮긴 바울은 에피쿠로스 학파 및 스토아 학파 철학자들과 아고라에서 토론을 벌였다. 중앙시장에 해당하는 아고라는 소크라테스와 플라톤이 과거 가르침을 폈던 곳이기도 하다. 바울은 아레오파고(Areopagus)라고 알려진 곳에서도 설교를 했다. 그는 아테네인들이 "알지 못하는 신에게" 바친 재단을 발견하고는 "미처 알지 못한 채 예배해온 그분을 이제 여러분에게 알려드리겠습니다."라고 말한다(사도행전 17:23). 무리 중 몇은 콧방귀를 뀌었지만 다른 몇몇은 "바울 편이 되어 예수를 믿게 되었다."(사도행전 17:34).

아테네를 떠난 바울은 고린토(Corinth, 고린도)로 가서 18개월을 머문다. 예외적으로 오랜 기간 머문 까닭은 고린토가 그리스도교의 중심지가 될 것이라 생각했기 때문이다. 당시 고린토는 로마가 점령한 그리스 아카이아(Achaia)의 수도였다. 이런 까닭에 고린토는 최고의 행정 및 상업 중심지로 부상하고 있었다. C.E. 54년경 바울이 고린토인들에게 보내는 편지를 보면, 고린토의 그리스도교 신자가 대부분 이방인이었으며 그 지역의 다양한 사회 스펙트럼을 그대로 반영하는 구성을 보였다는 사실을 알 수 있다.

〈사도행전〉은 유대인들이 작당하여 바울을 법정으로 끌고가 "하느님을 예배하라고 사람들을 충동하며 법을 어기고" 있다면서 고발했다고 기록한다. 이때 재판을 주재한 갈리오라는 이름의 "아카이아 지방 총독"은 로마법에 저촉되지 않는다는 이유로 공소를 기각했다(사도행전 18:12-17). 바트 어만(Bart Ehrman)의 주장대로 당시 로마는 다신교 문화를 갖고 있었기 때문에 로마의 종교를 부정하지만 않는다면 모든 종교를 용인했다. 그러므로 백성에게도 다른 종교에 대한 관용을 요구했다. 〈사도행전〉에서 갈리오 총독에 관해 언급한 것은 무척 다행스러운 일이다. 고고학자들이 "엘 유니우스 갈리오(L. Iunius Gallio)"라는 이름의 총독을 언급한 비문을 그리스의 델피에서 발견했기 때문이다. C.E. 52년경의 유물로 추정되는 이 비문 덕분에 고고학자들은 바울의 여정이 언제 이루어졌는지 추정할 수 있게 되었다.

> 아그리파가 죽었다는 소식을
> 전해들은 카이사르는
> 유감스러워했다. 그리고 쿠스피우스
> 파두스(Cuspius Fadus)를 유대의
> 총독으로 파견했다.
>
> 요세푸스 《유대 고대사》
> C.E. 95년경

또 다른 그리스도교 운동

바울은 이제 소아시아로 돌아가서 에페소를 찾는다. 그 여정 중에도 바울은 그리스도에게 헌신하는 새로운 공동체를 세웠다. 일부는 유대인들로 구성되었고 또 다른 일부는 이방인들

로마의 그리스도교 박해

C.E. 64년에 발생한 대화재로 도시가 피폐해지자 네로는 그 원흉으로 그리스도인을 지목했다. 역사학자 타키투스는 "네로는 그 죄를 혐오스러운 행위로 미움 받는 그리스도인(Chrestians) 계층에게 씌우고…"라고 적었다. 그런 다음 그들을 기괴한 방식으로 처형한 것을 설명한다. "들짐승의 껍질을 입혀서 개들이 갈기갈기 찢도록 하고, 십자가에 못 박아 죽이기도 했다. 또는 사람들로 햇불을 만들어 어둠이 내린 후 불을 붙여 등으로 사용하기도 했다. 네로는 자신의 정원에서 이를 구경거리로 만들고 서커스에서 전시하기도 했다." 여기서 말하는 네로의 정원은 팔라티노 언덕에 있었던 것 같다. 네로는 훗날 이곳에 저 유명한 황금저택 '도무스 아우레아(Domus Aurea)'을 지었다. 이곳은 과거 전설적인 부자였던 마에케나스(Maecenas)의 소유였다고 알려져 있다. 구전에 의하면 서커스는 플라비우스 원형극장을 일컫는다고 하지만 이 경기장은 로마 화재 10년 뒤 베스파시아누스 황제가 지었다. 따라서 타키투스가 말한 장소는 아마도 로마에서 가장 큰 유흥지였던 전차경기장(Circus Maximus)이었던 것 같다. 율리우스 카이사르 시대 이전인 공화국 시절에 지어진 이 경기장은 전차 경주에 사용되던 503미터의 경주로를 자랑한다. 로마 대화제 직후 네로 황제는 이 경주로를 약 91.4미터 더 늘리는 공사를 했다.

로마 콜로세움 내부. 플라비우스 원형극장이라고 불린 이곳은 C.E. 72년 베스파시아누스 황제의 명으로 세워졌으며 5만 명의 관람객을 수용할 수 있다.

로 이루어진 공동체들이었다. 여행을 하면서도 바울은 이들 신도에게 목회 서신이라는 형식을 통해 지속적인 지침서를 제공하려 애썼다. 오늘날까지 전해지는 가장 오래된 그리스도교 문헌인 바울의 서신서들은 초기 그리스도교 신도들에게 그리스도의 본을 받아 살아가는 방법과 하느님 나라에 들어가기 위해 어떤 일을 해야 하는지를 알려주었다. 바울은 공동체의 열정이 점차 시들해지고, 그런 공동체가 다른 그리스도인에게 악영향을 미치는 일을 수도 없이 보았다. 그래서 서신에서 공격적이고 단호한 어조로 믿음이 부족한 공동체를 탓하거나 "거짓 예언자"에게 굴복한 것을 책망했다. 바울은 로마의 공동체에게 "형제 여러분, 여러분이 배운 교훈과는 달리 남들을 분열시키고 죄짓게 하는 사람들을 경계하고 멀리하시기 바랍니다."라고 충고했다(로마인들에게 보낸 편지 16:17). 갈라디아인들에게는 "어떤 사람들이 여러분의 마음을 뒤흔들고 그리스도의 복음을 변질시키려 하고 있을 따름입니다."라고 말했다 (갈라디아인들에게 보낸 편지 1:7). 1세기 후반에 기록된 것으로 추정되는 베드로의 둘째 편지에도 이런 식으로 경고하는 말이 나온다. "전에 이스라엘 백성 가운데 거짓 예언자들이 있었던 것처럼 여러분 가운데도 거짓 교사들이 나타날 것입니다."(베드로의 둘째 편지 2:1).

이런 언급은 로마제국 내에 수많은 그리스도교 단체가 생겨나면서 예루살렘 교회나 바울의 그리스·소아시아 공동체의 통제를 벗어나는 사례가 발생한다는 사실을 직시한 데서 기인한다. 사실 예수에 관한 여러 구전이 나돌면서 그의 사역에 관해 다양한 해석을 하는 그리스도교 운동이 제각기 일어나고 있었다. 앞서 살펴봤듯이 이방인을 받아들인 바울을 인정하지 않은 채 유대교의 관습을 고수하는 공동체가 있는가 하면 그노시스 그리스도교(Gnostic Christians)라 불리는 공동체도 있었다. 최근의 연구결과에 따르면 그노시스 공동체 내부에도 다양한 이념적 차이가 존재했다고 한다. 그 중에 도세티스트(Docetists, 가현설주의자)들은 예수의 육체는 한낱 환영에 불과할 뿐, 그는 언제나 신적인 존재였다고 믿었다. 에비온파 (Ebionites) 같은 분파는 예수가 언제나 인간이었다고 주장했다. 바울의 이원주의를 플라톤의 가르침에 맞추려고 노력하는 쪽이 있는가 하면, 부활 신학에 동의하지 않은 채 예수의 가르침만 기억해야만 한다고 믿는 이들도 있었다. 시간이 좀더 흐른 뒤에 시노페(Sinope, 오늘날 터키의 시노프) 출신 마르치온(Marcion, 85~160년경)이라는 부유한 사람이 이끄는 마르치온주의(Marcionism)가 등장하는데, 이를 따르는 사람들은 유대교 성경과 유대교 관습을 모두 부정했다. 반면 예루살렘 교회에서 분리되어 트랜스요르단(Transjordan)에 둥지를 튼 에비온파는 유대교의 뿌리를 굳건히 지켰다.

이들 간 경쟁이 심해지면서 자체적인 복음서가 만들어졌다. 그중에는 정통성을 강화하기 위해 유명한 사도의 작품이라고 주장하는 것들도 있었다. 필립보의 복음서를 비롯해 앞서 언급했던 도마, 베드로, 마리아의 복음서들이 이때 만들어졌다. 이런 복음서 상당수는 예수의 십자가 처형과 부활을 언급하지 않은 채 예수가 제자들에게 자신의 내부에서 찾으라고 촉구했던 신적 영성에 초점을 맞추는 편을 선호한다. 아시리아 사람 타티안이라는 그노시스 현자는 〈디아테사론(Diatessaron, 조화복음서)〉이라는 복음서를 쓰기까지 했다. 마르코와 마태오, 루가, 요한의 복음서를 하나의 서사로 '조화'시켰다고 주장하는 책이다.

C.E. 41~54년 사이 로마를 다스렸던 클라우디우스 황제는 아그리파 왕이 죽자 유대 지역을 로마의 속주로 되돌려놓았다.

프랑스의 고전주의 화가 위베르 로베르 (Hubert Robert, 1733~1808)가 캔버스에 그린 '로마 대화재' 그림이다.

'신성한 길'에 있는 이오니아식 주랑(295쪽). 바울이 제3차 선교여행을 하면서 도착했을 때는 이곳이 밀레토스(Miletus, 밀레도스)의 중심지였다.

후에 교회가 그리스도교의 중심적인 형태로 부상하면서 (일레인 파겔의 주장처럼 엄격한 계층적 규율이 수립되었기 때문인 것 같다) 그리스도교 분파 추종자들은 모두 이단으로 낙인찍혔다. 그러나 이 같은 운동은 오래도록 교회를 성가시게 하는 존재로 남는다. 헬레니즘적 사고방식을 가진 사람들은 신성(영적인 면)과 인간성(물질적인 면)을 모두 지닌 예수의 이중성이 내재한 모순에 대해 논쟁하지 않고는 견딜 수 없었기 때문이었다.

칼리굴라와 클라우디우스의 통치

그 사이 유대 지역은 정치적 격변을 겪고 있었다. 티베리우스의 뒤를 이어 C.E. 37~41년에 로마를 다스렸던 일명 칼리굴라라고 불리는 가이우스 황제는 로마 총독보다는 분봉왕을 통해 제국을 통치하는 정책을 선호했다. 그래서 자신의 친구이자 헤로데 대왕의 손자인 헤로데 아그리파에게 필립보가 다스리던 가울라니티스를 다스리도록 했다. 칼리굴라는 C.E. 39년, 갈릴리를 다스리던 헤로데 안티파스를 물러나게 한 뒤 그의 영토였던 갈릴리와 페레아를 아그리파의 영토에 덧붙였다. 그런 후에 심각한 질병의 후유증으로 정신 이상에 빠진 칼리굴라는 스스로 신이라 칭하고 자신의 동상을 예루살렘 제2성전에 세우려 했다. 아그리파는 칼리굴라의 결정을 만류하면서 그런 행동이 반란을 조장할 것이라고 경고했다. 칼리굴라가 암살당하면서 위기는 넘어갔고 좀더 이성적인 황제 클라우디우스가 제위에 올랐다. 클라우디우스는 아그리파의 영토를 더 넓혀서 유대와 사마리아, 이두매(에돔) 지역까지 포함시켜주었다. 헤로데 아그리파는 짧은 시간 안에 조부가 호령하던 왕국에 맞먹는 영토를 다스리게 되었다. 〈사도행전〉에 의하면 예루살렘의 사도이자 제베데오(세베대)의 아들 야고보를 칼로 베어 죽인 사람이 바로 아그리파 왕이라고 한다. 지역민들의 비위를 맞추기 위한 조치였음이 틀림없다(사도행전 12:1–3). 그 직후인 C.E. 44년에 아그리파는 가이사리아에서 죽음을 맞이했다. 그의 아들이자 후계자인 마르쿠스 율리우스 아그리파 2세는 17세에 불과했기 때문에 클라우디우스는 유대 지역을 다시 로마의 속주로 돌려 행정관이 다스리게 했다. 첫 번째 총독은 쿠스피우스 파두스(C.E. 44~46)였다. 이후 성인이 된 아그리파 2세는 필립보의 과거 영지를 포함한 많은 영토에 대한 통치권을 돌려받고, 안티파스가 다스리던 갈릴리와 페레아까지 영토를 확장시켰다.

하지만 그외 지역에서 클라우디우스는 유대교에 대한 상반되는 정책을 폈다. 로마제국 전역에 있는 유대인에게 아우구스투스가 약속한 특권을 재차 확인해주고 황제의 동상에 제물을 바치는 일 등을 면제했지만, 고대 로마 종교를 신실하게 믿는 사람으로서 클라우디우스는 제국의 도시에서 "동방의 신비"를 믿는 사람들이 늘어가는 것을 심히 걱정스러워했다. 로마 역사학자 수에토니우스(Suetonius)의 기록에 따르면 "유대인이 그리스도의 선동에 넘어가 계속해서 소요를 일으키자" 클라우디우스는 그리스도인지 아닌지와 관계없이 로마에 사는 모든 유대인을 쫓아내기로 결정했다. C.E. 49년, 유대인을 추방하라는 칙령이 내려졌다. 하지만 황제가 원한 성과는 거둘 수 없었다. 얼마 지나지 않아 유대인 가족 상당수가 되돌아왔기 때문이다. 이들 가족들 중에는 바울이 해안가에 도착하기 훨씬 전에 예수를 메시아로 받아들인 초대 그리스도인도 있었다.

바울의 제3차 선교여행

그 사이 바울은 제3차 선교여행을 준비했다. C.E. 54년경의 일이다. 에페소에 머물던 바울은 고린토로 돌아가 2년간 체류했다. 이곳에서 로마인들에게 보낸 편지에서 바울은 "도시의 재정관 에라스도(Erastus)"라는 사람을 언급하는데 이 인물은 1929년 고린토에서 발견된 1세기 석회석 조각에 새겨진 관리와 동일인인 것으로 보인다(로마인들에게 보낸 편지 16:23).

이후 바울은 예루살렘으로 갔다. 그러나 예루살렘 성전의 내곽을 둘러싼 성스러운 구역인 낮은 돌담 안으로 이방인을 데리고 갔다는, 근거 없는 주장에 의해 체포당했다(사도행전 21:26-30). 바울은 가이사리아에서 다시 구류되었는데 예루살렘의 대사제들은 바울을 산헤드린 공의회 재판에 세워야 한다고 주장했다. 하지만 로마 시민이었던 바울은 로마에 있는 "황제의 법정"에서 공판을 받겠다고 주장했다. 이 사건에 대한 소문이 자자해지면서 아그리파 2세조차 직접 심문을 하고 싶어했다(사도행전 25:22). 마침내 C.E. 60년경에 바울과 다른 죄수들은 로마로 가는 배를 탔다. 난파를 당하는 등 여러 사고를 겪은 끝에 로마에 도착한 그는 가택연금 상태에 놓여버렸다. "셋집을 얻어 거기에서 만 이 년 동안" 지냈다는 이야기가 나오지만 그 이후의 일은 자세하게 알려진 바가 없다(사도행전 28:30).

한편 유대에서는 로마의 행정관 쿠스피우스 파두스가 단 2년 동안 자리를 지켰다. 그의 후임자들 중 그보다 더 길게 자리를 지킨 이가 없었다. 파두스 이후 네 번째로 임명된 총독 포르키우스 페스투스(Porcius Festus)는 C.E. 62년에 급사했다. 그로 인해 유대에는 일시적인 권력 공백기가 왔다. 이 때를 틈타 대사제 아나누스(Ananuss)는 예루살렘 교회를 공격하기로 한다. 그는 산헤드린 공의회를 등에 업고 "그리스도라 알려진 예수의 형제, 야고보"를 기소해서 예루살렘에서 벌인 초대 사도들의 선교 사역에 대한 중요한 증거를 찾아냈다. 야고보는 성전 흉벽에 던져지고 돌에 맞아 죽었다. 그로 인해 팔레스타인 지역의 초기 그리스도교 운동의 지도자가 부재한 상황이 왔고, 10년이 채 지나기도 전에 절멸할 위기에 이르렀다.

로마의 박해

그로부터 2년 후 대화재가 로마를 휩쓸었다. 로마인 중에는 방화범으로 네로 황제를 지목하며 새로운 로마 건설을 위해 의도적으로 불을 놓았을 것이라고 의심하는 사람들도 있었다. 역사학자 타키투스에 따르면 네로는 이 죄를 그리스도교 공동체에게 씌우기로 했다. 수십 명의 그리스도인이 체포되어 사람이 상상할 수 있는 가장 극악무도한 방식으로 처형당했다. 1세기 후반 교황 클레멘스 1세가 쓴 편지를 보면 베드로 역시 그 박해에 휩쓸려 들어갔다. 전하는 바에 따르면 베드로는 십자가형에 처해지게 되었지만 자신이 예수와 같은 자세로 죽지 않기 위해 십자가를 거꾸로 꽂아달라고 주장했다는 것이다. 베드로는 티베르 강 오른쪽 제방에 있는 시골마을 아게르 바티카누스(Ager Vaticanus, 점치는 언덕)에 매장되었다. 그리스도교 신학자 카르타고의 테르툴리아누스(Tertullian of Carthage, 160~220, 터툴리안)는 바울 역시 이때 죽임을 당했다고 기록했다. 교회에서 전하는 바로는 제베대오(세베대)의 아들 요한을 제외한 다른 사도들도 마찬가지로 순교했다는 것이다. 이 말이 사실이라면 팔레스타인에 전쟁이 발발하기 1년 전인 C.E. 65년경에 초대 교회 모든 지도자가 살해된 셈이다. 그러므로 교회와 다른 그리스도교 분파는 자신들을 지탱시켜주던 지도자가 없는 상태에서 격변기를 맞이해야 할 운명에 놓여버렸다.

> 네로는 그 죄를 혐오스러운 행위로 미움 받는 그리스도인(Chrestians) 계층에게 씌우고 가장 심한 고문을 가했다.
>
> 타키투스, 《로마제국의 연대기 (*The Annals of Imperial Rome*)》
> C.E. 116년경

CHAPTER 14

교회의 성장

티투스(Titus, 디도) 카이사르는 온 도시와 성전을
철저히 박살내라고 명령했다.
가장 높은 탑과 서쪽 벽(Western Wall)
일부만이 남아
후대가 보게 되었다.

요세푸스 《유대 전쟁》
C.E. 95년경

한때 거대한 제2성전 건물을 지탱해주었고 지금은 유대교에서 가장 성스럽게 생각하는
헤로데 시대 옹벽인 서쪽 벽을 바위사원(Dome of the Rock)이 굽어보고 있다.

로마인과 유대인 사이에 오랫동안 증폭되어온 긴장감은 C.E. 66년에 드디어 폭발했고 로마의 팔레스타인 지배에 대한 반란의 형태를 띠며 전면전으로 번졌다. 요세푸스에 따르면 도화선에 불을 붙인 건 한 그리스인이 가이사리아의 회당 문간에서 희생제로 새를 바치는 모습이 목격된 사건이었다고 한다. 실랑이가 벌어지고, 가이사리아 전역을 비롯한 여러 도시에서 폭동이 일어났다.

이 사건을 두고 유대인 대표단은 네로 황제가 임명한 지역 행정관 게시우스 플로루스(Gessius Florus)에게 탄원을 했다. 하지만 플로루스는 그들을 돕기는커녕 오히려 감옥에 집어넣었다. 알고 보니 플로루스 역시 성전궤에서 17달란트를 착복했던 것이다. 이 일로 예루살렘에서 대규모 시위가 일어나자 플로루스는 기병대로 진압했고 수천 명이 목숨을 잃었다. 드디어 유대 반란군이 예루살렘을 함락시켰을 즈음, 아그리파 2세 등 많은 인사들은 피신하기에 바빴다. 플로루스는 자신의 상관인 시리아의 세스티우스 갤루스에게 원조를 청했다. 갤루스는 동원가능한 제12군단 풀미나타와 지원 부대를 포함한 병력을 이끌고 유대로 침공해 들어갔다. 하지만 로마에게는 실망스럽게도 베스 호론(Beth Horon)에서 치욕적인 패배를 당했다. 오늘날 팔레스타인 서안지구에 위치한 베이트 우르 알-파우카(Beit Ur al-Fauqa) 인근에서 벌어진 일이다.

젤롯당이 이끄는 반란군은 "혁명정부"를 건설하고, 대사제 아나니아스(Ananias)와 다른 제사장들의 으리으리한 저택으로 무리를 지어 쳐들어갔다. 또 헤로데 치하에서 발생한 빚과 로마 세금제도에 대한 기록을 보관하던 기록보관소에 불을 질렀다. 그렇게 몇 주가 지나고 몇 달이 흐르면서 반란자 무리는 점점 불어나 유대와 팔레스타인 전역으로 세를 불려나갔다.

현재의 국가명과 국경선.
해안선을 기준으로 한 지도.

310-311쪽 '그리스도교의 확장' 참조.

로마의 보복

결국 네로 황제가 행동에 나설 수밖에 없게 되었다. 네로는 제10군단 프렌텐시스와 제5군단 마케도니아로 구성된 대규모 원정군의 지휘관으로 베스파시아누스(Vespasia) 장군을 임명해 파견했다. 이들이 프톨레마이스(오늘날의 아크레)에 도착한 것은 C.E. 67년 봄이었다. 그곳에서 베스파시아누스는 자신의 아들 티투스(디도)가 이끄는 제15군단 레기온을 비롯해 다양한 지원군을 합류시켰다. 이로 인해 베스파시아누스는 6만 명의 군사력을 갖추게 되었다. 엄청난 규모를 자랑하는 병력이 내려와 갈릴리 지역 소요를 진정시키고 평화가 회복되자 반란군 사이에 치열한 논쟁이 벌어지기 시작했다. 일부 반란군은 평화협정을 맺을 때가 되었다고 생각했지만 젤롯당을 주축으로 한 이들은 끝까지 싸워 최후의 승리를 거두어야 한다고 주장했다. 하지만 최후의 순간은 C.E. 70년에 찾아왔다. 로마로 간 베스파시아누스는 황제로 즉위했고 티투스는 악랄한 장기 포위공격을 통해 예루살렘을 함락시켰다. 완공 후 불

과 10년밖에 되지 않은 제2성전 건물은 불길에 휩싸여 무너져버렸다. 성전에 놓여 있던 성스러운 일곱 촛대는 로마 군대의 전리품으로 약탈당했다. 이 장면은 로마에 있는 티투스의 개선문 내벽에 부조로 새겨져 있다. 그로부터 10여 년이 지나고 씌어진 마태오의 복음서에서도 예수가 일련의 사건들을 예언했다는 이야기와 함께 제2성전 파괴가 언급된다. 예수의 제자들이 성전 건물을 보며 감탄하자 예수는 "저 모든 건물을 잘 보아두어라. 나는 분명히 말한다. 저 돌들이 어느 하나도 제자리에 그대로 얹혀 있지 못하고 다 무너지고 말 것이다."라고 말했다(마태오 24:1-2).

예루살렘 함락 후 제10군단은 유대의 사막 지역으로 가서 젤롯당 잔당의 저항을 근절시켰다. 헤로데의 요새와 마케루스는 한순간에 괴멸되었다. 반면 마사다에 있던 젤롯당은 난공불락인 헤로데의 궁에 편히 들어앉아 C.E. 73년까지 버텨냈다. 그러는 사이 로마는 쿰란 공동체의 거주지를 파괴했다. 하지만 쿰란 공동체는 그 전에 소중한 히브리어 성경 사본과 다른 문서들을 인근 동굴에 숨길 수 있었다. 그곳에 2000년에 가까운 세월 동안 간직돼 있던

유대 전쟁 발발 후 예루살렘에 있던 그리스도교 공동체 상당수는 펠라에서 피난처를 찾았다. 오늘날 요르단의 타바카트 팔(Tabaqat Fahl) 인근이다.

성경 사본과 각종 문헌은 1947년에 발굴되어 사해 두루마리(Dead Sea Scrolls)라는 이름으로 세상에 소개되었다.

이제 예루살렘의 제2성전은 사라지고, 세 번의 절기를 맞기 위해 이곳에 운집하던 순례자 행렬도 자취를 감추었다. 사두개파 사제들은 존재 이유를 잃었다. 사제 조직체제는 응집력 있는 공동체로서 존재할 수 없게 되면서 족보에만 남는 기록이 되어 버렸다. 성전에서 드리던 예배와 동물을 이용한 희생제 역시 마찬가지였다. 이스라엘 초기부터 유대교의 핵심을 이루던 요소들이 사라진 것이다.

랍비 유대교

그 즈음 유대교 현자 요하난 벤 자카이(Yohanan ben Zakkai, C.E. 30~90년경)가 이끄는 현자 집단이 나와 팔레스타인을 비롯한 여러 지역에서 생존할 수 있는 방식을 창안해 유대교를 재정립하기 시작했다.

요하난이 이끄는 이 단체는 주로 바리새파로 구성되었다고 알려져 있다. 바리새파는 수십 년 동안 율법에 대해 논쟁을 하며 희생제에 의존하지 않고 지냈다. 예수를 비롯한 당대의 여타 랍비 사상가와 마찬가지로 바리새파는 예루살렘 성전에서 의무적으로 드리는 전례 외에도 일상생활에서 신실한 유대인으로 산다는 것의 의미에 대해 오랫동안 숙고해온 사람들이었다. 어떤 면에서는 이들이 성전이 존재하지 않는 상황을 미리 준비해왔다고 볼 수도 있었다. 게다가 로마에서는 요하난이 유대 반란에 반대했으며 반란군

> 《토라》에 대해 많이 알고 있다고 해도 그것을 자신의 명예로 여겨서는 안 된다. 이 일을 위해 우리가 창조된 것이기 때문이다.
>
> 요하난 벤 자카이
> C.E. 70–90년경

로마 포럼에 있는 티투스의 개선문 내부 부조. 로마에서 개선 행진을 하는 병사들이 제2성전에서 약탈해온 일곱 촛대(Menorah, 메노라)를 나르는 모습을 보여준다.

예루살렘 함락

장기간의 피비린내 나는 공성전 끝에 예루살렘은 함락당하고 티투스는 끔찍한 보복을 감행했다. 남성과 여성, 어린이들이 몸이 잘린 채 도시를 휩쓴 불길 속에서 죽어갔다. 이 대학살을 생생하게 증언하는 1세기 카트로스(Kathros) 사제의 저택 잔해를 1960년 말엽 나흐만 아비가드(Nahman Avigad)가 예루살렘 구시가지에서 발굴했다. 까맣게 탄 석조 부분 아래 사망 당시 모습을 그대로 간직한 여인의 해골이 발견된 것이다. 저택 계단에서 뭔가를 움켜쥔 그 모습은 건물을 집어삼킨 연기로 질식사했음을 추정케 한다. 이것은 요세푸스의 생생한 증언과도 맞닿는다. "그들은 유대인이 도망친 집에 불을 질러서 안에 있는 모든 것을 불태웠다. 그리고도 남은 부분은 남김없이 초토화시켰다. (…) 온 도시에 유혈이 낭자했다." 로마에서는 승전보에 안도하며 기뻐했다. 티투스가 사망하고 2년이 지난 후 원로원에서는 그의 승리를 기리는 기념물을 건립하기로 했다. 티투스의 개선문은 지금도 로마 포럼에 굳건히 서 있다. 개선문 통로에 부착된 부조 패널에는 말에 탄 티투스가 군대를 이끌고 들어오는 모습과 병사들이 전리품으로 예루살렘 성전의 일곱 촛대를 가지고 오는 모습이 새겨져 있다.

영국의 화가 데이비드 로버츠(David Roberts, 1796~1864)가 1850년에 그린 '주후 70년 티투스의 지휘 아래 이루어진 로마의 예루살렘 공성전과 파괴'. 예루살렘 함락 당시 모습을 묘사하고 있다.

카르도 막시무스에 늘어선 로마식 주랑. 1960년대 말에 발굴한 이곳은 고대 예루살렘의 폐허 위에 새롭게 건설된 로마식 도시 아엘리아 카피톨리나(Aelia Capitolina)의 일부다.

디오클레티아누스의 사두정치를 양식화한 군상 조각(305쪽). 1024년에 콘스탄티노플에서 가져와 베니스의 산 마르코 성당 남서쪽에 놓인 이 조각은 당시 로마 예술이 쇠퇴하고 있었음을 보여준다.

에게 평화를 추구하자고 열심히 호소했다는 사실을 알고 있었다. 그래서 요하난이 얌니아(Jamnia. 히브리어로는 야브네Yavneh. 텔아비브에서 12킬로미터가량 떨어진 지역이다)에 랍비의 본원을 세우려고 할 때도 로마는 묵인했다.

이곳에 마련된 야브네 학당은 성경 주해에 중점을 두었지만 유대교 영성 회복의 기반이 되기도 했다. 요하난은 자신이 이끄는 사람들에게 호세아의 말을 종종 환기시켰다. "내가 반기는 것은 제물이 아니라 사랑이다. 제물을 바치기 전에 이 하느님의 마음을 먼저 알아다오."(호세아 6:6). 《토라》를 연구하고 그 계율에 관해 토론하면서 랍비 학자(Tannaim탄나임)들은 '영적인 성전'이라는 새로운 성전을 구축할 수 있었다.

때마침 스페인에서 북아프리카에 이르는 로마제국 전역에 걸쳐 유대교 공동체가 번성했다. 이때 유대인들은 시나고그 회당을 기도와 성경 공부, 모임의 중심지로 활용하면서 자신들의 정체성을 유지해나갔다. 예루살렘 성전으로 갈 수 없었던 유대인은 유월절과 오순절, 초막절 등 순례 절기를 집에서 가족과 함께 기렸다. 이런 가르침은 팔레스타인 지역에서 생존한 유대인들의 주목을 받았다. 이후 5세기 동안 유대와 갈릴리의 수많은 소도시 중심지에 시나고그 회당 건물이 들어서서 유대교 공동체의 중심지가 되었다. 그렇게 제2성전기는 막을 내리고 새로운 랍비 유대교의 시대가 시작되었다.

정전(正典)

유대 전쟁은 초기 그리스도교 공동체에게도 적지 않은 상처를 남겼다. 많은 그리스도교 공동체는 유대교 율법을 준수하는 동시에 로마 정권에 충성할 것을 맹세했다. 모든 것이 불확실한 상황에서 예수의 어록을 모아 신학적인 논문, 즉 복음서 편찬을 시도한 것은 당연한 일인지도 모르겠다. 유대교가 히브리어 성경의 확고한 주장을 통해 불안감을 극복하고 구원을 찾았듯이 초기 그리스도교도 똑같은 시도를 했다. 논란의 여지가 있지만 이런 움직임이 맨 처음 나온 곳은 로마라고 한다. 로마의 초대 그리스도교 공동체는 유대교에 깊은 뿌리를 두었고, 로마의 아들들이 팔레스타인 반란군과 싸우는 동안 점차 노골화되는 적대감과 정면으로 마주하는 상황이었다. 대다수 학자들은 마르코의 복음서가 가장 오래된 것이라고 믿는데, 이는 C.E. 66~70년 사이 로마에서 씌어졌다. 반면 루가는 C.E. 80~90년 사이에 복음서를 썼다. 그러나 정확한 날짜는 끊임없는 논쟁거리이며, 루가가 어디에 있었는지도 확실하지 않다.

베스파시아누스 황제(C.E. 69~79년경)는 공인 종교로서 유대교의 위상을 단 한 번도 철회하지 않았다. 유대 전쟁이 한창일 때도 마찬가지였다. 하지만 소아시아와 그리스 심지어 이탈리아 반도에서 세를 불려가는 그리스도교 공동체에 대해서는 같은 견해가 적용되지 않았다. 이곳에서 그리스도교는 여전히 법의 보호를 받지 못했다. 불행하게도 베스파시아누스 황제는 네로의 형편없는 통치로 지불 능력을 상실한 로마의 재정을 회복시키느라 너무 바빠서 종교박해 문제에 관심을 둘 여력이 없었다. 타키투스에 따르면 그의 아들 티투스 역시 마찬가지였다고 한다. 티투스는 심지어 아그리파 2세의 누이인 베레니케(Berenice)와 결혼할 생각까지 했었다.

하지만 티투스의 동생인 도미티아누스(Domitian)는 전혀 다른 성정을 지닌 인물이었다. 허영심 많고 고집이 셌던 도미티아누스는 자신을 '주님이자 하느님(dominus et deus)'이라 부르게 했고 자신에게 충성하지 않을 듯한 세력에게는 혹독한 박해를 가했다. 로마의 주신 주피터와 지혜와 상업의 여신 미네르바를 신실하게 섬겼던 황제는 로마의 공인 종교를 위협하지 않는 범위에서만 다른 종교에 대해 관용을 베풀었다.

이교도의 다신론을 거부하는 일신교 유대교와 그리스도교에 대해 황제는 점차 의구심을 품었다. 초대 교회 역사를 기록했던 가이사리아의 유세비우스(Eusebius) 주교(263~339)는 도미티아누스가 유대인과 그리스도인들에게 가혹한 박해를 시작했다고 기록했지만 이를 뒷받침하는 당시 로마의 문헌은 찾을 수 없다. 현대 학자들은 유대교와 그리스도교 공동체 간 긴장의 결과 적대적인 분위기가 조성되었을 것이라고 주장한다. 소아시아 지

역의 일곱 교회에게 바쳐졌다는 〈요한 계시록〉은 당시의 박해 때문에 만들어졌을 가능성이 있다. 그러나 네로 황제의 억압에서 영감을 얻어 기록된 책이라고 믿는 학자들도 있다. 이 책에서 "짐승"을 상징하는 숫자 666은 네로 황제를 의미하고(요한 계시록 13:18) '바빌론'이라고 언급되는 곳은 로마를 암시한다는 게 널리 알려진 통념이다. 하지만 저자인 파트모스의 요한(John of Patmos)이 C.E. 60년대부터 90년대에 이르는 수십 년 동안 저술했다는 또 다른 해석도 존재한다.

일진일퇴를 거듭하는 로마의 박해

C.E. 96년, 도미티아누스가 궁전 관리들에 의해 암살된 후 뒤를 이어 즉위한 네르바(Nerva)는 새로운 관례를 세웠다. 이 관례는 3세기까지 규범으로 통하게 되는데, 카이사르라는 타이틀을 지닌 부황제를 임명해 자기가 죽은 뒤 자동적으로 제위에 오르게 한 것이다. 이 조치의 목적은 황제 사후 지독한 내분과 경쟁구도가 생기는 것을 막고 매끄러운 승계를 하는 데 있었다. 그렇게 네르바의 승계자가 된 트라야누스(C.E. 98~117)는 군사적 재능을 겸비한 뛰어난 행정가였다. C.E. 114년에 트라야누스는 그 어떤 황제도 시도하지 않았던 일을 했다. 페르시아에서 지속적으로 영토를 확장하던 파르티아 제국(Parthian Empire)을 저지하고 나선 것이다. 그는 흑해에서 아르메니아를 점령하고 유프라테스와 티그리스 강으로 난 고대 무역로를 따라 남쪽으로 행군하여 페르시아 만까지 전진했다. 하지만 로마제국에는 이 정도의 광활한 영토를 통치할 군사 자원이 없었다. 따라서 C.E. 198년 셉티미우스 세베루스(Septimus Severus)의 침공을 제외하면 이 지역 통치권은 파르티마 사람들에게 되돌려졌다.

그럼에도 불구하고 트라야누스는 나바테아의 독립 왕국인 아라비아 페트라를 강력하게 통제했다. 대략 오늘날의 요르단 지역에 해당하는 이곳은 동방으로 가는 로마 무역로의 중심이었다. 트라야누스는 108년에 그곳의 상징인 페트라를 무력으로 합병시켰다. 북서쪽에 있는 필라델피아(Philadelphia, 오늘날의 암만)는 또 다른 나바테아 왕국인 펠라(Pella)의 소도시였다. 유세비우스(Eusebius)에 의하면 야고보가 살해당하고 유대 전쟁이 발발한 후 예루살렘의 그리스도교 공동체가 피난처로 선택한 곳이 바로 여기였다고 한다. 다행히도 트라야누스는 종교 박해에 큰 관심을 보이지 않았다. 그의 총독인 소 플리니우스(C.E. 61~112)가 비티니아(Bithynia)에서 그리스도교로 의심되는 사람을 뒤쫓은 이야기를 자랑스레 하자 트라야누스는 근거 없는 익명의 비난을 받아들이는 것은 "우리 시대에 어울리지 않는 일"이라고 꾸짖으며 좀더 신중할 것을 당부했다.

하드리아누스 황제(C.E. 117~138) 역시 중용 정책을 채택해 팔레스타인 유대인에 대한 자신의 반감을 드러내는 것을 삼갔다. 하지만 C.E. 131년 후반 팔레스타인 유대인들은 시몬 바르 코크바(Simon bar Kokhba, 별의 아들)의 지휘 아래 또 다른 반란을 일으켰다. 로마는 3년간의 힘든 전투 끝에 반란을 진압할 수 있었다. 이로 인해 유대 예루살렘은 완전히 파괴되고

페트라의 웅장한 무덤(306쪽). 알-카즈네(Al-Khazneh) 또는 보물창고라고 알려져 있다(이 기념비적 건물의 꼭대기에 있는 항아리에 보물이 숨겨졌다는 전설이 있다). B.C.E 100~C.E 200년에 지어졌다.

> 우리를 살육하면 할수록 우리의 숫자는 더 늘어난다. 그리스도인의 피는 씨앗이다.
>
> 테르툴리아누스, 〈변증론(Apologeticus)〉 C.E. 197년경

그 자리에 로마식 도시인 아엘리아 카피톨리나가 들어서게 되었다. 쫓겨난 유대인들은 일년에 단 한 차례 되돌아와 예루살렘 성전 파괴를 애도할 수 있을 뿐이었다.

무장봉기 이후 3년 만인 C.E. 138년에 안토니누스 피우스(Antoninus Pius, 138~161) 황제는 유대교를 공인 종교로 복귀시켰다. 하지만 유대인들은 여전히 예루살렘에 갈 수가 없었다. 그때 요하난이 설립한 랍비 유대교의 중심은 야브네에서 세포리스로 옮겼다가 최종적으로 갈릴리 호에 위치한 티베리아스로 결정되었다. 과거 바울의 스승이었던 랍비 가믈리엘의 손자(또는 증손자) 시므온 벤 가믈리엘(Simeon ben Gamaliel, 135~175)은 새로운 산헤드린 공의회를 열어 총대주교가 이끌도록 했다.

로마는 이 산헤드린 공의회의 자율성을 인정해주면 그들이 조정력을 발휘하리라고 생각했다. 이 생각은 옳은 것으로 곧 판명이 났다. 랍비는 율법에 대한 입법적 해석을 계속해나갔고 3세기 초엽에 이르러 구전되던 내용들을 편집한 최초의 문헌을 만들어냈다. 랍비 유다 하나시(Judah Hanasi, 왕자)가 편집한 《미슈나》가 바로 그것이다.

그리스도교의 성장

공식적으로는 여전히 불허된 종교였음에도 불구하고 그리스도교는 로마제국 전역에서 억압 정책이 잠시 느슨해진 상황의 수혜를 받았다. 로마에서 폰토스에 이르는 지역과 안티오크에서 에페소에 이르는 지역 그리고 카파도키아(Cappadocia)에서 카르타고(Carthage)에 이르는 지역에서 그리스도교는 성장세를 보였다. 베드로나 바울의 통제를 벗어난 무명의 선

교사들이 수많은 예배당을 세웠다. 개종한 선원이나 군인, 관리, 무역상들이었을 가능성이 높다. 이들은 급속도로 발전하던 육로와 해로를 통해 그리스도교의 복음을 로마제국 곳곳에 전파하고 있었다. 고고학적 증거에 의하면 C.E. 79년 베수비오 화산 폭발이 있기 전에 폼페이와 헤르쿨라네움(Herculaneum)에 그리스도교를 믿는 가족이 있었다. 2세기 초엽 시리아의 안티오크 주교인 이그나티우스(Ignatius)는 필라델피아(현재의 암만)와 서머나(오늘날의 이즈미르)의 그리스도교 공동체에 서한을 보낸 것으로 알려져 있다. 모두 바울이 방문한 적 없는 곳이었다.

이와 비슷한 시기에 소 플리니우스는 비티니아와 폰토스(오늘날 터키 흑해 연안지역)에 그리스도교가 너무 많은 탓에 이방인들이 제물로 바치는 동물에 대한 수요가 급격히 줄었다는 불평을 하기도 했다. 1세기 말에는 소아시아에만 어림잡아 30만 명

의 그리스도교 신도가 있었
을 것으로 추정된다.

이와 동시에 그리스도교는 알렉산드리아를 통해 이집트에 전
래되었다. 나아가 그리스어와 콥트어를 사용하는 공동체에까지 급속도로 확장되
었다. 이중에는 콥트어로 된 문헌을 나그 함마디에 묻은 사람들이 있었다. 이들 이집트 출신
그리스도교들 다수는 사막으로 떠나 황야의 외로움 속에서 하느님을 찾기로 했다. 이런 은
둔자들은 하나의 공동체를 형성해서 생명 유지와 예배에 필요한 것들을 공유했다. 그리하여
수도자들의 공동체가 탄생했고 이런 공동체는 스페인과 프랑스, 영국, 아일랜드와 아라비아
반도까지 퍼져나갔다.

북아프리카 지역에서는 카르타고가 그리스도교의 중심지로 부상했다. 이곳에서 개종한
사람 중에는 작가이자 신학자인 테르툴리아누스(Tertullian)도 있었다. 이후 그리스도교 신
앙은 티그리스와 유프라테스 강을 가로지르는 메소포타미아 무역로를 따라 번져나갔다. 2
세기 중엽에 이르러서는 에데사(Edessa, 메소포타미아 북부지역)가 그리스도교 활동의 중심지
가 되었다. 이 지역에서 주요하게 사용된 언어인 고대 시리아어로 씌어진 복음서가 한 요
인으로 작용했다. C.E. 170년에 타티안이 네 개의 복음서를 결합시켜 만든 〈디아테사론
(*Diatessaron*)〉 역시 시리아어로 씌어졌다. 이런 노력들은 결실을 거두었다. 그 지역을 다스
리던 아브가르 9세(Abgar IX, C.E. 177~212)마저 그리스도교로 개종한 것이다. 그리하여 에데
사 왕국은 역사상 최초의 그리스도교 국가가 되었다.

교회의 구전에 따르면 당시 도마는 인도에 복음을 전했다고 한다. 하지만 학자들은 도마
를 성자로 숭배한 이들은 시리아의 선교사들이라고 생각한다. 이들 복음 전도자들은 페르

C.E. 100~300년
그리스도교의 확장

- 🟥 100년경 그리스도교도가 거주했던 지역
- ⬜ 300년경 그리스도교도가 거주했던 지역
- 🟦 300년경 그리스도교도가 집중적으로 거주한 지역
- — 로마의 도로

카자흐스탄

러 시 아
스 키 타 이

드네푸르 강

우크라이나
사 르 마 티 아

카 스 피 해

트루크메니스탄

드네스트르 강

올비아

판티카파에움

코 카 서 스 산 맥

아제르바이젠

루 마 니 아

피티우스

그루지아

아풀럼

케르소네수스

아르메니아

울미아호

사르미제게투사

흑 해

이 란
파 르 티 아

트로에스미스

토미스

시노페

트라페스스

두로스토룸

트로파에움 트라이아니

폼페이폴리스

아미수스

사타라

노베

아마스트리스

강그라

젤라

메가로폴리스

티그라노케르타

오에스쿠스

헤라클레아
폰티카

불 가 리 아

세르디카

하드리아노

비잔티움

터 키

아미다

필리포폴리스

폴리스

(콘스탄티노플)

디코메니아

멜리데네

에데사

니코폴리스

페린투스

니케아

안키라

카이사리아

케드니아

세지푸스

프루사

도리레움

소 아 시 아

키르루스

사모사타

소토비

에페수스

페르가뭄

안티오카

이코니움

다르소

안티오키아

두라 에로포스

유프라테스 강

코테시폰

헤라클레아

데살로니카

스미르나

셀레우키아

시 리 아

이 라 크

암보라시아

에게 해

아프로디시아스

라오디시아

라파니에

팔미라

에메사

델피

아테네

밀레투스

아탈리

크니두스

미라

키프로스

살리피스

트리폴리스

헬리오폴리스

쿠웨이트

고린토

레바논

페르시아
걸프

스파르타

로두스

파포스

다마스쿠스

띠로

보스트라

가버코르나

가이사리아

서안지구

지 중 해

고르틴

이스라엘

사 우 디
아 라 비 아

예루살렘

사 해

가자

요르단

페트라

니코폴리스

페르시움

알렉산드리아

프톨레마이스

키레네

멤피스

프톨레마이스

옥시링구스

헤르모폴리스

나일 강

0 50 100 150 200 250 킬로미터

프톨레마이스

콥트

0 50 100 150 200 250 마일

테베

홍 해

현재의 배수로, 해안선과 국경선을 기준으로 표시하였다.

이 집 트

프랑스의 화가 장 레옹 제롬(Jean-Léon Gérôme, 1824~1904)이 1883년에 캔버스에 그린 그림 '그리스도교 순교자의 최후의 기도'.

260~272년에 이란의 쉬라즈 인근 바위에 새겨진 거대한 부조(313쪽). 로마 황제 발레리아누스(Valerian)를 무찌른 샤푸르 1세(Shapur I)의 승리를 묘사하고 있다.

시아 만을 따라 인더스 강으로 이어지는 지역에 여러 개의 그리스도교 본원을 만들었다. 신학자인 알렉산드리아의 판타이노스(Pantaenus of Alexandria)는 C.E. 180년경에 인도로 여행을 갔다가 번성하는 그리스도교 공동체를 목격하기도 했다.

그리스도인들의 순교

그러나 2세기 동안 로마 관료집단의 그리스도교 박해가 어느 정도였는지를 가늠하는 건 쉽지 않은 일이다. 숱한 그리스도교 순교 이야기 대다수가 전설 속에 가려져 있기 때문이다. C.E. 110년경에 체포당해 원형극장으로 끌려갔던 이그나티우스 주교는 기꺼이 죽음을 맞이하면서 자신이 얼마나 오랫동안 "야수의 이빨에 갈려서 그리스도의 순결한 성찬이 되기를" 바랐는지 글로 적었다. 다른 그리스도교 신도들도 순교를 예수 그리스도가 겪었던 고난을 경험하고 하늘에 있는 하느님 나라에서 자신들을 기다리는 구원을 받을 기회라고 여겼다.

테르툴리아누스가 들려준, 아시아를 다스리던 로마 총독 아리우스 안토니누스(Arrius Antoninus) 앞에 나선 신앙인들의 이야기도 있다. 자신이 그리스도교도이니 당장 사형에 처하라고 요구하는 신앙인들을 보고 놀란 안토니누스는 몇 명을 처형했지만 나머지 사람들을 불기소하면서 그렇게 간절히 죽고 싶다면 "절벽에서 뛰어내리라"고 말했다. 순교는 그리스도교 분파 사이에 상존하던 갈등과 불화 속에서 강력한 무기가 되었다. 테르툴리아누스는 《치료책(*Scorpiace*)》 또는 '전갈에게 물렸을 때 쓰는 해독제'라 불리는 책을 통해 교회를 따르지 않는 사람들 특히 영지주의 그리스도교를 비난하면서 순교자가 될 용기와 필수적인 신앙이 없다고 책망했다. 나그 함마디에서 발견된 필사본에서는 영지주의자들의 반론을 볼 수 있다. 이들은 예수 그리스도의 하느님이 그런 의미 없는 인간의 희생을 원한다고 생각하는 건 터무니없다고 대꾸한다.

동시대 기록에서 얻을 수 있는 얼마 안 되는 정보를 바탕으로 보면 2세기 그리스도교 신도를 대상으로 행해지는 폭력은 그리스도교의 예배와 '그리스도의 몸'을 먹고 '그리스도의 피'를 마시는 관행에 대해 의심을 품은 공동체들이 조장한 사례가 많았던 것 같다. 이런 이교인들은 대다수 그리스도교 신자가 황제의 조각상에 제물을 바치는 걸 거부하는 데에 불쾌감을 느꼈다. 국가에 대한 불충이자 비애국적인 일이었기 때문이었다. 같은 맥락에서 일부 로마인들은 그리스도교를 외국에서 들어와 마법으로 시민을 꾀어내는 미신이라고 생각했다. 역사학자 타키투스도 그리스도교를 "치명적인 미신"이라고 불렀다. 소 플리니우스는 "터무니없을 정도로 오래 이어져온 미신"이라고 말했다. 일부 그리스도교 무리가 순교를 하고 싶어 안달한다는 사실 때문에 로마의 이런 생각은 바뀌지 않았다.

마르쿠스 아우렐리우스(Marcus Aurelius) 황제 치하에서 리용(Lyons)의 행정관은 군중을 선동해 현지 그리스도교도를 폭행하고 돌을 던지고 약탈하게 함으로써 지역사회의 긴장을 완화시켰다. 로마제국의 여러 지역에서 그리스도교 공동체는 고립되고 배척당하고 곤란한 시기가 되면 이용하기 편한 희생양이 되어갔다.

수많은 그리스도교 지식인들은 로마의 편견에 문제를 제기하면서 그리스도교야말로 법을 준수하는 종교로서 사랑과 연민, 헌신을 바탕으로 한다고 주장했다. 아테네의 콰드라투스(Quadratus)와 순교자 저스틴(Justin Martyr), 이그나티우스, 테르툴리아누스가 자신들의 신앙에 대한 변론을 담은 글을 썼지만 현재까지 전하는 것은 많지 않다. 이들은 그리스도교 신도들이 아픈 사람과 가난한 사람, 직업이 없는 사람은 물론 감옥에서 기력이 쇠한 사람들을 돌보는 등 자선사업을 펼치고 있음을 강조했다. 몇몇은 그리스도교 신학을 그리스 철학과 결

> 그들은 (쿠인타의) 발을 묶어서 포석이 깔린 도시의 도로 위로 끌고 다니면서 채찍질을 했다. 그리고 돌로 쳐서 죽여버렸다.
>
> 유세비우스(Eusebius), 〈데키우스(Decius)의 박해〉 《교회사(*Church History*)》 C.E. 323년경

합시키는 시도까지 했다. 신학자 오리게네스(Origen, 185~254)는 창조력이 있는 하느님의 말씀(로고스Logos)이 본질적으로 모든 생물에 스며 있는 플라톤의 이성과 같다고 보았다. 앞서 유대의 철학자 필론도 역설한 적 있는 주장이었다.

새로운 종류의 박해

신흥 세력인 그리스도교를 파괴하는 일이 성공을 거두는가 싶었지만 3세기에 접어들자 새로운 과제가 생겨났다. 로마의 권력이 쇠퇴하면서 야만국의 침입이 잦아진 것이다. 이와 동시에 로마 제정이 고갈되기 시작했다. 끊임없는 사치품 수입으로 동방과의 무역 불균형이 심해지면서 황실의 수입도 줄어들었다. 이탈리아 반도 농경지의 생산성도 가파르게 떨어졌다.

노예를 부리는 비용이 커지면서 농작물 수확량을 초과하는 지경에 이르렀지만 그들을 대신할 숙련된 자유민 노동력은 그리 많지 않았던 까닭이다.

이런 위협적인 요소들과 마주한 로마에는 국수주의가 팽배했다. 많은 이들이 로마의 신들을 구세주로 다시 모셨고, 로마에 반기를 들거나 비애국적 행위가 의심되는 사람들에게 등을 돌리기 시작했다. 군복무를 거부하는 행위가 여기에 해당되었다. 그리스도교도 대다수는 군복무를 거부했다. 교회 사학자들에 의하면 셉티미우스 세베루스(Septimus Severus, 193~211) 황제는 그리스도교 신도가 다른 사람을 개종시키지 못하도록 하는 법령을 202년에 선포했다고 한다. 이 방침은 새로운 종류의 박해로 이어졌다. 박해가 특히 심했던 곳은 북아프리카로, 이곳에서 교부 오리게네스와 그의 제자들이 사형에 처해졌다.

하지만 저명한 주교와 고위 성직자가 아닌 일반 그리스도교 신도들에 대한 박해가 본격적으로 시작된 것은 데키우스 황제 치세(249~251)였다. 종교 개혁을 결심한 데키우스는 모든 시민이 로마의 신들에게 진심을 다해 헌신한다는 증명서인 리벨루스(libellus)를 취득하도록 명했다. 이를 거부한 그리스도교 신도들은 고문과 죽음을 무릅써야 했다. 수천 명의 그리스도교 신자가 체포되었다. 대다수는 개종했지만 데키우스의 명을 끝까지 거부한 이들은 화형에 처해지거나 체포 즉시 살해당했다.

이런 희생자들 중에 교황 파비아노(Pope Fabian, 236~250)가 있었다. 선교사를 갈리아(Gaul, 오늘날의 프랑스)로 파송해 그 지역에서 싹 틔운 그리스도교에 대한 관심을 강화시키는 데 도움을 주었던 인물이다. 이때 파송된 성직자 중에는 트로피모(Trophimus, 드로비모)가 있었다. 그는 아를(Arles)에 있는 12세기 로마네스크 양식의 웅장한 생 트로핌(Saint-Trophime) 교회에 안치되었다. 데키우스의 박해는 오래가지 못했다. 하지만 곧이어 로마제국에 역병이 발병하자 카르타고를 비롯한 몇몇 지역에서 그 일을 그리스도교 신자들의 탓으로 돌렸다.

로마의 살라리아 가도(Via Salaria)에 있는 프리스실라 카타콤(Catacombs of Priscilla). 2세기 초엽 그리스도교 신자들의 장례에 사용되었다.

교회장

그리스도교도에게 중요한 의식이 된 장례식은 로마의 화장이 아니라 매장이었다. 죽음이란 영생을 얻는 구원의 방법이며, 육신은 최후의 심판 날에 소생하기 때문이었다. 많은 신도들은 가난해서 여력이 없는 이웃을 묻어주려 노력하기도 했다. 그러기 위해 로마와 같은 도심 거주 신도들은 가난한 사람들 사이에 이미 범례화되어 있던 카타쿰바 혹은 카타콤이라고 알려진 지하 매장 방식으로 복귀했다. 위생상의 이유로 도시 지역 내 매장은 엄격하게 금지되었기 때문에 카타콤 대부분은 아피아 가도와 오스티엔시스 가도, 티부리티나 가도 등 로마로 가는 주도로를 따라 있는 부드러운 화산석에 마련되었다. 죽은 사람을 리넨에 싸서 로쿨루스(loculus, 매장 감실)에 놓고 장례를 치르는 게 보통이었지만 부유한 집에서는 좀더 큰 지하 무덤을 만들어 기둥과 프리즈로 실내 공간을 장식하고 정교하게 공들여 꾸민 석관에 사랑하는 이의 사체를 보관했다. 로마에서만 60개 넘는 카타콤이 발굴되었는데 그 중에는 18.3미터에 이르는 깊이까지 파고 들어가 여러 층으로 지하도를 낸 것도 있었다. 또 그리스도교의 상징인 물고기와 빵, 그리스도의 생애 한 장면을 그린 프레스코화로 장식한 것도 있었다.

갈리에누스의 시대

데키우스의 승계자 발레리아누스(Valerian, 253-260)는 리벨루스 법령을 유지했다. 하지만 그의 아들 갈리에누스(Gallienus)의 생각은 달랐다. 갈리에누스는 아버지 곁에서 카이사르로 통치권을 행사하면서 날로 잦아지는 야만족의 침입에 대비해 로마 국경선을 수호하는 책임을 졌고 발레리아누스는 북쪽의 고트족을 쫓아버리기 위해 싸우고 있었다. 아들 갈리에누스는 밀라노까지 치고 들어온 알라만족(Alemanni)을 격퇴하는 데 성공했지만 그의 아버지는 사산조 페르시아(Sassanid Persia)에게 완패를 당했다. 오늘날 이란의 쉬라즈 인근 산에 있는 거대한 부조 작품은 발레리아누스가 페르시아 제국의 통치자 샤푸르 1세에게 붙잡혀 포로가 되었음을 보여준다. 로마제국 역사에 유례없는 치욕적인 일이었다.

하지만 갈리에누스는 아버지 없이 혼자 다스리게 된 기회를 놓치지 않았다. 로마의 군 체계를 완벽히 이해했던 새로운 황제는 원로원 의원을 지휘관으로 임명하는 관습을 폐하는 대신 전문적인 장교단을 육성했다. 또 예술과 시, 문학, 철학의 부흥을 꾀했다. 황제의 문화 후원정책으로 덕을 본 사람으로는 철학자 플로티누스(Plotinus, 204~270)가 있다. '고대의 마지막 철학자'라고 불리기도 하는 플로티누스는 로마에서 명사모임을 운영하면서 최고 상류층에 편입했다. 갈리에누스에게 캄파니아에 유토피아 도시를 건설해 플라톤의 공화국 원리에 따라 통치하고 플라토노폴리스(Platonopolis)라는 이름을 붙이도록 권고하기도 했다.

플로티누스는 로마제국 내에 존재하는 다양한 종교적 전통을 목록화하는 데도 관심을 갖고 있었다. 그 과정에서 영지주의를 소개받았던 그는 〈영지주의자에게 맞서다(*Against the Gnostics*)〉라는 반론을 내며 영지주의 그리스도교가 플라톤의 철학을 왜곡시켰다고 비난했다. 이런 주장은 가톨릭교회의 교부들에게 갈채를 받았다.

플로티누스의 종교 연구가 갈리에누스에게 영향을 미쳤는지 여부는 알 길이 없다. 다만 유세비우스에 의하면 갈리에누스가 선대 황제의 박해 정책을 폐기했고 그리스도교 신자에게서 압수한 재산을 원래 주인에게 모두 돌려주었다는 사실은 확인된다.

그리스도교 신도들은 다시 예배 장소를 사용하고 죽은 사람을 그리스도교식 무덤에 매장할 수 있게 되었다. 갈리에누스 치세 동안 그리스도교 공동체는 광범위한 교세 확장운동을 펴고 교회를 짓고 개종자들에게 세례를 주었다. 또 그 어느 때보다 많은 주교를 취임시켰다. 3세기 말에 이를 즈음 그리스도교 교회는 브리타니아, 가울, 스페인을 비롯한 로마제국의 서쪽 구석까지 침투하기 시작했다. 이탈리아 반도만 해도 100명 넘는 주교가 나왔다. 동방지역까지 세를 확장해 유프라테스 강가에 있는 메소포타미아의 보스트라(Bostra)와 두라 유로포스(Dura Europos)까지 퍼져나갔다.

교회의 조직화

바울을 비롯한 초기 사도들은 그리스도 예수가 자신들이 살아 있는 동안 돌아오리라고 확신했다. 이런 기대감 때문에 교회 조직이 공식적으로 발전하는 일은 더뎠다. 그리스도가 직접 와서 새로운 왕국을 건설해주리라 여겼기 때문이다. 하지만 커지는 교세 관리 문제가 긴급해지면서, 공동체 일부에서 신앙과 능력에 따라 성직자나 장로를 임명하기 시작했다. 장로들은 성직자로 임명되지는 않았고 대부분 결혼을 한 상태였다. 나중에 이런 장로들은 자신의 권위가 사도들에게서 나왔다고 주장했고 그에 따라 주교라는 타이틀이 생겨났다. 이렇게 생겨난 주교들은 주교대의회의인 시노드(Synod)를 구성했다. 로마 박해를 비롯해 자신들과 의견을 달리하는 신학에 반론을 제기하는 통일된 방어체제를 고안하기 위해서였다. 325년에 열린 니케아 공회에서 로마의 주교가 최고 권위를 인정받았고 이를 안티오크와 알렉산드리아, 콘스탄티노플의 주교들이 따르게 되었다. 로마의 주교는 최고의 성직자라는 의미의 로마어 '폰티펙스 막시무스(Pontifex Maximus)' 즉 교황이라는 칭호를 수용했다.

디오클레티아누스의 제도 개편

하지만 일시적 유예 기간은 짧았다. 디오클레티아누스(Diocletian, 284~305)가 들어선 직후 이민족의 침략 압박이 거세지자 다시 한 번 로마의 조직을 재편할 필요성이 대두되었다. 그리하여 테트라키아(Tetrarchia) 즉 사두정치 체제가 형성되면서 황제의 최고 권력을 두 명의 통치자가 분할해 차지하고, 그들을 보필하는 하급 카이사르를 두게 되었다. 황제인 디오클레티아누스는 로마제국을 네 개의 군사 관구와 12개의 '디오세스(Diocese. 나중에 가톨릭교회에서 주교가 다스리는 주교 관구를 의미하는 말이 된다),' 101개의 속주로 나누었다. 또한 새로운 군단을 만들고 병력을 40만 명으로 증강해 2세기 이후 최대의 군사력을 확보했다. 하지만 로마의 재정 상태가 좋지 않아 병사들에게 지불해야 할 돈의 일부만을 주화로 지급하고 나머지 잔액은 현물로 충당해야만 했다.

이와 동시에 디오클레티아누스는 선대 황제들을 숭배하며 종교화했다. 황금 가운을 입고 보석으로 온 몸을 감싼 그는 스스로 살아 있는 신에 등극하여 도미티아누스처럼 자신을 '주님이자 하느님'이라고 부르라고 요구했다. 원로원의 관리감독 기능은 무실해졌다.

크로아티아의 스플리트에 있는 디오클레티아누스의 궁 지하실. 305년경에 지어진 이곳을 통해 최대 9,000명을 수용했던 종합 건물의 거대한 크기를 짐작할 수 있다.

350년경 석관에 새겨진 문양(316쪽 상단). 두 명의 로마 병사 위에 그리스어로 메시아를 의미하는 크리스토스의 이니셜인 그리스문자 X(chi)와 P(rho)로 이루어진 상징이 보인다.

네덜란드 화파 중 한 명인 요하네스 링컬바흐(Johannes Lingelbach, 1622~1674)가 1696년에 그린 인상적인 그림 '밀비안 다리 전투에서 막센티우스를 이긴 콘스탄티누스'이다.

콘스탄티누스 1세(306~337)의 두상(319쪽. 로마 카피톨리노 미술관에 소장된 두상은 로마제국 시대에 만들어진 거대한 조각상의 일부다.

로마제국은 꼴이 말이 아니었다. 무역로는 붕괴하고, 시장은 야만족에게 정복당했다. 경제는 붕괴 직전이고, 토지를 빼앗긴 중산층은 사라질 위기에 처했으며, 수천 명의 사람들은 굶주림과 실직의 고통에 시달리며 거리를 헤맸다.

로마로서는 이런 상황에 대한 책임을 추궁할 누군가가 필요해졌고 다시 한 번 그 대상은 그리스도교도가 되었다. 철학자 포르피리오스(Porphyrius)가 303년에 발표한 〈그리스도교에 맞서서〉라는 변론에 의하면 "그리스도는 가장 경건하다고 여겨지지만 그리스도교 신자들은 난잡하고 공격적인 분파였다."

대략 이 시기에 로마의 최고 제사장인 폰티펙스 막시무스(Pontifex Maximus)가 공개적으로 점을 치는 의식을 열었다. 난세에 국가의 미래를 알아보기 위해 과거에도 종종 행해지던 행사였다. 결과는 보기 드물게 불길했다. 이때도 근처에서 그리스도교 신도들이 의식을 지켜본 탓에 불길한 점괘가 나왔다면서 책임을 추궁했다.

다시 한 번 종교 박해가 온 지역을 휩쓸었다. 효율성을 트레이드마크로 삼은 디오클레티아누스답게 이번 박해는 일사불란하게 이루어졌다. 로마제국 전역에 있는 교회는 파손되고 훼손되었다. 그리스도교 식 예배는 법으로 금지되었다. 수십 명의 주교와 교회 지도자들은 체포되어 고문을 받다가 사형에 처해졌다. 하드리아누스 이후 가장 능력 있는 황제임이 틀림없는 디오클레티아누스가 황폐해지는 로마제국을 구해내는 과정에서 그리스도교를 거의 전멸하기에 이르렀다는 사실은 아이러니다.

밀비안 다리 전투

로마제국 역사를 통틀어 황제의 치세가 막을 내리는 것은 대개 죽음의 순간이었다. 하지만 디오클레티아누스는 305년에 남다른 선택을 했다. 은퇴를 한 것이다. 건강이 악화된 황제는 은퇴 후 머물 웅장한 사택을 짓도록 했다. 달마티아 해안가를 따라 자리잡은 이 궁은 오늘날 크로아티아 스플리트의 관광명소가 되어 있다. 그와 함께 로마를 통치하던 막시미아누스(Maximian, 286~305) 역시 은퇴를 하지 않을 수 없게 되었다. 그 덕에 카이사르 신분으로 로마제국 동쪽을 다스리던 갈레리우스(305~311)와 서쪽을 다스리던 콘스탄티우스 클로루스(Constantius I Chlorus, 305~306)는 공동 황제에 등극했다.

갈레리우스는 디오클레티아누스의 그리스도교 박해 정책을 공식적으로 폐지하면서 갈리에누스의 관용 정책을 재확인했다(이런 사실은 역사 속에서 잊히고 모든 공은 콘스탄티누스 대제에게 돌아갔다). 하지만 그로부터 일년 후 그와 함께 로마를 다스리던 콘스탄티우스가 요크(York)에서 급사했다. 그러자 그가 이끌던 군대는 황제 근위대로서의 특권을 지키고자 새로운 황제로 그의 아들 콘스탄티누스를 공표했다(아들인 그 역시 브리타니아에 있었다).

이에 화가 난 막시미아누스의 아들 막센티우스(Maxentius)는 서둘러 자신을 황제로 공표하고 친위대의 지지를 얻어냈다. 그러자 막시미아누스마저 물러섰던 자리를 박차고 나와 아들과 함께 공동 황제가 되었다. 결국 네 명의 황제와 두 명의 카이사르가 권력투쟁을 하면서 혼란은 극에 달했다. 내전이 뒤따랐고 그 과정에서 두 명의 경쟁자만 남았다. 바로 콘스탄티누스와 막센티우스였다. 두 사람은 312년, 티베르 강을 가로질러 놓인 밀비안 다리라고 알려진 곳에서 결정적인 전투를 벌이게 되었다.

그 다음 상황은 분명하게 알려지지 않았다. 그리스도교 저술가 락탄티우스(Lactantius, 240~320)에 의하면 이 중요한 전투가 있기 전날 밤, 콘스탄티누스는 병사들의 방패에 그리스도의 모노그램을 그려넣으라는 계시를 받았다고 한다. 이 모노그램은 그리스어로 그리스도를 의미하는 단어의 첫 글자인 X(chi)와 P(rho)로 이루어졌다. 337년에 콘스탄티누스가 죽은 이후 유세비우스는 다른 버전의 이야기를 기록했다. 콘스탄티누스는 태양 바로 위 하늘에서 빛나는 십자가에 그리스어로 'en toutoi nika(이 표징으로 정복하라)'라는 글자가 이글거리며 타오르는 환영을 보았다는 것이다. 어떤 이야기가 맞는지 알 수 없지만 콘스탄티누스가 전투장으로 달려가 막센티우스의 군대를 물리쳤으며 그 승리 원인을 그리스도교의 하느님이라고 보았다는 것만은 틀림없다.

막센티우스 바실리카의 북쪽 통로. 나중에 콘스탄티누스의 이름을 따서 개명한 이곳은 현존하는 로마의 구조물 중 가장 거대한 것으로 알려져 있다. 교차형 궁륭과 격자무늬 패널로 장식되어 있고 경화재로 주조한 아치가 특징이다.

밀라노 칙령

그로부터 일년 후인 313년, 콘스탄티누스는 저 유명한 밀라노 칙령을 발표했다. 자신이 통치하는 지역에서 종교적 관용정책을 시행할 것임을 천명한 이 칙령이 그리스도교뿐만 아니라 모든 이국 종교에 해당된다는 사실을, 콘스탄티누스는 공들여 구체적으로 기술했다. 또 로마의 동쪽을 통치하던 공동 황제 리키니우스(Licinius)도 같은 정책을 수용하도록 했다.

하지만 전설과 달리 콘스탄티누스는 스스로 개종해서 그리스도교를 믿게 된 것은 아니었다. 최소한 처음부터 그랬던 것은 아니다. 그는 계속해서 폰티펙스 막시무스 즉 로마 종교의 최고 제사장으로서 이교도의 신을 숭배하는 일을 계속했고 미트라(Mithra)라는 태양신에게 충성을 맹세했다. 아마도 자신의 군대를 달래기 위한 노력이었을 것이다. 군 병력 상당수가 미트라 신을 섬겼기 때문이다. 그는 그리스도교의 성장을 적극 후원했지만 오랜 질병 끝에 죽음을 맞게 된 순간이 되어서야 세례를 받았다. 그를 기리기 위해 세워진 개선문에는 수많은 이교도의 모티프가 그리스도교 상징과 함께 있다(콘스탄티누스 개선문Arch of Constantine은 오늘날 로마 포럼의 동쪽 끝에 굳건히 자리를 지키고 서있다).

> 우리는 그리스도교도와
> 다른 이들이 각자 선호하는
> 종교를 지킬 충분한 권한을
> 허락할 수 있다.
>
> 콘스탄티누스 대제, 〈밀라노 칙령〉
> C.E. 313경

그럼에도 불구하고 콘스탄티누스는 자신이 그리스도교의 신에게 빚을 지고 있다고 생각해서 로마 전역의 교회 건설을 재정적으로 후원했다. 신실한 그리스도교도인 어머니 헬레나 황후의 지휘를 받아 일하기도 했다. 또 지난 10여 년간의 종교 박해를 통해 압수되었던 그리스도교의 모든 재산을 반환해주기로 약속했다. 그리스도교를 믿는다는 이유로 추방되었던 사람들도 되돌아오면서 황실의 관리로 일하는 기회까지 누리게 되었다.

313년에 로마로 돌아온 콘스탄티누스는 막센티우스의 모든 기억을 지우기 위한 운동을 시작했다. 막센티우스가 로마 포럼 근처에 세운 거대한 바실리카를 콘스탄티누스 바실리카로 개명한 일도 여기에 포함되었다. 막센티우스가 임명했던 관직들은 없어지고 그의 협력자들은 축출당했다. 막센티우스의 황제 등극을 지원한 친위대도 해체해버렸다.

로마 동쪽을 다스리던 리키니우스는 이런 숙청에 놀라면서 콘스탄티누스가 혼자 로마제국을 다스리려고 한다는 의심을 품기 시작했다. 아마도 이런 이유로 리키니우스는 밀라노 칙령을 위배하고 그리스도교 공동체를 다시 억압하기 시작한 듯하다. 그리스도교의 재산은 압수당하고 유명한 그리스도교 신자들은 황실 관리직에서 쫓겨났다. 공교롭게도 야만족들이 이 순간에 리키니우스의 관할권인 트라키아(Thrace)로 쳐들어왔다(오늘날의 불가리아와 터키의 유럽지역에 해당하는 지역이다). 이 일은 콘스탄티누스가 라이벌의 영토로 들어갈 수 있는 핑계가 되었다. 324년, 콘스탄티누스는 크리소폴리스(Chrysopolis)에서 벌어진 결정적인 전투에서 또 다른 공동 황제를 물리쳤다(오늘날 보스포루스의 아나톨리아 해변 위스크타르Üsküdar에 해당하는 지역이다). 이 사건을 계기로 마침내 그리스도교는 장래에 대한 걱정이 없이 안전해졌다. 최소한 그렇다고 믿을 수 있는 시대가 도래했다.

그리스도교의 승리

이 바실리카는
세상에서 가장 훌륭할 뿐 아니라
그 세부 양식들도
모든 도시에 있는
가장 아름다운 건축물을
뛰어넘으리라.

성묘교회에 대한 콘스탄티누스 대제의 언급
532년경

유스티니아누스 1세가 532~537년 사이에 이스탄불에 세운 소피아 대성당(Hagia Sophia, Aya Sofya).
수세기 동안 방치되고 수차례 지진을 겪었음에도 불구하고 놀라울 정도로 잘 보존되어 있다.

팔레스타인 순례여행에 관한 가장 오래된 기록은 콘스탄티누스가 밀라노 칙령을 포고한 지 20년 후인 333년으로 거슬러 올라간다. 이름을 알 수 없는 보르도 출신 순례자가 기록한 이 순례기는 역사학적 가치가 매우 높다. 당시 팔레스타인의 엄청난 변화상을 생생하게 증언하기 때문이다. 티베리아스(Tiberias)의 유대교 총대주교(總大主敎, Patriarch)가 지역 대부분을 관리하는 로마제국의 후미진 벽지였던 이곳은 순식간에 그리스도교의 '성지(Holy Land)'로 격상되었다. 이런 변화상을 선도적으로 이끈 인물은 헬레나 황후였다.

독실한 그리스도교 신도이자 콘스탄티누스 황제의 어머니인 헬레나 황후는 예루살렘으로 가서 예수가 십자가 처형을 당한 곳과 매장된 장소를 찾아냈고, 나사렛의 올리브 산과 베들레헴에 로마 스타일의 바실리카를 건축하기 시작했다. 또 시나이 반도를 비롯한 여타 지역에 좀더 규모가 작은 예배당을 세우는 일에 착수했다.

그리스도교가 공인 종교로서 팔레스타인으로 복귀하는 상황은 현지 유대 공동체에게 뜻밖의 사건이었다. 유대교 총대주교는 하드리아누스가 아엘리아 카피톨리나라고 이름붙였던 자신들의 성스러운 도시가 '예루살렘'으로 복구되는 모습을 우려 섞인 눈으로 지켜보았다. 철저하게 그리스도교적인 성격을 띠는 형태로 바꾸는 것임에도 말이다. 바르 코크바의 반란 이후 200년이 흘렀지만 이때까지도 팔레스타인에 거주하던 대형 유대 공동체들은 일 년에 한 번, 성전이 무너진 날을 애도할 때 외에 예루살렘에 입성하는 게 금지되어 있었다.

이렇듯 커다란 변화를 목도하면서 한껏 기분이 들뜬 보르도의 순례자는 갈리아를 출발한 뒤 당시까지 제 기능을 유지하고 있던 로마의 도로망을 통해 아를로 이동했다. 이후 알프스 산맥을 넘어 토리노와 파비아, 밀라노, 베로나로 향했다. 여기서 (오늘날의 이탈리아와 슬로베니아 사이에 있는) 줄리안 알프스(Julian Alps) 산맥을 넘어서 발칸 반도 서쪽과 트라키아를 가로지르고 최종적으로 콘스탄티노플에 도착했다.

3년 전에 콘스탄티누스는 로마의 수도를 보스포루스 해협에 위치한 이곳으로 천도한 터였다. 로마가 운명적으로 아시아에 근접해 있어야 한다는 황제의 판단에 따른 조치였다. 과거에 비잔틴으로 알려졌던 콘스탄티노플(콘스탄티노폴리스 Konstantinopolis, 콘스탄티누스의 도시)은 서쪽에서 침입해오는 야만족과는 많이 떨어져 있었다. 게다가 소아시아의 경제는 건강하고 성장세를 거듭한 반면 서쪽은 농업과 무역이 모두 붕괴하고 있었다.

로마의 새로운 수도에서 잠시 걸음을 멈추었던 순례자는 소아시아를 관통하는 무역로를 따라 내려가다가 시리아로 접어들었다. 그리고 그곳에서 아크레 항구를 통해 예루살렘으로 갔다. 그의 추정에 따르면 5,230킬로미터 넘게 걷고, 190여 개의 중간기착지를 지났으며, 360

0   25   50킬로미터
0   25   50마일
현재의 국가명과 국경선.
해안선을 기준으로 한 지도.
332–333쪽 지도 참조.

다마스쿠스
시리아
가버나움
갈릴리 호
나사렛 다볼 산
지중해
서안지역
예루살렘
베들레헴
헤로디온 사해
가자지구
이집트 네게브

콘스탄티누스가 밀라노 칙령을 선포한 후 수세기 동안 수천 개의 교회가 그리스와 소아시아 전역에 세워졌다. 사진 속 산토리니 섬 그리스정교회(Greek Orthodox Church)도 이때 세워진 것이다.

번 이상 말을 갈아탔다. 이 오랜 여정에서 순례자는 단 한 차례도 국경을 넘지 않았다. 순례 여행이 시작된 초기, 유럽에서 성지로 가는 길은 모두 로마제국 국경선 안에 있었다.

예루살렘에 도착한 순례자는 서둘러 성묘교회로 갔다. 그때나 지금이나 그리스도교 순례자의 최종 목적지가 되는 곳이었다. 하드리아누스가 골고다에 세운 비너스 신전은 이미 무너져 있었다.

훗날 헬레나 황후의 건축가들은 언덕 윗부분을 없애 평평한 표면을 다진 후 그리스도의 무덤과 십자가 처형 장소로 추정되는 곳만을 도드라지게 만들었다. 지금은 이 위로 두 개의 구조물이 지어져 있다. 한 쪽에는 다섯 개의 측랑이 있는 거대한 바실리카가 과거 로마의 바티칸 힐에 우뚝 서 있던 성 베드로 교회와 비슷한 모습을 보여주고, 다른 한 편에는 그리스도가 부활한 곳 위에 '부활'을 의미하는 아나스타시스(Anastasis)라고 알려진 둥근지붕 건물이 있다. 그 사이에 골고다의 암석 노두가 놓여 있다. 보르도의 순례자는 이 모습을 보고 "경이로운 아름다움을 지닌 교회"라고 말했지만 이상하게도 성십자가에 대한 언급은 없다. 아무래도 예수가 십자가 처형을 당했을 때 사용되었다는 성십자가가 당시에는 발견되지 않았던 것 같다.

니케아 공의회

헬레나 황후가 건축활동에 집중하는 동안 그의 아들 콘스탄티누스는 전혀 다른 도전과 직면했다. 예수 신성의 본질에 관한 문제는 교회의 식자들에게 끊임없는 토론거리였다. 그 즈음 알렉산드리아의 주교인 아리우스(Arius, 256~336년경)가 새로운 이단 교리를 설파했다. 아리우스는 그리스도를 "하느님 아버지가 낳았으므로" 그는 하느님에 버금가는 존재일 뿐 "동일한 실체로" 이루어지지 않았다고 주장했다. 아리우스파(Arianism)가 매우 많은 개종자를 얻자 부득불 로마제국이 개입할 수밖에 없었다.

325년에 콘스탄티누스는 300명에 달하는 주교를 소집해 오늘날 터키의 이즈니크(Iznik) 인근 니케아(Nicea)에서 종교 회의를 열었다. 황제는 회의를 직접 주재하면서 주요 쟁점에 관한 합의점을 찾으려고 노력했다. 쟁점은 그리스도와 하느님의 관계를 생각할 때, 유사한 존재로서 봐야 하는가(유사본질론, homoiousia) 아니면 동일한 존재로 봐야 하는가(동일본질론, homoousia)였다. 그리스어 알파벳 글자 'ι'(이오타) 하나로 교회의 미래가 달라지는 문제였다.

주교 대다수는 오늘날까지 로마가톨릭 미사의 일부가 된 조항에 동의했다. "우리는 (…) 주 예수 그리스도, 하느님의 독생자가 (…) 하느님 아버지와 동일한 본질을 가지고 있다고 믿는다."(과거 "하느님 아버지와 한 분"이라고 한 것을 교황 베네딕토 16세가 최근에 개정했다). 하지만 아리우스가 이끄는 소수는 이른바 '니케아 신조(Nicene Creed)'를 거부했다. 이들은 추방당했고 그들이 쓴 책은 금서가 되었다. 그럼에도 불구하고 아리우스파는 중세에까지 번성했다.

> 율리아누스는 엄청난 비용을 들여 그 자랑스러운 성전을 예루살렘에 재건하려고 생각하고 이 과업을 안티오크의 알리피우스 (Alypius of Antioch)에게 맡겼다.
>
> 암미아누스 마르켈리누스(Ammianus Marcellinus), 《로마제국사(*History of the Roman Empire*)》 391년경

배교와 복권

훌륭한 성물과 교회로 성지를 채우겠다는 헬레나 황후의 웅대한 꿈은 갑작스러운 난관에 부딪치면서 실현가능성이 불투명해졌다. 콘스탄티누스의 이복형제 율리아누스(Julian, 360~363)가 왕좌에 오르면서 그리스도교 신앙을 거부한 것이다. 플로티누스의 신플라톤주의 영향을 받은 그는 수세기 동안 지켜온 고대 이교도 관습을 되살리는 편을 선호했다. 조직적인 종교 박해는 없었지만 교회 건축이 지연되고 황제의 밑에서 일하던 유명한 그리스도교 신자들은 축출되었다. 이런 상황에 강력히 저항했던 안키라(Ancyra, 오늘날 터키 앙카라)의 제멜로(Gemellus)와 같은 주교들은 처형당했다. 율리아누스는 자신의 새로운 정책을 정당화하기 위해 직접 〈갈릴리 사람들에게 논박함〉이라는 제목으로 그리스도교를 공격하는 글의 초고를 작성했다. 이 글은 일부만이 후세에 전해졌다. 새로운 황제는 콘스탄티누스가 철폐

한 유대교의 권리들을 복원시키기도 했다. 심지어 예루살렘에 제2성전을 재건축하도록 유대인들을 부추길 정도였다. 팔레스타인에서 날로 세를 키우는 그리스도교를 저지하고자 유대교를 지원한 것이다. 하지만 이런 계획들이 결실을 맺기 전인 363년, 율리아누스는 로마의 숙적 페르시아에 맞서 싸우다가 전장에서 죽음을 맞이했다. 그럼에도 불구하고 '배교자' 율리아누스(Julian 'the Apostate')의 치세 3년은 그리스도교 신도들에게 커다란 충격을 주었다.

로마에 있는 콘스탄티누스 개선문은 312년에 밀비안 다리 전투에서 거둔 승리를 기념하기 위해 313~315년 사이에 세워졌다.

고대 로마의 아우레우스 금화의 뒤를 이어 사용된 금화(326쪽). 율리아누스 황제의 모습과 함께 PP(파테르 파트리아이(Pater Patriae : 조국의 아버지))라는 글자가 새겨져 있다.

콘스탄티누스 치하에서 밝은 미래가 보장되어 있다고 생각했던 그리스도교 신자들이 상상도 못할 정도의 반동적 폭력에 노출되었던 것이다. 따라서 새로 황제가 된 테오도시우스 1세(Theodosius I, 379~395)는 그리스도교 신앙에 더 이상 이의를 제기하는 일이 없도록 조치하기로 마음먹었다. 황제에 오른 지 1년 뒤, 그는 '모든' 백성에게 그리스도교를 받아들이고 "베드로 사도가 로마인들에게 전하여주었다고 생각되는 신앙을 고백"하라는 칙령을 내렸다. 이교 신에게 동물을 바치는 제사도 금지했으며, 결국 이교도의 모든 관습을 형법상 범죄로 규정했다. 그리스도교는 마침내 승리를 거두었다. 예수가 십자가 처형을 당한 지 350년이 지나 로마제국의 유일한 종교로 공인된 것이다.

아리우스파에 맞서 그리스도교의 승리를 이끈 암브로스 주교의 활약상에 고무된 밀라노의 수도사들은 덧문 내려진 이교도 신전을 약탈하기 시작했다. 수사들은 수천 개의 조각상을 파괴하고 엄청난 양의 금은보석을 갖고 달아나기도 했다. 알렉산드리아의 테오필루스 주교는 지역 이교도 건축물들을 파괴하는 일을 직접 지휘 감독했다. 전설적인 왕실 부속연구소 무세이온(Mouseion) 건물과 지금도 제기능을 하는 알렉산드리아 도서관도 이때 큰 피해를 입었다. 이 시기에 유프라테스(오늘날의 시리아 북중부 알−라카 지역) 강가에 위치한 칼리니쿰(Callinicum) 회당을 비롯한 여러 회당도 약탈당했다.

에게리아 여행기

테오도시우스가 칙령을 선포하고 막 1년이 지난 때에 또 다른 그리스도교 순례자가 성지로 가는 여정을 기록으로 남겼다. 다양한 구전에 의하면 이 기록물의 저자는 수녀 혹은 성자라

수백 년 동안 순례자들은 시나이 산에 올라 그 봉우리 위로 떠오르는 일출을 보고 비바람을 맞은 산봉우리 표면에 자신들의 이름을 새겨놓았다.

시나이 산 기슭에 위치한 성 카타리나 수도원(329쪽). 원래는 콘스탄티누스 대제의 어머니인 헬레나 황후(248~330)가 예배당으로 건축하려던 곳이었다.

고 한다. 하지만 학자들은 이 여행기의 주인공이 프랑스의 아키텐(Aquitaine)이나 론 계곡에서 온 부유한 귀족이라고 생각한다. 어쨌거나 4세기에 프랑스 여자가 몹시 힘든 여행에 자발적으로 임했다는 사실 자체만으로도 놀라운 일이다. 그녀의 이름은 아테리아(Aetheria) 혹은 에게리아(Egeria)로 추정된다(글의 초반부에는 에게리아라고 나온다). 이 여성은 《에게리아 여행기(*Itinerarium Egeriae*)》라는 책에 자신의 느낌을 기록했다. 이 필사본은 3분의 1정도만 남아 후세에 전해졌지만 로마 시대 이후 여성이 쓴 최초의 책이라는 주장도 가능하다.

알렉산드리아로 배를 타고 간 에게리아는 시나이 산 등 이집트 성지와 현지 수도사들이 사는 곳을 방문했다. 에벨 무사(Jebel Musa, 아라비아어로 '모세의 산') 인근에서는 "만나와 메추리가 내린 장소"와 "주 하느님이 모세에게 불길 속에서 말씀하셨던" 떨기를 보았다고 한다. 이것은 오늘날 시나이 산으로 알려진 에벨 무사를 모세가 십계를 받은 장소로 지칭하는 첫 번째 기록이다. 에게리아가 방문했을 때는 헬레나 황후가 세워놓은 예배당이 기슭에 있었다. 이 건물은 이후 유스티니아누스 황제가 요새화한 사유지로 편입되었다가 카타리나 수도원(St. Catherine's Monastery)으로 알려지게 된다.

그 다음 에게리아는 요르단 계곡으로 가서 느보 산(Mount Nebo)을 올랐다. 모세가 죽

기 전에 약속의 땅을 보았다는 장소다. 에게리아는 "성전 남창"이 살던 땅도 보았다(신명기 22:47). 그리고 〈창세기〉에서 롯의 아내가 뒤를 돌아보다가 변해버린 소금 기둥을 보고 싶어했다(창세기 19:26). 하지만 에게리아는 "존귀하신 숙녀 여러분, 내 말을 믿으세요. 그 기둥은 볼 수가 없습니다. (왜냐하면) 사해가 그곳을 뒤덮었다고 합니다. 그러니 이 점에 대해서는 어떤 기만도 할 수가 없습니다."라고 적었다. 에게리아는 그곳에서 요르단 계곡 상류에 있는 애논(Aenon)으로 이동했다(오늘날의 아이눈Ainun 인근으로 추정된다). 이곳 어디에선가 예수가 세례자 요한에게 세례를 받았다고 여겨지고 있었다. 거기서 조금 더 북쪽으로 나가서 시리아의 안티오크로 다가간 에게리아는 잠시 걸음을 멈추었다가 유프라테스 강을 건너 에데사(Edessa)로 갔다. 당시 에데사는 북부 메소포타미아 지역에서 가장 큰 그리스도교 중심지로 꼽히고 있었다. 그곳에서는 성 도마를 기렸다. 에게리아는 "그곳의 교회는 매우 훌륭하고 아름다우며 새로운 건축 양식"이라고 열변을 토했다. 그리고 "보고 싶은 것들이 많기 때문에" 며칠을 더 머물기로 결정했다. 그 지역의 주교는 "멀리 떨어진 곳에서 이곳까지 찾아오는 대단히 힘든 일을" 여성이 감행했다는 사실에 깜짝 놀랐다.

에데사를 떠난 에게리아는 조금 더 북쪽으로 이동해서 하란(Haran)을 찾아갔다. 〈창세기〉에 따르면 아브라함과 그의 가족이 가나안으로 가는 여정을 시작하기 전에 살았던 곳이라고 한다. 현지의 고위 성직자는 아브라함의 '집' 위에 지어진 교회로 에게리아를 데려가 아브라함 집과 "같은 토대 위에 세워졌고, 같은 돌로 지었다."고 분명히 말해주었다. 하지만 에게리아의 글 대부분은 예루살렘에 대한 이야기로, 성묘교회에서 거행된 성찬 예배를 매우 자세하게 기록했다. 이 건물은 초대 교회 역사를 연구하는 학자들에게 높은 가치가 있다. 또 이 책은 예수의 십자가 처형에 사용되었다고 여겨지는 십자가에 대한 언급을 최초로 한다. 에게리나의 기록에 따르면 그때까지는 '성십자가(True Cross)'로 알려진 이 십자가가 헬레나 황후 덕분에 발견되었다고 생각하지 않았다는 걸 분명히 알 수 있다. "은 도금한 손궤"에 보관되었던 이 "성스러운 목재"는 성금요일에만 꺼내어 전시되었다. 근엄한 의식을 거행하는 동안 모든 신도들은 앞으로 나와 나무의 표면에 키스를 했다. 에게리아는 이 행사가 엄중한 경비 속에서 이루어졌다고 덧붙였다. 언젠가 "어떤 사람이 이 성스러운 목재를 물어뜯어서 일부를 훔쳐갔다고" 하는 말이 전해졌기 때문이다.

예수가 걸어다녔을 것으로 추정되는 가버나움과 티베리아스 사이 하부 갈릴리의 기복이 있는 구릉지.

파울라의 여행

프랑스 출신 귀부인인 에게리아는 어쩌면 후손을 위해 성지순례 기록을 남기고 있는 또 다른 여성 순례자와 우연히 마주쳤을 수도 있다. 로마의 귀족 부인인 파울라(Paula) 역시 예루

비잔틴 양식으로 지어진 하기야 이레네(Hagia Eirene, 성스러운 평화라는 의미). 콘스탄티누스 1세가 콘스탄티노플에 처음으로 지은 교회 건물로 오스만 건축 양식으로 지어진 이스탄불의 톱카프 궁전 영내에 위치해 있다. 그 덕에 파괴되지 않은 채 술탄들을 위한 무기고로 사용되었다.

헬레나 황후

콘스탄티우스 황제의 배우자이자 콘스탄티누스 대제의 어머니 되는 헬레나 황후(Empress Helena, 248~330년경)는 로마 후기 그리스도교 신도들의 순례 목적지인 성지를 형성하는 데 깊이 관여했다. 콘스탄티우스는 289년 이전에 헬레나 황후와 이혼하고 명문가 출신 귀부인과 결혼했지만 헬레나 황후는 아들인 콘스탄티누스가 제위에 오른 후 황실로 돌아왔다. 밀라노 칙령이 선포된 이후 콘스탄티누스는 헬레나 황후에게 예수와 관련 있는 팔레스타인 성지를 찾아내 복원하는 일을 맡기고 황실 재정으로 전폭적인 후원을 했다. 헬레나 황후의 전기작가 에우세비오(Eusebius)에 의하면, 팔레스타인으로 여행한 헬레나 황후는 "예수의 발이 멈춘 곳에서 예배를" 드렸다고 한다. 황후는 베들레헴과 나사렛, 올리브 산에 교회를 세우는 한편 최초의 성묘교회 건축을 감독했다. 교회 구전에 의하면 '성십자가' 발견은 헬레나 황후의 공이라고 한다. 이 일을 기념하기 위해 로마가톨릭교회에서는 5월 3일을 "성십자가 발견절"이라고 정해서 최근까지 지키고 있다. 하지만 황후의 자서전 작가이자 동시대를 살았던 인물인 에우세비오와 4~5세기의 순례자들은 이런 공적에 관해 언급하지 않고 있다. 아마도 성지순례자가 늘어가면서 예수의 수난을 증명할 수 있는 실체적 유물이 필요해지자 후대에 성십자가에 대한 전설이 생겨난 듯하다.

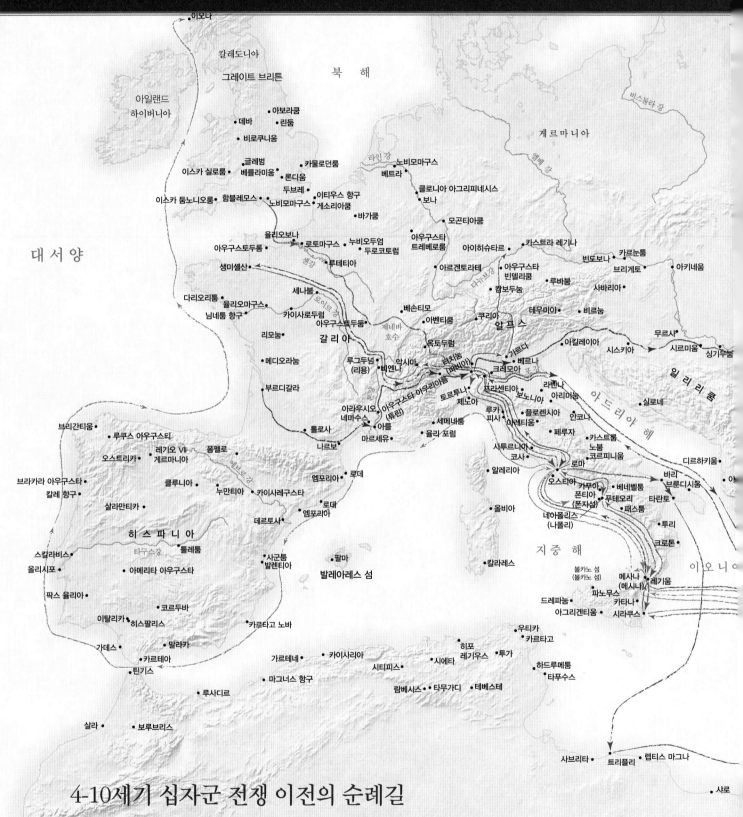

4-10세기 십자군 전쟁 이전의 순례길

대서양

대 서 양

아일랜드
하이버니아

칼레도니아

그레이트 브리튼

북 해

게르마니아

비스툴라 강

이오나

데바 · 아보라쿰
· 린둠

· 비로쿠니움

이스카 실로룸 · 글레범
베를라미움 · 카물로두넘
론디움
이스카 둠노니오룸 · 함블레모스 · 두브레 이티우스 항구
노비오마구스 게소리아쿰

라인 강 엘베 강
노비오마구스
베트라
클로니아 아그리피네시스
보나
모곤티아쿰

아우구스타
트레베로룸
아이히슈타르 · 카스트라 레기나
빈도보나 · 카르눈툼
브리게토 · 아키네움

율리오보나
아우구스토두룸 · 로토마구스 누비오두엄
두로코토룸
생미셸산 루테티아

센강

다리오리툼 세나붐
율리오마구스 아우겐토라테
님네툼 항구 카이사로두럼 아우구스타
리모눔 아우구스토두눔 베손티모 아벤티쿰 쿠리아
메디오라눔 옥토두룸 알프스

마르쿠강

루바룸 사바리아
캄보두눔 테우미아 비르눔
무르사 시스키아 시르미움 싱기두눔

제네바
호수

일리리쿰

루그두눔
(리용) 비엔나 악시마
티지움
(파비아) 가르다
아퀼레이아
실로네 디르하키움
베르나 크레모아
아라우시오 이우구스타 아우리아쿰
네마수스 (튜린) 프라센티아 라벤나
아를 토르토나 제노아 보노니아 아리미눔
톨로사 마르세유 루카 플로렌시아 안코나
나르보 세메네툼 피사 아레티움 페루자
율리 포룸 사투르니아 노붐 카스트룸
코사 코르피니움
알레리아 로마 바리
브리간티움 루쿠스 아우구스티 오스티아 카푸이 브룬디시움
레기오 VII 폼펠로 폰티아 베네벨툼 타란토
오스트리카 게르마니아 네아폴리스 푸테오리 패스툼 투리
브라카라 아우구스타 클루니아 (나폴리) 크로톤
칼레 항구 살라만티카 누만티아 카이사레구스타 올비아
데르토사 지중해 볼카노 섬
스칼라비스 툴레툼 엠포리아 로데 (볼카노 섬) 메사나 레기움
올리시포 아메리타 아우구스타 로다 드레파눔 (메시나)
팍스 율리아 엠포리아 팔마 발렌티아 아그리겐티움 카타나 시라쿠스
코르두바 사군툼 발레아레스 섬 칼라레스
이탈리카 히스팔리스 발렌티아 우티카 카르타고
가데스 말라카 카르타고 노바 가르테네 카이사리아 히포 투가
카르테아 레기우스
틴기스 시에타 시티피스 하드루메툼
루사디르 마그너스 항구 람베시스 타무가디 테베스테 타푸수스
살라 · 보루브리스 사브리타 트리플리 렙티스 마그나
샤로

4-10세기 십자군 전쟁 이전의 순례길

→ 333년경 보르도인의 순례길 → 720년경 빌리발트 성지 순례길
→ 382년경 파울라의 순례길 → 성지에서 출발해 돌아가는 빌리발트 순례길
→ 570년경 피아첸차 성지 순례길 → 870년경 베르나르 수사 성지 순례길
→ 성지에서 출발해 돌아가는 피아첸차 순례길 → 성지에서 출발해 돌아가는 베르나르 수사 순례길
→ 680년경 아르쿨프 성지 순례길
→ 성지에서 출발해 돌아가는 아르쿨프 순례길

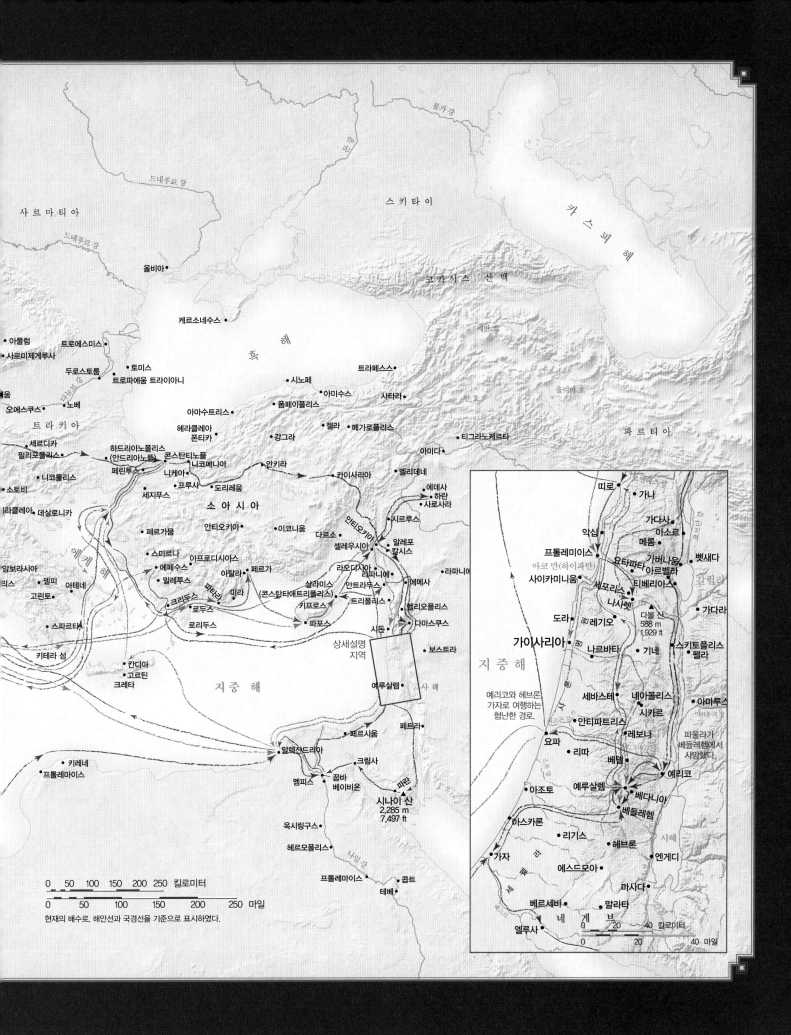

사르마티아

드네프르 강

올비아

케르소네수스

아폴럼
사르미제게루사
움
두로스토룸
오에스쿠스
노베

트라키아

세르디카
필리포폴리스

니코폴리스

소토비
라클레아
데살로니카

암보라시아
리스

델피
아테네
고린토
스파르타

키테라 섬

칸디아
고르틴
크레타

드네푸료 강

스키타이

코카서스 산맥

세반 호

흑 해

카 스 피 해

올미아 호

반 호

트로에스미스

토미스
트로파에움 트라이아니

시노페
폼페이폴리스
아미수스
사타라

트라페스스

아마수트리스

헤라클레아
폰티카

강그라

젤라

메가로폴리스

아미다

파르티아

티그라노케르타

하드리아노폴리스
(안드리아노플)
페린투스

콘스탄티노플
니코메니아

니케아
프루사

세지푸스

도릴레움

안키라

카이사리아

멜리데네

에데사
하란
사로사라

페르가뭄

안티오키아

이코니움

다르소

시루스

알레포
칼시스

소 아 시 아

안티오키아
셀레우시아

스미르나
아프로디시아스

에페수스
밀레투스

크니두스

로두스

아탈라
미라

페르가
라오디시아
라파니에

살라미스
안트라두스
(콘스탄타애트리폴리스)
키프로스
트리폴리스

로리두스

파포스

시돈

에메사

라파니어

헬리오폴리스

다마스쿠스

상세설명
지역

보스트라

예루살렘

사 해

페트라

페르시움

크림사

알렉산드리아

멤피스

꿈바
베이비온

파란

시나이 산
2,285 m
7,497 ft

옥시링쿠스

헤르모폴리스

키레네
프톨레마이스

프톨레마이스

콥트
테베

지 중 해

0   50   100 150 200 250 킬로미터

0   50   100   150   200   250 마일

현재의 배수로, 해안선과 국경선을 기준으로 표시하였다.

상세 지도 (Inset)

띠로
가나

악삽

프톨레미이스
아코 만(하이파만)
사이카미늄

가다사
아스르
메롬

요타파타
세포리스

아르벨라

가버나움

벳새다

티베리아스

갈릴리

도라

레기오

나사렛

다볼 산
588 m
1,929 ft

가다라

나르바타

기네

스키토플리스
펠라

가이사리아

지 중 해

세바스테

네아폴리스

아마투스

예리코와 헤브론
가자로 여행하는
험난한 경로.

안티파트리스

시카르

레보나

요파

리따

벧엘

파울라가
베들레헴에서
사망했다.

아조토

예루살렘

예리코

베다니아

베들레헴

아스카론

리기스

헤브론

엔게디

가자

에스드모아

마사다

베르세바

말라타

엘루사

네 게 브

0   20   40 킬로미터

0   20   40 마일

어떤 필립보일까?

♔

2011년 7월 27일, 터키의 언론 매체들은 히에라폴리스의 고대 도시에서 '필립보' 무덤이 발견되었다고 발표했다. 이 무덤은 이탈리아의 고고학자 프란체스코 드안드리아(Francesco D'Andria)가 필립보의 무덤이 있다고 추정한 8각형 복합건물 아르티리움(artyrium) 중심에서 조금 떨어진, 새로 찾은 교회에서 발견했다고 알려져 있다. 하지만 어떤 필립보인지가 문제로 남았다. 신약에는 필립보라고 알려진 인물이 둘 있다. 한 명은 안드레아나 베드로와 같은 벳새다 출신 사도 필립보이고 다른 한 명은 〈사도행전〉에서 소개된 필립보 집사다. 복음서나 〈사도행전〉에서는 이들이 만년에 어떻게 되었는지 말해주지 않지만 그리스도교 구전과 유세비우스의 글 그리고 〈필립보 행전(Acts of Philip)〉과 같은 문헌이 그 공백을 다소 메워준다. 문헌에 따르면 '사도 필립보'는 누이 마리암네와 제자 바르톨로메오와 함께 히에라폴리스로 가서 지방 총독의 아내를 비롯한 많은 이에게 세례를 주었다. 이에 격분한 총독은 이들을 십자가에 거꾸로 매달아 처형했다. 유세비우스는 사도와 전도자, 학자를 구분하지 않았으므로 학자들은 4세기까지 이 둘이 한 사람으로 묘사되었을 것이라고 추정한다.

살렘을 순례했던 것이다. 파울라는 초대 교회의 가장 뛰어난 학자인 제롬(Jerome, 347~420)을 만났다. 당시 교황 다마수스 1세(Pope Damasus I)를 위해 일하던 제롬이 제안한 일인지는 분명하지 않지만 파울라와 그녀의 딸은 382년에 팔레스타인 지역으로 순례를 떠나기로 했다. 두 사람은 로마와 시리아 사이를 연결하는 바다를 배로 여행했다. 한때 이곳은 로마와 로마의 근동지역 속국 사이를 연결하는 주요 통로였다. 가이사리아에 도착한 파울라는 백부장 고르넬리오의 집을 찾아갔다. 고르넬리오는 베드로에게 세례를 받은 뒤 자신의 집을 교회로 사용했다고 알려져 있다. 그곳에서 파울라는 필립보 집사의 집을 보았다. 필립보 집사는 그곳에서 네 명의 딸과 함께 살았던 것으로 알려져 있었다.

제롬은 《성스러운 파울라의 순례(The Pilgrimage of the Holy Paula)》라는 책에서 파울라의 여정을 설명하면서 그녀가 예루살렘에 가서 성묘교회를 방문했고 그곳 성십자가 앞에 엎드려 "마치 주 예수가 십자가에 매달려 있는 모습을 보기라도 한 듯 숭앙했다"고 전했다. 그후 파울라는 오순절 기간 사도들에게 성령이 내린 사건의 무대가 되는 주택을 방문했다. 그곳에서 베다니아로 간 파울라는 마르타와 마리아의 집과 나사로의 무덤을 보았다. 그리고 마지막으로 사마리아로 발길을 돌려 야곱의 우물을 찾아갔다. 〈요한 복음〉에 따르면 예수가 사마리아 여인을 만난 장소가 이곳이다. 근처에 세례 요한의 최종 안식처로 여겨지는 무덤이 있는데 이곳을 최종 목적지로 삼는 순례자들도 많았다. 특히 병이 든 사람들이 많이 찾아왔는데, 파울라는 팔레스타인 전역에 있는 "마귀 들린 사람들"이 이곳에서 병을 고치려 했다고 기록했다.

하지만 잊지 못할 가장 큰 감명의 순간은 베들레헴에 있는 "구세주의 동굴"을 방문했을 때였다. 그곳에서 파울라는 "성모 마리아가 머문 성스러운 여관과 마구간"을 감탄하며 바라보았다. 복음서에는 '동굴'에 대한 언급이 없지만 후대 그리스도교 문헌에는 이와 관련된 글이 나온다. 그래서 예수가 태어난 장소로 추정되는 이 동굴은 4세기에 베들레헴의 주요 명소가 되었다. 파울라가 방문할 당시 이 '동굴'에는 로마 시대 건축가들이 애용하던 그리스도교 모티프인 팔각형 덮개가 대어져 있었다. 이곳은 325년 헬레나 황후가 세운 다섯 개의 측랑이 있는 바실리카의 동쪽 끝에 위치한다.

파울라는 콘스탄티누스 교회의 장엄함에도 불구하고 그리스도교 순례자들을 위해 마련된 원시적인 숙소 시설에 주목했다. 그리고 그 숙소에 매겨진 터무니없는 숙박비에 충격을 받았다. 그후 제롬과 동행해서(제롬은 후원자인 교황이 사망한 후 로마를 떠나 순례길에 합류했다) 이집트를 찾았던 파울라는 베들레헴으로 돌아가 순례자들을 위한 숙박소를 여러 개 세우고 죽기 전까지 직접 관리했다. 제롬도 베들레헴에 와서 예수의 동굴과 인접한 동굴에 정착했다. 제롬은 파울라의 재정적 지원에 힘입어 남은 평생을 히브리어 성경(구약)을 라틴어로 번역하는 일에 바쳤다. 이전

나블루스(Nablus) 인근 동방정교회 건물. 구전에 의하면 예수가 사마리아 여인을 만났던 야곱의 우물이 여기 있었다고 한다.

의 히브리어 성경 라틴어 번역판은 그리스어로 옮긴 '70인역 성서'를 중역한 것이어서 정확성이 떨어진다고 여겨졌다. 그리고 당시는 라틴어가 그리스어를 대신해 초기 그리스도교의 공통어가 되어 있었다. 따라서 제롬의 불가타(Vulgate) 성경 역본은 그리스도교계에 광범위하게 보급되었다.

신약성서 정경

비슷한 시기에 《신약성서》의 정경 역시 최종적인 형태를 갖추어갔다. 리용의 이레네우스(Irenaeus of Lyons, 140~203년경) 주교는 180년에 마르코, 마태오, 루가, 요한의 복음서와 바울 서신만이 진정한 정통성을 지닌다고 공표했다. 테르툴리아누스도 이레네우스의 주장에 동의하고 이 성서들을 한데 묶어 '신약'이라는 용어로 일컬었다. 예수는 하느님이 인류에게 새로운 계약을 주신 산 증거라고 여겼기 때문에 만들어진 이름이다. 그로부터 1세기 정도가 지난 후 유세비우스는 여기에 〈사도행전〉과 〈베드로 전서〉 그리고 오늘날 '묵시록'이라고도 불리는 〈요한 계시록〉과 수많은 그리스도교 문헌을(자세한 내용은 이 책의 부록을 참고하라) 포

390년에 콘스탄티노플(현재의 이스탄불)의 히포드롬 광장에 세워진 오벨리스크 대리석 기저부. 테오도시우스 1세가 전차 경주 우승자에게 월계관을 수여하는 모습이 새겨져 있다.

함시켜 경전을 완성했다. 하지만 이와 동시에 유세비우스는 많은 수의 그리스도교 문헌을 방기했다. 그 중 다수는 영지주의에 근원을 둔 것들이었다. 동방정교회에서는 유세비우스의 경전을 692년에 인정했다. 반면 가톨릭교회는 1546년이 되어서야 트렌트 공의회(Council of Trent)를 통해 공식적으로 이 경전을 받아들였다. 그럼에도 불구하고 오늘날 우리가 알고 있는 신약은 에게리아와 파울라가 성지를 여행하던 시절에도 이미 폭넓게 유포되었다고 해도 큰 무리는 없을 것이다.

서방 제국의 몰락

그 다음 세기에 접어들면서 성지로 가는 유럽 순례자의 수는 꾸준히 증가했다. 395년 테오도시우스 1세가 서거하고 제국의 분열이 불가피하였음에도 불구하고 벌어진 현상이었다. 테오도시우스 1세의 후임자들은 다시 공동 황제에 올라 선대 황제들처럼 로마제국을 동방 제국과 서방 제국으로 나누었다. 하지만 이번에는 북유럽 영토 대부분이 야만족의 침입으로 함락당한 상황이어서 이런 균열은 영원히 메워질 수 없게 되었다. 제국의 분열은 시르미움

(오늘날의 베오그라드)에서 시작해 발칸 반도와 지중해를 따라 오늘날의 리비아, 수르트에 이르는 경계선을 만들어냈다. 서류상으로는 브리타니아 남쪽(브리튼)과 갈리아(프랑스), 히스파니아(스페인)를 포함하는 경계선 서쪽 모든 영토가 단일한 주권행사 구역으로 되어 있었지만 이는 환상에 불과했다. 401년, 서고트족(Visigoth)이 이탈리아로 쳐들어와 로마로 진격했다. 그로부터 9년 동안 로마는 약탈의 대상이 되었다. 반달족(Vandals)은 스페인 대부분을 차지하고 북아프리카 대륙 상당부분을 정복하면서 439년에 카르타고를 함락시켰다. 마침내 서방 제국 최후의 로마 황제 로물루스 아우구스투스(Romulus Augustus)는 게르만족의 왕 오도아케르(Odoacer)에게 항복하고 말았다. 476년의 일이다. 그리하여 로마의 서방 제국은 사라졌다. 비잔틴 제국이라고 알려진 로마의 동방 제국은 그로부터 1000년을 더 지속하다 1453년 이슬람교 군사들에 의해 함락당했다.

하지만 다행스럽게도 이런 침략자들 상당수는 그 이전에 그리스도교로 개종한 상태였다. 이것이 노략질과 영토 확장 욕망을 제어하지는 못했지만 대량학살을 막은 것은 사실이다. 현지인들이 교회로 피난하는 건 존중되었다. 반면 유대교 공동체는 그런 보호를 받지 못했다. 전장에서 흉포하기 짝이 없던 서고트족은 독실한 그리스도교 신자들이었다. 그들은 유대인을 증오했고 스페인을 비롯해 자신들이 통제하는 모든 영토에서 유대교를 금지시켰다.

성지순례의 성장

대격변기 속에서 성지순례자가 끊임없이 이어진 것도 이런 분위기 때문이었던 것 같다. 유럽은 이제 한 명의 황제가 아닌 다수의 왕이 다스리는 곳이 되었다. 그런데 이런 왕들도 모두 그리스도교 신도였다. 440년과 530년에 각각 씌어진 순례기가 오늘날까지 전해지는데, 순례기의 저자 중 한 명은 리용의 에우케리우스 주교이고 《성무 일과서(Breviary)》라고 알려진 다른 순례기의 저자는 익명의 작가다. 이 두 순례기가 이전 순례기와 차별화되는 것은 팔레스타인 지역으로 순례를 떠나고자 하는 다른 그리스도교 신도들을 위한 '여행 안내서'로 썼음을 명시한다는 점이다. 6세기경에는 순례여행이 아주 흔한 일이 되었을 가능성이 높다는 이야기다.

이와 동시에 순례의 성격도 달라졌다. 초기 여행자들이 예수의 발자취를 따라 걷고 복음서에 나오는 장소를 대략적으로 찾아가는 것에 만족했다면, 후대의 순례자들은 조금 더 실제적으로 만져볼 수 있는 것을 추구했다. 즉 손으로 직접 만져볼 수 있는 것, 복음서의 이야기를 직접 목격하는 경험을 원했다는 뜻이다. 그런 수요를 충족시키기 위해 성지를 관리하는 사람들은 엄청나게 많은 성물과 유적을 만들어냈고, 그것들이 진품임을 명기했다. 《성무 일과서》의 저자는 성묘교회에서 파울라가 경탄해 마지않던 성십자가 이외에 두 개의 십자가가 더해져서 마르코가 묘사한 처형 장면이 완성되었다고 썼다. 이 순례자는 성묘교회의 다

> 지위고하는 물론 사는 지역을 막론하고 그 어떤 사람도 의미 없는 성상에게 희생제를 바치거나 성상이 지닌 능력이나 가정의 수호신를 숭배하는 일이 없어야 한다.
>
> 테오도시우스 1세, 〈이교 숭배를 금하는 법령(Laws against Pagan Worship)〉 392년경

른 곳에서 예수가 수난당하던 장면에 등장했던 실제 물건임이 분명한 "창"과 "스펀지, 갈대" 그리고 "주 예수님이 축복하시고 제자들에게 주신 잔"도 보았다고 기록했다.

예수가 채찍질을 당한 장소이자 안토니아 요새로 추정되는 시온 산에서 이 저자는 예수가 채찍질을 당하는 동안 묶였던 기둥이 있다는 교회를 찾아갔다. 순례자는 다음과 같이 기록했다. "묶여 있던 손자국을 여전히 뚜렷하게 볼 수 있어서 돌이 마치 밀랍처럼 느껴질 정도다." 예수가 채찍질을 당할 때 사용되었던 채찍과 가시관도 이 교회의 "은 기둥 안에 전시돼 있었다"고 그는 전했다. 몇 년 후 또 다른 여행기의 저자인 성직자 테오도시우스가 이 교회를 찾아갔다. 그는 《성지의 지형학(Topography of the Holy Land)》이라는 책을 쓰기도 한 사람이었다. 당시 그가 본 채찍질 기둥은 더욱 확장되어 "예수의 얼굴 표정과 턱, 코, 눈이 기둥에 각인되어 있었다."

이와 더불어 수많은 교회가 예루살렘에 세워졌다. 요한의 복음서에서 "삼십팔 년이나 앓고 있는 병자"를 예수가 고쳐주었다는 베데스다 연못을 가로질러 세 개의 측랑이 있는 거대한 바실리카가 들어섰다. 이 건축물은 인근에 있는 2세기 아스클레피오스(Asclepius, 의술의 신) 신전 유적지에서 가져온 석재와 기둥으로 지어졌다. 베데스다 연못이 전통적으로 치유력이 있다고 여겨졌기 때문이다.

테오도시우스는 최초의 그리스도교 순교자인 스테파노가 돌에 맞아 죽은 장소에 세워졌다는 예루살렘 성문 밖 교회를 찾아갔다. 테오도시우스 2세의 아내 아엘리아 에우도키아(Aelia Eudocia)의 명에 따라 세워진 교회다. 아엘리아 에우도키아는 438년에 처음 예루살렘을 순례했다. 고등교육을 받고 세 명의 황손을 낳은 그녀는 443년 간통으로 고발당해 추방되자 예루살렘에 정착했다. 그리고 예루살렘 성벽 복원과 성 스테파노 교회 완공에 도움을 주었다. 그녀는 죽은 후 이곳 교회에 묻혔다. 하지만 칭송 일색의 전기를 믿는다면 그녀의 가장 큰 공은 비잔틴 제국에서 날로 커지던 유대교, 특히 팔레스타인 지역 유대인에 대한 반감을 억제하려 노력한 것이라고 봐야 할 듯하다.

> (나사렛에서) 히브리 여인의
> 아름다움은 너무나 대단해서
> 히브리인 중에 그보다 더 아름다운
> 여인을 찾을 수가 없을 정도였다.
>
> 피아첸차 순례자
> 570년경

팔레스타인 지역에서의 유대인 탄압

비잔틴 제국의 유대교 탄압은 새삼스러운 일이 아니었다. 차별정책을 제정해 유대교의 힘과 자치권을 대폭 감소시킨 사람은 바로 콘스탄티누스 대제였다. 뒤를 이어 콘스탄티우스 2세가 유대교도 남자와 그리스도교도 여자의 결혼을 금하고 유대인이 노예를 부릴 수 있는 권리를 박탈했다. 나아가 사마리아인과 유대교 공동체에 가산세를 부과해 많은 가정을 빈곤의 나락으로 떨어뜨렸다.

이 같은 세금에 부아가 난 유대인은 352년 세포리스의 유대인 구역에서 반란을 일으켰다. 반란은 곧 내륙 전체로 번졌다. 하지만 반란군은 패하고 수많은 유대인이 감옥에 갇히거나 노예로 팔려나갔다. 헤로데 안티파스가 건설한 도시로 한때 랍비 활동의 중심지였던 세포리스는 이제 잿더미로 변해버렸다. 티베리아스에 있는 유대교 총대주교 관구 역시 마찬가지 신세가 되었다. 하지만 이는 그리스도교 문헌에서 증언한 내용일 뿐 유대교의 문헌에서는 단 한 번도 확인된 바가 없다. 배교자 율리아누스 황제 제위 기간에 잠시 유예되었던 탄압은 테오도시우스 황제 치하로 접어들면서 다시 시작되었다. 그리고 권력을 물려받은 테오도시우스 2세는 비잔틴 제국에서 행정 업무를 담당하던 모든 유대인을 몰아냈다. 그의 칙령에는 다음과 같은 내용이 담겼다. "유대인은 관리나 고위 성직자가 될 수 없다. 또 그 누구도 이 도시의 행정직을 맡을 수 없다."

이 조치 이후 팔레스타인 지역에 살던 유대인 가정 상당수가 비잔틴 제국을 영원히 떠났다. 이들 일부는 아라비아 헤자즈의 주요 카라반 루트나 에티오피아와 예멘에 있는 홍해 무역항에 정착했다. 이렇게 다양한 유대인 정착지 사이의 연결고리가 생겨 활발한 무역망이 형성되었고, 그 덕에 유대인은 6세기 초엽 지중해와 홍해의 주요 교역권을 틀어쥘 수 있었다. 525년, 예멘의 힘야르족(Himyarites) 왕인 유수프 아사르 야타르(Yusuf As'ar Yath'ar)는 보기 드

요르단의 와디 룸(Wadi Rum) 인근 요새화된 로마 야영지 유적. 4세기까지 로마의 군사력이 어느 정도였는지를 증명해준다.

3세기의 미라 초상화(338쪽). 로마제국 후기 예술의 놀라운 리얼리즘을 보여준다.

물게 유대교로 개종했다. 그의 개종으로 C.E. 63년 하스몬 왕조가 폼페이우스에게 몰락당하고 난 이후 처음으로 유대교도 왕이 다스리는 독립국가가 탄생했다.

한편 페르시아 제국이 된 바빌로니아로 이주한 유대인 무리도 있었다. 추방당한 유대교도 공동체는 바빌론 유수 이후에도 그곳에서 살아남았다. 당시 유대교 가정에는 특수세가 추가 부과되었지만 비잔틴의 가산세보다는 훨씬 덜한 수준이었다. 많은 유대인은 대규모 자산을 축적했고 페르시아인과 같은 일부다처제를 수용했다. 이 유대인들이 재산을 시나고그와 랍비 본원 건립에 투자해 《바빌로니아 탈무드(Babylonian Talmud)》를 만들어내기에 이르렀다.

유스티니아누스 대제

그리스도교 팔레스타인 시대의 마지막 한 세기는 가장 위대한 비잔틴 황제 유스티니아누스(527~565)의 등극과 함께 시작되었다. 명석하지만 미천한 신분이었던 소년 페트루스 사바티우스(Petrus Sabbatius)는 유스티누스라는 이름을 가진 집정관의 양자가 되었다. 518년 아나스타시우스 황제가 죽은 후 양부 유스티누스가 비잔틴 제국의 황제로 선출되자 페트루스는 적절한 시기에 유스티니아누스로 개명을 했다. 그리고 양부의 최측근 보좌관으로 활약하다 527년 유스티누스가 사망한 후 로마제국의 황제에 올랐다.

미천한 신분 출신이라는 과거를 숨기고 싶었던 유스티니아누스는 제위 기간 동안 일찍이 비잔티움에서 보지 못했던 화려한 행렬을 선보였다. 그가 가는 곳마다 화려하게 옷을 입은 신하와 성직자들이 줄지어 뒤를 따랐다. 이 모습은 이탈리아의 라벤나 산 비탈레 바실리카의 아름다운 모자이크에 새겨져 있다.

'6세기의 바르베리니(Barberini) 상아판'은 말을 타고 있는 유스티니아누스 1세의 모습을 그린 것이라고 추정된다.

6세기 라벤나(Ravenna)에 세워진 산 비탈레(San Vitale) 바실리카(341쪽). 이탈리아에서 가장 오래된 비잔틴 양식 건물로 손꼽히는 이곳에서는 잘 보관된 유스티니아누스 시대의 모자이크를 볼 수 있다.

유스티니아누스 궁의 화려함은 어찌 보면 당연한 일이었다. 비잔틴 제국 그리고 특히 소아시아 지역은 당시 엄청난 경제적 르네상스를 경험하고 있었다. 욕망을 부추기는 동방의 사치품에 대한 수요가 급증하면서 시장이 반등했던 것이다. 하지만 사치스러운 실크와 보석, 향신료를 얻기 위해서는 대상들이 사산조 페르시아의 통치 하에 있는 위험천만한 루트를 횡단해야만 했다. 충돌을 피하기 위해 유스티니아누스는 532년 페르시아 왕 호스로우 1세 아누시르반(Khosrow I Anohshirvan, 불멸의 영혼 호스로우 1세)와 평화협정을 맺었다. 협정의 이름도 평화의 바람을 담아 "영원한 평화 협정"으로 명명했다. 또한 물리칠 수 없는 적군을 매수하느라 황실 재정에서 1만 1,000파운드의 돈을 썼지만 비잔틴과 페르시아 사이의 냉전은 지속되었고 접경 지역에서는 다양한 대리전이 벌어지고 있었다.

유스티니아누스가 호화롭고 웅장한 것을 갈망했다는 사실은 그가 건축사업을 활발하게 벌인 것에서도 찾아볼 수 있다. 콘스탄티노플에 소피아 대성당(하기야 소피아)을 세운 뒤 라

MAXIMIANVS

라벤나의 산 비탈레에 있는 저 유명한 모자이크. 548년경 작품으로 자주색 옷에 금빛 후광을 두른 유스티니아누스 1세가 신하들에게 둘러싸여 있는 모습을 담았다.

부콜레온 궁(Bucoleon Palace)의 벽(343쪽). 콘스탄티노플(현재의 이스탄불)에 남은 비잔틴 황제의 대궁전 유적지 전경이다.

벤나에 산 비탈레 바실리카를 건축하도록 했고 헬레나 황후가 세운 예수탄생교회(Church of the Nativity)가 사마리아 반군들에게 불타버리자 베들레헴에 새로운 바실리카를 세우기도 했다. 이 바실리카는 현재까지 건재하다. 제국 동쪽 경계가 안전하다고 믿었던 유스티니아누스는 부유함을 발판 삼아 서유럽 정복에 착수하고 로마제국의 위대함을 복원하려 했다. 처음에는 벨리사리우스(Belisarius) 장군의 선전으로 눈부신 성공을 거두었다. 534년에 비잔틴군은 반달족에게서 북아프리카를 빼앗았다. 지중해 연안을 장악한 벨리사리우스는 시칠리아와 이탈리아 반도 침공을 시작했다. 536년에는 로마를 함락시켰다. 이와 동시에 또 다른 장군 리베리우스가 스페인 남부 지역의 지배권을 찾아왔다.

하지만 이런 승전보는 환상에 불과했다. 군사행동은 결국 소모전으로 이어졌고 동고트족과 같은 야만족 왕국의 저항이 너무나도 완강해 진압이 불가능했다. 제국의 재정은 빠르게 축나고 있었다. 설상가상으로 유스티니아누스가 서쪽 국경에 온 신경을 쏟는 동안 페르시아의 호스로우 1세가 기회를 틈타 기습 공격을 감행했다. 540년, 페르시아 군은 시리아와 소아시아를 침공했고 에게리아가 감탄해 마지않았던 에데사를 함락시켰다. 그리고 여세를 몰아

흑해까지 치고 올라왔다. 벨리사리우스는 서둘러 서부전선을 떠나 동부전선으로 이동한 뒤 페르시아 왕을 저지했다. 하지만 이미 빼앗긴 영토를 되찾지는 못했다. 다시 한 번 소모전이 이어지면서 비잔틴 제국은 파산 직전에 내몰렸다. 결국 562년에 평화협정을 맺었지만 엄청난 비용을 감수해야만 했다. 매년 500파운드의 금을 페르시아 왕에게 조공으로 지불한다는 조건이 붙은 것이다.

그로부터 5년 전에 콘스탄티노플은 대규모 지진 피해를 입었다. 그로 인해 소피아 대성당의 대형 돔 지붕이 무너져내렸고 재건이 불가피했다. 이런 재난에 뒤이어 치명적인 역병이 돌기 시작했다. 유스티니아누스의 르네상스는 서서히 명을 다하고 있었다. 565년, 유스티니아누스가 사망한 뒤 유스티누스 2세(Justin II, 565-578)와 티베리우스 2세(Tiberius II, 574~582)는 비어 있는 황실 금고를 물려받았다.

614년이 가기 전 마지막으로 기록된 순례기는 이탈리아 출신의 안토니누스(Antoninus)가 작성했다. 그가 고향 플라센티아(Placentia, 오늘날의 피아첸차)를 떠난 때는 570년이었다. 해로를 선택한 안토니누스는 콘스탄티노플을 거쳐 키프로스로 이동한 뒤 시리아 해안으로 가는

지혜의 성당

5 32년, 일명 니카 반란이라고 알려진 소요가 일어나면서 콘스탄티노플에 있는 그리스도교 교회가 파괴되었다. 성스러운 지혜의 원천 즉 하기야 소피아였다. 황제 유스티니아누스는 최고의 건축가 트랄레스의 안테미오스와 밀레투스의 이시도르스에게 그리스도교의 그 모든 건축물을 압도할 만한 훌륭한 교회를 재건하도록 의뢰했다. 그렇게 탄생한 교회 건물은 로마제국이 남긴 최후의 걸작이 되었다. 특히 인상적인 것은 거대한 돔 지붕이다. 54.864미터 높이에 30.48미터 너비를 자랑하는 이 구체는 허공에 떠 있는 듯한 이미지를 연출하는데 돔의 기저부에 줄지어 있는 창문이 그런 느낌을 한층 강화시킨다. 이런 효과를 내기 위해 유스티니아누스의 건축가들은 소위 말하는 삼각 궁륭(펜덴티브)을 고안해냈다. 이것은 돔과 예배당이 교차할 때 사각형으로 변화하는 형태를 처리하기 위해 만들어진 오목한 삼각형 부분을 말한다. 수세기 동안 방치되었음에도 불구하고 1500여 년이 지나도록 건재한 이 교회 건물은 로마 공학기술의 우월성을 단적으로 증명해준다.

이스탄불의 소피아 대성당에 있는 30.48미터 너비의 돔 지붕은 유스티니아누스 황제가 532~537년에 건축한 것으로 로마제국이 최후로 남긴 공학기술의 위업이다.

예루살렘 성묘교회의 중앙에 위치한 십자가 형태의 홀은 12세기 십자군 전쟁 시대에 독창적으로 건축된 것으로 카톨리콘 돔(Catholikon Dome)이라고 불린다.

선박에 올라탔다. 그 여정의 최종 목적지는 아크레였다. 나사렛에 도착한 안토니누스는 그곳의 비옥함에 감탄하면서 특히 달콤한 포도와 오일, 꿀을 칭송했다. 철저한 이탈리아인이었던 그는 아마도 그곳에 사는 여성들의 아름다움에 매료되었던 것 같다. 그래서인지 "히브리인들은 그리스도교도를 좋아하지 않음에도 불구하고 이곳의 여인들은 그리스도교 신도들에 대해 무척 너그럽다."라고 기록했다. 현지의 시나고그를 방문했을 때는 "주 예수가 글자를 배웠던" 책을 보며 경탄했다. 가나에서는 수많은 관광객들이 빠졌던 유혹에 굴복했다. "주 예수가 결혼 잔치에 참여했을 때" 사용했다는 기다란 돌의자에 몸을 기대어 앉은 그는 꺼림칙한 기분으로 "비록 자격은 없지만" 자신의 부모님 이름을 새겼던 것이다.

안토니누스는 갈릴리를 지나 예수의 거룩한 변모 사건이 일어났던 장소인 다볼 산으로 가서 그곳에 세워진 세 개의 교회를 본 이야기를 전했다. 앞서 살펴보았듯이 이 교회들은 다볼에 주교가 머물던 시절인 422년과 553년에 제각각 지어진 것이다. 아마도 1923년에 완공된 현대식 바실리카 내부에 있던 세 개의 동굴 위에 지어졌을 것으로 추정된다. 이 세 개의 동굴은 베드로가 "초막" 세 개를 짓고자 했던 곳을 표시한다(마태오 17:4). 이후 예루살렘으로 간 안토니누스는 많은 순례자들 사이에서 성묘교회를 감탄스럽게 바라보았다.

그러나 예수의 무덤을 방문했을 때 그는 실망만 하고 말았다. 오늘날에도 마찬가지지만,

오, 솔로몬이여,
내가 당신을 능가했도다!

소피아 대성당에 들어선
유스티니아누스 황제의 일갈
537년경

250년에 만들어진 이 무덤의 제단이 "안장, 팔찌, 쇠사슬, 목걸이, 작은 관, 허리띠 그리고 황금과 보석으로 만든 황제의 왕관"을 비롯해 신에게 봉헌한 수많은 장식을 짊어지고 있었던 까닭이다. 이 순례자는 베들레헴과 헤브론을 끝으로 온 길을 되짚어 573년경에 이탈리아로 돌아갔다.

이슬람 제국

하지만 그리스도교 성지의 기반은 빠른 속도로 허물어지고 있었다. 오랫동안 급여를 받지 못한 비잔틴 제국의 군대는 마우리키우스 황제(Emperor Maurice, 582~602)에게 맞서 반란을 일으켰다. 이러한 혼란은 페르시아의 호스로우 2세에게 침략의 구실을 제공했다. 무함마드(Muhammad)가 히라 산(Mount Hira)에서 최초의 계시를 받았다는 610년에 페르시아 군대가 아나톨리아로 진격해왔다. 안티오크는 611년에 함락되고 아르메니아와 시리아, 라지카(Lazica)의 코카서스(Caucasus) 왕국이 차례로 페르시아의 손아귀에 들어갔다. 614년에는 페르시아 장군 샤흐르바라즈(Shahrbaraz)가 팔레스타인을 침략해 예루살렘을 점령하면서 닥치는 대로 약탈하고 방화를 일삼았다. 그가 행군 중 만난 그리스도교 성지에는 나사렛과 가버나움, 다볼 산의 교회도 포함되어 있었는데 그의 명에 따라 모두 파괴되었다. 예루살렘 성문 앞에 도착한 페르시아인들은 올리브 산을 비롯해 예루살렘을 둘러싼 산에 있는 그리스도교 건축물을 계획적으로 무너뜨렸다. 단 21일간의 공성전 끝에 그들은 예루살렘을 함락시켰다. 거리는 다시 한 번 피바다가 되었다. 6만 5,000명이 넘는 그리스도교 신도들이 죽임을 당했다. 거의 모든 교회가 화염에 휩싸였다. 성묘교회도 예외가 아니었다. 성십자가는 대승의 전리품으로 페르시아로 옮겨졌다. 그리스도교의 성지는 폐허가 되어버렸다.

비잔틴 제국에게는 마지막 한 번의 유예 기간이 주어졌다. 627년, 비잔틴 제국의 헤라클리우스(Heraclius) 황제가 니네베(Nineveh) 전투에서 호스로우 왕에게 뼈아픈 패배를 안겨주며 앙갚음을 한 것이다. 그로부터 3년 후 헤라클리우스는 성십자가를 예루살렘으로 되돌려놓았다. 하지만 최후의 순간은 시시각각 다가왔다. 아라비아 반도에서 이슬람의 깃발 아래 하나로 통합된 신생국이 부상하고 있었던 것이다. 그러다 632년, 무함마드가 예상치 못한 죽음을 맞이하자 새롭게 조성된 이 신생국의 통일성은 붕괴 위험에 처했다. 많은 족장들이 위대한 예언자에게 맹세했던 충성서약으로부터 풀려났다고 생각했기 때문이다. 이런 상황에 대응해 무함마드의 후임자 아부 바크르(Abu Bakr)는 군사력을 앞세운 새로운 이슬람 공동체(Islamic ummah)를 강화해나갔다. 그의 군사행동은 페르시아와 비잔틴 제국이 맞닿은 국경선 너머로 번져나갔고 마침내 정복전쟁으로 치닫기에 이르렀다.

페르시아가 예루살렘을 함락한 지 겨우 20년이 뒤인 634년, 아부 바크르의 후임자 우마르 이븐 알-카탑(Umar ibn al-Khattab) 칼리프는 시리아와 팔레스타인으로 쳐들어가 늙은 헤라클리우스 황제를 물리쳤다. 그로부터 3년 후, 우마르는 자신의 하얀 낙타를 타고 예루살렘으로 입성했다.

그리하여 그리스도교의 성지는 이슬람 제국의 손아귀로 넘어가고 말았다.

EPILOGUE

이슬람 정복 이후의 성지순례

이슬람 제국의 팔레스타인 지역 통합과정은 십자군 전쟁 시대에 잠시 멈추었다가 20세기 초엽까지 계속 이어졌지만, 유럽 순례자들의 성지순례는 수그러들지 않았다. 몇몇 학자들이 지적했듯이 이는 매우 놀라운 일이다. 그리스도교에서는 단 한 번도 순례를 신성한 의무로 정한 적이 없으며, 해적이 들끓는 바다와 위험천만한 육로를 통해 이슬람교도의 예루살렘으로 용감무쌍하게 여행한 사람들에게 특별한 구원의 자격을 부여하지도 않았기 때문이다.

하지만 많은 이들은 이런 위험성 때문에 성지순례가 더 가치 있다고 느끼는 듯했다. 성지순례를 통해 열두 사도와 순교자들이 여행 속에서 경험했던 두려움과 위험에 조금 더 다가갈 수 있다고 보았기 때문이다. 초기에 새로운 이슬람교 정부는 그리스도교의 참배를 존중했고 셀 수 없이 많은 교회와 성지들은 평화롭게 보존되었다. 그리스도교 신도들을 '성서의 백성(People of the Book)'이라고 여기고, 무함마드에게 계시를 내린 바로 그 신으로부터 계시를 받은 후손이라고 생각했기 때문이다. 물론 이슬람교도 관점에서 볼 때 그리스도교가 신의 계시에 대해 해석한 내용은 결점이 많고 《코란(Holy Qur'an)》처럼 정결하지도 않다고 생각하기는 했다. 비이슬람교도에게 부과되는 세금은 인상되었고 교회를 새로 짓지도 않았다. 그런 점을 제외하면 그리스도교 공동체는 예전과 다름없는 일상을 꾸려나갈 수 있었다.

무엇보다 이슬람교의 칼리프들은 유럽에서 팔레스타인으로 왕래하는 이들의 상업적 가치를 정확하게 인식했다. 성지순례가 아니었다면 팔레스타인은 아무도 주목하지 않는 벽지에 불과했을 것이다. 또 성지순례의 영적 중요성 역시 잘 이해하고 있었다. 메카(Mecca) 순례가 이슬람교의 다섯 개 지주(five pillars) 중 하나로 손꼽히면서 중요하게 생각되기 때문이었다. 게다가 그리스도교는 팔레스타인에서 세가 약한 공동체 중 하나일 뿐이었다.

이 시기에 여행 기록을 남긴 순례자 중에는 프랑스의 고위 성직자 아르쿨프(Arculf)가 있다. 679년 이후에 움마야드(Ummayad) 치하 팔레스타인에 도착한 아르쿨프는 이집트에 있는 콥트(Copt, 이집트의 그리스도교도) 수도원을 방문한 후 베들레헴과 예루살렘으로 갔다. 베다(Bede)의 《교회사(Historia Ecclesiae)》에 실려 있는 그의 글로 인해 성지순례에 대한 관심이 폭증하면서 새로운 성지순례의 흐름이 만들어졌다.

비잔틴 제국과 이슬람 제국 사이의 긴장은 날로 심해졌지만 순례자들의 발걸음은 멈출 줄을 몰랐다. 이제 많은 이들은 소아시아와 시리아를 통한 육로 대신 알렉산드리아를 경유하

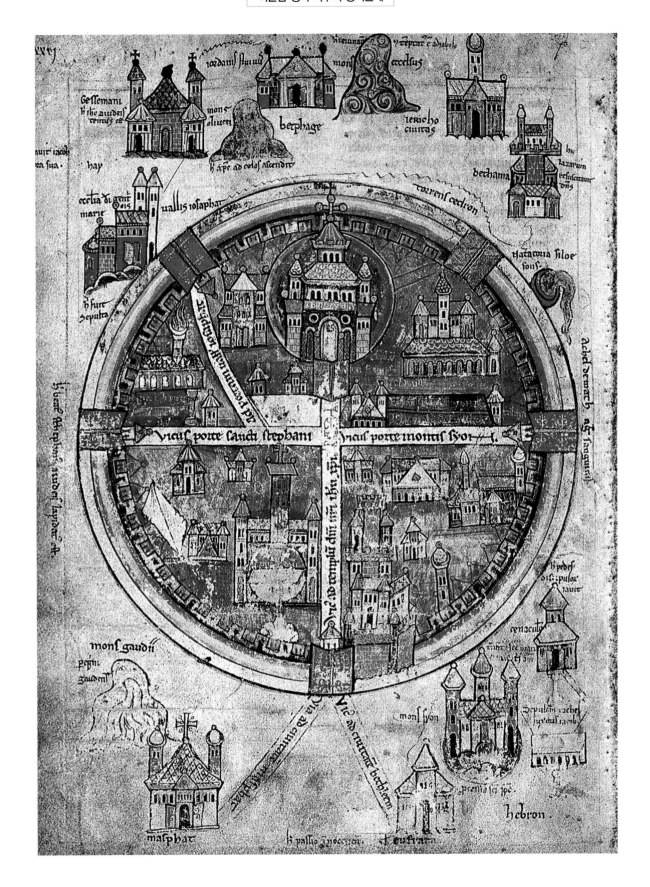

EPILOGUE

요르단의 비잔틴 교회 건물에서 발견한 6세기 모자이크 작품. 도심을 가로지르는 중앙 카르도 막시무스(로마식의 대로)를 비롯해 당시 예루살렘의 모습을 도식적으로 나타내고 있다.

예수의 무덤 자리 위에 세워졌다는 성묘교회의 로툰다(351쪽). 과거에도 지금도 수많은 성지순례자의 최종 목적지가 되고 있다.

는 해로를 이용할 수밖에 없게 되었다. 18세기 후반 무렵, 피델리스(Fidelis)라는 이름의 수도사는 하드리아누스 황제가 만들어놓은 고대의 운하를 이용해 나일 강에서 홍해까지 항해를 했다고 주장하기도 했다. 분명한 점은 로마의 운하가 인근 이슬람교 지역 정부에 의해 수리·보수되었다가 767년 아부 가이파르 알－만수르(Abu Gafar al-Mansur) 칼리프에 의해 영원히 폐쇄되었다는 사실이다.

개화한 하룬－알－라시드(Harun-al-Rashid, 786~809) 칼리프가 유럽의 샤를마뉴 대제(Charlemagne)와 사이좋게 지내는 동안에는 팔레스타인의 순례 여건이 향상되었다. 샤를마뉴 대제의 요청에 따라 하룬－알－라시드 칼리프는 예루살렘 전역에서 수많은 순례자 숙소의 개량공사를 감독했다. 하지만 그로부터 100년이 지난 870년경에 그리스도교 순례에 반대하는 여론이 조성되었다. 고행이라는 의미로 순례여행을 한 프랑스 귀족 프로트몽(Frotmond)은 순례길에 모든 것을 강탈당하고 심하게 두들겨맞은 뒤 벌거벗겨 피흘리는 채로 길가에 죽도록 내버려졌다고 전해진다.

상황이 호전된 것은 969년 시아파 파티마 왕조의 고하르 알－시킬리(Gawhar al-Siqilli) 장군이 성지를 비롯한 이슬람 제국 대부분을 정복하면서다. 그로부터 6년 후, 비잔틴 제국의 요하네스 1세(John I Tzimiskes, 925~976) 황제가 성지 탈환을 목적으로 전쟁을 일으켜 티베리아스와 나사렛까지 밀고 들어왔다. 하지만 그는 예루살렘으로 가던 중 전투에서 패하고 그 직후 사망했다.

십자군의 기원

성지순례 환경은 악화일로로 치달았고, 파티마 왕조의 알－하킴(Al-Hakim, 985~1021) 칼리프는 자신의 영토 내 모든 그리스도교 교회와 시나고그 회당을 파괴하라고 명해버렸다. 617년 페르시아의 공격을 받은 후 공들여 재건축했던 성묘교회는 1008년에 허물어졌고, 다른 교회들도 마구간이나 다른 보잘것없는 용도로 개조되었다. 그리스도교도와 유대교도 모두 탄압과 박해에 시달렸다. 그 속에서 성지로 향한 소수의 순례자들은 그리스도교 성지 전역이 훼손당하고 있음을 알렸다.

이런 순례자 중에 게르베르(Gerbert)라는 이름의 고위 성직자가 있었는데, 그는 훗날 교황에 올라 실베스테르 2세(Silvester II)가 되었다. 986년에 순례를 마치고 돌아온 그는 그리스도교계에게 공개 서한을 보내 팔레스타인에서 사면초가에 빠져 괴롭힘을 당하고 있는 그리스도교 공동체를 도와달라고 요청했다. 게르베르의 서한으로 시작된 엄청난 논란은 더 많은 순례자들이 순례길에 오르며 알－하킴의 정책에 저항하는 계기가 되었다.

알－하킴의 손자인 마아드 알－무스탄실 빌라(Ma'ad al-Mustansir Billah)는 비잔틴의 콘스탄

티누스 9세에게 자극을 받아 정책의 부작용을 개
선하려고 노력했다. 심지어 1042년에는 성묘교회
재건축을 재가하기까지 했다. 하지만 이슬람교의
팔레스타인 통치를 반대하는 범유럽적 '성전(Holy
War)' 발발 가능성은 점점 고조되고 있었다. 10년
후, 그리스도교는 대분열 사태를 겪으며 동방정교
회와 로마가톨릭교회로 나뉘었다. 명목상이었지만
성지가 콘스탄티노플을 차지한 동방정교회의 관할
권에 들어가는 상황이 되자 팔레스타인 지역 해방
을 부르짖는 외침이 서방 교회에서 더욱 단호해지
기 시작했다.

　하지만 제2 십자군 전쟁을 촉발시킨 궁극적인
요인은 이슬람교의 압박이나 그리스도교 라이벌
이 아니라 갈수록 파편화되는 이슬람교계의 정권
교체였다. 이번 교체의 주인공은 말리크 샤(Malik
Shah, 1055~1092)가 이끄는 셀주크 투르크(Seljuk
Turks) 왕조였다. 셀주크 왕조는 이집트에서 발생한 오랜 기근을 이용해 1073년 파티마 왕
조의 지배력을 약화시킨 뒤 예루살렘을 함락했다. 파티마 이슬람교도는 물론 유대교와 그
리스도교 신자까지 무자비한 학살의 대상이 되었다. 예루살렘에서 반란이 일어났지만 참혹
하게 진압당했다. 순례자들은 엄청난 세금을 내지 않으면 예루살렘 성문조차 넘을 수 없었
다. 사실 그 앞까지 도달하는 순례자의 수도 많지 않았다. 도중에 살해되거나 약탈당하기 일
쑤였기 때문이다. 그 직후 셀주크 제국은 이런저런 전쟁으로 분열을 겪었고 그리스도교에
서는 더 이상의 피해를 막아야 한다는 공감대가 높아졌다. 1095년에 열린 클레르몽 공의회
(Council of Clermont)에서 교황 우르바노 2세(Urban II)는 성지에 사는 그리스도교 신도들이
이슬람교 지배에서 벗어나도록 도와야 한다고 호소했다.

　십자군 이야기와 그 이후 성지에서 벌어진 일들은 이 책에서 다루려는 범위를 벗어난
다. 따라서 이 시기 유럽 기사들 상당수가 약탈과 강탈 등 시시한 동기의 영향을 받았음에
도 불구하고, 결론적으로는 분연히 일어나 맞서 싸웠다고 말하는 것으로 가늠해야 할 듯하
다. 또 이들을 부추긴 주요 요인으로 보속 또는 잠벌을 전소해주는 전대사(全大赦, plenary
indulgence)를 교황이 약속한 사실도 꼽을 수 있다. 프랑스어로 "십자가의 표식을 단 사람들"
이라는 말에서 유래한 십자군(crusade)은 1096~1291년 사이 9차례 출정했다. 이 짧은 기간
동안 성묘교회의 원래 모습 중 일부가 복원되었고 바실리카가 신축되기도 했다. 성 스테파
노의 문 근처 성 안나 성당(Church of Saint Anne)이 여기에 포함된다. 이 성당은 오늘날 예루
살렘에 있는 십자군 건축물 중에서 가장 성공적인 사례로 손꼽는다.

　십자군은 주요 거점 중 하나인 가이사리아에서 버티다가 1275년 맘루크 술탄 바이바스

스코틀랜드 화가 데이비드 로버츠(David Roberts, 1796~1864)의 1840년대 석판인쇄 작품(353쪽). 성묘교회를 비롯한 오스만 예루살렘의 분위기를 잘 포착해내고 있다.

(Mamluk Sultan Baibars)에 의해 쫓겨났다. 1517년 맘루크가 오스만 투르크에 의해 무너진 이후 400년 동안 팔레스타인은 오스만 투르크 제국의 차지가 되었다.

오스만 제국의 점령은 성지에 커다란 영향을 미쳤다. 오랜 기간 이 지역을 방치하면서 교회 건물은 허물어졌다. 순례자들은 바르바리 해적과 이, 열사병, 도둑에 시달렸고 탐욕스러운 숙소 주인과 끔찍한 숙박시설을 견뎌내야 했다.

현대의 성지순례

19세기로 들어서면서 상황은 달라지기 시작했다. 국제교역이 늘고 증기선과 철도가 발달하면서 다시 한 번 순례자들의 발길에 힘이 실렸다. 당시 성지의 인기는 스코틀랜드의 화가 데이비드 로버츠가 1840년대 후반에 선보인 채색 석판화와 판화, 그리고 후대에 여러 잡지에 수록된 사진 자료들이 선명히 증명해준다. 또 여러 국가에서 성지에 조직과 협회를 세워 자국민에게 음식과 쉼터, 보호책을 제공하도록 했다.

영국의 앨런비 장군이 팔레스타인을 정복한 1차 대전 막바지 즈음, 이 지역은 고작 70만 명이 사는 빈곤한 지역이 되어 있었고 예루살렘에는 1만 5,000명이 거주할 뿐이었다. 1947년 이스라엘 건국 이후 1967년에 6일 전쟁(Six Day War)이 벌어지면서 팔레스타인의 모습은 달라졌고 예수의 생애와 관련 있는 거의 모든 주요지점이 유대 국가의 지배 하에 들어갔다.

중동의 끊임없는 분쟁에도 불구하고 성지가 주는 매력은 오늘날에도 변함이 없다. 많은 그리스도교 신도에게 성지를 찾아가는 일은 심도 깊은 영적 경험이기 때문일 것이다. 고대 후기 이후 수천 명의 순례자들도 그러하지 않았을까. 불가사의하고 아름다운 풍광을 보면서 유럽 그리스도교와 1세기 팔레스타인의 문화적 분열을 극복할 수 있다고 그들은 믿었을 것이다. 그런가 하면 자신의 신앙이 물리적으로 발현하는 장소로 성지를 선택해 찾는 사람도 있다. 객관적 이성과 이해의 영역을 벗어난 그리스도교의 수많은 신비를 마음으로 교감하는 것이다. 특히 예루살렘에서 십자가의 길을 걷는 그리스도교 신도 대부분은 예수의 수난을 실체가 있는 현실의 사건으로 상상하게 된다.

이런 여정은 매우 각별하고 활기찬 경험이다. 오염되지 않은 자연 그대로의 모습을 유지하는 갈릴리 지역이 예수 당대의 모습과 흡사할 것이라 여겨지기 때문에 더욱 그렇다. 그래서 수많은 작가들은 갈릴리를 "제5의 복음서"라고 부른다. 이런 맥락에서 수세기 동안 엄청난 역경 속에서도 현명하게 성지를 관리해온 프란치스코회를 비롯한 여러 수호자들에게 고마워해야 한다. 또 그리스도교를 믿는 아랍인과 이스라엘 정부가 갈릴리의 오염되지 않은 환경을 유지하기 위해 애쓴 것에도 감사를 보내야 한다.

그 덕에 오늘도 성지를 찾아 예수의 발자취를 따라 걷는 그리스도교 신자들의 열망은 여전히 뜨겁고 강렬하다. 그 옛날 파울라와 에게리아를 위시해 이곳을 찾았던 수천 명 이름 모를 순례자들의 열망이 그러했듯이.

Church of the Holy Sepulchre
Jerusalem

히브리 성경		
율법서(토라)	**예언서(느비임)**	**성문서(케투빔)**
창세기 출애굽기 레위기 민수기 신명기	**전기 예언서** : 여호수아서 판관기 사무엘서(상, 하) 열왕기(상, 하) **후기 예언서** : 이사야서 예레미아서 에제키엘서 **소(小)예언자** : 호세아 요엘 아모스 오바디야 요나 미가 나훔 하바꾹 스바니야 하깨 즈가리야 말라기	시편 잠언 욥기 솔로몬의 아가 룻기 애가 전도서 에스델서 다니엘서 에즈라-느헤미야 역대기(상, 하)

구약 성경		
창세기 출애굽기 레위기 민수기 신명기 여호수아서 판관기 룻기 사무엘서 상 사무엘서 하 열왕기 상 열왕기 하 역대기 상 역대기 하 에즈라서 느헤미야서 에스델서 욥기 시편 잠언 전도서 솔로몬의 아가	이사야서 예레미아서 애가 에제키엘서 다니엘서 호세아 요엘 아모스 오바디야 요나 미가 나훔 하바꾹 스바니야 하깨 즈가리야 말라기	**외전 / 경외경** 토비트 유딧 에스델 집회서 바룩 예레미아의 편지 아래 내용을 포함한 다니엘서 ● 아자리야의 기도 ● 세 유대인의 노래 ● 수산나 ● 벨과 뱀 마카베오 1 마카베오 2 에스드라 상 므나쎄의 기도 시편 151 마카베오 3 에스드라 하 마카베오 4

신약 성경		
복음서	**추정 작가**	**추정 집필 연도**
마태오 복음 마르코 복음 루가 복음 요한 복음	마태오(레위) 베드로의 통역사, 마르코 바울의 수행자, 루카 사도 요한	C.E. 75~90 C.E. 66~70 C.E. 75~90 C.E. 85~100
행전	**추정 작가**	**추정 집필 연도**
사도행전	바울의 수행자, 루카	C.E. 80~90
바울의 편지	**추정 작가**	**추정 집필 연도**
로마인들에게 보낸 편지 고린토인들에게 보낸 첫째 편지 고린토인들에게 보낸 둘째 편지 갈라디아인들에게 보낸 편지 에페소인들에게 보낸 편지 필립비인들에게 보낸 편지 골로사이인들에게 보낸 편지 데살로니카인들에게 보낸 첫째 편지 데살로니카인들에게 보낸 둘째 편지 디모테오에게 보낸 첫째 편지 디모테오에게 보낸 둘째 편지 디도에게 보낸 편지 필레몬에게 보낸 편지 히브리인들에게 보낸 편지	바울 바울 바울 바울 바울 (차명 가능성 있음) 바울 바울 바울 바울 바울 (차명 가능성 있음) 바울 (차명 가능성 있음) 바울 (차명 가능성 있음) 바울 바울 (차명 가능성 있음)	C.E. 56~57 C.E. 54~55 C.E. 55~56 C.E. 50~56 C.E. 80~95 C.E. 54~55 C.E. 57~61 C.E. 50~51 C.E. 50~51 C.E. 90~110 C.E. 90~110 C.E. 90~110 C.E. 54~55 C.E. 60~95
편지	**추정 작가**	**추정 집필 연도**
야고보의 편지 베드로의 첫째 편지 베드로의 둘째 편지 요한의 첫째 편지 요한의 둘째 편지 요한의 셋째 편지 유다의 편지	예수의 형제, 야고보 베드로 (차명 가능성 있음) 베드로 (차명 가능성 있음) 사도 요한 사도 요한 사도 요한 예수의 형제 유다	C.E. 50~70 C.E. 70~90 C.E. 80~90 C.E. 100 C.E. 100 C.E. 100 C.E. 45~65
예언서	**추정 작가**	**추정 집필 연도**
요한 계시록	사도 요한	C.E. 70~100

역사적 시각으로 본 예수

Borg, Marcus J. Jesus: *Uncovering the Life, Teachings, and Relevance of a Religious Revolutionary*. San Francisco: HarperSanFrancisco, 2006.

Charlesworth, James H. (ed.). *Jesus' Jewishness: Exploring the Place of Jesus in Early Judaism*. New York: Crossroad, 1991.

Chilton, Bruce. *Rabbi Jesus*. New York: Doubleday, 2000.

Crossan, John Dominic. *Jesus: A Revolutionary Biography*. New York: HarperCollins Publishers, 1994.

Crossan, John Dominic. *Who Killed Jesus? Exposing the Roots of Anti-Semitism in the Gospel Story of the Death of Jesus*. New York:
HarperCollins, 1995.

Crossan, John Dominic, and Jonathan L. Reed. *Excavating Jesus: Beneath the Stones, Behind the Texts*. New York: HarperCollins, 2001.

Ehrman, Bart. *Jesus: Apocalyptic Prophet of the New Millennium*. New York: Oxford University Press, 1999.

Evans, Craig. *Jesus and His World: The Archaeological Evidence*. Louisville, Ky.: Westminster John Knox Press, 2012.

Fredriksen, Paula. *Jesus of Nazareth, King of the Jews*. New York: Alfred A. Knopf, 1999.

Horsley, Richard A. *Jesus and Empire: The Kingdom of God and the New World Disorder*. Minneapolis: Fortress Press, 2003.

Levine, Amy-Jill (ed.). *Historical Jesus in Context*. Princeton, N.J.: Princeton University Press, 2006.

McCane, Byron R. *Roll Back the Stone: Death and Burial in the World of Jesus*. Harrisburg, Pa.: Trinity Press International, 2003.

Meier, John P. *A Marginal Jew: Rethinking the Historical Jesus*. Vols. 1, 2, and 3. New York: Doubleday, 1994.

Porter, J. R. *Jesus Christ: The Jesus of History, the Christ of Faith*. New York: Barnes and Noble, 1999.

Reed, Jonathan L. *The HarperCollins Visual Guide to the New Testament*. New York: HarperCollins, 2007.

Sanders, E. P. *Jesus and Judaism*. Philadelphia: Fortress, 1985.

Senior, Donald. *Jesus: A Gospel Portrait*. Mahwah, N.J.: Paulist Press, 1992.

Stemberger, Gunter. *Jewish Contemporaries of Jesus: Pharisees, Sadducees, Essenes*. Minneapolis: Fortress, 1995.

신약 성경과 초기 그리스도교 문헌, 그리고 미슈나

Danby, Herbert. *Tractate Sanhedrin, Mishnah and Tosefta, with commentary*. New York: Macmillan, 1919.

Ehrman, Bart D. *Lost Christianities: The Battles for Scripture and the Faiths We Never Knew*. Oxford: Oxford University Press, 2003.

Fitzmyer, Joseph A., S. J. *The Gospel According to Luke I-IX*. Garden City, N.Y.: Doubleday, 1981.

Humphrey, Hugh M. *From Q to "Secret" Mark: A Composition History of the Earliest Narrative Theology*. London: T and T Clark, 2006.

Kasser, Rodolphe, Marvin Meyer, and Gregor Wurst. *The Gospel of Judas*. Washington, D.C.: National Geographic Society, 2006.

Kee, Howard Clark. *The Beginnings of Christianity: An Introduction to the New Testament*. London: T and T Clark, 2005.

Kloppenborg Verbin, John S. *Excavating Q: The History and Setting of the Sayings Gospel*. London: T and T Clark, 2000.

Mack, Burton L. *The Lost Gospel: The Book of Q and Christian Origins*. San Francisco: HarperSanFrancisco, 1993.

Moloney, Francis J. *The Gospel of John: Text and Context*. Leiden, Holland: Brill, 2005.

Mullen, J. Patrick. *Dining with Pharisees*. Collegeville, Minn.: Liturgical Press, 2004.

Neusner, Jacob. *Introduction to Rabbinic Literature*. New York: Doubleday, 1999.

Neusner, Jacob. *Judaism When Christianity Began: A Survey of Belief and Practice*. Louisville, Ky.: John Knox Press, 2002.

Neusner, Jacob. *The Mishnah: A New Translation*. New Haven, Conn.: Yale University Press, 1988.

Pagels, Elaine. *Beyond Belief: The Secret Gospel of Thomas*. New York: Random House, 2003.

Pagels, Elaine. *The Gnostic Gospels*. New York: Random House, 1979.

Porter, Stanley (ed.). *Hearing the Old Testament in the New Testament*. Grand Rapids, Mich.: Eerdmans, 2006.

Porter, Stanley (ed.). *Paul and His Theology*. Pauline Studies, Vol. 3. Leiden, Holland: Brill, 2006.

Resseguie, James L. *Narrative Criticism of the New Testament: An Introduction*. Grand Rapids, Mich.: Baker, 2005.

Robinson, J. M. (gen. ed.). *The Nag Hammadi Library*. Leiden, Holland: EJ Brill, 1977.

Sanders, E. P. *Jewish Law from Jesus to the Mishnah: Five Studies*. Philadelphia: Trinity Press International, 1990.

Schiffman, Lawrence H. *Reclaiming the Dead Sea Scrolls: The History of Judaism, the Background of Christianity, the Lost Library of Qumran*. New York: Doubleday, 1995.

Valantasis, Richard. *The New Q: A Fresh Translation with Commentary*. London: T and T Clark, 2005.

Whiston, William. *The Complete Works of Josephus*. Grand Rapids, Mich.: Kregel, 1981.

갈리리와 고대 갈릴리인의 생활상

Arnal, William E. *Jesus and the Village Scribes: Galilean Conflicts and the Setting of Q*. Minneapolis: First Fortress Press, 2001

Chancey, Mark A. *Greco-Roman Culture and the Galilee of Jesus*. Cambridge: Cambridge University Press, 2005.

Chancey, Mark A. *The Myth of a Gentile Galilee*. Cambridge: Cambridge University Press, 2002.

Goodman, Martin. *State and Society in Roman Galilee, a.d. 132-212*. Totowa, N.J.: Rowman and Allanheld, 1983.

Hezser, Catherine. *Jewish Literacy in Roman Palestine*. Tubingen, Germany: Mohr Siebeck, 2001.

Horsley, Richard A. *Bandits, Prophets, and Messiahs: Popular Movements in the Time of Jesus*. Harrisburg, Pa.: Trinity Press, 1999.

Horsley, Richard A. *Galilee: History, Politics, People*. Harrisburg, Pa.: Trinity Press, 1995.

Horsley, Richard A. Jesus and the Spiral of Violence: Popular Jewish Resistance in Roman Palestine. Minneapolis: First Fortress Press, 1993.

Reed, Jonathan. *Archaeology and the Galilean Jesus: A Re-Examination of the Evidence*. Harrisburg, Pa.: Trinity Press International, 2002.

Runesson, A., D. D. Binder, and B. Olsson. *The Ancient Synagogue from its Origins to 200 C.E.: A Source Book*. Leiden, Holland: Brill, 2008.

로마 치하 팔레스타인의 경제

Duncan-Jones, Richard. *Money and Government in the Roman Empire*. Cambridge: Cambridge University Press, 1994.

Duncan-Jones, Richard. *Structure and Scale in the Roman Economy*. Cambridge: Cambridge University Press, 1990.

Evans, Jane DeRose. *The Coins and the Hellenistic, Roman, and Byzantine Economy of Palestine*. Boston: American Schools of Oriental Research, 2006.

Finley, M. I. *The Ancient Economy*. London: Hogarth Press, 1985.

Garnsey, Peter. *Cities, Peasants, and Food in Classical Antiquity*. Cambridge: Cambridge University Press, 1998.

Garnsey, Peter. *Social Status and Legal Privilege in the Roman Empire*. Oxford: Clarendon Press, 1970.

Hamel, Gildas. *Poverty and Charity in Roman Palestine, First Three Centuries c.e.* Berkeley: University of California Press, 1990.

Oakman, Douglas E. *Jesus and the Economic Questions of His Day*. Queenstown, Ontario: Edwin Mellen Press, 1986.

Pastor, Jack. *Land and Economy in Ancient Palestine*. New York: Routledge, 1997.

Safrai, Ze'ev. *The Economy of Roman Palestine*. London: Routledge, 1994.

Wallace, Sherman LeRoy. *Taxation in Egypt from Augustus to Diocletian*. New York: Greenwood Press, 1969.

로마 치하 팔레스타인의 사회상

Archer, Leonie J. *Her Price Is Beyond Rubies: The Jewish Woman in Graeco-Roman Palestine*. Sheffield, England: JSOT Press, 1990.

Daniel-Rops. *Daily Life in Palestine at the Time of Christ*. London: Weidenfeld and Nicolson, 1962.

Edwards, D. *Religion and Society in Roman Palestine: Old Questions, New Answers*. New York: Routledge, 2004.

Fager, Jeffrey A. *Land Tenure and the Biblical Jubilee: Uncovering Hebrew Ethics through the Sociology of Knowledge*. Sheffield, England: Sheffield Academic Press, 1993.

Fiensy, David A. *The Social History of Palestine in the Herodian Period: The Land Is Mine*. Lewiston, N.Y.: Edwin Mellen Press,

1991.

Magnes, Jodi. *Stone and Dung, Oil and Spit. Jewish Life in the Time of Jesus.* Grand Rapids, Mich.: Eerdmans, 2011.

로마 치하 팔레스타인의 정치사

Elsner, Jas. *Imperial Rome and Christian Triumph.* New York: Oxford University Press, 1998.

Grant, Robert M. *Augustus to Constantine: The Emergence of Christianity in the Roman World.* San Francisco:

HarperSanFrancisco, 1970.

Ilan, Tal. *Jewish Women in Greco-Roman Palestine.* Peabody, Mass.: Hendrickson, 1996.

Jeffers, James S. *The Greco-Roman World of the New Testament Era: Exploring the Background of Early Christianity.* Downers Grove, Ill.:

InterVarsity Press, 1999.

Mommsen, Theodor. *A History of Rome under the Emperors.* New York: Routledge, 1996.

Netzer, Ehud. *The Architecture of Herod the Great Builder.* Grand Rapids, Mich.: Baker, 2006.

Richardson, Peter. *Herod: King of the Jews and Friend of the Romans.* Columbia: University of South Carolina Press, 1996.

Roller, Duane W. *The Building Program of Herod the Great.* Berkeley: University of California Press, 1998.

Safrai, S., et al. (eds.). *The Jewish People in the First Century.* Vol. 2.

Philadelphia: Fortress, 1976.

Sperber, Daniel. *The City in Roman Palestine.* Oxford: Oxford University Press, 1998.

Udoh, Fabian E. *To Caesar What Is Caesar's: Tribute, Taxes, and Imperial Administration in Early Roman Palestine (63 b.c.e.–70 c.e.).*

Providence, R.I.: Brown Judaic Studies, 2005.

성지순례의 역사

Kollek, Teddy, and Moshe Pearlman. *Pilgrims to the Holy Land.* London: Weinfeld and Nicolson, 1970.

Le Beau, Bryan, and Menachem Mor (eds.). *Pilgrims and Travelers to the Holy Land.* Omaha, Neb.: Creighton University Press, 1996.

McClure, M. L., and C. L. Feltoe (eds. and trans.). *The Pilgrimage of Etheria.* London: Society for Promoting Christian Knowledge, 1919.

Wilkinson, John. *Jerusalem Pilgrims Before the Crusades.* Warminster, England: Aris and Phillips, 1977.

Wilkinson, J. et al. (eds.). Jerusalem Pilgrimage, 1099–1185. London: The Hakluyt Society, 1988.

Wright, Thomas. Early Travels in Palestine. New York: Ktav Publishing, 1968.

저자

장-피에르 이즈부츠

인문학자이자 캘리포니아 산타 바버라 필딩 대학원 문화미디어학과 교수이다. 내셔널 지오그래픽을 통해 출간한 베스트셀러 《성서 그리고 역사(*The Biblical World*)》와 《성서 그리고 사람들(*Who's Who in the Bible*)》을 비롯해 유대교와 그리스도교, 이슬람교의 기원에 관한 다양한 글을 발표하고 있다. 그 외 《모세에서 무함마드까지(*From Moses to Muhammad*)》 《청년 예수(*Young Jesus: Restoring the "Lost Years" of a Social Activist and Religious Dissident*)》, 《예수의 신비(*The Mysteries of Jesus*)》 등의 책을 저술했다.

또 〈찰턴 헤스턴의 성경 여행(Charlton Heston's Voyage Through the Bible)〉(1998)과 〈어린이를 위한 성경 안내(A Children's Guide to the Bible)〉(1999) 〈공통점에 대해(On Commom Ground)〉(2002) 등 성경을 주제로 다양한 다큐 프로그램을 제작해온 이즈부츠는 홀마크 텔레비전 미니시리즈인 〈평화의 추구(The Quest For Peace)〉(2005)로 골드 오로라 상과 디로즈-힌크하우드 상을 수상했다.

현재 웹사이트 www.jpisbouts.org.의 운영자로 활동중이다.

자문위원단

셰이 J. D. 코헌(Shaye J. D. Cohen)은 하버드 대학교 고대 근동학과에서 히브리 문학과 철학을 가르치고 있다. 저서로 《마카베오에서 미슈나까지(*From the Maccabees to the Mishnah*)》와 《유대인다움의 시작(The Beginnings of Jewishness)》이 있다.

크레이그 에반스(Craig Evans)는 캐나다 노바스코셔의 아카디아 대학교에서 신약성서를 가르치고 있다. 저서로 《예수 당대의 세상과 초기 교회(*The World of Jesus and the Early Church*)》 《예수와 당대의 세상(*Jesus and His World: The Archaeological Evidence*)》 등이 있으며, 그 외 60여 권의 공동 집필하거나 편집했다.

에이미-질 레빈(Amy-Jill Levine)은 하버드 대학교에서 신약과 유대교를 가르치는 종신교수이다. 또한 E. 로즈 앤드 레오나 B. 카펜터 재단이 후원하는 신약성서학 교수이자 밴더빌트 대학교의 유대교학 교수를 역임하고 있다. 《오해받는 유대교도(*The Misunderstood Jew: The Church and the Scandal of the Jewish Jesus*)》의 저자이며 마크 브레틀러(Marc Brettler)와 함께 《신약성서에 대한 유대교 주석(*Jewish Annotated New Testament*)》을 옥스퍼드 대학교 출판부에서 편집하기도 했다.

도널드 시니어 신부(Rev. Donald Senior, C.P)는 시카고 가톨릭연합 신학대학원의 신약성서학 교수이자 총장이다. 《복음서의 예수(*Jesus: A Gospel Portrait*)》를 비롯해 여러 권의 책을 집필했으며 옥스퍼드 대학교 출판부 편집장으로서 《*Catholic Study Bible*》을 편집하기도 했다.

아래에 따로 언급하지 않은 다른 모든 도판은 판테온 스튜디오(Pantheon Studios, Inc.)에서 작업한 것임을 밝혀둔다.

1, Olga A/Shutterstock; 4, Roman Sigaev/Shutterstock; 12, ONEN ZVULUN/Reuters/Corbis; 22, Vanni/Art Resource, NY; 28, Cleopatra, c.1887 (oil on canvas), Waterhouse, John William (1849–1917)/Private Collection/Photo ⓒ Christie's Images/The Bridgeman Art Library; 30, Christian Heeb; 33, Michael Major/Shutterstock; 35 (LO), Ms 774 (4)/1632 f.1v Historiated letter "H" depicting the author writing, from "Antiquitates Judaicae" (vellum) (detail of 94972), Netherlandish School, (12th century)/Musee Conde, Chantilly, France/Giraudon/The Bridgeman Art Library; 40–1, Michael Melford/National Geographic Stock; 44, Michael Melford/National Geographic Stock; 46, Aureu (reverse) minted by Marcus Antonius with the head of Octavian (63 b.c.–a.d. 14) (gold) Inscription: CAESAR IMP PONT III VIR R P C (for obverse see 119139), Roman, (first century b.c.)/Museo Archeologico Nazionale, Naples, Italy/ The Bridgeman Art Library; 47, Duby Tal/Albatross/Alamy; 48, Jodi Cobb/National Geographic Stock; 49 (LO), Hiram Henriquez/National Geographic Stock; 50, Hanan Isachar/ AWL Images/Getty Images; 51, Robert J. Teringo/National Geographic Stock; 54, Scala/Art Resource, NY; 55, Richard Nowitz/National Geographic Stock; 56, Erich Lessing/Art Resource, NY; 57, Pantheon/Deror Avi; 58, Jane Sweeney/ Alamy; 59, Ms 139/1363 fol.23r The Parable of the Vineyard and the Tenants and Joshua and Caleb Carrying Grapes from the Promised Land, from "Le Miroir de l'Humaine Salvation" (vellum), Flemish School, (15th century)/Musee Conde, Chantilly, France/Giraudon/The Bridgeman Art Library; 61, Mariamne, 1887 (oil on canvas), Waterhouse, John William (1849–1917)/Private Collection/Photo ⓒ Christie's Images/The Bridgeman Art Library; 65, Erich Lessing/Art Resource, NY; 68, Photograph by Dr. Adam Bulow–Jacobsen/The Association Internationale de Papyrologues/The Cairo Museum/The Oxford Centre for the Study of Ancient Documents/The Photographic Archive of Papyri in the Cairo Museum, funded by the Andrew W. Mellon Foundation; 73, Luis Marden/National Geographic Stock; 77, Leen Ritmeyer/Ritmeyer Archaeological Design; 85, Boris Katsman/iStockphoto; 86, Isaac and Rebekah, Wedgwood, ca 1865 (porcelain), Beattie, William (fl.1865)/ Indianapolis Museum of Art, USA/Bequest of Ann McClelland Ropkey/The Bridgeman Art Library; 87, JTB Photo Communications, Inc./Alamy; 88, Marriage contract @(ketubah)@, 1617 (pen & ink, tempera, and gold paint on parchment), Dutch School, (17th century)/The Israel Museum, Jerusalem, Israel/The Stieglitz Collection and donated with contribution from Erica & Ludwig Jesselson/The Bridgeman Art Library; 89, Zev Radovan/@www. BibleLandPictures.com@/Alamy; 90, Noam Armonn/Shutterstock; 91, Holy Family with St. Anne and the infant St. John the Baptist, ca1550 (oil on panel) (detail of 82824), Bronzino, Agnolo (1503–72)/Louvre, Paris, France/Peter Willi/The Bridgeman Art Library; 92, CRIS BOURONCLE/AFP/Getty Images; 93, The Virgin Spring in Nazareth, 1882 (oil on canvas), Polenov, Vasilij Dmitrievich (1844–1927)/Tretyakov Gallery, Moscow, Russia/The Bridgeman Art Library; 94, Albatross/SuperStock; 96 (UP), Pair of sandals from Masada, Israel (leather), Jewish School, (first century a.d.)/Private

Collection/Photo ⓒ Zev Radovan/The Bridgeman Art Library; 96 (LO), Erich Lessing/Art Resource, NY; 98, Alinari/Art Resource, NY; 101, The Annunciation (oil on panel), Weyden, Rogier van der (1399–1464)/Louvre, Paris, France/Giraudon/The Bridgeman Art Library; 102–3, Erich Lessing/Art Resource, NY; 106, The enrollment for taxation before Quirinius (mosaic), Byzantine/Kariye Camii, Istanbul, Turkey/De Agostini Picture Library/A. Dagli Orti/The Bridgeman Art Library; 106–7, Tim Kimberley/iStockphoto; 108, Scala/Art Resource, NY; 109, Cameraphoto Arte, Venice/Art Resource, NY; 110, Adoration of the Magi, ca 1305 (for detail see 67136), Giotto di Bondone (ca 1266–1337)/Scrovegni (Arena) Chapel, Padua, Italy/The Bridgeman Art Library; 111, Jerry Lodriguss/Photo Researchers/Getty Images; 112, Scala/Art Resource, NY; 114, Remi Benali/Corbis; 115, Mary breast–feeding, from the Sigmund Chapel in Mariazell, ca 1380 (painted linden wood), Austrian School, (14th century)/Germanisches Nationalmuseum, Nuremberg (Nurnberg), Germany/The Bridgeman Art Library; 116, Hanan Isachar; 117, Israelimages/Dinu Mendrea; 128, St. John the Baptist in the wilderness indicating Christ, the River Jordan beyond, 1759 (oil on panel), Favray, Antoine de (1706–91)/Private Collection/ Photo ⓒ Christie's Images/The Bridgeman Art Library; 129, Kenneth Garrett/National Geographic Stock; 133, CamPot/ Shutterstock; 134 (LE), Ink pot found in Qumran (terracotta), Roman/Private Collection/Photo ⓒ Zev Radovan/ The Bridgeman Art Library; 134 (RT), Erich Lessing/Art Resource, NY; 137, Community Rule scroll, Qumran cave 1, ca 100 b.c.–a.d. 100 (parchment)/The Israel Museum, Jerusalem, Israel/The Bridgeman Art Library; 139, The Baptism of Christ, ca1515 (oil on panel), Patinir, Joachim (1480–1524)/Kunsthistorisches Museum, Vienna, Austria/Giraudon/The Bridgeman Art Library; 140, Herod's Birthday Feast, 1868 (oil on canvas), Armitage, Edward(1817–96)/ⓒ Guildhall Art Gallery, City of London/The Bridgeman Art Library; 142, George Steinmetz/Corbis; 143, Salome Receiving the Head of St. John the Baptist, 1637 (oil on canvas), Guercino (Giovanni Francesco Barbieri) (1591–1666)/Musee des beaux–arts, Rennes, France/Giraudon/The Bridgeman Art Library; 145, Rudolf Tepfenhart/Shutterstock; 151, St. Andrew and St. Peter Responding to the Call of Jesus, from the main nave (mosaic), Byzantine School, (sixth century)/Sant'Apollinare Nuovo, Ravenna, Italy/Giraudon/The Bridgeman Art Library; 156, Erich Lessing/Art Resource, NY; 159, The Palsied Man Let Down Through the Roof, illustration for "The Life of Christ," ca 1886–94 (gouache on paper), Tissot, James Jacques Joseph(1836–1902)/Brooklyn Museum of Art, New York, USA/The Bridgeman Art Library; 160, Jesus driving out the unclean spirit, relief, tenth century/Hessisches Landesmuseum, Darmstadt, Germany/The Bridgeman Art Library; 160–1, Hanan Isachar; 162, Sermon on the Mount, Scenes from the Life of Christ (mosaic), Byzantine School, (sixth century)/Sant'Apollinare Nuovo, Ravenna, Italy/Giraudon/The Bridgeman Art Library; 164, Ella Hanochi/Shutterstock; 167, Erich Lessing/Art Resource, NY; 168–9, Hanan Isachar; 171, Eddie Gerald/Alamy; 172, Jesus Opens the Eyes of a Man Born Blind, 1311 (tempera on panel) (detail of 188963), Duccio di Buoninsegna, (ca 1278–1318)/National Gallery, London, UK/The Bridgeman Art Library; 175, The Raising of Jairus's Daughter, 1885 (oil on canvas), Jacomb–Hood, George Percy (1857–1930)/ⓒ Guildhall Art Gallery, City of London/The Bridgeman Art Library;

177, Mary Magdalene in the Cave, 1876 (oil on canvas), Lefebvre, Jules Joseph (1836–1912)/Hermitage, St. Petersburg, Russia/The Bridgeman Art Library; 179, Hanan Isachar; 181, Erich Lessing/Art Resource, NY; 184, Zev Radovan; 186, Gianni Dagli Orti/The Art Archive at Art Resource, NY; 187, Ilan Arad/Getty Images; 189, The Transfiguration, ca 1519–20 (oil on panel) (b/w photo), Raphael (Raffaello Sanzio of Urbino) (1483–1520)/Vatican Museums and Galleries, Vatican City, Italy/De Agostini Picture Library/The Bridgeman Art Library; 190–1, Ali Kabas/Picade; 193, Esaias BAITEL/Gamma–Rapho via Getty Images; 197, Alfredo Dagli Orti/The Art Archive at Art Resource, NY; 200, The Man with the Withered Hand, illustration from "The Life of Our Lord Jesus Christ" (w/c over graphite on paper), Tissot, James Jacques Joseph (1836–1902)/Brooklyn Museum of Art, New York, USA/The Bridgeman Art Library; 203 (UP), Tetra Images/Corbis; 203 (LO), LeonP/Shutterstock; 204, St. Mark, Palma Il Giovane (Jacopo Negretti) (1548–1628)/Hatton Gallery, University of Newcastle Upon Tyne, UK/The Bridgeman Art Library; 207, Nowitz Photography/CIR, Inc.; 212, Jodi Cobb/National Geographic Stock; 213, Jeremiah mourning over the Destruction of Jerusalem, 1630 (oil on canvas), Rembrandt Harmensz. van Rijn (1606–69)/Rijksmuseum, Amsterdam, The Netherlands/The Bridgeman Art Library; 216, Erich Lessing/Art Resource, NY; 217, MENAHEM KAHANA/AFP/Getty Images; 220, Michael Melford/National Geographic Stock; 221, Christ in the House of Martha and Mary, ca 1654–56 (oil on canvas), Vermeer, Jan (1632–75)/© National Gallery of Scotland, Edinburgh, Scotland/The Bridgeman Art Library; 222, The Raising of Lazarus, 1631 (oil on canvas), Lievens, Jan the Elder (1607–74)/Royal Pavilion, Libraries & Museums, Brighton & Hove/The Bridgeman Art Library; 223, Erich Lessing/Art Resource, NY; 224, Erich Lessing/Art Resource, NY; 225, Balage Balogh/Archaeology Illustrated; 227, Erich Lessing/Art Resource, NY; 232, Art Resource, NY; 233, diligent/Shutterstock; 234, Pantheon/Classical Numismatic Group, Inc.; 235, Christ Driving the Traders from the Temple, ca 1600 (oil on canvas) (for detail see 26048), Greco, El (Domenico Theotocopuli) (1541–1614)/National Gallery, London, UK/The Bridgeman Art Library; 237, Richard T. Nowitz/Corbis; 241, Mordechai Meiri/Shutterstock; 242, Amos Gal/@PhotoStock-Israel.com@; 243, Kenneth Garrett/National Geographic Stock; 245, Kenneth Garrett/National Geographic Stock; 250, Leen Ritmeyer/Ritmeyer Archaeological Design; 251, Hanan Isachar/Corbis; 252, Ossuary of the High Priest Joseph Caiaphas, North Talpiot, Jerusalem (stone)/The Israel Museum, Jerusalem, Israel/Israel Antiquities Authority/The Bridgeman Art Library; 253, Annas and Caiaphas, illustration for "The Life of Christ," ca 1886–94 (w/c & gouache on paperboard), Tissot, James Jacques Joseph(1836–1902)/Brooklyn Museum of Art, New York, USA/The Bridgeman Art Library; 256, 19th era/Alamy; 259, Radius Images/Corbis; 261, Hans Hildenbrand/National Geographic Stock; 263, Richard T. Nowitz/Corbis; 265, @www.BibleLandPictures.com@/Alamy; 267, Christ on the Cross (oil on canvas), Greco, El (Domenico Theotocopuli) (1541–1614)/Private Collection/Photo © Christie's Images/The Bridgeman Art Library; 274, Noli me Tangere, ca 1512 (oil on canvas), Titian (Tiziano Vecellio) (ca 1488–1576)/ National Gallery, London, UK/The Bridgeman Art Library; 277, Leen Ritmeyer/Ritmeyer Archaeological Design; 278, WitR/Shutterstock; 283, Scala/Art Resource, NY; 287, St. Peter and St. Paul (tempera on panel), Bicci di Lorenzo, (1375–1452)/Galleria dell'Accademia, Florence, Italy/The Bridgeman Art Library; 288, Tatiana Popova/Shutterstock; 292, Bernard Jaubert/Photodisc/Getty Images; 294, Bridgeman–Giraudon/Art Resource, NY; 297, Scala/Art Resource, NY; 298–9, Richard Nowitz/National Geographic Stock; 301, Robert Harding Picture Library Ltd/Alamy; 302, Vanni/Art Resource, NY; 303, The Destruction of Jerusalem in a.d. 70, engraved by Louis Haghe (1806–85) (litho), Roberts, David (1796–1864) (after)/Private Collection/The Stapleton Collection/The Bridgeman Art Library; 309, Sarcophagus depicting Christ and the Apostles, Roman (marble)/Louvre, Paris, France/Peter Willi/The Bridgema Art Library; 312, The Christian Martyr's Last Prayer, 1863–83 (oil on canvas), Gerome, Jean Leon (1824–1904)/© Walters Art Museum, Baltimore, USA/The Bridgeman Art Library; 313, SEF/Art Resource, NY; 318, bpk, Berlin/Art Resource, NY; 321, Independent Picture Service/Alamy; 326, Solidus (obverse) of Julian the Apostate (361–363) draped, cuirassed, wearing a diadem. Inscription: FL CL IVLIANVS P P AVG (gold), Roman, (fourth century a.d.)/Private Collection/The Bridgeman Art Library; 328, lexan/Shutterstock; 329, Matt Moyer/National Geographic Stock; 330, John Bigelow; 335, Michael Melford/National Geographic Stock; 341, Claudio Zaccherini/Shutterstock; 342, Emperor Justinian I and his retinue of officials, guards and clergy, ca a.d. 547 (mosaic), Byzantine School, (sixth century)/San Vitale, Ravenna, Italy/Giraudon/The Bridgeman Art Library; 344, Artur Bogacki/Shutterstock; 347, Richard Nowitz/National Geographic Stock; 353, Church of the Holy Sepulchre, Jerusalem, plate 11 from Volume I of @The Holy Land@, engraved by Louis Haghe (1806–85) pub. 1842 (litho), Roberts, David (1796–1864) (after)/Private Collection/The Stapleton Collection/The Bridgeman Art Library.

옮긴이 배안용

한신대학교 철학과와 동 신학대학원을 졸업했으며, 현재 한국기독교장로회 서울교회 담임목사다. 그 외 '종로구교
회와 구청협의회' 총무, '목회자정의평화 전국협의회' 협동총무 직을 맡고 있으며 마을공동체 품애를 통해 지역사회
를 위한 활동을 하고 있다.

예수의 발자취

첫판 1쇄 펴낸날 2015년 4월 25일

지은이/ 장-피에르 이즈부츠
옮긴이/ 배안용
펴낸이/ 지평님
본문 조판/ 성인기획 (010)2569-9616
종이 공급/ 화인페이퍼(02)338-2074
인쇄/ 중앙 P&L (031)904-3600
제본/ 다인바인텍 (031)955-3735

펴낸곳/ 황소자리 출판사
출판등록/ 2003년 7월 4일 제2003-123호
주소/ 서울시 영등포구 양평로 21길 26 선유도역 1차 IS비즈타워 706호(150-105)
대표전화/ (02) 720-7542 팩스/ (02)723-5467
E-mail/ candide1968@daum.net

ⓒ 내셔널 지오그래픽, 2015

ISBN 979-11-85093-13-0 03900

*잘못된 책은 구입처에서 바꾸어드립니다.

이 도서의 국립중앙도서관 출판예정도서목록(CIP)은 서지정보유통지원시스템 홈페이지(http://
seoji.nl.go.kr)와 국가자료공동목록시스템(http://www.nl.go.kr/kolisnet)에서 이용하실 수 있습
니다. (CIP제어번호: CIP2015007891)

내셔널 지오그래픽 & 장–피에르 이즈부츠

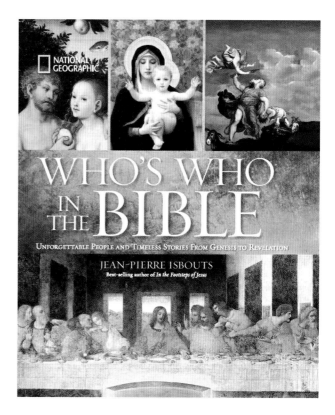

성서 그리고 역사
고고학고 유물, 사진과 지도로
복원해낸 성서의 세계

전문성과 대중성을 모두 갖춘 책이다. 책 속의
도판과 텍스트가 절묘하게 어우러져 더할 나위
없는 책읽기의 즐거움을 선사해준다.
–웨이드 오스번, 〈북리스트〉

성서 그리고 사람들(근간)
창세기부터 계시록까지, 성서 속에
등장하는 불멸의 주인공들

당신이 이와 유사한 어떤 제목의 참고서를 가지고
있든, 이 책은 그들과 다를 것이다. 신학 연구자는
물론 역사, 문화, 종교에 관심 있는 사람이라면
누구든 좋아할 책이다.
– 〈라이브러리 저널〉